suhrkamp taschenbuch
wissenschaft 407

Die fünf Kapitel dieses Buches befassen sich mit der Religion unter verschiedenen, in sich zusammenhängenden Gesichtspunkten. Ihr Ziel ist es, Theorieerfahrungen aus verschiedenen Bereichen der Gesellschaftstheorie für die Beurteilung der gegenwärtigen Lage von Religion fruchtbar zu machen. Erörtert werden: (1) die gesellschaftliche *Funktion* der Religion, (2) die evolutionären Veränderungen ihrer *Dogmatik*, (3) die religiöse Thematisierung des Problems der *Kontingenz*, (4) *Säkularisierung* im Sinne einer religionsspezifischen Thematisierung der Gesellschaft als Umwelt des Religionssystems und (5) die Möglichkeiten der *Organisation* des Religionssystems selbst. Der Zusammenhang dieser Gesichtspunkte ergibt sich aus einer funktionalen Theorie sozialer Systeme – also aus einer nicht spezifisch religiösen, daher auch nicht dogmatisch verpflichteten Begrifflichkeit. Er führt bis an Themenstellungen heran, die Theologen weiterbehandeln könnten.

Niklas Luhmann, geboren 1927 in Lüneburg, ist nach einem Studium der Rechtswissenschaft und nach längerer Tätigkeit in der öffentlichen Verwaltung Professor für Soziologie an der Universität Bielefeld.

Von seinen Veröffentlichungen liegen im Suhrkamp Verlag vor: *Zweckbegriff und Systemrationalität. Über die Funktion von Zwecken in sozialen Systemen* (stw 12); *Gesellschaftsstruktur und Semantik. Studien zur Wissenssoziologie der modernen Gesellschaft*, Band 1 und Band 2 (Band 3 erscheint voraussichtlich im Herbst 1983); *Ausdifferenzierung des Rechts. Beiträge zur Rechtssoziologie und Rechtstheorie; Liebe als Passion. Zur Codierung von Intimität.* Herausgegeben hat er zusammen mit Stephan H. Pfürtner: *Theorietechnik und Moral* (stw 206); zusammen mit Karl Eberhard Schorr: *Zwischen Technologie und Selbstreferenz. Fragen an die Pädagogik* (stw 391).

# Niklas Luhmann
# Funktion der Religion

Suhrkamp

suhrkamp taschenbuch wissenschaft 407
1. Auflage 1982

Satz und Druck: Georg Wagner, Nördlingen
Printed in Germany
Umschlag nach Entwürfen von
Willy Fleckhaus und Rolf Staudt

# Inhalt

In Erinnerung an meine Frau,
der Religion mehr bedeutete,
als Theorie zu sagen vermag.

# Vorwort

Dieser Band faßt fünf Studien zum Thema Religion zusammen. Sie behandeln Religion als gesellschaftliches Phänomen unter dem Gesichtspunkt von Funktion, Dogmatik, Kontingenz, Säkularisierung und Organisation. Zum Teil handelt es sich um Arbeitspapiere, die zum Zwecke der Diskussion mit Theologen formuliert worden sind. Das zweite Kapitel ist die stark überarbeitete Fassung eines bereits publizierten, aber inzwischen vergriffenen Textes*, die übrigen werden das erstemal gedruckt.

Die Form selbständig lesbarer, aber zusammenhängender Studien erspart mir schwierige kompositorische Entscheidungen. Die Analysen werden durch eine Mehrheit von Zentralperspektiven beherrscht, die sich nicht in eine einfache Sequenz bringen, nicht reihenförmig arrangieren lassen. Vor allem geht es um (1) eine Analyse der Struktur von Komplexität; (2) Funktion als gesellschaftliche Form ebenso wie als analytisches Mittel; (3) um die durch funktionale Orientierungen erzeugte Möglichkeit des Andersseins (Kontingenz); (4) um die historische Variabilität dieses Zusammenhanges; (5) um ideenmäßige Reduktionen (Dogmatiken) und um deren historische Variation, die abhängt von der Ausdifferenzierung und Spezifikation funktionaler Bezugsprobleme ebenso wie von damit zusammenhängenden Kontingenzsteigerungen; (6) um Systembildungen, die teils durch funktionale Differenzierung des Gesellschaftssystems erreicht werden mit der Folge von »Säkularisation«, teils, und dadurch mitbedingt, auf einer zunehmenden Differenzierung von Ebenen der Systembildung (Gesellschaft, Organisation, Interaktion) beruhen.

Diese Gesichtspunkte werden im Laufe der Gedankenführung je nach Bedarf in Anspruch genommen, daher wechseln die Leitperspektiven, die durch Begriffe wie Komplexität, System, Differenzierung, Evolution, Funktion angezeigt werden. Deren Zusammenhang wäre jeweils ad hoc vorführbar – aber nur auf Kosten des Flusses der konkreter ablaufenden Argumentation.

Der Grundgedanke ist nicht so kompliziert, wie es hiernach den

* Siehe Karl-Wilhelm Dahm / Niklas Luhmann / Dieter Stoodt, Religion — System und Sozialisation, Darmstadt - Neuwied 1972.

Anschein haben muß. Ich gehe davon aus, daß die soziokulturelle Evolution zwar nicht in ihrer normalen Funktionsweise, wohl aber im Nebeneffekt die Komplexität von Gesellschaftssystemen steigert und dadurch Ordnungen prämiiert, die Selektionsanforderungen über funktionale Spezifikation bewältigen. Damit setzt sich diese Form mit zunehmender Komplexität zunehmend durch, soweit es gelingt, das Risiko von Spezifikation in (einigermaßen lösbare) Folgeprobleme der Spezifikation zu transformieren. Sicher gibt es letzte, unüberwindbare Schranken dieser Entwicklungsweise – sowohl Schranken strukturell möglicher Komplexität als auch Schranken, jenseits derer Folgeprobleme der funktionalen Spezifikation diese überrollen und zerstören. Ebenso sicher ist, daß solche Schranken abhängen vom Strukturmuster der Komplexität und daß sie von Funktionsbereich zu Funktionsbereich variieren. Diese Differenz wirkt ihrerseits bei heutigem Tempo der Evolution selektiv auf das, was noch möglich ist.

Die Frage, ob Religion noch möglich ist, wird durch diesen theoretischen Apparat zum Leitmotiv aller Kapitel. Sie explizit zu stellen, erübrigt sich heute. Sie prognostisch zu beantworten, ist unmöglich. Aber vielleicht liegt eine Chance darin, den theoretischen Kontext dieser Frage so zu formulieren, daß sie mutatis mutandis an jeden Funktionsbereich gestellt werden könnte. Daher der Rückgriff auf Begriffe, die nicht nur funktionsspezifische, nicht nur religionsspezifische Bedeutung haben, sondern auch, oder sogar vorrangig, dem Aufbau einer Gesellschaftstheorie dienen.

Dadurch soll für Zwecke interdisziplinärer Diskussion zwischen Theologen und Soziologen vor allem gezeigt werden, daß der Kontakt über Theorie laufen muß und laufen kann. Nur eine Soziologie, die gegenwärtig verfügbare Theoriebildungsressourcen wirklich zusammenbringt, kann hoffen, auf seiten der Theologie mehr als bloße Immunreaktionen und mehr als bloße Wortübernahmen auszulösen. Vor allem bin ich gespannt, ob die These, daß Religion für Gesellschaft eine zugleich zentrale und sehr spezifische Funktion erfüllt und dies aufgrund einer historischen Entwicklung, für Theologen eine Gesprächsgrundlage abgeben kann.

Bielefeld, November 1976 Niklas Luhmann

Kapitel 1

# Die gesellschaftliche Funktion der Religion

## I.

Die Versuche, Religion funktional zu bestimmen, sind bisher nicht sehr erfolgreich gewesen und unterliegen heute einer verbreiteten Kritik. Der Haupteinwand lautet: Jede Spezifikation der Funktion von Religion erfasse auch andersartige Institutionen, Prozesse oder Mechanismen, die dieselbe Funktion erfüllen, aber selbst bei einem weit gefaßten Verständnis nicht als Religion angesehen werden können[1]. Dieser Überschußeffekt wird durch funktionale Analyse in der Tat erzielt, ja intendiert. Ihr Prinzip ist es, ihre Gegenstände durch Bezug auf ein Problem mit anderen Gegenständen vergleichbar zu machen. Methodologisch ersetzt diese analytische Technik zweistellige durch dreistellige Relationen: Sie vergleicht etwas mit anderem im Hinblick auf ein Problem. Sie ist deshalb gar nicht darauf angewiesen, alle Information über den Gegenstand dem Problem zu entnehmen, zu dessen Lösung er beiträgt. Der Problembezug ist doppelt informativ: einmal in sich selbst, dann aber auch dadurch, daß er den Gesichtspunkt abgibt, der anderes auswählt und abgrenzt, mit dem der Gegenstand vergleichbar ist. Die Erkenntnisform, die funktionale Analyse anstrebt, ist entsprechend komplex: Religion löst das Problem x, aber sie löst es nicht so, wie b, c, d, usw. es lösen. Die Funktion setzt den Gegenstand also in Direktbeleuchtung und in Seitenbeleuchtung. Sie spezifiziert ihn auf doppelte Weise: positiv und negativ. Sie zeigt, wie er zur

1 Vgl. Allan W. Eister, Religious Institutions in Complex Societies: Difficulties in the Theoretic Specification of Functions, American Sociological Review 22 (1957), S. 387—391; Melford E. Spiro, Religion: Problems of Definition and Explanation, in: Michael Banton (Hrsg.), Anthropological Approaches to the Study of Religion, London 1966, S. 85—126; Louis Schneider, Sociological Approach to Religion, New York 1970, S. 89 ff.; Peter L. Berger, Some Second Thoughts on Substantive Versus Functional Definitions of Religion, Journal for the Scientific Study of Religion 13 (1974), S. 125 bis 133.

Problemlösung beiträgt, und sie klärt zugleich, daß er es nicht so tut wie andere, funktional äquivalente Formen. Auf diese Weise kann sie an grundlegende Systemprobleme anknüpfen und zugleich in Rechnung stellen, daß die Lösungsmittel beim Aufbau komplexer Systeme im Laufe einer langen Evolutionsgeschichte differenziert werden und sich dabei wechselseitig voneinander abgrenzen und spezifizieren.

Anders als ein definitorisch-kategorisierendes Vorgehen erlaubt, ja erfordert die funktionale Analyse eine Radikalisierung der Bezugsprobleme für ganze Klassen funktionaler Äquivalente. Die damit akzeptierte Unschärfe läßt sich ohnehin nicht vermeiden. Sie läßt sich allenfalls verbal überspielen – so wenn man Religion mit Bezug (oder als Bezug) auf Heiliges, Numinoses, Übermächtiges definiert[2]. Mit solchen Definitionen wird der Prozeß der Analyse zu früh gestoppt. Sie kommen dem religiösen Erleben selbst, also ihrem Gegenstand, zu rasch zu nahe, so daß ein Kurzschluß entsteht. Statt dessen bevorzugt die funktionale Analyse eine distanziertere Begrifflichkeit, die auf Anschlüsse nach außen, auf vielseitige Verwendbarkeit der Begriffe und auf Import von Theorieerfahrungen aus anderen Gegenstandsbereichen Wert legt. In bezug auf ihre Gegenstände steigert sie damit das Auflöse- und Rekombinationsvermögen.

Ob und unter welchen Bedingungen ein solches Vorgehen wissenschaftstheoretisch zu rechtfertigen ist, soll uns hier nicht beschäftigen. Wir wollen es praktizieren und vorläufige Erfahrungen damit sammeln. Wenn solche Erfahrungen vorliegen, wird die Wissenschaftstheorie wohl in der Lage sein, eine Begründung dafür nachzuliefern.

Es gibt mehrere Versuche, den Religionsbegriff funktional zu bestimmen. Einige von ihnen lassen sich vorab ausscheiden. Sie widersprechen entweder den Fakten, oder sie greifen zu kurz.

Den Fakten widerspricht vor allem die Annahme, Religion habe eine *systemintegrierende* Funktion[3], denn offensichtlich gibt es

2 Vgl. neuestens Karl Erik Rosengren, Malinowski's Magic: The Riddle of the Empty Cell, Current Anthropology 17 (1976), S. 667—675.

3 Die Kritik an der These einer integrierenden Funktion der Religion, wie sie Durkheim zugeschrieben wird, scheint zuzunehmen. Vgl. Fr. Houtart, Les variables qui affectent le rôle intégrateur de la religion, Social Compass 7 (1960), S. 21—38; Charles Y. Glock, Religion and the Integration of

auch systemsprengende oder doch desintegrierende religiöse Bewegungen. Religiöse Erfahrungen können gegebene soziale Ordnungen stützen oder in Frage stellen, können den Einzelnen zu bejahenden oder zu verneinenden Haltungen führen, können konstruktiv oder destruktiv wirken oder sich auch vom einen zum anderen wandeln.[4] Wer gleichwohl voraussetzt, die Religion habe, wenn überhaupt, eine integrative Funktion, wird angesichts der Faktenlage leicht zu der Überzeugung kommen, die Religion habe in der modernen Gesellschaft auf der Ebene der gesamtgesellschaftlichen Systeme jede Funktion verloren[5]. Aber ist das nicht nur die Konsequenz einer vorgängigen begrifflichen Fehldisposition, eines zu stark eingeschränkten Funktionsverständnisses?

Zu kurz greift die Auffassung, Religion habe eine *interpretierende* Funktion[6]. Unbestreitbar befaßt die Religion sich mit der Auslegung und Verdeutlichung unklarer, vieldeutiger, unfaßbarer Sachverhalte. Hier wird der Interpretationsbedarf, das Vorkommen von unklaren Sachverhalten, schlicht und unanalytisch vorausgesetzt. Das wird dem Horizont des täglichen Lebens und auch dem Horizont des Interpreten gerecht. Die funktionale Analyse kann sich damit jedoch nicht zufrieden geben, solche

Society, Review of Religious Research 2 (1960), S. 49—61; Thomas F. O'Dea, The Sociology of Religion, Englewood Cliffs N. J. 1966, S. 98 ff.; Anthony F. C. Wallace, Religion: An Anthropological View, New York 1966, S. 30 ff.; Hans Dietrich Engelhardt, Zur Kritik der funktionalistischen Religionstheorie, Diss. München 1968; William F. Schweiker, Religion as a Superordinate Meaning System and Socio-Psychological Integration, Journal for the Scientific Study of Religion 8 (1969), S. 300—307 (empirisch, aber nur mit Organisationsteilnahme korrelierend); Schneider a.a.O. (1970), S. 48, 49 ff.; Wolfgang Marhold, Gesellschaftliche Funktionen der Religion: Der religionssoziologische Zugang, in: Wolf-Dieter Marsch (Hrsg.), Plädoyers in Sachen Religion, Gütersloh 1973, S. 77—93; Phillip E. Hammond, The Durkheim Integration Thesis Reexamined: A Study of Religious Pluralism and Legal Institutions, in: Allan W. Eister (Hrsg.), Changing Perspectives in the Scientific Study of Religion, New York 1974, S. 115—142.

4 Siehe statt vieler: Peter L. Berger, Zur Dialektik von Religion und Gesellschaft: Elemente einer soziologischen Theorie, dt. Übers., Frankfurt 1973.

5 So Richard K. Fenn, Toward a New Sociology of Religion, Journal for the Scientific Study of Religion 11 (1972), S. 16—32.

6 Vgl. nur Clifford Geertz, Religion as a Cultural System, in: Michael Banton a.a.O. (1966), S. 1—46 (14 ff.). Geertz selbst hält diese These für weder theoretisch (analytisch) noch empirisch ausreichend geklärt.

Interpretationsbedürftigkeit einfach als Existential einzuführen und es dabei zu belassen; kann man doch nicht ausschließen, daß Ambiguität als Korrelat von Systemstrukturen oder sogar als Erfordernis taktisch gewählter Operationen zunimmt bzw. abnimmt. Vielleicht handelt es sich um ein bloßes Erfordernis logischer oder sprachlicher Operationen[7], oder um ein psychomotorisch generiertes Bedürfnis nach hinreichend interessanter Umwelt[8], das mittels geeigneter Techniken des design befriedigt und unter Kontrolle gehalten werden müsse. Oder vielleicht deutet die Metaphorik der Ambiguität nur an, wie in hohen Ämtern Karriereerfolge konsumiert werden[9].

Wenn solche Perspektiven in der Diskussion sind, wird es schwierig, sich ohne weitere Klärung und Abgrenzung auf die Unfaßlichkeit und Unbekanntheit letzter Dinge zurückzuziehen. Gewiß läge es auch theologisch nahe zu argumentieren: Alles, was entstanden sei, setze eine Ursache voraus, die komplexer sei als es selbst. Das Entstandene könne seine Entstehung, das Geschaffene seinen Schöpfer daher nicht zureichend begreifen und benutze die Terminologie der Ambiguität zur Rekonstruktion des Unfaßlichen. Aber man muß doch zur Kenntnis nehmen, daß Evolutionstheorien diese Prämisse inzwischen genau umgekehrt haben und Prozesse konditionierter Selektivität zu erfassen suchen, die verständlich machen, wie komplexe Systeme aus Bedingungen entstehen können, die weniger komplex sind als sie selbst[10]. Wenn es auch dieses Denkmodell gibt und man auf der Grundlage solcher Prämissen wissenschaftlich erfolgreich arbeiten kann, verliert das alte Modell seine konkurrenzlose Selbstverständlichkeit. Das aber heißt: Man muß zur Vermeidung kostspieliger und unbequemer Interferenzen Wissenschaft und

7 Siehe Adam Schaff, Einführung in die Semantik, Berlin 1966, S. 315 ff., 320 f.

8 Vgl. etwa Amos Rapoport / Robert E. Kantor, Complexity and Ambiguity in Environmental Design, American Journal of Planners 33 (1967), S. 210 bis 221.

9 So Michael D. Cohen / James G. March, Leadership and Ambiguity: The American College President, New York 1974.

10 Zu dieser Kontrastierung vgl. Robert B. Glassman, Selection Processes in Living Systems: Role in Cognitive Construction and Recovery From Brain Damage, Behavioral Science 19 (1974), S. 149—165.

Religion radikal differenzieren[11] oder die Abstraktionslage der analytischen Niveaus und der gemeinsam benutzten Begrifflichkeit erhöhen. Beide Auswege sind funktional äquivalent und können sich wechselseitig entlasten.
Im folgenden sollen einige Möglichkeiten vorgeführt werden, Aussagen über die Funktion der Religion zu abstrahieren. Wir ersetzen dabei die Funktionsangabe Integration durch eine Analyse der Differenz von System und Umwelt (II.) und die Funktionsangabe Interpretation durch eine Analyse sinnkonstituierender Prozesse (III.). Dabei kann zugleich gezeigt werden, daß beide Kontexte der Formulierung des Bezugsproblems der Religion letztlich konvergieren.

## II.

Wir beginnen mit einigen allgemeinen Thesen: Strukturbildung ist immer Beschränkung der Freiheit der Kombination von Elementen. Solche Beschränkungen können nur durch Systembildung gewonnen werden. Systembildung erfordert, auf welcher Ebene immer, die Ausgrenzung einer nicht zum System gehörigen Umwelt. Keine Systemstruktur kann daher ohne Bezug auf die Umwelt begriffen werden.
Die Umwelt eines Systems ist alles, was durch das System ausgegrenzt wird, also nicht zu ihm gehört. Der Umweltbegriff wird mithin systemrelativ definiert; jedes System hat zumindest insofern eine besondere Umwelt, als es sich selbst nicht in seiner Umwelt findet. Die Umwelten verschiedener Systeme können daher nicht identisch sein, sie können sich nur weitestgehend überschneiden. Die Gesamtheit dessen, was nicht zu einem System gehört, kann ihrerseits kein System sein, da sie grenzenlos in die Welt übergeht und die Welt selbst kein System ist[12]. Die Umwelten der Systeme sind mithin, auch zusammengenommen,

11 Dies ist zweifellos seit dem 17. Jahrhundert der bevorzugte Ausweg gewesen. Vgl. dazu Rainer Specht, Innovation und Folgelast: Beispiele aus der neueren Philosophie- und Wissenschaftsgeschichte, Stuttgart — Bad Cannstatt 1972.
12 Die gegenteilige Auffassung scheint in der Systemtheorie vorzuherrschen. Siehe z. B. Alfred Kuhn, The Study of Society: A Unified Approach, Homewood Ill. 1963, S. 48 f.; George J. Klir, An Approach to General Systems Theory, New York 1969, S. 47 ff.; Karl W. Deutsch, On the Interaction of

kein System im großen; sie sind nur diejenigen Residualien, gegen die sich jeweils Systeme bilden in einem Prozeß, der zugleich die Umwelt anderer Systeme betrifft und verändert.
Mit dieser Tatsache, daß jede Systembildung die Umwelten vieler anderer Systeme betrifft und umgekehrt in der Umwelt eines jeden Systems sich viele andere Systeme bilden und ändern können, hängt es zusammen, daß die Umwelt immer komplexer ist als das System. Dies gilt ausnahmslos für alle Systeme-in-Umwelten[13]. Jede Beziehung zwischen System und Umwelt (beides im ganzen genommen) ist mithin asymmetrisch. Sie stabilisiert, sofern das System überhaupt bestehen kann, ein Komplexitätsgefälle.
Löst man nun den Begriff der Komplexität auf und bestimmt man ihn als selektives Relationieren in einer Menge von Elementen[14], so ergibt diese Überlegung, daß kein System die eigenen Elemente oder Relationen Punkt für Punkt auf diejenigen der Gesamtumwelt beziehen kann. Systemgrenzen wirken als hochselektive Kontaktverengungen. Die Verengung auf nur relativ wenige Kontakte im Verhältnis zur Umwelt ist nötig, weil nur so ein System sich in seinen Umweltbeziehungen aus Punkt-für-Punkt Abhängigkeiten lösen und Kapazität gewinnen kann, um Relationen zwischen seinen verschiedenen Umweltkontakten zu abstrakteren Mustern verarbeiten zu können[15]. Nur so ist im

Ecological and Political Systems: Some Potential Contributions of the Social Science to the Study of Man and His Environment, Social Science Information 13/6 (1974), S. 5—15. Für den im Text folgenden Gedankengang ist es entscheidend, daß mit dieser Umweltauffassung gebrochen, aber gleichwohl systemtheoretisch argumentiert wird. Siehe auch die Kritik der herrschenden Meinung bei R. C. Buck, On the Logic of General Behavior Systems Theory, in: Herbert Feigl / Michael Scriven (Hrsg.), The Foundations of Science and the Concepts of Psychology and Psychoanalysis, Minnesota Studies in the Philosophy of Science I, Minneapolis 1956, S. 223—238 (234 f.).

13 Diese Aussage hat, obwohl der Umweltbegriff systemrelativ definiert ist, empirischen Gehalt. Denn es wäre denkbar und mit der systemrelativen Definition des Umweltbegriffs vereinbar, daß ein System den weitaus größten Teil dessen, was ist, okkupiert und nur eine weniger komplexe Umwelt außer sich hat. Das ist aber nicht der Fall.

14 Hierzu näher: Niklas Luhmann, Komplexität, in ders., Soziologische Aufklärung Bd. 2, Opladen 1975, S. 204—220.

15 Vgl. J. Y. Lettvin / H. R. Maturana / W. S. McCulloch / W. H. Pitts, What the Frog's Eye Tells the Frog's Brain, Proceedings of the Institute of Radio Engineers 47 (1959), S. 1940—1951.

organischen System zum Beispiel Wahrnehmung möglich. Die Organisationsanalyse von Kirchen wird uns ebenfalls auf dieses Problem zurückführen[16]. Andererseits führt diese Grenzfiltrierung mit internen Kapazitätsreserven dazu, daß im Verhältnis verschiedener Systeme zueinander, also erst recht im Verhältnis von System und Umwelt, eine auf Komplexität beruhende Indeterminiertheit besteht[17]. Kein System kann seine eigenen Operationen auf die Kenntnis der Determiniertheit seiner Umwelt gründen. In dynamischer Hinsicht besagt dies, daß jeder Systemprozeß selektiv verfahren und dabei ein Problem der Reduktion zu hoher Komplexität lösen muß. Dies gilt auch für Prozesse, die Strukturen aufbauen, und selbst für Prozesse, die Strukturen aufbauen, welche dem System eine komplexere Umwelt zugänglich machen.

Abgesehen davon weiß man heute, daß bereits einigermaßen komplexe Umweltsysteme die praktisch verfügbare, ja die physikalisch überhaupt mögliche Informationsverarbeitungskapazität eines jeden Beobachters bei weitem überfordern[18]. Man kann also die Variablen, vor allem natürlich bei neurophysiologisch-selbstreferentiell gelenkten Systemen und all ihren Derivaten, nicht auf eine Tiefenschärfe bringen, die zur Berechnung erforderlich wäre. Für ganze Umwelten gilt dies um so mehr, zumal hier Erleichterungen der Informationsverarbeitung durch Systemgrenzen oder interne Interdependenzunterbrechungen in dem Maße entfallen, als die Beziehungen zwischen Systemen und ihren Umwelten als variabel einbezogen werden.

Jedes System muß deshalb die Elemente und Relationen, die die Komplexität seiner Umwelt ausmachen, pauschal erfassen, aggregieren, simplifizieren oder für Aufmerksamkeit und Reaktion seligieren. Bereits das Komplexitätsmuster der Umwelt, das heißt das, was als Einheit eines Elements oder eines Ereignisses

16 Vgl. unten S. 249, 314 f.

17 Von Komplexitäts-Indeterminierbarkeit in diesem Sinne spricht John R. Platt, Programme für den Fortschritt, dt. Übers., München 1971, S. 172. Vgl. auch ders., Theorems on Boundaries in Hierarchical Systems, in: Lancelot L. Whyte / Albert G. Wilson / Donna Wilson (Hrsg.), Hierarchical Structures, New York 1969, S. 201—213 (209 f.).

18 Siehe nur W. Ross Ashby, Systems and Their Informational Measures, in: George J. Klir (Hrsg.), Trends in General Systems Theory, New York 1972, S. 78—97.

erfaßt wird, und das, was als Relation zwischen solchen Elementen oder Ereignissen relevant wird, ist eine auf Systemkapazitäten abgestimmte Simplifikation. Dies gilt bereits auf der Ebene chemischer Prozesse, von Wahrnehmung oder kategorialer Verarbeitung ganz zu schweigen. Was immer als Element fungiert, ist Resultat komplex strukturierter Prozesse der Selbst-Simplifikation, sozusagen epigenetisches Abfallprodukt beim Aufbau komplexer Systeme. Das gilt erst recht für Vereinfachung voraussetzende Intelligibilität[19].

Für jedes System wird daher Umwelt, obwohl sie »alles andere« einschließt, nur als kontingente Selektion relevant. Um seiner Umwelt Selektivität entziehen zu können, muß das System ein Raster verwenden, das es in die Umwelt hineindefiniert und an dem Ereignisse überhaupt erst Informationswert gewinnen. Nur so wird Umwelt »lesbar«. Die Bedingungen der Möglichkeit von Selektivität erscheinen daher, wenn überhaupt, immer ihrerseits als Selektionen, die vorausgesetzt werden müssen.

Umwelt kann chemisch gebunden werden, Autokatalyse ermöglichen, schließlich erscheinen oder gar verstanden werden nur als wohlpräparierte Harmonie, die vorgängige Selektionen voraussetzt. Dieses Strukturgesetz ist nicht ein Reservat sinnhaftverstehender Subjektivität, es gilt für »Materie« und »Geist« gleichermaßen. Auch in der Lebenswelt des Menschen erscheint daher Umwelt immer nur als vortypisierte »Realität« innerhalb von Horizonten, die zu überschreiten normalerweise kein Anlaß besteht. Eine für ein System fungierende Umwelt ist deshalb notwendig eine zweiteilige Rekonstruktion der Umwelt selbst, ist Horizont und Transzendenz, Erwartung und Enttäuschung, Selektion und Risiko, Ordnung und Zufall. Nur auf dieser Grundlage kann sich Interesse an Umwelt entwickeln, kann es Einwirkungs- und Korrekturversuche geben, entstehen Lernprozesse. Die phänomenale Welt der Dinge und Ereignisse, der relativen Wahrscheinlichkeit, des Vertrauten und Normalen, der Nähe und der Ferne ist daher nur die eine Hälfte dieser Umwelt-Rekonstruktion; sie ist als Bereich des Zugänglichen aber zugleich auch Start- und Vollzugsbedingung für den Zugang zur

19 So explizit Richard Levins, The Limits of Complexity, in: Howard H. Pattee (Hrsg.), Hierarchy Theory: The Challenge of Complex Systems, New York 1973, S. 109—127 (113).

anderen. Unerwartetes, Überraschendes, Enttäuschendes ist nur momenthaft unfaßbar wie der Knall hinter dem Rücken; es wird alsbald (nämlich in dem Maße, als Operationen des Systems anlaufen) über Reduktionen, Typisierungen und Normalisierungsstrategien zur Realität. Und Realität in diesem Sinne ist Bedingung dafür, daß das System seiner Umwelt Informationen abgewinnen, daß es sie lesen kann.

Die Zweiseitigkeit erscheinender und nichterscheinender Umwelt ist ein bekanntes Thema der Philosophie gewesen und hat als solches – in der Entwicklung vom Höhlengleichnis bis zum Ding an sich – an den Fortschritten der Erkenntnistheorie partizipiert. Wir lösen die Erkenntnistheorie in einen Anwendungsfall von Systemtheorie auf. Das macht es möglich, jene Zweiseitigkeit aller konstituierten Realität ihrerseits als reduktionsbedingt, also als systemabhängig darzustellen und sie damit Möglichkeiten der Variation auszusetzen.

Unter anzugebenden Umständen können Systeme ihre Umwelthorizonte variieren, können zum Beispiel durch Steigerung der Eigenkomplexität das Komplexitätsmuster ihrer Umwelt tieferlegen, die Auflösungsgrenze hinausschieben und auch relativ Unwahrscheinliches noch in ihren Reaktionsbereich einbeziehen. Davon legen die Folgen der neuzeitlichen Wissenschaft ein beredtes Zeugnis ab. Quer dazu gibt es die Möglichkeit, zu erkennen, daß in der eigenen Umwelt Systeme-in-einer-Umwelt vorkommen. Im 18. Jahrhundert beginnt die Entdeckung des »Milieus« und der Milieuabhängigkeit. Daraus folgt schließlich die Selbstreflexion des Systems als System-und-Teil-der-Umwelt-anderer-Systeme.

Beide Transformationen führen, wir werden noch sehen weshalb, zu einer Krise der Religion. Sie bleiben gleichwohl innerhalb des Rahmens von systemrelativen Umweltperspektiven. Sie verändern die Realitätsdefinition, die zum Abtasten und Normalisieren der Umwelt benutzt wird, und sie verändern für das Gesellschaftssystem (was nicht notwendig auch heißt: für die Individuen) das stabilisierbare Komplexitätsgefälle, indem sie die Komplexität des Systems und die Komplexität der relevanten Umwelt korrelativ erhöhen. Sie verändern den Sinn von »Sein« als der Aggregationsformel für alle Systemumwelten, und sie verändern damit die Grundlagen der Dekomponierbarkeit des

Seins, also die Kategorienlehre. Die Philosophie reagiert prompt. Auch Theologen übernehmen dann »die Seinsfrage« als Bezugspunkt ihrer Aporetik[20]. Aber das Problem der Reduktivität von zugänglicher Umwelt schlechthin wird dadurch nicht gelöst, nicht einmal in irgendeinem relativen Sinne besser gelöst. Man kommt ihm nicht näher, man schiebt es nur hinaus. Und man gefährdet damit die Möglichkeit (und eine andere gibt es nicht), die Typik der Lebenswelt zum Transzendieren ihrer Horizonte zu benutzen.

Als Ergebnis halten wir fest: Jedes System erfaßt seine Umwelt durch ein Raster selektiver Informationsaufnahme. Dadurch wird eine ins Unbestimmbare ausfließende Umwelt diskretiert, nämlich auf diskrete Zustände gebracht, die gegeben oder nichtgegeben sein können. Darüber kann das System mit eigenen binären Schematismen Feststellungen treffen. Diskretierungen knüpfen an Umweltstrukturen an, die durch andere Systeme bedingt sind; sie dekomponieren die Welt also keineswegs beliebig, korrelieren als Form jedoch mit Informationsverarbeitungsbedingungen im System. Sie beruhen auf Weglassen von auch möglichen Umweltbeziehungen, zum Beispiel auf Weglassen von ferner liegenden Fakten, Details oder unwahrscheinlicheren Möglichkeiten. Das Risiko des Weglassens wird im Evolutionsprozeß durch Vernichtung und Neubau kompensiert. Dies – und nicht etwa Fortschritt oder Aufbau höherer Komplexität – ist zunächst der allgemeine Sinn von Evolution. Dabei kann es aber zufällig, jedenfalls epigenetisch, zur Ausbil-

20 So namentlich Paul Tillich, Biblical Religion and the Search for Ultimate Reality, Chicago 1955. Wie die deutsche Übersetzung (Biblische Religion und die Frage nach dem Sein, Stuttgart 1956) zeigt, ist »ultimate reality« mit »Sein« zu übersetzen bzw. umgekehrt. »Ultimate reality« hat dann über Parsons in der Religionssoziologie Karriere gemacht. Vgl. z. B. Charles Y. Glock / Rodney Stark, Religion and Society in Tension, Chicago 1965, S. 4 ff. Heute überwiegt wohl die Kritik. Vgl. etwa Roland Robertson, The Sociological Interpretation of Religion, Oxford 1970, S. 24 ff., S. 39 f.; Colin Campbell, Toward a Sociology of Irreligion, London—New York 1971, S. 132 ff. Nahestehend jedoch Günter Dux, Ursprung, Funktion und Gehalt der Religion, Internationales Jahrbuch für Religionssoziologie 8 (1973), S. 7—67, mit der Formel, Aufgabe der Religion sei die Thematisierung der Tiefenstruktur der Welt (S. 20, 32 ff.). Ungeklärt bleibt, wieso die Tiefe überhaupt Struktur hat und wieso es nicht möglich sein soll, auch noch die ultimate reality zu hinterfragen, statt sie als aporetisch hinzunehmen.

dung komplexerer Systeme kommen, in denen jenes substrukturelle Risiko der simplifizierenden Reduktion schließlich auch systemintern kontrolliert werden kann durch Einrichtungen der Enttäuschungsverarbeitung und des Lernens. Das Risiko wird aber mit der Entstehung einer komplexeren Welt, in der es Einzelsysteme gibt, die dem Problem taktisch besser gewachsen sind (zum Beispiel psychische Systeme oder Gesellschaften) nicht verringert, sondern vergrößert; denn die Komplexität jeder Systemumwelt wächst überproportional im Vergleich zu der eines jeden Systems.

Außerdem ist es bei dieser Sachlage einer erzwungenen Reduktion von Komplexität in System/Umwelt-Beziehungen unausweichlich, daß jedes System an seine eigenen Reduktionsstrategien gebunden bleibt. Es gibt keine davon unabhängige Faktizität, kein Sein an sich, sondern allenfalls adäquate Systemkomplexität und bewährte Strategien der Objektivierung von Umwelt. Hochentwickelte Systeme, namentlich Gesellschaften, können das Komplexitätsgefälle zwischen Umwelt und System beeinflussen und die Formen der Diskretierung, Typenbildung und Relationierung variieren auf der Grundlage einer selbstreferentiellen Systemorganisation[21]. Aber sie müssen dabei »historisch« vorgehen, an Erfahrungen anschließen und leistungsfähigere Typen substituieren, soweit solche sich entwickeln lassen. Selbst für das Wissen um die Bindung an die eigene Formtypik steht nur diese selbst zur Verfügung.

An dieser Stelle vermuten wir das Bezugsproblem aller Religionsbildung – mit sehr verschiedenartigen Auswirkungen auf verschiedenartige Gesellschaftsformationen, aber mit einer nachvollziehbaren evolutionären Konsequenz zunehmender Differenzierung und Spezifikation. Das, was Religion als Übernatürliches zu erfassen sucht, gehört zur Umwelt des jeweiligen Systems. Damit ist nicht gesagt, daß das Übernatürliche innerhalb der Umwelt ein besonderes Segment, eine besondere Entität oder Variablengruppe wäre, die direkt oder als »reinforcer« das Sy-

21 Eine ähnliche Überlegung wird in psychologischen Theorien der Persönlichkeitsentwicklung ausgearbeitet. Die genetische Psychologie Piagets ist ein Beispiel dafür. Bewußter systemtheoretisch argumentiert die Theorie der »kognitiven Komplexität«. Siehe zur Einführung: Thomas B. Seiler (Hrsg.), Kognitive Strukturiertheit: Theorien, Analysen, Befunde, Stuttgart 1973.

stem beeinflussen könnte[22]. Vielmehr ist ein stets implizierter und sich selbst implizierender Hintergrund der Umwelt gemeint. In der Religion geht es um die Transformation unbestimmbarer in bestimmbare Komplexität, um jene Zweiteiligkeit der Umwelt, die durch Diskretierung entsteht und nur vom Verfügungsbereich der Systemumwelten aus erfahrbar ist. Dies Problem katalysiert die religiöse Qualität von Lebenserfahrungen, katalysiert Assoziationszusammenhänge zwischen diffus anfallenden Erfahrungen dieser Art, dann religionsspezifische Typisierungen, Rollenverantwortungen und schließlich ausdifferenzierte Funktionssysteme für Religion innerhalb des Gesellschaftssystems. Das Problem ist unlösbar. Eben darauf beruht seine unabnutzbare Dauer, seine Eignung als Katalysator für Religionsentwicklungen, die je nach Materiallage zu sehr verschiedenen Formen führen können; von denen man aber auch sagen kann, daß sie »immer dasselbe meinen«.

## III.

Nunmehr schränken wir die Analyse auf eine besondere Fallgruppe, auf sinnkonstituierende psychische und soziale Systeme ein. Unter Sinn verstehen wir dabei eine besondere Form der Reduktion von Komplexität, die zugleich komplexitätserhaltend oder auch komplexitätssteigernd wirkt. Sinn ist, im hier gewählten Bedeutungsgehalt des Begriffs, kein begründungshaltiger, sich selbst rechtfertigender Sachverhalt[23]. Er gibt keinen Anhaltspunkt für Klagen über Sinnverlust, Sinnleere, Sinnferne der Welt oder der heutigen Gesellschaft. Der Begriff wird also

22 Es besteht Anlaß, sich deutlich gegen eine solche Auffassung abzugrenzen, weil sie in der Tat vertreten worden ist, und zwar von Daniel L. Hodges, Breaking a Scientific Taboo: Putting Assumptions About the Supernatural into Scientific Theories of Religion, Journal for the Scientific Study of Religion 13 (1974), S. 393—408. Vgl. auch William R. Garrett, Troublesome Transcendence: The Supernatural in the Scientific Study of Religion, Sociological Analysis 35 (1974), S. 167—180.

23 So mit vielen anderen Max Müller, Sinn und Sinngefährdung des menschlichen Daseins, in ders., Erfahrung und Geschichte: Grundzüge einer Philosophie der Freiheit als transzendentale Erfahrung, Freiburg—München 1971, S. 124—157.

weit gefaßt, er wird nicht gegen Natur unterschieden[24], auch nicht als Weltsicht eines Subjektes definiert, und er wird überdies als unnegierbar eingeführt, weil auch das Negieren von Sinn noch Konstitution von Sinn implizieren würde: Auch Unsinn kann nur als Sinn erzeugt werden[25]. Auch als nichtnegierbare Universalform bleibt Sinn jedoch eine systemrelativ zu konzipierende Kategorie. Soweit Menschen durch psychische und soziale Systeme Umweltkontakt haben, können sie nicht anders als Sinn verwenden; sie können aber sinnhaft erkennen, daß in ihrer Umwelt Systeme-in-Umwelten existieren, deren Umweltkontakte für diese Systeme nicht durch Sinn, sondern zum Beispiel durch chemisch seligierende Prozesse gesteuert werden[26].
Die Besonderheit von Sinn hat (für sinnkonstituierende Systeme) deshalb universelle Relevanz, weil sie sich auf das Problem der Komplexität bezieht. Sinn ist für bestimmte Systemarten das morphologische Gegenstück zu jener Komplexitätsindeterminiertheit, der alle Systeme ausgesetzt sind. Insofern entspricht die Funktion von Sinn für psychische und soziale Systeme dem, was die biochemischen Universalien (DNA, RNA) für organische Systeme leisten[27]. Sinn oktroyiert eine Form für Erleben und Handeln, die Selektivität erzwingt. Sinn erscheint als Simultanpräsentation von Möglichem und Wirklichem, die alles, was intentional erfaßt wird, in einen Horizont anderer und weiterer Möglichkeiten versetzt. Die Verweisungsüberschüsse

24 So bekanntlich der Sprachgebrauch der »geisteswissenschaftlichen« Philosophie.

25 Bewußt enger: Traugott Koch, Religion und die Erfahrung von Sinn, in: Religionsgespräche: Zur gesellschaftlichen Rolle der Religion, Neuwied 1975, S. 120—145. Ähnlich Alois Hahn, Religion und der Verlust der Sinngebung: Identitätsprobleme in der modernen Gesellschaft, Frankfurt—New York 1974.

26 Auf dieses Problem stößt auch Eilert Herms, Das Problem von »Sinn als Grundbegriff der Soziologie« bei Niklas Luhmann, Zeitschrift für evangelische Ethik 18 (1974), S. 341—459 (349). Ich sehe darin jedoch keine Unausgeglichenheit der Begriffsbildung, sondern die zwingende Konsequenz einer systemtheoretischen Position, die den Umweltbegriff systemrelativ bildet und diese Systemrelativität nur dadurch korrigiert, daß sie Systeme in die Rolle von Beobachtern von Systemen-in-Umwelten in ihrer Umwelt versetzt.

27 Erst dieser funktionale Vergleich ermöglicht es, mit Parsons und anderen eine Analogie von genetischem Code und Sprach-Code zu behaupten. Vgl. z. B. Comparative Studies und Evolutionary Change, in: Ivan Vallier (Hrsg.), Comparative Methods in Sociology: Essays on Trends and Applications, Berkeley—Los Angeles—London 1971, S. 97—139 (98).

sinnhaften Erlebens und Handelns ermöglichen es, an jedem sinnhaft erfaßten Thema Umwelt und System zugleich abzulesen. Die systemeigene Handlung verweist mit ihrem Kontext auf Umwelt, und Umweltereignisse eröffnen dem System Zugang zu sich selbst. Insofern kann man sagen: durch den Gebrauch von Sinn wird *Welt* konstituiert als derjenige Gesamthorizont, in dem das System sich selbst auf seine Umwelt und seine Umwelt auf sich selbst bezieht.

Weltkonstituierender Sinn verweist auf jeweils mehr Möglichkeiten, als im Erleben und Handeln aktuell nachvollzogen werden können – das gilt für konkrete Dinge und Ereignisse, für Zeichen und abstrahierte Symbole, für Meinungen anderer und für Zwecke, aber auch für Negativa wie Mängel, Abwesenheiten, Unterlassungen. In allem sinnhaften Erleben und Handeln wird laufend mehr appräsentiert, als repräsentiert werden kann[28]. Im Sequenzieren des eigenen Erlebens oder Handelns, beim nächsten Schritt schon, muß man daher auswählen und beiseitelassen. Dies gilt erst recht für den Kommunikationsprozeß sozialer Systeme. Das Woraus der Selektion bleibt mitfungierender appräsentierter Horizont, ohne den Erleben und Handeln nicht konkret erscheinen, nicht in der Welt situiert werden könnten; es läßt sich aber nicht durch Position oder Negation qualifizieren, weil dazu bereits selektive Operationen angesetzt werden müßten. Nur die Gegenwart ist dank ihrer appräsentierten Horizonte vollkommen präsent, wenn man so sagen darf, als Intention von etwas Bestimmtem und Appräsentation von allem anderen; alle Anschlüsse müssen selektiv vollzogen werden.

Bei dieser Sachlage, die grundsätzlich nicht überwindbar ist, drängt sich die Frage auf, wie in offen appräsentierten Sinnhorizonten selektiv bestimmte Intentionen überhaupt möglich sind,

28 Ich übernehme mit »Appräsentation« nur den Terminus, nicht den Begriff Husserls. Husserl bezieht diesen Ausdruck auf die Nachkonstruktion und Aneignung der Erfahrungen eines alter Ego (siehe: Cartesianische Meditationen und Pariser Vorträge, Husserliana Bd. I, Den Haag 1950, S. 138 ff.). Wir lösen diesen Sonderfall in einen allgemeineren Begriff der Appräsentation auf, der die in jedem Sinnthema implizierte Zugänglichkeit von anderem schlechthin bezeichnet und sodann spezifiziert werden muß je nach dem, ob in der Sachdimension, in der Zeitdimension oder in der Sozialdimension (dies wäre Husserls Begriff) appräsentiert wird.

wie also die Kluft zwischen der Überfülle des Möglichen und den bestimmten Sinnformen (deren Bestimmung wiederum Appräsentieren voraussetzt) übersprungen werden kann. Die Grundlage für eine Antwort finden wir in der Eigenart von intrapsychischen und sozialen Prozessen der Kommunikation, auf sich selbst zurückgreifen zu können. Diese Eigenart von Kommunikationsprozessen ermöglicht es, offen Appräsentiertes in doppelter Weise abzuschließen und als Voraussetzung weiterer Operationen zu verwenden: als *selbstreferentielle Identifikation* und als *Repräsentation.*

Das System selbst – und auch dies gilt für psychische Systeme und für soziale Systeme gleichermaßen – erfährt bei allem sinnhaften Operieren sich selbst als mitfungierend. Wer wahrnimmt, weiß, daß er wahrnimmt. Ebenso hält man, wenn man in sozialen Situationen über irgendwelche Themen kommuniziert, stets mit im Auge, daß die Kommunikation in der jeweils konkreten sozialen Situation unter bestimmten Partnern abläuft und folglich mehr als nur ihr Thema zu respektieren hat. Die appräsentierte Unendlichkeit des »Innenhorizontes« solcher Systeme wird dabei *durch Selbstreferenz geschlossen.* Was immer das System tut, es bezieht sich auf sich selbst und ist *nur durch Selbstkontakt umweltempfindlich.* Es gibt also im Falle sinnkonstituierender Systeme und notwendig mitlaufender Selbstreferenz keine Punkt-für-Punkt-Beziehungen zur Umwelt mehr. Die allgemeine Regel, daß Systeme *nicht nur* aus Punkt-für-Punkt Beziehungen zur Umwelt bestehen können[29], wird hier in ihr Extrem getrieben. Zugleich bietet die Selbstreferenz eine Art Abschluß des offenen Appräsentierens, soweit das System selbst betroffen ist. Als ein zirkulärer, in sich selbst zurücklaufender Prozeß konstituiert sie Identität als Form dessen, was in den internen Relationierungen durchgehalten wird[30].

29 Vgl. oben S. 14 f.

30 Diese Zusammenhänge werden erst mit Hilfe neuerer Forschungen zur zirkulären Struktur selbstorganisierender Systeme allmählich geklärt. Die traditionelle Diskussion des Themas der Selbstreferenz hatte zwar entdeckt, daß Selbstreferenz Identität impliziert, hatte aber unter den Problemtiteln Reflexivität oder Reflexion Mühe gehabt, diesen Aspekt von der Reflexion der Identität im Verhältnis zu Anderem (Umwelt) zu unterscheiden. Auch fehlte (zum Beispiel in der Erörterung des aristotelischen Gottesbegriffes) der analytische Zugang zu der Möglichkeit zu denken, daß gerade die vollkom-

Selbstreferentielle Identifikation ist eine nur in bezug auf das System selbst anwendbare Abschlußtechnik. Sie ermöglicht es aber, weil sie sozusagen einen Standpunkt gibt, die Welt im übrigen offen zu halten. Die zweite Reduktionstechnik, das Wiedereinführen des Appräsentierten durch *Repräsentation,* kann sich auf die Umwelt oder auf das System beziehen. Auch hier wendet sich der Kommunikationsprozeß auf sich selbst zurück, thematisiert aber nicht nur, daß er dies tut, sondern thematisiert nun die Implikationen und unbestimmt gebliebenen Verweisungen früherer Kommunikationen. Das kann sehr spezifisch in bezug auf einen eng begrenzten Komplex erfolgen. Alles konsistente Kommunizieren setzt laufend solche Rückgriffe voraus, die den Zusammenhang des Gemeinten mit zuvor Gesagtem oder Gedachtem sichern. Der Rückgriff kann aber auch pauschalieren und weite Appräsentationshorizonte als solche zum Thema machen. Schließlich kann man über »die Welt« sprechen, kann »das Sein« ansinnen, kann mit mehr oder weniger vagen, abstrakten Begriffen wie Volk oder Gesellschaft, Gott oder Natur, Subjekt oder Objekt, Meßbarkeit oder Methode hantieren im Vertrauen darauf, daß man auf eine etwaige Nachfrage hin (mittels Kommunikation über Kommunikation) das Gemeinte ausreichend erläutern kann. Vordem nur Appräsentiertes wird durch Repräsentation zum Sinnthema gemacht und damit seinerseits im Brennpunkt der Aufmerksamkeit präsentiert. Dies kann nicht verlustlos geschehen, sondern nur entweder selektiv spezifizierend oder nur pauschal, nur generalisierend und jedenfalls nur in einem Kontext weiterer Appräsentationen. Immer also impliziert Repräsentation, selbst Repräsentation des Seins, der Welt, des Ganzen, eine Reduktion und damit ein Risiko des Außerachtlassens. Sie gewinnt andererseits Negierfähigkeit des

mene und ausnahmslose Geschlossenheit zirkulärer Selbstreferenz eine besonders potente Form der Öffnung zur Umwelt ist, weil sie sich zwingt, alle Umweltinformationen intern durch Relationen zwischen variablen eigenen Zuständen auszudrücken. Zu den Grenzen des älteren Konzepts der Selbstreferenz vgl. etwa Erhard Scheibe, Über Relativbegriffe in der Philosophie Platons, Phronesis 12 (1967), S. 28—49; Klaus Oehler, Aristotle on Self-Knowledge, Proceedings of the American Philosophical Society 118 (1974), S. 493—506; Joseph de Finance, S.J., Cogito Cartésien et Réflexion Thomiste, Archives de Philosophie 16 (1946), S. 131—321; Walter Schulz, Das Problem der absoluten Reflexion, Frankfurt 1963.

Repräsentierten, zumindest die Möglichkeit, von ihm aus etwas »anderes« zu konzipieren – vom Sein aus das Nichts, von der Welt aus den transzendenten Gott oder das extramundane Subjekt. Das Risiko des Repräsentierens wird mit dem Gewinn der Negierbarkeit kompensiert.

Davon können Philosophie, Wissenschaft und Ideologien profitieren. Das Bezugsproblem der Religion scheint nun genau darin zu liegen, daß dieses Rekonstruktionsverfahren mittels Repräsentation von negierbaren Positivitäten und negierbaren Negativitäten seinerseits reduktiv verfährt und die Fülle des Appräsentierten nicht einfängt. Das gleiche gilt für Identifikationen, die in selbstreferentiellen Prozessen erzeugt werden. Gewiß: Die Komplexität der vorstellbaren und für sinnverwendende Operationen zugänglichen Welt kann auf diese Weise immens gesteigert werden, wenn korrelativ dazu das Gesellschaftssystem selbst adäquate strukturelle Komplexität erreicht. Damit werden aber die Horizonte, die das Bezugsproblem der Religion definieren, nur hinausgeschoben, nicht aufgehoben. Die über Appräsentation im Prozessieren von Sinn ständig implizierte, ständig in Bezug genommene Welt bleibt unformulierbar, und genau darauf beziehen sich die Formulierungsprobleme der Religion.

Victor Turner hat in einer viel beachteten Theorie des Rituals von Anti-Strukturen gesprochen, die durch Strukturbildungen ausgelöst und im Kontext von Ritualen mit ihnen integriert werden[31]. Der Begriff der Anti-Struktur überpointiert jedoch ein Phänomen, das vermutlich besser zweiteilig begriffen werden muß: Jede Strukturbildung verfährt selektiv und appräsentiert dabei »anderes«. Diese Appräsentationen können ihrerseits repräsentiert werden. Religiöse Qualität gewinnt ein solches Nachrepräsentieren nur, wenn es die Selektivität der Strukturbildung selbst zu kompensieren versucht. An die Stelle des bei jedem Sinnvollzug auftretenden Verhältnisses von Thema und Appräsentation wird dann ein Verhältnis von Repräsentation und Gegenrepräsentation gesetzt. Man versucht gleichsam, über

31 Victor W. Turner, The Ritual Process: Structure and Antistructure, Chicago 1969; ders., Metaphors of Anti-structure in Religious Culture, in: Allan W. Eister (Hrsg.), Changing Perspectives in the Scientific Study of Religion, New York 1974, S. 63—84.

Repräsentation und Gegenrepräsentation Vollständigkeit zu erreichen und sakralisiert dabei die Beziehung von Repräsentation und Gegenrepräsentation, so daß die Frage nicht gestellt wird, welche Appräsentationen nun das Denken dieser Beziehung impliziert. Im Dual fungiert die jeweils andere Seite als Bestimmbarkeitsgarantie und als Auffänger für Sonstiges.

Die Beziehung von Repräsentation und Gegenrepräsentation wird, wenn überhaupt, in einem Leerhorizont thematisiert, der keinen Anhaltspunkt dafür bietet, wie sie ihrerseits negiert werden könnte. Sie verknüpft trotzdem, das scheint eine Voraussetzung ihrer Sakralisierung oder religiösen Chiffrierung zu sein, relativ konkrete, lebensweltnahe Vorstellungen oder Bilder. Diese beiden Erfordernisse: Konkretion der Repräsentationen und Leerhorizont ihrer Relationierung, lassen sich in relativ einfachen Gesellschaften zusammen erfüllen. Das Syndrom von Erlebnissen und Handlungen, das dies leistet, erscheint als Religion. Komplexer werdende Gesellschaften lösen diesen Zusammenhang jedoch auf und müssen dann entweder auf Konkretion oder auf Relationierung im Leerhorizont, der Unnegierbarkeit garantiert, verzichten. Dann erscheint auch im Bereich der Religion alles, was konkret plausibel zu machen ist, als kontingent und negierbar.

Diese Analyse der strukturellen Implikationen des Gebrauchs von Sinn trifft sich mit dem, was wir über das Komplexitätsgefälle in System/Umwelt-Beziehungen ausgemacht hatten. Bei sinnkonstituierenden Systemen gewinnt jene Zweiteiligkeit zugänglicher und nichtzugänglicher Umwelt, die durchgehend vorliegt und ohne die es keine komplexe Welt gäbe, nur eine besondere Form. Erst diese Form ist es, die innerhalb des Bereichs repräsentierbarer Sinnhaftigkeit das entstehen läßt, was wir als Religion kennen.

Religion hat demnach, so können wir die bisherigen Überlegungen zusammenfassen, für das Gesellschaftssystem die Funktion, die unbestimmbare, weil nach außen (Umwelt) und nach innen (System) hin unabschließbare Welt in eine bestimmbare zu transformieren, in der System und Umwelt in Beziehungen stehen können, die auf beiden Seiten Beliebigkeit der Veränderung ausschließen. Sie hat, mit anderen Worten, zu verantworten und tragbar zu machen, daß alle Typisierungen, alle Selbst-Identifikationen, alle Kategorisierungen, alle Erwartungsbildungen reduktiv verfahren müssen und widerlegbar bleiben. Auch die Religion selbst hat sich dabei an zugängliche Sinnformen zu halten, hat Appräsentiertes zu repräsentieren. Aber sie spezialisiert im Laufe einer langen Geschichte ihre besonderen Anstrengungen auf Repräsentationen, die das Repräsentationsrisiko absorbieren. Ihr Folgeproblem ist dann: daß diese Spezialisierung die Funktion und ihr Risiko bewußt macht.

## IV.

Durch Konstitution von Sinn wird Selbstreferenz, die sich auch in den zentralgesteuerten Nervensystemen des organischen Bereichs schon findet, unausweichliche Grundbedingung für den Aufbau von Systemen und für ihre Unterscheidung von der Umwelt. Jedes Sinnsystem ist in jedem seiner Prozesse selbstreferentiell strukturiert. Jedes Sinnsystem bezieht sich in jeder seiner Operationen auf sich selbst. Das gilt für personale Systeme ebenso wie für soziale Systeme. Insofern sind Sinnsysteme selbstreferentiell geschlossene Systeme. Das soll natürlich nicht heißen, daß sie keinen Umweltkontakt hätten – im Gegenteil![32]

Wenn Selbstreferenz für bestimmte Systemarten zur universellen, unvermeidbaren Systemstruktur (oder: Prozeßform) wird, bedeutet dies aber, daß Umweltereignisse nur als Konditionierung selbstreferentieller Prozesse auf das System einwirken können. Punkt-für-Punkt-Entsprechungen zwischen Systemzuständen und Umweltzuständen sind dann ausgeschlossen. Aber von der Umwelt kann dann abhängen, wie das System eigene Zustände auf eigene Zustände bezieht. Über diese Einschränkung der Form, in der Umweltbeziehungen stattfinden können, wird im Effekt eine immense Erweiterung der für ein System relevanten Umwelt erreicht. Das Komplexitätsgefälle zwischen Umwelt und System wird gesteigert, wenn das System sich selbst strukturell zwingt, auf jeden Input aus der Umwelt komplex zu reagieren, das heißt: ihn als selektive Information zu lesen.

32 Eine Analyse selbstreferentieller Strukturen erfordert mithin, daß man die schlichte Kontrastierung von geschlossenen und offenen Systemen, wie sie in der allgemeinen Systemtheorie eine Zeitlang üblich war, aufgibt.

Rein strukturlogisch analysiert, erscheinen selbstreferentielle Systeme als instabil und unbestimmbar oder doch unterbestimmt[33]. Im Inneren solcher Systeme gibt es mithin ein Pendant zur Unbestimmbarkeit der Umwelt. Man kann diese Sachlage auch als Unbestimmbarkeit der Welt bezeichnen – Welt begriffen als Umwelt und System, Außenhorizont und Innenhorizont. Tatsächlich sind jedoch Systeme nicht unbestimmbar, ebensowenig wie die Umwelt faktisch als unbestimmbar erscheint. Es kommt also darauf an zu begreifen, durch welche Korrektive die Strukturlogik der Selbstreferenz gebrochen, die angelegte Instabilität verhindert und ein System zumindest für sich selbst bestimmbar wird. Hierzu sind *Interdependenzunterbrechungen* erforderlich, und dafür gibt es zwei verschiedene Formen: Umweltbezug und Zeit.

*Umwelt* (die es ohnehin immer und im Überfluß gibt) wird *systemintern* als Interdependenzunterbrecher eingesetzt, wenn das System seine selbstreferentiellen Prozesse auf die Umwelt bezieht, *ohne die Umwelt in die Selbstreferenz einzubeziehen.* Das System unterscheidet sich von der Umwelt, indem es die Umwelt systemintern als unabhängige Variable einführt und zur Interdependenzunterbrechung benutzt. Im System erscheint dann die Umwelt als das Andere, als Nicht-Ich oder Nicht-Wir. Die Differenz kann schließlich sprachlich formuliert werden. Sie bleibt jedoch immer ein systeminterner Mechanismus der Selbstbestimmung durch Interdependenzunterbrechung (was nicht ausschließt, daß sie für *andere* Systeme ein in *ihrer* Umwelt beobachtbarer und erforschbarer Vorgang ist).

Ähnliches gilt für *Zeit.* Auch Zeit (die es auf Grund von Prozessen evolutionärer Systembildung im physisch-chemisch-organischen Bereich immer schon gibt) dient *systemintern* als Interdependenzunterbrecher, wenn und soweit ausgenutzt wird, daß die Zeit rückwärtslaufende Bestimmungen ausschließt: Das Frühere kann das Spätere, nicht aber das Spätere das Frühere beein-

33 Vgl. z. B. Robert H. Strotz / H. Wold, Recursive vs. Nonrecursive Systems: An Attempt at Synthesis, Econometrica 28 (1960), S. 422—423; Daniel Metlay, On Studying the Future Behavior of Complex Systems in: Todd R. La Porte (Hrsg.), Organized Social Complexity, Princeton 1975, S. 220—225 (242 ff.); Norbert Müller, Problems of Planning Connected with the Aspect of Reflexivity of Social Processes, Quality and Quantity 10 (1976), S. 17—38 (18 ff.).

flussen, und auch dadurch läßt die Zirkularität der Selbstreferenz sich stabilisieren. Die faktisch erreichten Systemzustände sind dann dadurch privilegiert, daß sie noch wirken, aber nicht mehr bewirkt werden können.

Wenn Interdependenzunterbrechungen durch Umweltbezug und durch Zeit in hinreichendem Umfange gesichert sind, können gegenläufige Prozesse einsetzen, die diesen Erfolg teilweise wieder rückgängig machen. Das System kann Repräsentationen der Umwelt benutzen, um auch zur Umwelt Zirkularität herzustellen und auch diese systemintern zu repräsentieren. Es stellt sich vor, es könne die Umwelt ändern, um selbst andere Input-Leistungen aus der Umwelt zu erhalten. Desgleichen kann das System versuchen, künftige Zustände des Systems oder/und der Umwelt sich vorzustellen und die Gegenwart aus einer unabhängigen in eine abhängige Variable zu transformieren, nämlich als Zustand zu erfassen, der im Hinblick auf eine erwünschte oder zu vermeidende Zukunft geändert werden muß. Beide Strategien gefährden das System, da sie bereits kontrollierte Selbstreferenz durch Abbau der Kontrollmechanismen re-instabilisieren. Es wird also von der Komplexität des Systems sowie von der Art abhängen, in der sie geordnet ist, ob und wie weit Umweltbezug und Zeit als Interdependenzunterbrecher abgebaut bzw. durch höherstufige Kontrollen ersetzt werden können.

Sicherlich gibt es auch Interdependenzen zwischen den Interdependenzunterbrechern und vor allem Interdependenzen zwischen den Strategien des Abbaus von Interdependenzunterbrechern. Man wird das Ausmaß, in dem Umwelt für ein System zur abhängigen Variable wird, nicht wesentlich vergrößern können, ohne das System zugleich auch zu futurisieren, das heißt, es von einer Zukunft abhängig zu machen, die ihrerseits von der Gegenwart abhängt. Deshalb variieren mit der Umweltöffnung des Gesellschaftssystems auch die Temporalstrukturen[34]. Diese

34 Besonders deutlich wird dieser Zusammenhang am Umbau der Temporalstrukturen durch Einbau einer offenen Zukunft, der die bürgerliche Revolution und die Vorstellung einer Machbarkeit der Natur begleitet. Hierzu Reinhart Koselleck, Vergangene Zukunft der frühen Neuzeit, in: Epirrhosis. Festgabe für Carl Schmitt, Berlin 1968, S. 551—566; Niklas Luhmann, The Future Cannot Begin: Temporal Structures in Modern Society, Social Research 43 (1976), S. 130—152.

Überlegungen ließen sich systemtheoretisch verfeinern und in Anwendung auf Systeme bestimmter Art, vor allem Personen oder Gesellschaften, präzisieren. Hier interessiert jedoch vor allem: Was hat all das mit Religion zu tun?

Bei einer ideengeschichtlichen Betrachtung fällt zunächst auf, daß im Jahrhundert von Descartes bis Rousseau die neu radikalisierten Denkfiguren der Selbstreferenz (Reflexion), Selbstliebe, Unruhe und natürlichen Unbestimmtheit des Menschen mit einer ausgesprochen antitheologischen, gegen die etablierte Orthodoxie zielenden Stoßrichtung eingeführt worden sind. Das gilt für die pensée des Descartes, für die uneasiness / inquiétude (Locke, Condillac), die sich aus der Ablehnung eingeborener Ideen ergibt, für den amour-de-soi Rousseaus, für die Industriosität (rastlose Emsigkeit) der Industriepädagogik, für die anthropologische Unbestimmtheit der Menschennatur in der Soziographie und Historik (z. B. Schlözer). Daß all das unter dem Titel »Subjekt« mit zweihundertjähriger Verspätung den heutigen Theologen einzuleuchten beginnt, muß erstaunen. Die einzige Erklärung ist das Alter des Titels, das Nachfragen erübrigt.

Geht man statt dessen von systemtheoretischen Analysen aus, lassen die Anschlüsse für religiöse Formen und Verhaltensweisen sich präziser lokalisieren und von einer diffusen Wertschätzung des »Subjekts« unabhängig machen. Diese Anschlüsse liegen in den sinnkonstituierenden Systemen (immer: Personen *und* Sozialsystemen!) genau analog zur Umwelt der Systeme in einer letzten Unbestimmbarkeit, die als Horizont für die Aufnahme aller Bestimmungen fungiert. Der Diskretierung und den Typenbildungen für die Umwelt, welche Informativität konstituieren, entsprechen im System die Interdependenzunterbrechungen, die das System für sich selbst bestimmbar machen. Außen ebenso wie innen wird jede Bestimmung gegen Unbestimmbares gesetzt. Innen ebenso wie außen kann man daher auf jenes Zugleich von Bestimmtheit und Unbestimmbarkeit stoßen, das zur Ausdifferenzierung spezifisch religiöser Sinnformen den Anstoß gibt.

Die Instabilisierung durch selbstreferentielle Zirkularität nimmt natürlich in personalen und in sozialen Systemen sehr verschiedene Formen an. Entsprechend gibt es personale ebenso wie soziale Quellen für Religiosität. Sie hängen, weil sie füreinander

Systemumwelt sind, voneinander ab, lassen sich aber nicht aufeinander reduzieren[35]. Komplizierend kommt hinzu, daß die Divergenz dieser Systemreferenzen im Laufe der gesellschaftlichen Evolution zunimmt. Vor allem heute kann nicht als gesichert gelten, daß diejenigen Formen, die in sozialen Systemen Selbstreferenz bannen und Interdependenzen unterbrechen, dies zugleich auch für personale Systeme leisten können.

In sozialen Systemen liegt die Selbstreferenz darin, daß man, über was immer man kommuniziert, immer auch über die Kommunikation, über sich selbst und über die Partner kommuniziert; daß man zu Selbstdarstellungen gezwungen ist, deren Brüchigkeit man kennt, und daß man weiß und mitberücksichtigt, daß die Partner rückfragen, negieren, abbrechen oder gar Streit anfangen können. Diese Grundbedingung schlösse jede Bestimmung aus, gäbe es nicht Interdependenzunterbrechungen in Gestalt von Systemgeschichte und in Gestalt von Importen aus der Umwelt, etwa Wissen, über die man sich nicht ohne weiteres hinwegsetzen kann. In personalen Systemen gibt es auf Grund ihrer neurophysiologischen Konstitution ganz andere Formen der Direktwahrnehmung von Selbstreferenz im Zusammenhang (und nur im Zusammenhang!) mit Interdependenzunterbrechungen, nämlich die Irreversibilität des Wegrinnens der Zeit trotz Hineinnahme von Zukunft (Protention) und Vergangenheit (Retention) in die Gegenwart[36] oder die an jedem aktualisierbaren Sinn miterscheinende Unverfügbarkeit[37]. Das Beunruhigende, um nicht zu sagen: Beängstigende, solcher Erfahrungen liegt nicht in den Sinnfigurationen des Erlebens von Zeit und Sein, sondern darin, daß sie *gegen Selbstreferenz gesetzt sind* mit der Funktion, *Interdependenzen, die auch erlebt werden, zu unterbrechen*. An diesem Punkte gibt es die Grenzerfahrung der Sinnlosigkeit – nicht im Sinne des Negierens von Sinn, sondern in der Erfahrung des ruhelosen Selbstbezugs, der ins Alleinsein

35 Diese Feststellung unterscheidet den systemtheoretischen von einem anthropologischen Ansatz, der sich durch seine theoretische Option selbst zwingt, letztlich aufs »Individuum« zurückzugehen.

36 Siehe die bekannten Analysen von Edmund Husserl, Vorlesungen zur Phänomenologie des inneren Zeitbewußtseins, Jahrbuch für Philosophie und phänomenologische Forschung 9 (1928), S. 367—496.

37 Siehe, beides zusammennehmend, Martin Heidegger, Sein und Zeit, 6. Aufl., Tübingen 1949.

tendiert. Und nur diese Erfahrung kann personeigene (nicht aus der sozialen Umwelt importierte) Religiosität generieren[38]. Zusammenfassend ist nach alldem festzuhalten: Bei der Frage nach dem Bezugsproblem der Religion muß man Außen- und Innenhorizonte sozialer und personaler Systeme unterscheiden. Außen- und Innenhorizonte korrelieren, da die Umwelt intern als Interdependenzunterbrecher rezipiert wird und da die Art, in der das geschieht, die dem System zugängliche Diskretierung und Typifizierung der Umwelt bestimmt. Überdies sind personale und soziale Systeme wechselseitig füreinander Umwelt, so daß die Relationierung der Außen- und Innenhorizonte in keinem dieser Systeme ganz unabhängig davon erfolgen kann, was für das je andere System möglich und konkret aktualisierbar ist. Diese Grundbedingungen der Funktion von Religion können im Laufe der gesellschaftlichen Evolution durch Zunahme der Systemdifferenzierungen auseinandergezogen, die Parameter können abstrahiert, die Funktion der Religion kann spezifiziert werden. Zugleich sichert aber der Umstand, daß alle Veränderung nur möglich ist als Veränderung der Grundrelation von System und Umwelt, die Einheit und Kontinuität des Geschehens. Der Formwandel der Religion und selbst die Transformationen des Bezugsproblems der Religion schließen die Möglichkeit nicht aus, Religion als selbstsubstitutive Ordnung funktional zu identifizieren.

38 Diese Formulierung wendet sich gegen die verbreitete, auch empirischer Forschung zugängliche These, Religion habe eine Trostfunktion für Personen bei relativer Deprivation oder bei Todesfurcht oder eine Vermeidungsfunktion in bezug auf Anomie. Es mag durchaus sein, daß Trostbedürftigkeit und Religiosität oder Kirchenbesuch korrelieren, — vgl. etwa Charles Y. Glock / Benjamin B. Ringer / Earl R. Babbie, To Comfort and to Challenge: A Dilemma of the Contemporary Church, Berkeley 1967 und (empirisch bestätigend) Stefan Christopher / John Fearon / John McCoy / Charles Nobbe, Social Deprivation and Religiosity, Journal for the Scientific Study of Religion 10 (1971), S. 385—392 mit kritischer Kommentierung durch James E. Dittes, sowie (empirisch widerlegend) Charles W. Hobart, Church Involvement and the Comfort Thesis in Alberta, Journal for the Scientific Study of Religion 13 (1974), S. 463—470); L. D. Nelson, Functions and Dimensions of Religion, Sociological Analysis 35 (1974), S. 263—272. Daraus kann man indes nur folgern, daß Religion im sozialen System der Gesellschaft Surrogate bietet für relative Deprivation, nicht aber, daß dies das Bezugsproblem sei, das im personalen System als Katalysator diene für die Erzeugung von — sagen wir ruhig: Frömmigkeit.

## V.

Im Anschluß an die Überlegungen zu Komplexitätsindeterminiertheit und zu Appräsentation/Repräsentation, im Anschluß also an systemtheoretische und Sinn als Form betreffende Analysen läßt sich genauer angeben, wie die Funktion der Religion erfüllt wird. Wir treffen hier auf Form- und Erfahrungsanalysen, die mit phänomenologisch-deskriptiven Mitteln einen besonderen Sinnbezirk des »Heiligen« beschrieben haben[39]. Insofern konvergieren, wie oft gefordert[40], funktionale und substantielle Argumente, und man gewinnt die Möglichkeit, das Heilige mit unheiligen Mitteln zu analysieren und der Variation und dem Vergleich auszusetzen.

Was als spezifische Sinnform des Religiösen, als Numinoses oder Heiliges beschrieben worden ist, läßt sich dann als Resultat eines Prozesses der *Chiffrierung* begreifen, der Unbestimmbares in Bestimmtes oder doch Bestimmbares transformiert. Chiffren sind nicht einfach Symbole, geschweige denn Zeichen oder Allegorien oder Begriffe. Sie sollen nicht etwas anderes nur bezeichnen, nur ausdrücken. Sie sind nicht gemeint und werden nicht erlebt als bloße Hinweise auf etwas, was nicht oder nicht direkt zugänglich ist. Sie haben ihren Sinn überhaupt nicht in der Relation zu etwas anderem, sondern sind es selbst. Sie konstituieren Wissen, indem sie das Bestimmte an den Platz des Unbestimmten setzen und dieses dadurch verdecken. Was durch sie verdeckt wird, bleibt Leerhorizont; es hat keine Realität, nicht einmal negierbare Realität, aber es wird miterlebt als das, was kontingente Form notwendig macht. Dies Miterleben wird als Bindung (religio) erfahrbar; es präsentiert die Unvermeidlichkeit reduktiver Bestimmung, die sich als Unvermeidlichkeit an religiös chiffriertem Sinn selbst anzeigt.

Das, was unsere Analyse durch Prozeßaussagen oder Funktions-

39 Der charakteristische Beleg hierfür ist immer wieder: Rudolf Otto, Das Heilige: Über das Irrationale in der Idee des Göttlichen und sein Verhältnis zum Rationalen, Breslau 1917.

40 Siehe nur: Günther Dux, Ursprung, Funktion und Gehalt der Religion, Internationales Jahrbuch für Religionssoziologie 8 (1973), S. 7—67 (19 f.); Karel Dobbelaere / Jan Lauwers, Definition of Religion — A Sociological Critique, Social Compass 20 (1974), S. 535—551.

aussagen wieder auflöst, ist in der Sinnform des Religiösen somit als Einheit erfahrbar. Wie bei Changierbildern, die man optisch kippen lassen kann, ist der chiffrierte Sinn als Einheit und als Differenz (von Horizont und Identität, Unbestimmtem und Bestimmtem, Notwendigem und Kontingentem, Appräsentiertem und Repräsentiertem) zugänglich – je nachdem, welche Sinnvollzüge angeschlossen werden. Erst der operative Kontext entscheidet, ob es Sinn gibt, auf der Differenz des religiös als Einheit Erlebbaren zu bestehen oder nicht.

Verglichen mit der üblichen Religionsforschung sind diese Überlegungen ziemlich abstrakt formuliert worden, um ein Doppeltes zu gewährleisten: Kontaktfähigkeit der Begriffe in bezug auf andere Gegenstandsbereiche und andere systemtheoretische Forschungsrichtungen sowie Fähigkeit zur Einbeziehung aller Phänomene, die im alltäglichen Leben heutiger oder früherer Gesellschaften mit Religion assoziiert werden. Auch bei größtmöglicher Abstraktion sind Bezugsprobleme für gesellschaftliche Funktionen jedoch keine logischen Universalien, keine a priori geltenden Begriffe, keine absoluten Ideen, die es unabhängig von der Gesellschaft selbst gibt und nach denen die Gesellschaft sich zu richten hat. Vielmehr entstehen Bezugsprobleme, die sich als Funktionen eignen, um gesellschaftliches Erleben und Handeln zu strukturieren, im Laufe der Evolution und unterliegen ihrerseits evolutionärer Variation. Dabei wechseln im Rahmen dessen, was die analytische Orientierung der Wissenschaft allgemein zu erfassen sucht, die konkreteren Fassungen des Bezugsproblems, und damit wechseln die Inhalte, die als Religion in Betracht kommen.

Durchgehend kann man beobachten, daß Funktionsorientierungen, die überhaupt gesellschaftliche Relevanz behaupten können, sich im Laufe der soziokulturellen Evolution *spezifizieren* in dem Maße, als es zur Bildung größerer Gesellschaftssysteme kommt. Diese Spezifikation hat zwei Seiten. Einerseits dient die Funktion dazu, einen verstreut und okkasionell auftretenden Bedarf zusammenzufassen, entsprechende Orientierungen und Handlungsmuster zu focussieren und zu systematisieren. Ein wichtiger Schritt auf diesem Wege ist die Reservierung von Orten und Mitteln, schließlich von besonderen Rollen, Rollensystemen oder gar Organisationen für die besondere Funktion.

Dadurch erleichtert man, wenn Größenordnung und Häufigkeit der Ereignisse ausreichen, Lernprozesse und Rationalitätsgewinne. Andererseits erfordert genau dieser Prozeß nicht nur ein Zusammenziehen, sondern auch ein Auflösen und Teilen vorhandener Komplexe. Die Funktionsorientierung wird ausdifferenziert; sie wird einem Kontext, indem sie mitbefriedigt wurde, entzogen und auf sich gestellt mit der Folge, daß auch der verbleibende, die Funktion abgebende Kontext umstrukturiert werden muß.

Ob eine solche Entwicklung von unzusammenhängender, instabiler Homogenität zu zusammenhängender, stabiler Heterogenität mit Spencer als eine Art Naturgesetz der Evolution zu betrachten ist, mag man bezweifeln. Die Evolution selbst ist damit jedenfalls noch nicht geklärt. Auch abgesehen von den sehr komplizierten Problemen einer Theorie soziokultureller Evolution kann man aber zeigen, daß solche Prozesse funktionaler Spezifikation vorkommen; daß dafür sich eignende Bezugsprobleme wie Katalysatoren wirken, die innerhalb der Gesellschaft unter gewissen Voraussetzungen[41] Sondersystembildungen ermöglichen und beschleunigen; und daß diese Inanspruchnahme als Funktion und ihr katalytischer Erfolg das Bezugsproblem selbst verändern.

Für eine genauere Analyse der Funktion von Religion in ihrem geschichtlichen Wandel ist vor allem der zuletzt genannte Gesichtspunkt wichtig. Die Richtung der Spezifikation und Ausdifferenzierung ist im Bezugsproblem selbst vorgezeichnet. Sie findet ihren Ausgangspunkt und die Bedingung ihrer universalen Relevanz in der Allgemeinheit des Bezugsproblems. Unbestimmbare Horizonte sind mit allem Sinn gegeben so wie transzendierende Umwelten mit aller Systembildung. Insofern kann das Bezugsproblem der Religion in jedem Moment, an jedem Thema, in jeder Enttäuschung oder Überraschung aufbrechen. Mehrdeutige Ereignisse oder relatives Unglück im Vergleich zum

41 Zu nennen wären namentlich: ausreichende Größenordnungen in demographischer Hinsicht, ausreichende Mobilität der Ressourcen, ausreichende strukturelle Sicherheiten in bezug auf die Erfüllung anderer Funktionen in der gesellschaftsinternen Umwelt. Siehe dazu speziell für die politische Funktion: Shmuel N. Eisenstadt, The Political Systems of Empires, New York 1963.

Wohlergehen anderer, Langeweile oder Wahnsinn können äquifinale Ausgangslagen bilden für den Anschluß religiöser Erfahrungen. Insofern liegt zunächst ein diffus streuender, okkasionell auftretender Bedarf vor. Das Bezugsproblem wird zur Funktion und eine Spezifikation wird erreicht in dem Maße, als das Besondere, sozusagen Untypische in diesen Ausgangslagen erfaßt, zusammengezogen, formuliert werden kann. Das Besondere und Gemeinsame, das Querschlüsse erlaubt, ist eine Art Grenzproblem: *das Zugleich von Bestimmtheit und Unbestimmbarkeit.* Dies Problem ist, wenngleich immer impliziert, keineswegs immer aktuell. Es kann in der Art und Häufigkeit seines Auftretens durch die Mittel seiner Behandlung konditioniert werden. Die Ausarbeitung einer darauf bezogenen, spezifisch religiösen Sonderwelt von Formen und Operationen steigert einerseits die Sensibilität für dieses Problem und wirkt andererseits diskriminierend: Der Alltag verliert in vielen Vollzügen seine unmittelbare religiöse Relevanz, man kann die großen und ernsten Worte nicht bei jeder Gelegenheit benutzen; das Gebet ist, auch wenn der Glaube einem sagt, daß es in jeder Lebenslage hilft, nicht die einzig-mögliche Verhaltensweise.

Konzentration auf den Kern des Problems, auf das Zugleich von Bestimmtheit und Unbestimmbarkeit, kann immer noch sehr Verschiedenes besagen. Der Anstoß zum Aktivwerden religiöser Orientierung kann im Unbestimmbaren liegen, das auf die eine oder andere Weise wie Bestimmtes oder doch Bestimmbares behandelt, zum Beispiel benannt werden muß. Er kann aber auch vom Bestimmten ausgehen, das mit Hilfe der Religion wiederaufgelöst oder mit Elementen der Unbestimmbarkeit, die man gleichwohl repräsentieren zu können meint, angereichert wird. Beide Varianten setzen eine Focussierung der Religion auf ihr Bezugsproblem voraus.

Die erstgenannte denkt gleichsam natürlicher und voraussetzungsloser; sie sucht eine Meidung oder Eliminierung der gefährlichen Vieldeutigkeit durch Reduktion auf typenfestes Erleben oder rezeptsicheres Handeln. Die Typen sind nicht eigentlich Übertretungsverbote. So kann das Durchbrechen ihrer Grenzen als die furchtbare Tat erscheinen, die Kraft verleiht[42]. Hier

42 Siehe zur Verbreitung dieses Glaubens Monica Wilson, Religion and the Transformation of Society, Cambridge Engl. 1971, S. 88. Mary Douglas,

wird man den Startmechanismus der Ausdifferenzierung von Religion suchen müssen.

Die zweite Variante leitet zur Hochreligion über. Sie korreliert mit strukturellen Transformationen des Gesellschaftssystems und trägt dem Umstande Rechnung, daß tradierte Muster der Erlebnisverarbeitung aufgelöst und auf höheren Niveaus der Generalisierung neu formiert werden müssen. Dann leistet die Religion dank ihrer Funktion zugleich ein Regenerieren von Unbestimmbarkeit, für die nur sie über adäquate Behandlungsmuster verfügt. In den Intersystembeziehungen der Gesellschaft kann das auf eine Kritik der Familienhaushalte und auf eine Kritik der politischen Herrschaft hinauslaufen. Für die Religion selbst ist es seitdem ein Problem, das Problem erst schaffen und bewußt machen zu müssen, das zu behandeln sie in der Lage ist.

Für frühe Gesellschaftsformationen ist die Funktion der Religion erfüllt, wenn es gelingt, Unsicherheit in mehrdeutigen Lagen zu absorbieren und Unbestimmtes in Bestimmtes zu übersetzen. Mythen behandeln Grenzphänomene, indem sie in Berichtsform erzählen, wie Typendifferenzen entstanden sind – Differenzen wie Himmel und Erde, Lebendes und Nichtlebendes, Götter und Menschen, Gutes und Böses[43]. Vorstellungen über Kontaktmeidung, Befleckung und Reinigung, Ritualisierung von Übergängen setzen ebenfalls an strukturell nicht eindeutig definierten Grenzfällen an[44]. Das Ambivalente fasziniert als ge-

Natural Symbols: Explorations in Cosmology, London 1970, S. 14, führt dieses Assoziieren von Grenzen mit Gefahr und Macht auf die hohe Interdependenz und rituelle Bindung der Lebensführung kleiner Stämme zurück. Es handelt sich nicht um ein universelles Phänomen aller primitiven Gesellschaften und fehlt bei lockereren, mobileren Formen des Zusammenlebens.

43 Diese Interpretation folgt Victor W. Turner, Myth and Symbol, International Encyclopedia of the Social Sciences Bd. 10, New York 1968, S. 576—582. Bereits Clyde Kluckhohn, Myths and Rituals: A General Theory, Harvard Theological Review 35 (1942), S. 45—79 hatte diese ins Unsichere gebaute Standardisierungsfunktion betont.

44 Vgl. Victor W. Turner, Betwixt and Between: The Liminal Periode in Rites de Passages, in: Symposium on New Approaches to the Study of Religion. Proceedings of the 1964 Annual Spring Meeting of the American Ethnological Society, Seattle 1964, S. 4—20; ders. a. a. O. (1969), S. 94 ff.; Mary Douglas, Purity and Danger: An Analysis of the Concepts of Pollution and Taboo, London 1966.

fährlich und mächtig, und seine religiöse Qualität ist zunächst nicht auf Moral festgelegt. Furcht dominiert die Mittel der Symbolisierung und Bestimmung. Deshalb ist Bestimmtheit in sich selbst schon ein Gewinn und wird alternativenlos akzeptiert, ohne daß weitere gesellschaftsinterne Kriterien der Selektion, etwa solche der ökonomischen Rentabilität oder der politischen Opportunität, der Wissensakkumulation oder der Hygiene ins Spiel kämen. Die Religion interpretiert Umwelt für die Gesellschaft, und es gibt innerhalb des Gesellschaftssystems noch keine elaborierte »systeminterne Umwelt«, die der Religion eigene Bedingungen der Leistung und der Anpassung stellte. Die Religion braucht deshalb nicht als System und als Adressat für funktionsspezifische Kommunikationen ausdifferenziert zu sein.

Die Lage ändert sich mit dem Übergang von segmentären zu stratifizierten Gesellschaftssystemen und mit der Entstehung einer komplexeren systeminternen Umwelt innerhalb des Gesellschaftssystems. Es entstehen Schichtungsgegensätze, die als solche Orientierungen formieren, ferner spezifisch politisch-militärische und spezifisch kommerzielle Interessensphären außerhalb der Religion. Dem Bezugsproblem der Religion wird jetzt größere Trennschärfe abverlangt, höherer Orientierungswert für spezifisch religiöse Verhaltensweisen und zugleich Kommunikabilität im Hinblick auf andere gesellschaftliche Bereiche[45]. Das hat zahlreiche Folgen, die in der Entstehung von Hochreligionen und ihren institutionellen Apparaten dokumentiert sind. Wir konzentrieren uns auf die Auswirkungen, die die Funktion selbst betreffen.

Offensichtlich gibt es keine evolutionären Zwänge, die die Religionsentwicklung auf vorgezeichnete Bahnen führen. Aber es gibt Unterschiede in den Erfolgschancen. Die für die abendländische Gesellschafts- und Religionsentwicklung bestimmende Abstraktionsrichtung wählt eine Form von Monotheismus, die die *Transzendenz* als (verehrungswürdige) *Person* festzuhalten sucht, um Generalisierung, Systematisierung und Spezifikation zu verbinden. Wenn das geht, bleibt das Unfaßliche faßbar, anruf-

45) Vor allem natürlich: Kommunikation zu den Rollen, in denen politische Entscheidungen getroffen werden. Vgl. für ein wichtiges Beispiel: Siegfried Herrmann, Ursprung und Funktion der Prophetie im alten Israel, Opladen 1976.

bar und zumindest soweit erkennbar, daß das Unvermögen zur vollen Entschlüsselung der Endlichkeit des Menschen und seines begrenzten Erkenntnisvermögens zur Last gelegt werden kann. Hinter dem Horizont laufen die Linien wieder zusammen, das Getrennte wird wieder Eins und das Sinnwidrige wird doch noch zu Sinn. *Daß* dies so *ist*, erfüllt für die Sinnsuchenden, Fragenden, Leidenden, Zweifelnden die Funktion der Religion. Wenn das so ist, kommt es gar nicht zu dem (erst in der Neuzeit so genannten) Problem der »Theodizee«; es braucht und kann nicht erst aus einem Gesamturteil über die Leistungen Gottes auf dessen Rechtfertigung geschlossen werden[46]. Nur wird im Laufe der Problementwicklung die Glaubensbasis – »*daß* dies so *ist*« – schmaler und schmaler dadurch, daß durch rein dogmatische Begreifversuche Möglichkeiten einer religiös akzeptablen Erklärung von Leid und Ungerechtigkeit eliminiert oder doch kontrovers werden – so die Erklärung durch Materie, die dem guten Willen Gottes Widerstand leistet; die Erklärung durch eine zweite religiöse Macht; die Erklärung über ungewollte Nebeneffekte der Schöpfung[47]. Die Dogmendiskussion setzt, einmal ausdifferenziert und thematisch spezifiziert, eine Art Selbstreinigungsprozeß der religiösen Funktion in Gang, an deren Ende die Transzendenz Gottes keinerlei Einschränkungen mehr verträgt und so die Gesamtverantwortung für alles übernehmen muß.

Die Vorstellung einer transzendenten Person und die für sie zu reservierenden Attribute machen das Bezugsproblem der Religion in verschärfter Weise bewußt. Einfachere Religionen können sich damit begnügen, ihrem Gott Transzendenz und Immanenz zugleich zu bescheinigen und je nach Kontext das eine oder das andere Merkmal abzurufen[48]. Bei höheren Ansprüchen an

46 Siehe zur Überlieferungsgeschichte Johann Jakob Stamm, Das Leiden des Unschuldigen in Babylon und Israel, Zürich 1946, einerseits und Otto Lempp, Das Problem der Theodicee in der Philosophie und Literatur des 18. Jahrhunderts bis auf Kant und Schiller, Leipzig 1910, andererseits.

47 Vgl. etwa Victor Naumann, Das Problem des Bösen in Tertullians zweitem Buch gegen Marcion: Ein Beitrag zur Theodizee Tertullians, Zeitschrift für katholische Theologie 58 (1934), S. 311—363, 533—551.

48 So für afrikanische Religionen John S. Mbiti, Concepts of God in Africa, London 1970, S. 12 ff.; E. G. Parrinder, Monotheism and Pantheism in Africa, Journal of Religion in Africa 3 (1971), S. 81—88.

Konsistenz und vor allem als Folge des Einwirkens theologischer Reflexion wird diese das Problem überdeckende Identifikation aufgelöst. Entgegengesetztes (wie: Immanenz und Transzendenz) kann dann nicht mehr *als* Dasselbe, sondern nur noch *durch* Dasselbe erklärt werden. Die Transzendenz wird ins Außerweltliche abstrahiert. Der Gottesbegriff sprengt den Weltrahmen, wenn er nicht mehr *in der Welt* die ungelösten Probleme absorbiert (und das ist möglich, weil *dafür* jetzt in einer *zweiten* göttlichen Person ein Platzhalter zur Verfügung steht). Die Abrundungsfunktion des totalisierenden Gottes – das Theorieproblem der aristotelischen Metaphysik, die im unbewegten Beweger die Diskretheit der Weltzustände und ihrer Veränderungen übergreift – wird aufgegeben, wenn das ens universalissimum zum ens increatum wird[49]. Dann verlagert das Abschlußproblem sich in einen abstrakten Begriff des »ens«, der Unendliches und Endliches übergreift und nur rein formal postuliert werden kann; oder das Problem wird zum Relationierungsproblem: Die Welt wird im Gottesbegriff gleichsam dupliziert und hypostasiert und das Abschlußproblem gewinnt die Form der Frage, unter welchen Bedingungen Beziehungen zwischen Gott und Welt denkbar sind. Seiendes und Relation werden zu metatheologischen Begriffen, die die Formprobleme religiösen Erlebens kontrollieren, ohne selbst religionsspezifischen Inhalt anzunehmen. Darin spiegelt sich, daß eine Gesellschaft, die Religion als Teilsystem ausdifferenziert, über Denkmöglichkeiten verfügen muß, die das Teilsystem in die Gesellschaft und mit anderen teilsystemspezifischen Umweltperspektiven integrieren.

Im Mittelalter wird also das Bezugsproblem der Religion selbst problematisiert. Wir können auch sagen: es wird durch Problematisierung des Problems reflexiv. In der Klostertheologie des 12. Jahrhunderts werden zunächst Fragen der Moral und der praktischen, an Gott ausgerichteten Lebensführung unter den

49 Die Argumentation schließt im übrigen auch literarisch genau an. Siehe den Anschluß an die Probleme des unbewegten Bewegers unter dem Titel De esse Dei et eius unitate bei Duns Scotus, Ordinatio I dist. 2,1, Opera omnia Bd. II, Civitas Vaticana 1950, S. 125 ff. Zur Entwicklung dieser Problemstellung bei Duns Scotus und zu ihren Konsequenzen für die spätere Religionsspaltung vgl. ferner Karl Heim, Das Gewißheitsproblem in der systematischen Theologie bis zu Schleiermacher, Leipzig 1911, insb. S. 181 ff.

Gesichtspunkt der Selbsterkenntnis und Durchleuchtung des inneren Bewußtseins gestellt[50]. Als komplizierendes Moment kommt hinzu, daß dieser Vorgang der Abstraktion und Reflexivierung sich abspielt in einer Glaubensreligion, die die Frage der Zugehörigkeit zum Religionssystem nicht an askriptive Kriterien knüpft, sondern von Bewußtsein abhängig macht. Spätestens seit Peter Abaelard wird es üblich, eine Bewußtseins- oder Gewissensebene zu postulieren, die als Instanz nicht nur über Handlungen, sondern auch über Meinungen, und nicht nur retrospektiv, sondern auch prospektiv urteilt. Das Risiko der Subjektivierung wird vorerst abgefangen dadurch, daß man entsprechend der Unterscheidung von Prinzipien und Fällen synderesis (als Intuition der Prinzipien) und conscientia (als Anwendungsvermögen) trennt[51]. Aber die Rückrelationierung auf mentale Prozesse bleibt erhalten, und, einmal formuliert, macht dieses Postulat den Glauben selbst reflexiv[52]. Die Reflexivierung des Bezugsproblems der Religion korreliert mit einer Reflexivierung des Glaubens. Weder das ens, noch die Relation, noch die Schrift allein können als solche den Glauben garantieren. Die Gewißheit des Glaubens an den Glauben wird zum Problem und verunsichert die Gewißheit der Erlösung durch den Glauben, daraufhin die Unterscheidung der Erlösten von den Verdammten und damit die Sicherheitsgrundlagen, die die Religion gerade zu bieten beansprucht. Wird diese Reflexivität akzeptiert, kann Gewißheit religionsimmanent nur darin bestehen bzw. dadurch erreicht werden, daß die Ungewißheit vergrößert und in eine religionsspezifische Disposition ausgebaut wird[53]. Diese Verunsicherung sprengt die mittelalterliche Einheit von Moralkasuistik

50 Vgl. Ermenegildo Bertola, Il problema della coscienza nella teologia monastica del XII secolo, Padova 1970.

51 Thomas von Aquino, Summa Theologiae I q. 79 a. 12 und 13.

52 Die weittragenden Konsequenzen können hier nicht weiter verfolgt werden. Sie umfassen (1) den Probabilismus als Form des Wissens über Wahrheitsstufen der Meinungen; (2) den zunehmenden Bedarf für Entscheidungsebenen innerhalb der Kirche bis hin zur Sakralisierung der Organisation selbst; (3) Problematisierung der Gewißheit (certitudo) selbst in einem nun »subjektiven« Sinne; und (4) Generierung von Alternativtheologien.

53 Vgl. dazu Paul Althaus, Die Prinzipien der deutschen reformierten Dogmatik im Zeitalter der aristotelischen Scholastik, Leipzig 1914, Nachdruck Darmstadt 1967, S. 179 ff.

und Seelsorge[54]. Dann aber kann es zu der Frage kommen, wozu eine derart gesteigerte Heils-Ungewißheit überhaupt gut ist und wie sie laufend reproduziert werden kann in einer Welt, die eine Fülle von Gewißheitsäquivalenten bietet[55]. Und nicht zuletzt wird durch Reflexivierung der Glaubensgewißheit eine allgemeine Individualisierung der Erfahrungsgewißheit vorbereitet, wie sie in der zweiten Hälfte des 17. Jahrhunderts dann in der Ablehnung des Konzepts angeborener Ideen und in der Generalisierung von Kriterien der Intersubjektivität, den Startbedingungen der neuzeitlichen Wissenschaft, zum Ausdruck kommt.

Im Religionssystem selbst hat jene Fassung des Bezugsproblems als *Problem der Relation von Gott und Welt* schwerwiegende Konsequenzen: Die Einheitsausdrücke, die die Funktion repräsentieren könnten, werden leer oder negativ. Die Darstellung der Relation als Analogie, die das Mittelalter beherrscht[56], hat einen entscheidenden Vorzug: daß der Einheit des Analogiebegriffs keine Einheit eines Gegenstandes zu entsprechen braucht. Deshalb kann man Gott in eine Analogie einbauen, ohne ihm einen die Analogie von Gott und Welt tragenden Gesamtgegenstand überordnen zu müssen. Andererseits setzt die Analogie

54 Das ist ein Gesichtspunkt, den Benjamin Nelson verschiedentlich betont hat. Siehe z. B.: Scholastic Rationales of »Conscience«, Early Modern Crises of Credibility, and the Scientific-Technocultural Revolutions of the 17th and 20th Centuries, Journal for the Scientific Study of Religion 7 (1968), S. 157—177; ders., Conscience and the Making of Early Modern Cultures: The Protestant Ethic Beyond Max Weber, Social Research 36 (1969), S. 4—21. Zur Gesamtthematik auch ders., Eros, Logos, Nomos, Polis: Their Changing Balances and the Vicissitudes of Communities and Civilizations, in: Allan W. Eister (Hrsg.), Changing Perspectives in the Scientific Study of Religion, New York 1974, S. 85—111.

55 Diese Gewißheits- und Erfolgsäquivalente für offensichtlich unreligiöses oder gar unmoralisches Verhalten einerseits und die Aussicht auf allmähliche Beseitigung des Leides andererseits akzentuieren erst das oben bereits erwähnte Problem der Theodizee. Man kann nun, die Heilsfrage offen lassend, das Leid (und damit Gott) durch einen psychologischen Kalkül rechtfertigen: Wenn immer und nur die Tugend mit Erfolg belohnt würde, könnte niemand wissen, ob er Tugend oder Erfolg erstrebt: welch entmutigende Aussicht für eine Erziehung zur Tugend!

56 Vgl. mit Rückführung auf neuplatonische Ursprünge Hampus Lyttkens, The Analogy Between God and the World: An Investigation of its Background and Interpretation of its Use by Thomas of Aquino, Uppsala 1952.

ein Strukturwissen[57] sowie Annahmen über Kausalität voraus und bleibt in diesen Voraussetzungen angreifbar. Jedenfalls vervielfältigen sich die logischen und theoretischen Optionen, die das Relationierungskonzept offen läßt. Es entsteht ein sich innerhalb des Religionssystems ausdifferenzierendes Teilsystem für theologisch-dogmatische Arbeit, dessen Eingliederung in die rechtlich-organisatorische Hierarchie der Kirche Schwierigkeiten bereitet. Die Motive werden überspannt, verunsichert, wenn nicht gar zum Ausweichen ins Humane, Schöne, Lukrative angeregt. Schließlich kommt es im 16. Jahrhundert zu den bekannten Konfessionsspaltungen, zum Rückgriff auf voraussetzungslosere Formen einer nur noch segmentären Differenzierung des Religionssystems, das sich als ganzes eine *theoretische* Integration nun ersparen kann, von belastenden Interferenzen mit wissenschaftlicher Theoriebildung absieht und über das Staatsrecht des souverän gewordenen politischen Systems einen modus vivendi gesichert erhält durch einen externen Zwang, den es nicht selbst zu vertreten und zu begründen hat[58].

Das Reflexivwerden des Bezugsproblems und des Glaubens hat einen rasch sich beschleunigenden »Formenverbrauch« eingeleitet. Es hat auch die Funktion der Religion selbst verändert. Reflexive Mechanismen erfordern verschärfte Reduktionen in den Steuerungsprozessen: Für die Erziehung von Erziehern gibt es nicht so viele Möglichkeiten wie für die Erziehung schlechthin, für die rechtliche Regelung der Rechtsetzung nicht so viele wie für Rechtsetzung schlechthin, die Wissenschaft von der Erkenntnis hat nicht die gleiche Themenbreite wie die Wissenschaft

57 Ein Beispiel dafür werden wir in Kapitel 3, VI ausführlicher erörtern, nämlich das Kontingenzmodell »Gabe des Lebens«, das voraussetzt, daß man auf seiten Gottes ebenso wie auf seiten des Menschen in vergleichbarem Sinne Strukturprobleme des »Gebens« annehmen kann.

58 Hier geht es nur um den Zusammenhang zwischen Abstraktion/Spezifikation des Bezugsproblems und segmentärer Innendifferenzierung des Religionssystems. Weitere Vorteile dieser Innendifferenzierungsform werden im Zusammenhang mit Säkularisierung und Organisierung erkennbar werden, namentlich: bessere Anpassung an die historisch-faktische Existenz von Weltreligionen in einem weltweit expandierenden Gesellschaftssystem; bessere Anpassung an Aufstiegsmobilität (vor allem in den USA); bessere Ausgangspunkte für Organisation und Inter-Organisations-Beziehungen bei Anerkennung einer Vielheit gleichberechtigter und möglichst auch kulturell egalisierter Formen der Religionsausübung. Vgl. S. 64 ff., 235, 244 f., 256 ff.

schlechthin – sonst wäre es sinnlos, einen Prozeß zunächst auf sich selbst anzuwenden. Diese generelle Einsicht läßt sich auch auf den Religionsbereich übertragen. Schon die Vergegenwärtigung der Horizonte, das Repräsentieren des Appräsentierten, das Bestimmen des Unbestimmbaren erfordert typisierende Reduktionen, bleibt gebunden an die Wahl dazu geeigneter Formen, die negiert werden, ja Negierversuche geradezu provozieren können. Dieses Reduktionsproblem verschärft sich, wenn die dabei implizierte Simultaneität des Unbestimmbaren und des Bestimmten selbst zum Problem werden soll. Damit wird das Bezugsproblem der Religion zurückgeführt auf seinen Kern, nämlich auf den Grund, der es zum Problem macht. Dieses Problem kann natürlich formuliert und damit seinerseits der Negation ausgesetzt werden. Es kann funktionalen Analysen als Bezugsproblem dienen, und insofern gewinnen diese ihre Wahrheit erst durch die evolutionäre Spezifikation und mit Hilfe der Dogmatik. Aber was wird damit sonst gewonnen – außer Negations- und Vergleichsmöglichkeiten von neuartiger Radikalität? Und vor allem: kann man ernsthaft erwarten – und dieses Problem stellt sich für alle reflexiv orientierten, ihr Bezugsproblem problematisierenden Funktionssysteme gleichermaßen, also auch für Politik, Wirtschaft, Erziehung, Wissenschaft, Recht –, daß ein ganzer Funktionsbereich sich als soziales System mittels reflexiver Orientierung an der Funktion durchkonstruieren läßt?
Zumindest eins müssen wir festhalten: Die hier zugrunde liegende Bestimmung der Funktion von Religion schließt es aus, in der Gewißheit, Festigkeit und Unerschütterlichkeit des Glaubens allein ein Maß der Religiosität zu suchen. Je sicherer, desto religiöser – eine solche Auffassung ließe sich gut in Empirie umsetzen[59], aber sie trifft im Laufe der evolutionären Spezifikation des Religionsproblems immer weniger zu. Gemessen an jener Vorstellung könnte Evolution nur heißen: Gewißheitsverlust und damit Religionsverlust. Von der Funktion her gesehen, bedeutet diese Entwicklung jedoch, daß die Formenwelt der Religion religiös nur noch erfahren und theologisch nur noch aufbereitet werden kann unter Einbeziehung einer Umkehrung – ei-

59 Siehe nur: Rodney Stark/Charles Y. Glock, American Piety: The Nature of Religious Commitment, Berkeley—Los Angeles 1968, S. 76 ff.

ner »Offenbarung in der Verborgenheit ... im Sinne der absconditas sub contrario«[60]. Das Religiöse muß sich nicht an der für es spezifischen Form, sondern gegen sie bewähren.

## VI.

Von der Definition des Bezugsproblems hängt es ab, welche Sinnformen und Verhaltensweisen als funktionale Äquivalente für Religion in Betracht kommen. Diese Definition kann jedoch nicht beliebig erfolgen. Wenn die Gesellschaft Einrichtungen oder gar Teilsysteme für Funktionen bereitstellt und in diesem Prozeß der Ausdifferenzierung deren Bezugsproblem spezifiziert, werden damit im Gegenstand selbst Strukturen geschaffen, die man nicht einfach außer acht lassen kann. Andererseits ist die Wissenschaft nicht gezwungen, den gesellschaftlich etablierten Funktionsrahmen als Schranke des eigenen Vergleichsbereichs zu akzeptieren. Sie muß von ihm ausgehen, aber sie kann ihn erweitern. Auch dabei muß sie jedoch – im Interesse einer gesamtgesellschaftlich verständlichen Terminologie, aber auch als Wissenschaft – den Gegenstand respektieren.

Die methodologische Diskussion über funktionale Definition und funktionale Analyse der Religion hat hier zu rasch Entweder/oder-Entscheidungen gefordert[61]. Es kommt aber auf eine genauere Analyse des Bezugsproblems an. Die Rückführung des Problems auf System/Umwelt-Relationen und auf Sinnstrukturen schlechthin besagt natürlich nicht, daß jede System/Umwelt-Beziehung oder jeder Sinn religiöse Qualität hat, und auch nicht, daß alles überhaupt als funktionales Äquivalent für Religion in Betracht kommt, weil alles überhaupt Komplexität reduziert. Wir haben zeigen können, daß der Aufbau differenzierter Systeme Hand in Hand geht mit einer Spezifikation der zu lösenden Probleme. Auch Grundprobleme, ja selbst das Problem der Etablierung diskretierender Horizonte, werden dabei zu Spe-

60 Nicht zufällig steht diese Formulierung im Kontext der Frage nach der Geschichtlichkeit der christlichen Religion. Siehe Gerhard Ebeling, Die Geschichtlichkeit der Kirche und ihrer Verkündigung als theologisches Problem, Tübingen 1954, S. 61.

61 Vgl. die Literaturhinweise oben Anm. 1.

zialproblemen mit nichtbeliebigen Lösungsmöglichkeiten. Ihr logischer Status als Grundproblem besagt, daß ihre Lösung Prämisse für das Auftreten weiterer Probleme und weiterer Problemlösungsmöglichkeiten ist; er besagt nicht, daß Beliebiges möglich wäre. Im Gegenteil schränkt der Aufbau komplexer Systeme oder die Evolution der Gesellschaft auch den Problemhorizont ein, der als Bedingung ihrer eigenen Möglichkeit fungiert. Für komplexe Gesellschaften konsolidieren sich daher die Probleme, auf die die Religion antwortet, in ebenso fundamentalen wie selten relevanten Spezialproblemen. Als Grundprobleme können sie appräsentiert, als Spezialprobleme können sie auch repräsentiert werden.

Diese allgemeine Überlegung bestätigt sich bei der Suche nach funktionalen Äquivalenten. Sobald Religion eingespielt ist auf das Problem der Simultaneität von Unbestimmbarkeit und Bestimmtheit (oder: Transzendenz und Immanenz), gibt es für die Lösung dieses Problems außerhalb der Religion keine funktionalen Äquivalente mehr. Das Religionssystem wird zur selbstsubstitutiven Ordnung, die durch Orientierung an der eigenen Identität, also durch Reflexion ihre Fortentwicklung kontrolliert[62]. Natürlich gibt es die Möglichkeit, sich mit Hilfe von Idolatrie oder Ideologie ganz diesseits der Linie zu bewegen[63] oder mit Hilfe von Drogen ganz jenseits der Linie. Aber dabei wird die Einheit der Differenz nicht thematisiert. Wenn man von diesem Moment der Simultanthematisierung, das sich historisch als Leitlinie der Ausdifferenzierung von Religion herausgebildet hat, absieht und das Bezugsproblem entsprechend abstrahiert, kann man Einrichtungen wie Idolatrie, Ideologie, Staatsfeiern, Rauschmechanismen usw., die es ermöglichen, entweder vom Jenseits oder vom Diesseits abzusehen, als funktionale Äquivalente für Religion ansehen. Aber sie sind nur in einem analytischen Sinne äquivalent. Sie zeigen, zu welchen Möglichkeiten man greifen kann, wenn das Bezugsproblem der Religion nicht mehr gestellt wird. Sie setzen Funktion und Phänome der Religion gleichsam in Seitenbeleuchtung. Die Schwie-

62 Siehe dazu unten S. 265 ff. über Theologie.

63 So begreift Louis Schneider, The Scope of »The Religious Factor« and the Sociology of Religion: Notes on Definition, Idolatry and Magic, Social Research 41 (1974), S. 340—361, Idolatrie als Idealisierung des Aktuellen.

rigkeit, diese Mechanismen für Religion zu substituieren, läßt sich an der Gegenläufigkeit ihres Ansatzes ablesen, der entweder Unbestimmbarkeit oder Bestimmbarkeit, entweder Transzendenz oder Immanenz negiert. Man müßte, um die Funktionsstelle der Religion zu erreichen, Marxismus und Rauschsucht kombinieren können, aber Versuche dieser Art sind bisher nicht sehr überzeugend ausgefallen.

Hält man am präzis bestimmten Grundproblem der Religion fest, kommen am ehesten noch die Ambivalenzen der Komik und der Ironie in einen Bezug zu diesem Problem. In der Tat scheint es ein heimliches Konkurrieren zwischen Heiligem und Komischem an dieser Funktionsstelle zu geben. Das beleuchtet auf der Rollenebene zum Beispiel die alte Streitfrage, ob auch Geistliche gelegentlich sich ironisch äußern dürfen[64]. Prinzipieller kommt es zur Alternativität mit der Entstehung von Humor. Sowohl als Sozialhygiene als auch als Reflexionsfigur, sowohl im englischen als auch im romantischen Gebrauch setzt Humor voraus, daß man im täglichen Leben nicht mehr über Religion spricht. Insofern wird im Humor Religion »inkognito« angeboten (Kierkegaard).

Eine Verschmelzung von Komponenten, die, gerade weil funktional äquivalent, derart inkompatibel sind, kommt nur aus besonderen Gründen vor. Ein typischer Fall sind gewisse Rollen oder Szenen im geistlichen Laienspiel. Hier scheint die Notwendigkeit, heterogene Traditionen oder gar Hochreligion mit Volkskultur zu integrieren, der Anlaß zu sein[65]. Dann verhalten sich Heiliges und Komisches zueinander wie große Form und kleine Form. Jedenfalls können sie nicht füreinander substituiert werden. Die Gründe dafür sind nicht ganz klar. Vielleicht bleibt Komik zu sehr interaktionsgebunden. Sicher hat sie den ver-

64 Ausführlich behandelt z. B. bei Jean-Pierre de Crousaz, Traité de l'education des enfants, Den Haag 1722, Bd. II, S. 108 ff.

65 Vgl. Elsie C. Parsons/Ralph L. Beals, The Sacred Clowns of the Pueblo and Mayo-Yaqui Indians, American Anthropologist 36 (1934), S. 491—514; N. Ross Crumrine, Ritual Drama and Culture Change, Comparative Studies in Society and History 12 (1970), S. 361—372; ders., Capakoba, The Mayo Easter Impersonator: Explanations of Ritual Clowning, Journal for the Scientific Study of Religion 8 (1969), S. 1—22; Rainer Warning, Funktion und Struktur: Die Ambivalenzen des geistlichen Spiels, München 1974, insb. S. 107 ff.

hängnisvollen Nachteil, nicht repetierbar zu sein oder jedenfalls in der Wiederholung an Wirkung zu verlieren. Sie eignet sich daher nicht, wie Religion, zur Systembildung. Sie kann ihrerseits in der Form des Humors und der Ironie reflexiv werden[66], aber sie leistet mangels Systembildung keine Reflexion im Sinne eines Zusammenziehens aller Komik unter identifizierenden Gesichtspunkten.

Es gibt also, und dieser Befund berechtigt uns zu einer funktionalen Definition des Religionsbegriffs, keine spezifisch funktionalen Äquivalente für religiöse Formen oder Verhaltensweisen, die nicht als Religion erscheinen. Diese Bedingung konstituiert, wie gesagt, Funktionssysteme in der gesellschaftlichen Realität als selbstsubstitutive Ordnungen. Eine Ordnung ist selbstsubstitutiv, wenn sie nicht durch eine andere ersetzt, wohl aber unter geeigneten Bedingungen in jeder Hinsicht geändert, also weiterentwickelt werden kann. Eine solche Ordnung setzt sich selbst unter konditionierten Substitutionszwang und sie erzwingt zugleich, daß jede Ersatzleistung innerhalb ihrer selbst erscheint[67]. Das schließt in hochdifferenzierten und zugleich bildungs- und klassenmäßig geschichteten Gesellschaften die Möglichkeit ein, daß nichtadäquate Ersatzleistungen angeboten und konsumiert werden – nichtadäquat gemessen an der historischen, auf Differenzierung reagierenden Spezifikation des Bezugsproblems. Es kommt zu neu entstehenden Kulten, neuen Formen des Aberglaubens und religiösen Bewegungen, die aber nur subkulturelle Bedeutung gewinnen und im Partikularen verharren. Erst jetzt entsteht eine für ältere Gesellschaften undenkbare Differenzierung nach Hochreligion und Subkultur innerhalb des Religionssystems. Sie ersetzt als Differenzierung ältere Formen, die das gleiche Problem über »Synkretismus« zu lösen versuchten.

Diese Möglichkeit muß mitberücksichtigt werden; dann läßt sich die These vertreten, daß das Religionssystem sich als eine selbstsubstitutive Ordnung ausdifferenziert hat, die alle Neuentwick-

66 und kann in der Reflexivität auch die dritte Stufe, die Abschlußstufe erreichen: Man kann Angriffe wegen ironischer Sachbehandlung abwehren, indem man die Ironie mitironisiert: Der Gag heiligt die Mittel!

67 Für das Wissenschaftssystem formuliert zum Beispiel Thomas Kuhn, The Structure of Scientific Revolutions, Chicago 1962, S. 79: »To reject one paradigm without simultaneously substituting another is to reject science itself.«

lungen religiöser Art in ihren Bann zieht. Alle im Verhältnis zur Umwelt auftretenden Probleme, vor allem also alle weitreichenden Umstrukturierungen der innergesellschaftlichen Umwelt, müssen dann als mögliche Anlässe zur Selbständerung aufgefaßt werden, das heißt im System auf die Beziehung von System und Umwelt bezogen werden. Ob und für welchen Bereich von Anlässen und Strukturen dies überhaupt möglich ist, ist damit noch nicht ausgemacht. Evolutionäre Entwicklungen, die Funktionsbereiche in die Form selbstsubstitutiver Systeme bringen, garantieren damit nicht ohne weiteres auch die jetzt erforderlichen Einrichtungen für Selbststeuerung und Reflexion, und ob diese Einrichtungen rasch genug nachentwickelt werden können, ist eine offene Frage.

## VII.

Selbstsubstitutive Systeme müssen sich an ihren Funktionen orientieren. Nur darin haben sie die Abstraktions- und Diskriminierungsfähigkeit, die es ermöglicht, über eigene Strukturen zu disponieren. Andererseits stößt dieses Erfordernis auf eine eigentümliche Schwierigkeit, die darauf zurückgeht, daß funktionale Spezifikation und Systembildung Ordnungsprinzipien sind, die sich widersprechen. Ihre Kombination erfordert »Hierarchisierungen« im Sinne von nichtbeliebigen Beziehungen zwischen Gesamtsystemen und Teilsystemen[68].

Will man genauer analysieren, welche Bedeutung die Funktion der Religion für das Religionssystem hat, muß man daher die Fragestellung im Hinblick auf Systemreferenzen präzisieren[69].

68 Umgekehrt kann man im Rahmen einer Theorie hierarchisierter Gesamtsysteme auch argumentieren »that this structure-function duality arises inevitably at a hierarchical control interface« (Howard H. Pattee, The Physical Basis and Origin of Hierarchical Control, in ders. (Hrsg.), Hierarchy Theory a. a. O., S. 71—108 (80). Das heißt: zur Differenzierung von Strukturierungsebenen von Gesamtsystem und Teilsystemen benötigt man den Spielraum funktionaler Äquivalenzen, die sich aufgrund einer Funktionsorientierung ergeben.

69 So auch Talcott Parsons, The Present Status of »Structural-Functional« Theory in Sociology, in: The Idea of Social Structure: Papers in Honor of Robert K. Merton, New York 1975, S. 67—83 (72 f.) aufgrund langer Erfahrungen mit den Problemen funktionaler Systemanalyse.

Die Frage zielt nicht auf die Reichweite funktionaler Analyse, die, als wissenschaftliche Methode im Wissenschaftssystem betrieben, jeden Gegenstand erfassen und einem problembezogenen Vergleich aussetzen kann[70]. Sie betrifft auch nicht die allgemeine These, daß jedes System für sich selbst die Funktion hat, im Verhältnis zu einer überkomplexen Umwelt ein Komplexitätsgefälle zu stabilisieren. All dies bleibt richtig, ist aber für unsere Zwecke zu allgemein gefragt. Hier geht es in einem engeren (und historisch relativen) Sinne um Konsequenzen funktionaler Differenzierung des Gesellschaftssystems.

Wie bei jeder Systemdifferenzierung sind auch hier mindestens zwei Systemreferenzen impliziert: die des Gesamtsystems und die des Teilsystems. Funktionale Differenzierung besagt, daß eine Funktion, die im *Gesamtsystem* zu erfüllen ist, in einem eigens dafür ausdifferenzierten *Teilsystem* einen Orientierungsprimat erhält[71]. Für das Gesamtsystem ist die Einzelfunktion nur eine unter anderen. Sie kann hier, wo auch andere Funktionen notwendig zu erfüllen sind, logisch gesehen keinen Vorrang beanspruchen[72]. Dazu muß sie auf eine andere Systembasis umgesetzt werden. Ein System kann sich, mit anderen Worten, nicht selbst spezialisieren, indem es eine seiner Funktionen vor anderen bevorzugt; es kann sich aber im Hinblick auf eine Funktion des Gesamtsystems spezialisieren, indem es das Gesamtsystem als eine besondere Umwelt voraussetzt, von deren Geordnetheit es profitiert und zu der es die Erfüllung der Spezialfunktion beiträgt.

Auf den Fall der Religion angewandt: Die *Religion* bleibt trotz Ausdifferenzierung eines Religionssystems eine gesamtgesell-

70 Darauf kommen wir im Abschnitt IX zurück.

71 Zu diesem Begriff der functional primacy vgl. Talcott Parsons/Neil J. Smelser, Economy and Society, Glencoe Ill. 1956, S. 15 f.

72 Es kommt freilich in besonderen historischen Lagen zu einer Rückprojektion funktionaler Primate auf die Gesellschaft im Ganzen, die dann als politische Gesellschaft (societas civilis) oder als religiöse Gesellschaft (corpus Christi) oder als wirtschaftliche Gesellschaft (bürgerliche Gesellschaft) erscheint. Solche Rückprojektionen sind angesichts von Engpässen oder besonderen Erfolgen der soziokulturellen Evolution verständlich, aber sie verzerren die Gewichtung der gesellschaftlichen Funktionen. Vgl. hierzu Niklas Luhmann, Selbst-Thematisierungen des Gesellschaftssystems, in ders., Soziologische Aufklärung Bd. II, Opladen 1975, S. 72—102.

schaftliche Funktion, behält also ihren Bezug auf die Umwelt des Gesellschaftssystems. Das Religions*system* bleibt trotz funktionaler Spezifikation ein soziales System, in dem vielerlei andere Funktionen mitzuerfüllen sind. Was erreicht wird durch Spezifikation funktionaler Primate in Teilsystemen, sind Distanzierungs- und Relationierungsgewinne: Das Teilsystem für Religion kann, wenn es sich auf diese Funktion spezialisiert, in seiner Umwelt beobachten, wie andere Systeme, darunter die Gesellschaft selbst, die Horizonte und Appräsentationen ihrer Umwelt erfahren, und es kann auf diese Erfahrung, indem es sie religiös qualifiziert, einzuwirken versuchen. Erst dadurch entstehen Duale wie Sünde und Gnade oder Leid und Heil, die voraussetzen, daß in der Umwelt des religiös gestimmten Beurteilers sowohl die Systeme als auch deren Umwelten kontingente Faktoren sind, die sich ändern könnten, und daß deren rechte Relationierung den Ausschlag gibt.

Die Religionserfahrung wird damit nicht unabhängig von einem systemspezifischen Ausgangspunkt (und meine These ist darüber hinaus, daß es eine solche Unabhängigkeit gar nicht geben kann). Aber sie wird objektivierbar dadurch, daß System/Umwelt-Relationen aufeinander bezogen werden können. Sie wird Vergleichen ausgesetzt, die Bezugsgesichtspunkte solcher Vergleiche können als religionssystemspezifische Optionen präzisiert, die Anforderungen können ins Normative, Kontrafaktische getrieben werden. Die Selektivität und relative Unwahrscheinlichkeit der Gesichtspunkte, die etwas religiös qualifizieren, kann auf Sondersystembasis gesteigert werden. Die Religion kann dann Ansprüche stellen, die mit dem gesellschaftlichen Leben inkompatibel sind, aber gerade in dieser Inkompatibilität Komplementärfunktionen erfüllen. Man denke etwa an die frühchristliche Polemik gegen den Pflichtenkanon des Familienlebens. Das Religionssystem dient auf diese Weise als Adresse für Kommunikationen, die zur Geltung bringen möchten, daß das Leben eigentlich einen anderen Sinn hat.

Die Anspruchslage und Selektivität eines solchen Arrangements haben jedoch charakteristische Konsequenzen. Es kann kaum gelingen, die Gesamtgesellschaft religiös anzuheben. Gesellschaftliches Erleben und Handeln, das religiös qualifizierbar wäre, fällt diffus, verstreut, okkasionell an. Es sind nicht schon die »Natur«, die Eigenqualität oder der Eigenbedarf dieser Vorkommnisse, die eine Systematisierung unter anspruchsvolleren religiösen Gesichtspunkten zuwegebringen. Dazu bedarf es vielmehr einer *Problematisierung* (oder: Reproblematisierung) konkreter Situationen mit Bezug auf das Religionssystem[73]. Anlässe müssen sozusagen den Weg zur Religion erst finden, Erlebnisse und Handlungen müssen in das Religionssystem hineinproblematisiert werden. Nur wenn und nur soweit dies gelingt, greifen Systematisierungsleistungen, lassen sich isoliert auftretende Grenzerfahrungen, Enttäuschungen, Unverständlichkeiten im Zusammenhang, zum Beispiel als Zeugnis des Wirkens Gottes interpretieren. Und nur die Annahme der Problematisierung befreit aus der Isolierung[74].

Aber nicht nur die Gesellschaft kann nicht in Richtung auf eine Funktion optimiert werden, auch der Durchfunktionalisierung des Religionssystems selbst sind Schranken gesetzt. Parsons' Begriff der »functional primacy« soll genau dies zum Ausdruck bringen: Die Spezialfunktion, für die ein Funktionssystem sich ausdifferenziert, erhält *nur* den Primat, sie wird nicht der einzige Bestimmungsfaktor aller Systemoperationen, denn damit würde das System seinen Charakter als System aufgeben.

Die Selbsterfahrung religiöser Funktionssysteme hat diesen Sachverhalt mehr oder weniger adäquat registriert und sich selbst einerseits irdische Mangelhaftigkeit, andererseits Berechtigung zu desakralisierten Operationen etwa im Organisationsbereich der Kirche zugestanden. Zu den bedeutsamsten Versuchen, dieses Problem aufzugreifen und durch systeminterne Differenzierung zu lösen, gehört die Institution des Mönchtums und des unter

73 Siehe dazu das Parallelargument für den Bereich der Ausdifferenzierung eines Systems spezifisch juristischer Argumentation bei Franz Wieacker, Zur Rolle des Arguments in der römischen Jurisprudenz, in: Festschrift Max Kaser, München 1976, S. 3—27 (7 f.).

74 Innerhalb des Religionssystems kann diese Vorschaltbedingung als Konditionierungen der Erlösung oder des Heils interpretiert werden: Nur wer bereut, kann erlöst werden. Nur dem, der glaubt, ist das Heil versprochen. Nur wer in der vita contemplativa auf Ehe und Weltgenuß verzichtet, wird Gott sehen können. Aber mit diesem Konzept sind die schwierigen Probleme der kommunikativen Zugänglichkeit, der religiösen Erschließbarkeit nicht erfaßt, und gerade diese sind die Probleme, die in der modernen säkularisierten Gesellschaft überhandnehmen.

Sonderregeln stehenden klösterlichen Lebens. Sie ermöglicht es, innerhalb der Kirche die Funktion der Religion mit ihren rigorosen Anforderungen rein zu vertreten und sie außerdem noch in einer für jedermann zugänglichen, mit gesellschaftlichem Leben kompatiblen, abgeschwächten Form bereitzuhalten[75]. Man kann eine strikte Theologie und eine Kompromiß-Theologie nebeneinander realisieren, wenn die Adressaten getrennt werden und sich wechselseitig als komplementär anerkennen. Man kann die vita contemplativa und die vita activa zur Wahl stellen – vorausgesetzt, daß das Verständnis der einen nicht das der anderen diskreditiert. Zumindest in der christlichen Tradition hat diese Differenzierung generalisierend gewirkt und nach übergreifenden Bestimmungen der Beziehung des Menschen zu Gott suchen lassen; denn nur so konnte verhindert werden, daß der Funktionsprimat der Religion mit einer schlichten Rangordnung und einer Differenzierung der Heilschancen zugunsten derer, die »sonst nichts leisten«, ausgedrückt wurde.

Die genauen Gründe des langanhaltenden Erfolgs dieser Ausformung eines Funktionsprimates des Religionssystems im Religionssystem und die Gründe ihres schließlichen Verfalls bedürften sorgfältiger Untersuchung, die auch alle Folgeprobleme differenter Theologien innerhalb der Dogmatik sowie den gesamten Bereich der Moralkasuistik einzubeziehen hätte. Rückblikkend erkennt man, daß es ein naheliegender Fehlgriff, eine evolutionäre Fehlspezifikation gewesen sein mag, das Problem des Funktionsprimats so zu lösen, daß die besondere Funktion der Religion im Religionssystem in eine Spezialfassung (visio Dei) gebracht und auf Reinheit hin übersteigert wurde; denn gerade in dieser Form konnte sie als Funktion des Religionssystems für die Gesamtgesellschaft nicht erfüllt werden. Spätestens an der Durchsetzung der Inklusionspostulate – gleicher Zugang aller

75 Kenneth E. Kirk, The Vision of God: The Christian Doctrine of the Summum Bonum, London 2. Aufl. 1932, behandelt diesen Gegensatz unter den Bezeichnungen *Rigorismus* und *Formalismus* und macht einen Zusammenhang mit Mitgliedschaftsproblemen der frühchristlichen Kirchen plausibel. Der Rigorismus ist sozusagen die Rekrutierungstheologie, der Formalismus die Verwaltungstheologie in einer schon konsolidierten Phase, die dann die Wiederbelebung eines rigoroseren Rigorismus herausfordert und im Mönchtum zur Ausdifferenzierung ihn tragender Spezialeinheiten führt.

zu allen Funktionen – in der bürgerlichen Gesellschaft[76] mußte dieser Lösungstyp daher scheitern.
Allerdings fehlt in der Soziologie derzeit noch eine adäquate Theorie systeminterner Schranken funktionaler Spezifikation. Das Problem wird üblicherweise dekompositionslogisch definiert, daß heißt erneut auf das Gleis funktionaler Differenzierung geschoben. Die Spezialfunktion wird, mit anderen Worten, wie ein Globalzweck behandelt, der erneut in Leistungskomponenten zerlegt werden muß, die ihrerseits Teilsystemen zugewiesen werden. Das ist nicht einmal für organisierte Sozialsysteme durchgehend adäquat[77]. Die Parsonssche Theorie des Vier-Funktionen-Systems macht sich zwar von der Vorstellung eines Globalzweckes frei, bleibt aber bei einem dekompositorischen Verfahren, dessen viel diskutierte Schwächen wir hier nicht im einzelnen vorführen können. Erst recht genügt es nicht, Symptome der Schranken des Formalen unter der Bezeichnung »informal« oder Symptome der Schranken des Funktionalen unter der Bezeichnung »extrafunktional« zu sammeln[78]. Der gegenwärtige Stand der Diskussion bietet deshalb allen Anlaß, nach anderen Modellvorstellungen Ausschau zu halten, die besser als bisherige begreiflich machen können, was funktionale Spezifikation von Systemen eigentlich besagt.

## VIII.

Wir beginnen erneut mit systemtheoretischen Analysen, die allgemeine Relevanz beanspruchen und Vergleichsmöglichkeiten eröffnen. In jedem differenzierten System kann es für jedes Teilsystem drei Typen von Systembeziehungen geben: (1) die Bezie-

76 Dazu näher unten S. 233 ff.

77 Zum zunehmenden Interesse in der Organisationstheorie an Systemstrukturen, die nicht aus einer Dekomposition von Zwecken resultieren, vgl. etwa Michael D. Cohen/James G. March/Johan P. Olsen, A Garbage Can Model of Organizational Choice, Administrative Science Quarterly 17 (1972), S. 1 bis 25; Karl E. Weick, Educational Organizations as Loosely Coupled Systems, Administrative Science Quarterly 21 (1976), S. 1—19.

78 so neuerdings mit der »gesellschaftstheoretischen« Ambition, im Extrafunktionalen das Nichtfunktionieren des Kapitalismus zu entdecken. Siehe etwa Claus Offe, Leistungsprinzip und industrielle Arbeit, Frankfurt 1970.

hung zum Gesamtsystem, dem es angehört; (2) die Beziehungen zu anderen Systemen der systeminternen Umwelt; und (3) die Beziehung zu sich selbst. Analytisch lassen diese Typen sich bei jeder Form von Systemdifferenzierung trennen, also auch in segmentären und in stratifizierten Gesellschaften. In segmentären Gesellschaften macht jedoch die Gleichheit der Teilsysteme die Differenz jener Beziehungstypen bedeutungslos. In stratifizierten Gesellschaften genügt die Vorstellung einer Ranghierarchie, um die Teilsysteme aufeinander zu beziehen, jedem seinen eigenen Platz zuzuweisen und zugleich das Gesamtsystem darzustellen[79]. Erst in funktional differenzierten Gesellschaftssystemen wird *die Differenzierung der Beziehungstypen so weit getrieben, daß ihre Verknüpfung nur noch teilsystemintern erfolgen kann,* also der Autonomie des Funktionssystems überlassen werden muß. (Diese Aussage korrespondiert mit der in Kapitel 4, III zu erörternden Feststellung, daß die Gesellschaft als Gesamtsystem bei funktionaler Differenzierung sich nur noch als Umwelt ihrer Teilsysteme integrieren kann).

Das Divergieren jener drei Beziehungstypen ist demnach in der Differenzierungsform des Gesellschaftssystems angelegt, ist mit ihr evolutionsbedingt und entwickelt sich im Zuge des evolutionären Umbaus der gesellschaftlichen Differenzierung. In dem Maße, als funktionale Differenzierung sich gesellschaftsweit durchsetzt, wird es für Funktionssysteme notwendig, jener Dif-

79 Der Strukturaufbau der Welt, den Thomas von Aquino in der Summa Theologiae (vgl. besonders I q. 65 a. 2) formuliert, gibt diesen Anforderungen repräsentativen Ausdruck und bietet für stratifizierte Gesellschaften die genaue Parallele zu dem, was wir für funktional differenzierte Gesellschaften zu formulieren vorhaben. Die Begriffssprache beruht auf den Prämissen der Naturteleologie und der Schöpfung, akzeptiert also entsprechende Komplexitätseinschränkungen. Das Ergebnis lautet, beginnend mit der Selbstreferenz: »Si autem alicuius totius et partium eius velimus finem assignare, inveniemus *primo* quidem quod singulae partes sunt propter suos actus; sicut oculus ad videndum. *Secundo* vero, quod pars ignobilior est propter nobiliorem; sicut sensus propter intellectum, et pulmo propter cor. *Tertio* vero, omnes partes sunt propter perfectionem totius, sicut materia propter formam: partes enim sunt quasi materia totius. Ulterius autem, totus homo est propter aliquem finem extrinsecum, puta ut fruatur Deo.« (zitiert nach der Ausgabe Turin—Rom 1952, S. 319; Kursivsetzung hinzugefügt). Es bleibt anzumerken, daß der Vergleich sich nicht auf das »ulterius« erstreckt, dessen Formulierung in funktional differenzierten Gesellschaften dem Teilsystem für Religion überlassen bleiben muß.

ferenzierung von Beziehungstypen selbst zu entsprechen und korrespondierende Orientierungsformen zu differenzieren. Die Beziehung zur Gesellschaft als dem umfassenden System wird zur Sache der *Funktion:* die Beziehung zu anderen gesellschaftlichen Systemen wird zur Sache der *Leistung;* die Beziehung zu sich selbst wird zur Sache der *Reflexion.* Funktion, Leistung und Reflexion können also nicht mehr identifiziert und auch nicht mehr in schlichte operative Übereinstimmung gebracht werden – darin liegt im Prinzip unsere Antwort auf die Frage nach den Schranken funktionaler Spezifikation von Teilsystemen.

Die weitere Analyse muß verschiedene Wege suchen je nachdem, um welches Funktionssystem es sich handelt. Für das Wissenschaftssystem beispielsweise liegt es nahe, die funktionsorientierten Prozesse in den methodologischen Operationalisierungen zu sehen, die leistungsorientierten Prozesse in der anwendungsbezogenen Forschung, die Reflexion dagegen in der Grundlagenforschung und vor allem in den Bemühungen um Anschluß an und Synthese von Theorietraditionen[80]. Im Religionssystem müssen wir, wenn das Grundkonzept stimmt, eine vergleichbare (nicht: ähnliche!) Aufteilung erwarten.

Die *Funktion* des Religionssystems wird unmittelbar durch das System geistlicher Kommunikation erfüllt, das man *Kirche* nennt. Insofern trägt die Kirche die Ausdifferenzierung des Religionssystems. Ob und wieweit Kirche als Amtskirche oder gar als organisiertes Sozialsystem errichtet und auf Dauer gestellt werden kann, ist eine andere Frage[81]. Insofern ist auch »Mitgliedschaft« im Sinne eines Rollenstatus für Kirche im ursprünglichen Sinne irrelevant, wie auch Theologen betonen. Hier ist zunächst nur die geistliche Kommunikation selbst gemeint: Die Funktion der Religion wird nicht in der Kirche, sie wird als Kirche erfüllt. Dazu müssen Rituale erhalten bleiben. Sie können in Glaubensreligionen minimiert, aber offenbar nicht vollständig eliminiert werden[82].

80 Hierzu näher: Niklas Luhmann, Theoretische und praktische Probleme der anwendungsbezogenen Sozialwissenschaften: Zur Einführung, in: Theoretische und praktische Probleme der anwendungsbezogenen Sozialwissenschaften, Wissenschaftszentrum Berlin 1975 (Ms.), S. 15–38.

81 Hierzu näher Kap. 5. Weitere Literaturhinweise dort Anm. 2.

82 Wir erklären dies mit der Funktion von Ritualen als »symbiotischer Mechanismen«, mit deren Hilfe die soziale Kommunikation unter Anwesenden

Die Kirchen tragen in ihrem religiösen Kernbereich geistlicher Kommunikation den funktionalen Primat des Religionssystems. Im Kirchenbereich ist das Ausmaß an Selbstkontrolle und die Berechtigung zur Abwehr externer Interferenzen am größten und am besten gesichert. Das heißt aber nicht, daß dieser Bereich ohne Probleme wäre. Soll Kirche möglich bleiben, müssen Erkennbarkeits- und Identifikationsprobleme für das, was geistliche Kommunikation ist, gelöst werden auf einer Ebene, die der Anspruchslage der Funktion genügt und zugleich alltäglich verfügbar bleibt[83]. Die Anlässe für ein Fungieren als Kirche liegen jedoch nicht notwendigerweise in der Kirche. Bei aller Bemühung um Selbstorganisation und stereotype Reproduktion von Anlässen für geistliche Kommunikation wird man doch sehen müssen, daß spontan auftretender Bedarf und spontan auftretende Bereitschaften damit nicht erfaßt sind. Sie treten als Umweltbedingungen religiösen Fungierens für die Kirche »zufällig« auf. Sie zu erfassen, würde ein hinreichend dicht geflochtenes Netz von Anschlußstellen für geistlich orientierte Kommunikation im täglichen Leben erfordern. Das ist unter modernen Lebensbedingungen und zumal dann, wenn die gesellschaftliche Konvention gilt, daß man über Religion nicht spricht, kaum realisierbar[84].

Die *Leistungen* des Religionssystems, die anderen gesellschaftlichen Teilsystemen sowie personalen Systemen zugute kommen,

sich ihrer nichtsymbolisierbaren Grundlagen symbolisch versichert. Zu den Vergleichsmöglichkeiten, die dieser Gesichtspunkt eröffnet, siehe näher Niklas Luhmann, Symbiotische Mechanismen, in: Otthein Rammstedt (Hrsg.), Gewaltverhältnisse und die Ohnmacht der Kritik, Frankfurt 1974, S. 107—131. Auch Minimierung und symbolische Überformung von symbiotischen Mechanismen bis hin zu Versuchen der konsequenten Weginterpretation ist ein durchgehendes Phänomen der Funktionssysteme der neuzeitlichen Gesellschaft. Man denke an die Komplexe Wahrnehmung/Wahrheit; Gewalt/Macht; Sexualität/Liebe.

83 Zur Problemstellung allgemein Donald T. Campbell, Common Fate, Similarity, and Other Indices of the Status of Aggregates of Persons as Social Entities, Behavioral Science 3 (1958), S. 14—25.

84 Man kann diese Aussage gut testen: Wird man auf »Jesus« angesprochen — auf dem Bahnhofsvorplatz kurz vor Abfahrt des Zuges oder durch den Anhalter auf der Autobahn, und zumeist mit amerikanischem Akzent —, ist der Bezug gerade nicht der Situation selbst entnommen, sondern wird dogmatisch, exzentrisch und mit provokanter Erfolglosigkeit wie im Durchbrechen eines Tabus gegen die Situation gesetzt.

können nicht allein durch Erfüllung der Funktion erbracht werden, weil die empfangenden Systeme nicht mit dem gesamtgesellschaftlichen System identisch sind. Sie setzen die Erfüllung der Funktion voraus, gehen aber weit darüber hinaus und geraten nicht selten in Diskrepanz zur Funktionserfüllung. Die Leistungen für andere Teilsysteme wollen wir (mit einer beträchtlichen Erweiterung des Begriffs) *Diakonie*[85] nennen. Für Diakonie ist bezeichnend, daß *sozialstrukturelle* Probleme in *personalisierter Form,* also an Personen wahrgenommen werden (und das heißt natürlich in gewisser Weise auch: nicht als sozial*strukturelle* Probleme wahrgenommen werden). Diese Wahrnehmungsweise ermöglicht es dem Religionssystem, Zuständigkeiten für »Restprobleme« oder Personbelastungen und Schicksale in Anspruch zu nehmen, die in anderen Funktionssystemen erzeugt, aber nicht behandelt werden. Sie schirmt das Religionssystem außerdem gegen allzu starke Interferenzen mit anderen Funktionssystemen – zum Beispiel gegen die Versuchung einer diakonischen Umverteilung des Eigentums, einer diakonischen Außenpolitik, Konjunkturpolitik, Forschung usw. ab.

Immer jedoch handelt es sich um Probleme sozialstrukturellen Ursprungs, und zwar heute nicht mehr nur um Probleme schichtungsstrukturellen Ursprungs (Ungleichverteilung, Armut). Für Eigenprobleme der personalen Systeme, die als solche außerhalb des Gesellschaftssystems liegen, kommen andersartige Bemühungen in Betracht. Die Leistungen für personale Systeme wollen wir *Seelsorge* nennen. Vielleicht empfiehlt sich ein allgemeiner Begriff des *Dienstes,* wenn man beide Leistungsformen, Diakonie und Seelsorge, zusammenfassen will.

Aber dies sind nur semantische Konventionen. Letztlich entscheidet die Problemstellung. Im hier gewählten systemtheoretischen Kontext liegen Leistungen nur vor, wenn sie von anderen Systemen angenommen und verarbeitet werden. Das setzt Übereinstimmung mit den normativen Strukturen und Kapazitätsschranken der aufnehmenden Systeme voraus (oder funktional äquivalent: die Fähigkeit, diese Aufnahmebedingungen im an-

85 Der Begriff ist hier weder konfessionsspezifisch gesetzt, noch bezogen auf bestimmte organisatorische Veranstaltungen. Er wird problembezogen neu gefaßt. Wir sehen deshalb von einer Auseinandersetzung mit vorliegenden Konzeptionen, die nur irreführen könnte, ab.

deren System zu ändern). Dies Vom-andern-her-Denken konnte unter einfacheren Verhältnissen mit »Liebe« symbolisiert werden, und man konnte Liebe so zu begreifen suchen, daß sie mit Religion nahezu verschmolz[86]. Bei zunehmender Differenzierung der gesellschaftlichen Verhältnisse gerät die Leistung von Diensten in Konflikt zur Funktion der Religion, fordert sie doch, sich Fremdnormierungen zu unterstellen, um ankommen zu können. Gesteigerte Ansprüche in beide Richtungen verschärfen den Konflikt. Soziologisch gesehen mag unter solchen Umständen ein Nivellieren der Ansprüche wahrscheinlich sein oder auch das Aufrechterhalten einer beträchtlichen Diskrepanz zwischen Verbalfassade und Realität. Ebensogut kann es aber auch noch unausgeschöpfte Ressourcen gedanklicher und organisatorischer Kombination geben. Diese Frage geht an die Theologie.

Die *Theologie* wäre nach dem hier vorgestellten Modell für die *Reflexion des Religionssystems* zuständig. Reflexion soll dabei zunächst nur heißen: Rückbeziehung auf die eigene Identität. Reflexion ist nur möglich dank der basalen Selbstreferenz alles Sinnes, die zugleich konstitutiv ist für Religion schlechthin[87]; aber sie ist dieser Selbstreferenz nicht ohne weiteres mitgegeben, sondern ist ein besonderer Fall der Aktualisierung von Selbstreferenz. Reflexion erfordert, daß die Selektionen des Systems an der Identität des Systems orientiert werden; sie erfordert in diesem Sinne eine Reduktion des Systems auf ein Prinzip oder auf etwas, was als Prinzipersatz fungieren kann, etwa Geschichte.

Um Reflexionsleistungen in Gang bringen zu können, muß die Identität des Systems problematisiert werden, also als negierbar erscheinen können. Der Anlaß dafür kann in der Sachdimension, in der Sozialdimension und in der Zeitdimension liegen. *Sachlich* kann es sich um das Scheitern der religiösen Absichten in der Realität handeln[88]. Dieser Reflexionsansatz drängt in eine nor-

86 Zu diesem Rückbezug von Leistung über Liebe auf Gott als Bezugspunkt der Funktion von Religion vgl. etwa 1 Kor. 13,3.

87 Vgl. oben unter III.

88 Louis Schneider, The Scope of »The Religious Factor« and the Sociology of Religion, a.a.O., S. 354, spricht im Anschluß an Albert Salomon von »defeat of religious intentions«. Vgl. auch Thomas O'Dea, Five Dilemmas in the Institutionalization or Religion, Journal for the Scientific Study of Religion 1 (1961), S. 30—39.

mative, notfalls kontrafaktische Absicherung religiöser Relevanz. In der *Sozialdimension* liegt der Reflexionsanstoß im Auftreten anderer Religionssysteme, die dieselbe Funktion zu erfüllen suchen. Hier geht es der Reflexion vor allem um Abgrenzung des Eigenen und um Kontrolle des »Synkretismus«, also derjenigen Figuren, die in mehreren Religionssystemen oder auf mehreren Ebenen des Religionssystems (aus welchen genetischen Gründen auch immer) zugleich auftreten. Eine sozial angeregte Reflexion wird typisch exklusiv verfahren[89]. Die *Zeit* gibt Reflexionsanstöße immer dann, wenn der Lauf der Zeit als religionsgefährdend, etwa als Entfernung vom Ursprung erfahren wird, und sie bietet zugleich die Möglichkeit, die Identität historisch (und insofern: unwiderrufbar) zu festigen.

Zu den Aufgaben religiöser Reflexion gehört in ausgearbeiteten Strukturen immer auch eine Formulierung der anderen beiden Referenzen. (Das Umgekehrte gilt nicht.) So finden sich typische Unterscheidungen[90] wie: Weg der Erkenntnis und Weg der Werke (dhyana-marga / karman-marga) in indischen Religionen oder Gnade und Verdienst im Christentum oder mit den Begriffen des 17. Jahrhunderts und in einer ersten Anpassung an die Neuzeit: dévotion und civilité[91]. Das Problem der religiösen Dogmatik ist dann, die Ausformulierung dieser Alternativen durch eine Vorstellung ihrer Beziehung zueinander zu steuern. Die Reflexion ist nicht selbst heilige Handlung und nicht selbst gutes Werk, sie partizipiert nur an beiden, indem sie sich in ihnen voraussetzt.

89 Auch in diesem Zusammenhang könnte man auf die Unterscheidung von Kirk a.a.O. zwischen formalistischer und rigoristischer Lösung theologischer und moralischer Probleme zurückgreifen. Kommen die Reflexionsanstöße aus dem Bedürfnis, sachlich verschiedenartiges Verhalten der Mitglieder zu regulieren, wird eine formalistische, regulative, letztlich moralkasuistische Variante von Theologie sich empfehlen. Geht es dagegen speziell in der Sozialdimension um Übereinstimmung oder Nichtübereinstimmung, kommt eher Rigorismus in Betracht.

90 Siehe die daran anschließende »Typologie« bei Heinrich Frick, Vergleichende Religionswissenschaft, Berlin—Leipzig 1928, S. 86 ff.

91 Hierzu Michel de Certeau, Du système religieux à l'éthique des Lumières (17e—18e s.): La formalité des pratiques, Ricerche di storia sociale e religiosa 1, 2 (1972), S. 31—94 (54 f.). Daß die Reflexion hier schon nicht mehr gelingt, zeigt sich an der Auflösung in soziale Gruppierungen (Jesuiten/Jansenisten) und an der Schwäche integrierender Begriffe wie piété.

Bedingungen der Möglichkeit von Reflexion liegen immer auch in der Themengeschichte selbst. Vor allem scheint der Monotheismus günstige Ausgangspunkte zu bieten. Darüber hinaus darf man aber vermuten, daß das Dominieren spezifischer Reflexionsanlässe mit der gesellschaftlichen Evolution variiert. In der modernen, funktional differenzierten Gesellschaft treten sachliche und soziale Reflexionsanstöße offensichtlich zurück. Die Vorstellung einer gesamtgesellschaftlichen Realisation religiöser Zielvorstellungen ist soweit abgebaut, daß ein Scheitern in so breitem Rahmen nicht mehr erfahren wird[92]. Die wechselseitige Toleranz verschiedener Religionssysteme ist in der Form segmentärer Differenzierung gesamtgesellschaftlich institutionalisiert und dadurch entproblematisiert[93]. Dagegen bleibt die Grunderfahrung temporaler Struktur dominant in der Frage, ob wir einer Zeit ohne Gott, einer Gesellschaft ohne Religion entgegengehen[94]. Daher wird »Säkularisierung« zum Reizwort, auf das theologische Reflexion zu antworten hätte. Das aber müßte, wenn es sich um Theologie handeln soll, zu einer Formulierung der Nontemporalität Gottes im Verhältnis zu seiner Verfügbarkeit als Begleiter des historischen Prozesses führen[95] – und nicht sosehr zu einer humaneren Theorie der Gesellschaft auf der Basis des individuellen Menschseins.

Die Anforderungen der Reflexion an Vorstellungskraft und Begriffsvermögen können gar nicht überschätzt werden. Die sy-

92 Was natürlich nicht heißen soll, daß es an Möglichkeiten fehlt, Fälle oder Sachlagen normativ zu beurteilen.

93 Was wiederum nicht heißen soll, daß die einzelnen Denominationen, Konfessionen, Kirchen nicht wüßten, wodurch sie sich unterscheiden.

94 Sie bestimmt nicht zuletzt die Perspektive der Auseinandersetzungen zwischen Theologie und Soziologie. Siehe dazu Trutz Rendtorff, Gesellschaft ohne Religion? Theologische Aspekte einer sozialtheoretischen Kontroverse (Luhmann / Habermas), München 1975.

95 Rein formal gesehen ist es schwierig geworden, diesen Bezug vorstellungsreif zu machen, seitdem man das Kreismodell der Zeit aufgegeben hat. Im Kreismodell konnte man Gott als zu allen Zeiten gleichzeitigen, die Bewegung begleitenden, aber selbst unbewegten Mittelpunkt postulieren. Vgl. dazu J. M. Parent, La doctrine de la création dans l'école de Chartres: Etude et textes, Paris—Ottawa 1938, S. 95 ff. insb. 104 mit Hinweis auf Quellen; Georg Poulet, Les metamorphoses du cercle, Paris 1961; und zur Raumanalogie Dietrich Mahnke, Unendliche Sphäre und Allmittelpunkt: Beiträge zur Genealogie der mathematischen Mystik, Halle 1937.

stemtheoretische Analyse betont jedoch vor allem, daß es sich bei Funktion, Leistung und Reflexion um *verschiedenartige Anforderungen* handelt, die nebeneinander erfüllt und miteinander kombiniert werden müssen. Es ist danach nicht möglich, eine dieser Orientierungsrichtung den anderen vorzuordnen und allein zu maximieren. Auch die Kirchenmitglieder können nicht vor eine solche Alternative gestellt werden; sie bejahen jedenfalls als Gesamtheit, wenngleich wohl mit unterschiedlicher Emphase im einzelnen, die Relevanz und Ausbaufähigkeit der Diakonie ebenso wie der Verkündigung[96]. Andererseits gibt es, bisher jedenfalls, kein Konzept der Rationalität für Systeme mit mehreren Zielrichtungen ohne feststehende transitive Präferenzordnung. Man könnte vom Erfordernis eines Gleichgewichts sprechen, würde damit aber nur das Problem durch eine Metapher vernebeln. Eine genauere Analyse müßte zu zeigen versuchen, welche Konsequenzen es für jede einzelne Orientierungsrichtung hat, daß die übrigen ebenfalls ihr Recht fordern. Man müßte dazu umformulieren: Wie kann die Funktion des Religionssystems erfüllt werden, *obwohl* die Theologie reflektiert. Oder: Wie kann die Theologie die Identität des Religionssystems reflektieren, *obwohl* sie durch Diakonie, Seelsorge, Moralkasuistik ständig kompromittiert wird. Oder: Wie kann diakonische Arbeit sinnvoll durchgeführt werden, wenn sie in ihren formalen Zielen an die Kirche gebunden bleibt[97]. Es sind, mit anderen Worten, wechselseitige Beschränkungen zu beachten und in den jeweiligen Operationsmodus einzubauen. Solche Rücksichtnahmen sind in der Tat nachzuweisen. So dogmatisiert sich die Reflexion mit Rücksicht auf die Funktion des Religionssystems als Kirche durch Annahme von Negationsverboten und begründungshaltigen Begriffen. So hat die Moralkasuistik zeitweise versucht, ihre Entscheidungsgrundlagen geheimzuhalten, um unliebsame Auswirkungen auf die Umwelt und Rückwirkungen

96 Vgl. Helmut Hild (Hrsg.), Wie stabil ist die Kirche? Gelnhausen 1974, S. 209 ff. Nach den Amtshandlungen und Sakramenten war in diesem Zusammenhang leider nicht gefragt worden.

97 Hierzu instruktiv Reginald W. Bibby / Armand L. Mauss, Skidders and Their Servants: Variable Goals and Functions of the Skid Road Rescue Mission, Journal for the Scientific Study of Religion 13 (1974), S. 421—436, mit den Ergebnissen: sehr unterschiedlicher Wissensstand und geringer Konsens der Kirchen, Unzufriedenheit der Klienten, kein Erreichen der formalen Ziele.

auf die Dogmatik zu vermeiden. Für die heutige Zeit scheint es eher bezeichnend zu sein, den Ausweg in einer Lockerung der Interdependenzen und in einer weitgehenden organisatorischen Differenzierung und Entkoppelung der Prozesse zu suchen, also in der Annäherung an einen Systemtypus, der in der Organisationstheorie als »organisierte Anarchie« beschrieben wird[98].

Diese Überlegungen führen auf einschneidende strukturelle Probleme, die in anderen Funktionssystemen der Gesellschaft Parallelen haben, aber in jedem Funktionssystem für sich gelöst werden müssen. In dem Maße, als Funktion, Leistung und Reflexion diskrepante Anforderungen stellen, wird die Vermittlung ein Problem, das nur im Funktionssystem selbst gelöst werden kann. Sie kann nicht strukturellen Vorentscheidungen der Gesellschaft, etwa einem gemeinsamen normativen Ethos oder einem »Naturrecht« überlassen bleiben. Es entsteht ein Bedarf für *Systemautonomie,* und die Frage ist, ob es auch Entscheidungsebenen gibt, auf denen dieser Bedarf wahrgenommen und ihm Rechnung getragen werden kann.

Ein zweiter Gesichtspunkt liegt in der Vermutung, daß die Orientierungen an Funktion, Leistung und Reflexion für unterschiedliche Personen unterschiedlich attraktiv sein werden, also ihre Akzentuierung die Personalrekrutierung und Verteilung im System beeinflussen wird. Speziell für das Religionssystem gibt es Forschungen, die zeigen, daß bei intensiver Bindung an Religion die Präferenzen für Orthodoxie im Sinne der Kirchenfunktion und für sozialen Aktivismus negativ korrelieren[99]. Das

98 Vgl. die Literaturhinweise oben Anm. 77.

99 Die intensivere Bindung kann in einem beruflichen Engagement in der Kirche, aber auch in Einstellungen und Partizipationshäufigkeiten erfaßbar sein. Vgl. dazu Benton Johnson, Theology and the Position of Pastors on Public Issues, American Sociological Review 32 (1967), S. 433—442; Norman Blume, Clergymen and Social Action, Sociology and Social Research 54 (1970), S. 237—248; J. Alan Winter, The Attitudes of Societally Oriented and Parish-oriented Clergy: An Empirical Comparison, Journal for the Scientific Study of Religion 9 (1970), S. 59—66; Howard M. Bahr / Lois Franz Bartel / Bruce A. Chadwick, Orthodoxy, Activism, and the Salience of Religion, Journal for the Scientific Study of Religion 10 (1971), S. 69—75. Ein andersartiger Forschungsansatz weist auf Unterschiede zwischen einem persönlichen Glauben an Beziehungen zu übernatürlichen Mächten und religiöser Kontextierung eines sozialen Aktivismus hin. Siehe James D. Davidson, Religious Belief as an Independent Variable, Journal for the Scientific

müßte innerhalb des Religionssystems entsprechende Differenzierungen nahe legen.
Damit stoßen wir auf die dritte Frage: ob und unter welchen Voraussetzungen es vorteilhaft sein kann, ein Funktionssystem intern nach Funktion, Leistung und Reflexion zu differenzieren und damit die Interdependenzen zwischen diesen Orientierungen abzubauen. So betont Talcott Parsons[100] beispielsweise, daß eine stärkere Ausdifferenzierung speziell des christlichen Religionssystems zu einer stärkeren Innendifferenzierung zwischen »devotion and worship« einerseits und karitativem Handeln andererseits geführt habe. Dem wäre anzufügen, daß auch die theologische Reflexion einen besonderen Weg nimmt. Vergleichbare Probleme stellen sich, wenn es zu Ausdifferenzierungen kommt, auch in anderen Funktionssystemen. Für all diese Fragen gibt es jedoch, obwohl die Problemstellung durchgreift, nicht notwendig einheitliche Antworten in allen Funktionssystemen.
Das Religionssystem der gegenwärtigen Gesellschaft muß vor allem dadurch charakterisiert werden, daß es auf der Ebene der Kirche, also in der Funktionserfüllung selbst, segmentär differenziert ist. Es gibt selbst innerhalb der christlichen Religion eine Vielzahl von Kirchen, Denominationen, Sekten; und es gibt nach der Konsolidierung einer die gesamte Menschheit einbeziehenden Weltgesellschaft eine Vielzahl von Religionen mit mehr oder weniger adäquatem Zugang zu modernen Lebensformen. Das bedeutet unter anderem, daß die Zugehörigkeit zu dem einen oder anderen Subsystem des Religionssystems wenig Außenwirkungen in der gesellschaftlichen Umwelt hat[101]. Diese Lage ist zunächst historisch gegeben. Aber auch ungeachtet dessen kann man die Frage stellen, ob der Einheit eines Weltgesellschaftssystems die Einheit einer Religion und einer Kirche entsprechen

Study of Religion 11 (1972), S. 65—75. Es muß natürlich beachtet werden, daß diese Forschungen nur erste Anhaltspunkte bieten für die Relevanz der Unterscheidung von Funktion (Kirche) und Leistung (Diakonie); ihre Operationalisierungen entsprechen nicht genau dem hier vorgeschlagenen Konzept.

100 Christianity and Modern Industrial Society, in: ders., Sociological Theory and Modern Society, New York 1967, S. 385—421 (393).

101 Siehe die Auswertung der wichtigsten empirischen Studien aus letzter Zeit bei Donald R. Ploch, Religion as an Independent Variable: A Critique of Some Major Research, in: Allan W. Eister (Hrsg.), Changing Perspectives in the Scientific Study of Religion, New York 1974, S. 275—294.

müsse, oder ob segmentäre Differenzierung innerhalb des Religionssystems nicht die weniger riskante, wenngleich »primitivere«, Strukturform ist. Dies gilt insbesondere angesichts der Unsicherheit, wie evolutionäre Entwicklungen im Falle eines einzigen Weltgesellschaftssystems überhaupt möglich sind.
Geht man von segmentärer Innendifferenzierung des Religionssystems aus, ist die nächste Frage, ob sie nur die kultisch-kirchliche Seite intensiv-religiöser Kommunikation erfassen soll, oder ob sie sich auch auf Diakonie und Theologie erstrecken muß. Anders gefragt: Muß jedes kultisch-kirchliche Funktionssegment eine Spezialdiakonie und eine Spezialtheologie ausbilden, um die Einheit der jeweiligen Religion durch hohe Interdependenz von Funktion, Leistung und Reflexion zu manifestieren? Oder könnte es möglich sein, auf der Ebene der Diakonie und auf der Ebene der Theologie stärker zu integrieren, nämlich organisatorische Kooperationen und Arbeitsteilung zu suchen und relativ undogmatische Begriffs- und Gesprächsebenen zu entwickeln bei Aufrechterhaltung differenter Kirchenstrukturen?
Tendenzen zu einer Erhaltung der Segmentierung bei gleichzeitigem Abbau der Betonung theologisch-dogmatischer Differenzen sind verschiedentlich beobachtet und forschungsmäßig dokumentiert worden[102]. Im Bereich humaner Werte findet sich hohe, durchgehende Übereinstimmung. Wo die Einstellungen gespalten sind, sind die Differenzen innerhalb der Kirchen oft größer als die Differenzen zwischen den Kirchen. Ob diese Struktur Möglichkeiten einer Wiederbelebung kirchlich-religiöser Interessen überdauern würde, ist nicht sicher zu sagen. Letztlich geht es dabei um die Frage, ob das Religionssystem in sich selbst zunächst segmentär und nur innerhalb der Segmente dann wieder funktional differenziert werden wird, oder ob die funktio-

102 Vgl. Will Herberg, Protestant, Catholic, Jew: An Essay in American Religious Sociology, Garden City N.Y. 1956; Jeffrey K. Hadden, The Gathering Storm in the Churches, Garden City N.Y. 1969, insb. S. 35 ff. Charles Glock (Hrsg.), Religion in Sociological Perspectives: Essays in the Empirical Study of Religion, Belmont Cal. 1973, insb. S. 163 ff.; Trevor David Verryn, Anglican and Roman Catholic Priests in South Africa: Some Questionnaire Response, Social Compass 19 (1972), S. 93—99. Gerhard Schmidtchen, Gottesdienst in einer rationalen Welt, Stuttgart 1973, z. B. S. 6 f. Siehe auch die Beurteilung der Gründe für ökumenische Interessen bei Bryan R. Wilson, Religion in Secular Society: A Sociological Comment, London 1966, S. 125 ff.

nale Differenzierung auch innerhalb des Religionssystems den Vorrang hat und erst auf der nächsten Ebene die Segmentierung in Kirchen, Theologenschulen und Dienstleistungsorganisationen folgt. Das sind deutlich divergierende Optionen mit strukturell sehr verschiedenen Konsequenzen. Man müßte sich entscheiden können. Solange dafür die Voraussetzungen fehlen, bleibt nur die Möglichkeit, divergierende Tendenzen zugleich zu pflegen.

## IX.

Den Schlußabschnitt benutzen wir, um einige Konsequenzen für das Verhältnis von Religion und wissenschaftlicher Analyse aufzuzeigen. Aus Gründen, die mit den spezifischen Bedingungen der Umformung oraler in schriftliche Tradition besonders in der griechischen Städtegesellschaft zusammenhängen dürften, hat die abendländische Tradition dazu tendiert, Reduktion von Komplexität als Selektion von Erkenntnis zu thematisieren. Dies war zunächst eine für Theologie günstige Rahmenbedingung: Sie ließ die »Natur« als zu Erkennendes intakt und war zugleich in ihrer Reduktivität dem Menschen als Schwäche zurechenbar. Beides konnte auf Gott hin extrapoliert werden. Die Anwendung wissenschaftlicher Analyse auf die Religion und ihre Gottesvorstellung seit dem 18. Jahrhundert[103] hat diese Bedingung radikal geändert in einer Weise, die bisher weder die religiöse Dogmatik noch deren wissenschaftliche Analyse zu konsolidierten Positionen zurückfinden ließ.

Der Soziologe muß zum Beispiel bekennen: »To believe, as I do, that religious ideas and religious institutions are understandable only in social terms is also to acknowledge that other men do not think so – else there would have been no religious institutions«[104]. Demnach setzt die Soziologie voraus, daß es je-

103 Michel de Certeau, Du système religieux à l'éthique des Lumières (17e bis 18e s.): La formalité des pratique, Ricerche di storia sociale e religiosa 1, 2 (1972), S. 31—94, führt die solche Analyse ermöglichende »perte de l'objet absolu« (40) zurück auf die neuzeitliche Segmentierung des Religionssystems — teils durch Konfessionalisierung, teils durch Bekanntwerden außereuropäischer Religionen.

104 So Bryan R. Wilson, Religion in a Secular Society: A Sociological Comment, London 1966, S. XIII.

manden gibt, der ihre Wahrheit nicht kennt und nicht annehmen würde; sie negiert mit dieser Reflexion also die Intersubjektivität ihrer eigenen Wahrheit. Das führt erkenntnistheoretisch in unlösbare Aporien. Dadurch sind Religionssystem und Wissenschaftssystem *gleichermaßen* genötigt, ihre Selbst-Thematisierung und Umweltsicht als jeweils systemrelativ zu begreifen. Damit erübrigt es sich, die Theologie oder sonstige Dogmatiken an wissenschaftstheoretischen Maßstäben zu messen; vielmehr muß man umgekehrt die Wissenschaftstheorie in die Funktionsstelle des Wissenschaftssystems placieren, die im Religionssystem die theologische Dogmatik einnimmt. Nur damit wird Differenz und Äquivalenz der Selbst-Thematisierungen analysierbar.

Die Ausdifferenzierung eines wissenschaftstheoretisch selbstgesteuerten Wissenschaftssystems als eines Teilsystems in der Gesellschaft hat die Voraussetzungen jener traditionellen Gleichung von Reduktion und Erkenntnis gesprengt. (Sie erst hat es aber auch ermöglicht, diese Gleichung etwa in der Lehre von der Funktion des Begriffs zu formulieren und damit ablehnungsreif zu machen). Wenn es in der Gesellschaft andere, nicht auf Erkenntnisgewinn spezialisierte Systeme gibt, kann Reduktion von Komplexität nicht als Erkenntnis begriffen und reguliert werden; Erkenntnis ist nur ein Fall unter vielen anderen. Wir haben deshalb mit einem entsprechend abstrakt gefaßten systemtheoretischen Konzept eingesetzt.

Das zwingt andererseits dazu, die Zugriffsweise der Wissenschaft auf Religion und Theologie neu zu durchdenken. Es geht dabei nicht mehr um den Wissenschaftscharakter der Theologie und auch nicht um die Erlaubnis der Wissenschaftstheorie, Aussagen über religiöse Sachverhalte zu formulieren[105]. Wir gehen

105 Vgl. hierzu Wolfhart Pannenberg, Wissenschaftstheorie und Theologie, Frankfurt 1973; Gerhard Sauter et al., Wissenschaftstheoretische Kritik der Theologie, München 1973. Für eine soziologische Betrachtungsweise dieses Problems hat die Erhaltung des Charakters der Theologie als Wissenschaft vor allem die Funktion, interdisziplinäre Kommunikationsebenen bereitzustellen, auf denen die Selbsterfahrung des Religionssystems sich für andere Wissenschaften, und heute besonders für die Soziologie, in geraffter Form präsentieren kann. Andere Wissenschaften können dann von der Theologie gleichsam aus zweiter Hand lernen und müssen nicht jede Erkenntnis über Religion auf dem komplizierten Wege primärer Objektuntersuchung gewinnen.

vielmehr davon aus, daß der Funktionsbezug im Religionssystem, der dessen Orientierung an einem gesamtgesellschaftlichen Bezugsproblem zum Tragen bringt, in der Wirklichkeit gesellschaftlichen Erlebens und Handelns nur ein Moment unter anderen ist. Andererseits stellt die funktionale Analyse als wissenschaftliches Verfahren einen universellen Anspruch. Sie setzt voraus, auf Gegenstände aller Art anwendbar zu sein. Daher kann die funktionale Analyse als Instrument soziologischer Aufklärung dienen. Sie distanziert sich von dem in ihrem Gegenstand selbst eingebauten Funktionsbezug und unterscheidet entsprechend manifeste und latente sowie positive und negative (dysfunktionale) Funktionen. Diese Differenz von Gegenstandsebene und wissenschaftlicher Analyse kommt auch darin zum Ausdruck, daß man nach der Funktion funktionaler Differenzierung, nach der Funktion funktionaler Primate oder Spezifikationen fragen kann – ebenso übrigens wie nach der Funktion von Leistung oder nach der Funktion von Reflexion.

Solche Ebenenunterscheidungen sind ihrerseits in der gesellschaftlichen Realität nur möglich, wenn die Gesellschaft sich funktional differenziert hat und mit Hilfe dieser Differenzierungsform ein Funktionssystem für Wissenschaft ausdifferenziert hat. Dann kann das Wissenschaftssystem in seiner eigenen Umwelt die Gesellschaft und in der Gesellschaft das Religionssystem wahrnehmen und analysieren. Die Umweltproblematik des Gesellschaftssystems, auf die sich die Funktion der Religion bezieht, und die funktionale Ausdifferenzierung des Religionssystems in einer innergesellschaftlichen Umwelt erscheinen dann als System/Umwelt-Relationen in der Umwelt des Wissenschaftssystems (obwohl dieses selbst der Gesellschaft angehört). Das Wissenschaftssystem kann, gebunden an die eigenen Auffassungsformen und Theorien und abhängig von der eigenen Informationsverarbeitungskapazität, diese System/Umwelt-Relationen in seiner Umwelt als kontingent und zweiseitig variabel erfassen. Es gewinnt, obwohl Teilsystem der Gesellschaft, den Standpunkt eines nur an die eigene System/Umwelt-Relation gebundenen Beobachters, von dem aus andere System/Umwelt-Relationen in Bewegung versetzt werden können. Wenn schon das Funktionssystem für Religion sich auf die System/Umwelt-Relation der Gesellschaft bezieht, so bezieht sich eine systemfunktionale Analyse ihrerseits auf diese Beziehung. Wenn schon eine erste Relationierung von System/Umwelt-Relationen auf System/Umwelt-Relationen Voraussetzung ist für eine funktionale Differenzierung der Gesellschaft, so erfordert die funktionale Analyse der funktionalen Differenzierung (und allgemeiner: der Universalitätsanspruch funktionaler Analyse schlechthin) eine dreifache Relationierung: Die funktionale Systemtheorie analysiert in diesem Fall das Religionssystem als einen Gegenstand ihrer Umwelt, der sich funktional auf einen Spezialaspekt der System/Umweltrelationen eines anderen Systems, nämlich des Systems der Gesellschaft, bezieht. Daher kann die funktionale Systemtheorie auch noch die Ausdifferenzierung des Religionssystems innerhalb der Gesellschaft und die dadurch erwirkten Spezifikationen des Bezugsproblems für Religion als Variable ansehen.

Dieses Konzept setzt voraus, daß es kein systemunabhängiges »objektives Sein« gibt, sondern nur Strategien der Objektivierung, die die Form der Relationierung von Relationen annehmen. Genau diese Prämisse trägt auch die Bestimmung des Bezugsproblems der Religion. »Sein« ist dann nur die Aggregationsformel für alle Reduktionsstrategien in bezug auf Systemumwelten. Diese Aggregationsformel hat dieselben konstituierenden Bedingungen wie das Selbstbewußtsein: Sie wird nur erforderlich, wenn und soweit es Systeme gibt, die in ihrer Umwelt Systeme-mit-Umwelt erfahren und sich auf deren Relationierungen relationieren müssen[106].

Durch Annahme dieser Grundposition wird das Bemühen überholt, das Sein Gottes onto-theologischer Beweisführung zu überantworten und die Beweisführung wissenschaftlich zu kritisieren. Die Ontologie muß das Problem der Diskretierung von Sein und Nichtsein, um das es in der Religion und in anderer Form auch in der Wissenschaft letztlich geht, als schon gelöst voraus-

106 Falk Wagner, Sozialethik als Theorie des Geistes, Zeitschrift für evangelische Ethik 19 (1975), S. 197—214 siedelt auf dieser dritten Ebene eine »Theorie der Theologie« an. Sie wird, wenn man den Begriff der Reflexion bewußtseinstheoretisch faßt, zu einer Theorie des Geistes. Die Entscheidungsfrage verlagert sich damit aus der Religionswissenschaft heraus und kann, da Begründungskonkurrenzen in diesen Bereichen unentscheidbar bleiben, nur lauten, ob die Systemtheorie oder die Theorie des Geistes eher in der Lage sind, größere Material- und Wissensbreiten zu aktivieren.

setzen. Oder in Heideggers Formulierung: Sie handelt nur noch vom Sein des Seienden. Eine konsequent systemtheoretische Sicht wird die letzte Aggregation nicht in einer Seinsformel, sondern in einer Problemformel suchen. Sie wird Problemlösungen vergleichen und in diesem Sinne funktionalistisch verfahren. Dadurch erhält das Wissenschaftssystem, das dieses Verfahren radikal ansetzt und durchgehend verwendet, eine besondere Position. Diese Position beruht nicht einfach darauf, daß die eigene systemspezifische Dogmatik, »Wissenschaftstheorie« genannt, gegen andere (religiöse, juristische, pädagogische, künstlerisch-stilistische) Dogmatiken ausgespielt wird[107]; sie beruht darauf, daß hier auch Dogmatizität noch problembezogen reflektiert wird als Element fremder und eigener Systemidentität. Die Freiheit zu dieser Einstellung ist nur auf der dritten Relationierungsstufe erreichbar, auf der ein System in seiner Umwelt beobachtet, daß es Systeme gibt, deren Funktion sich daraus ergibt, daß in ihrer Umwelt System/Umwelt-Relationen zum Problem werden.

Diese Formulierungen entsprechen einer gesellschaftlichen Situation, in der man konstatieren kann, daß offene Konflikte und gegenseitige Übergriffe zwischen Wissenschaft und Religion abklingen, weil sich in *beiden* Systemen interne Anpassungen an Systemdifferenzierung durchgesetzt haben. Deshalb haben wir den nutzlosen Streit über die Möglichkeit, einen streng wissenschaftlichen Begriff des Transzendenten (Übernatürlichen, Absoluten, Letzten) zu formulieren[108], umgangen. Als zwingend ableitbar erscheint der Wissenschaft nur das Bezugsproblem religiöser Sinnzuweisung, nicht ableitbar sind dagegen die Sinnformeln, die dieses Problem »chiffrieren«. Wohl aber kann die sich speziell mit Gesellschaft und Religion beschäftigende Forschung

107 Ein Beispiel für viele ist: Gerhard Neuf, Religionswissenschaft aus der Sicht der analytischen Philosophie, in: Gunther Stephenson (Hrsg.), Der Religionswandel unserer Zeit im Spiegel der Religionswissenschaft, Darmstadt 1976, S. 339—354.

108 Positive Stellungnahmen hierzu (vgl. oben Anm. 22) werden ebenso oberflächlich begründet wie Ablehnungen (für viele: Anthony F. C. Wallace, Religion: An Anthropological View, New York 1966; John F. Miller, Inherent Conceptual Limitations of the Scientific Method and Scientific Models for the Study of Religion, Internationales Jahrbuch für Wissens- und Religionssoziologie 9 (1975), S. 137—147).

Antworten, die im Religionssystem gefunden worden sind und benutzt werden, ihrerseits auf das Bezugsproblem beziehen (was die Religion selbst nicht tut) und damit Vergleichen und Relationierungen aussetzen. Vermutlich engt die soziokulturelle Evolution beim Aufbau komplexer, differenzierter Gesellschaftssysteme auch den Spielraum für Antworten ein, die höchste Ansprüche befriedigen. Dann kann auch die Wissenschaft die Adäquität religiöser Sinnformen kritischer analysieren. In jedem Falle gehören Pauschalkonfrontationen von Religion und Wissenschaft zu den Überbleibseln einer Entwicklungsphase der Gesellschaft, in der um die Differenzierung von Religionssystem und Wissenschaftssystem noch gekämpft werden mußte.
Der Eindruck trifft zu[109], daß die funktionalistische Soziologie die Phase einer bloßen Kritik der Religion von Gegenpositionen aus überwunden hat mit Hilfe von Konzepten, die größeres Auflösevermögen mit besserer Rekombinationsfähigkeit, größere semantische Distanz mit besserem Verständnis verbinden können. Aber diese Leistung ist nur mit Hilfe von systemspezifischen Reduktionen erreichbar, die ihrerseits verhindern, daß die Wissenschaft jemals die Funktion der Religion erfüllen kann.

109 formuliert bei William C. Shepherd, Religion and the Social Sciences: Conflict or Reconciliation, Journal for the Scientific Study of Religion 11 (1972), S. 230—239. Ähnlich Roland Robertson, Sociologists and Secularization, Sociology 5 (1971), S. 296—312 (305 f.).

## Kapitel 2

# Religiöse Dogmatik und gesellschaftliche Evolution

### I.

Daß menschliches Handeln allgemein und auch im Vollzug von Religion gesellschaftlichen Bedingungen folgt, gehört zu den Selbstverständlichkeiten der Religionsforschung. Von manchen wird diese Bedingtheit im Kirchenbegriff umschrieben und auf die »äußeren« Aspekte menschlicher Existenz bezogen. Das läßt einen Bereich frei und gesellschaftlich unbestimmt, der kontrastierend als innerlich bezeichnet und als eigentlicher Ort religiösen Erlebens vermutet wird. Der »Glaube« erscheint danach als eine »innere« Angelegenheit des Menschen, mag sein Handeln nun kirchlich organisiert sein oder nicht. Religion und Kirche werden so auf der Basis von Erleben und Handeln differenziert – womit Wechselbeziehungen zwischen Erleben und Handeln natürlich nicht ausgeschlossen, sondern durchaus vorausgesetzt sind.

Genetisch ist dieses Konzept verständlich als Korrelat einer gesellschaftlichen Differenzierung von Religion und Politik. Die Religion wurde nicht nur kirchlich ausdifferenziert, sondern vermeintlich stärker noch als »innere Angelegenheit« des Menschen politisch-gesellschaftlicher Bestimmung entzogen. Vor allem die protestantische Religionslehre hat im Glaubensbegriff und im Kirchenbegriff diese Trennfunktion dogmatisch stabilisiert und entsprach damit einer zunehmend stärkeren funktionalen Differenzierung des Gesellschaftssystems – einer Entwicklung, die heute als »bürgerliche Gesellschaft«, als »Industriegesellschaft«, als »technisch-wissenschaftliche Zivilisation« Realität ist.

Eine Defensivbegrifflichkeit dieser Art bedarf nun aber wiederum der Analyse mit abstrakteren soziologischen Kategorien. Die moderne Sozialforschung läßt weder in ihren empirischen Resultaten noch in ihren theoretischen Konzepten eine so einfache Trennung von »innen« und »außen« oder von »Erleben« und »Handeln« zu – und zwar nicht deshalb, weil sie diese Begriffe als unbrauchbar erkannt und aufgegeben hätte, sondern deshalb, weil sie *mit ihnen arbeitet*. Schon an diesen Beispielen von innen/außen und Erleben/Handeln läßt sich zeigen, daß die Beziehungen, die zwischen soziologischer Theorie und religiöser Dogmatik herstellbar wären, enger, abstrakter, fruchtbarer und gefährlicher sind, als man gemeinhin annimmt.

Die *Differenz von innen und außen* ist das konstituierende Denkschema jeder Art von Systemtheorie. Es wird auf begrifflicher und empirischer Ebene diskutiert, wird jeweils systemrelativ angesetzt und analytisch kontrolliert. Die begrifflichen Konsequenzen werden in Form von Struktur- und Prozeßanalysen, Input/Output-Modellen, Theorien über Informationsverarbeitung, Selektivität, Komplexitätsdifferenzen usw. ausgearbeitet. Das alles bedarf hier keines Nachweises mehr.

Aber auch die *Unterscheidung von Erleben und Handeln* bietet nicht mehr einen implizit definierbaren, letzten Anknüpfungspunkt. Da sie allerdings im Zuge der behavioristischen Wendung in den Sozialwissenschaften zunächst völlig untergegangen war, ist die wissenschaftliche Situation hier weniger offensichtlich. Ja sie scheint auf den ersten Blick die These zu stützen, daß die Soziologie eine Handlungswissenschaft sei, die zwar den Handlungsaspekt von Religion im gesellschaftlichen Kontext erforschen könne, nicht aber an das »eigentlich religiöse Erleben« herankomme. Dieses Urteil würde sich jedoch auf eine nie ganz zutreffende und inzwischen überholte Beurteilung sozialwissenschaftlicher Theorien stützen.

Bleiben wir zunächst noch bei der Unterscheidung von Erleben und Handeln. Vor allem in der neueren Psychologie und Sozialpsychologie arbeitet man zunehmend mit Modellen, für die die Interdependenz von kognitiven und motivationalen Prozessen von zentraler Bedeutung ist[1]. Das bedeutet zugleich, daß der Unterschied von Erleben und Handeln nicht mehr auf der Ebene verschiedenartiger realer Prozesse (etwa innerer und äußerer) definiert werden kann[2]. Vielmehr setzt er Zurechnungsprozesse

1 Einen Überblick vermitteln Heinz Heckhausen / Bernard Weiner, The Emergence of a Cognitive Psychology of Motivation, in: P. C. Dodwell (Hrsg.), New Horizons in Psychology 2, London 1972, S. 126—147.

2 Das ist natürlich indirekt auch eine Konsequenz der systemtheoretischen Verwendung des Innen/Außen-Schemas.

voraus, die erst festlegen, was als Erleben bzw. Handeln erlebt wird bzw. behandelt wird. Auch hierfür bietet die psychologische Forschung Konzepte an, die allerdings noch nicht in dieser Abstraktionslage für diesen Zweck geeicht sind, nämlich die Unterscheidung internaler und externaler Zurechnung[3]. Handeln ist danach ein Selektionsprozeß, dessen Selektivität einem System, und Erleben ist ein Selektionsprozeß, dessen Selektivität der Umwelt des Systems zugerechnet wird[4]. Selbstverständlich kann die Zurechnung nicht beliebig vollzogen werden, aber sie ist kontingent in dem Sinne, daß sie auch anders möglich ist und von kulturellen und sozialen Prozessen abhängt[5].

In dem Maße, als die neuere theoretische Soziologie mit systemtheoretischen Konzepten dieses Abstraktionsgrades zu arbeiten beginnt, wird sich die Gesprächsebene im Verhältnis zur Religion und zu ihren dogmatischen Disziplinen verschieben. In der Soziologie geht es dann nicht mehr nur um »Religionssoziologie« im herkömmlichen Sinne – um eine Erforschung priesterlicher Rollen, Karrieren und Kommunikationsprobleme oder kirchlicher Organisations- und Partizipationsmuster. Und es geht nicht mehr nur um ein ideologiekritisches Entlarven und Hinterfragen von Symbolen und Institutionen. Vielmehr können in der Soziologie handlungssoziologische und wissenssoziologische Ansätze zu einer neuen Einheit verbunden werden, und

3 Das Konzept stammt aus Forschungen über Wahrnehmung von Kausalität und ist dann systemtheoretisch erweitert worden. Die Entwicklung ist rekonstruierbar an Hand von: Fritz Heider, Social Perception and Phenomenal Causality, Psychological Review 51 (1944), S. 358—374; ders., The Psychology of Interpersonal Relations, New York—London 1958; Edward E. Jones / Kenneth E. Davis, From Acts to Disposition: The Attribution Process in Person Perception, in: Leonard Berkowitz (Hrsg.). Advances in Experimental Social Psychology Bd. 2, New York—London 1965, S. 219—266; Harold H. Kelley, Attribution Theory in Social Psychology, Nebraska Symposium on Motivation 1967, S. 192—238; Edward E. Jones u. a., Attribution: Perceiving the Causes of Behavior, New York 1971.

4 Diese Begriffsvorschläge waren Gegenstand einer Diskussion mit Jürgen Habermas. Siehe Jürgen Habermas / Niklas Luhmann, Theorie der Gesellschaft oder Sozialtechnologie — Was leistet die Systemforschung?, Frankfurt 1971, insb. S. 75 ff., 202 ff., 305 f.

5 Siehe für den Teilbereich der Kategorisierung abweichenden Verhaltens hierzu Peter McHugh, A Common-Sense Conception of Deviance, in: Jack D. Douglas (Hrsg.), Deviance and Respectability: The Social Construction of Moral Meanings, New York—London 1970, S. 61—88.

damit erreicht die soziologische Theorie eine Abstraktionsebene, auf der sie Aussagen der religiösen Dogmatik in einem erweiterten Interpretationshorizont direkt analysieren kann.

## II.

Weder die Unterscheidung von »innen« und »außen«, noch die Unterscheidung von »Erleben« und »Handeln« kann dazu dienen, ein außergesellschaftliches Sein zu begründen. Wir sind daher auf den Gesellschaftsbegriff angewiesen. Wir müssen mit seiner Analyse beginnen.

Als Gesellschaft fungiert jeweils dasjenige Sozialsystem, das die Beziehungen des Menschen zur Welt letztlich und umgreifend regelt. Gesellschaft ist die soziale Konstitutionsbedingung sinnhaften Seins-in-der-Welt. In dem Maße, als man die Art dieser Konstitution systemtheoretisch begreift, begreift man auch die Gesellschaft[6]. Mit dem Systembegriff wird in die Konstitutionsanalyse die Differenz von Innen und Außen, von Umwelt und System eingeführt. Diese Differenz kann als Komplexitätsgefälle dargestellt werden in der Weise, daß die Umwelt stets komplexer ist als das System selbst. In der Sinn-Projektion des Systems erscheint dieses Komplexitätsgefälle unter anderem als Differenz von Möglichkeit und Wirklichkeit. Sinnhafter Erlebnisverarbeitung liegt, mit anderen Worten, eine *modale Generalisierung von Wirklichkeit* zu Grunde, derzufolge alles Gegebene mit Verweisungen auf andere Möglichkeiten zur Erscheinung kommt. Durch Konstitution von Sinn wird die Unabschließbarkeit der Verweisung auf andere Möglichkeiten mitkonstituiert. Ihre Offenheit gehört zu den »Kosten« eines selektionsbewußten Verhältnisses von System und Umwelt und variiert mit der Selektionsleistung.

Die modale Generalisierung von Wirklichkeit konstituiert die

6 Die Möglichkeit einer solchen Verbindung von Konstitutionsanalyse und Systemtheorie wird von Jürgen Habermas prinzipiell bestritten. Vgl. Habermas / Luhmann a.a.O., S. 142 ff. Mir scheint dagegen gerade hier eine Möglichkeit zu liegen, über eine erkenntnistheoretische Fassung des Problems der Konstitution — etwa über Max Adler, Das Rätsel der Gesellschaft, Wien 1936, — hinauszugelangen.

Welt im ganzen, sie bezieht sich also auf System und Umwelt zugleich. Die Differenz von Wirklichkeit und Möglichkeit fällt also keineswegs mit der Differenz von System und Umwelt zusammen; vielmehr wird sie zu deren Organisation benutzt. Im Raume des Möglichen hängt das, was jeweils möglich ist, ab von den jeweils mitgemeinten »Bedingungen der Möglichkeit«. Diese sind einerseits nicht beliebig setzbar, da sie von Strukturen abhängen, können andererseits aber sehr verschieden angesetzt werden – etwa als logische, erkenntnismäßige, rechtliche, wirtschaftliche, technische, politische Bedingungen der Möglichkeit, als fremder Wille, eigener Wille, Gottes Wille oder was immer. Sie sind generalisiert insofern, als sie mit sehr verschiedenen Weltzuständen kompatibel sind; denn auch wenn die Welt sich ändert, kann Mögliches in gewissem Umfange noch möglich bleiben. Modale Generalisierung erfüllt jene Funktion der Darstellung eines Komplexitätsgefälles dadurch, daß sie es ermöglicht, Sinn von verschiedenen Bedingungen der Möglichkeit aus zugleich zu konstituieren und diese Bedingungen nach Bedarf zu variieren. Durch Variation solcher Bedingungen der Möglichkeit kann das im System Mögliche von dem in der Umwelt Möglichen unterschieden werden und sich in diesem Unterschied wiederum evolutionär verändern.

Eine genauere Analyse wird also schon im Ansatz recht kompliziert. Sie verschränkt systemtheoretische, sinnanalytische, modaltheoretische und evolutionstheoretische Konzepte ineinander. Anders kann man aber kaum hoffen, eine hinreichend leistungsfähige begriffliche Grundlage für die Analyse von Gesellschaft und Religion zu gewinnen. Mit Hilfe des hier kurz skizzierten Ansatzes ist es möglich, das Verhältnis von Welt, System und Umwelt nach Struktur und Prozeß als Selektion aus mehr als einer Möglichkeit zu begreifen und es in seiner Selektivität selbst nochmals variabel zu denken. Damit läßt sich der Gesellschaftsbegriff präzisieren. Gesellschaft ist dasjenige soziale System, das seine eigene Selektivität begründet, indem es Sinn konstituiert und damit die Generalisierung von Möglichkeiten auf das Selektionspotential der jeweiligen sozialen Strukturen und Prozesse abstimmt.

## III.

In allen uns bekannten vorneuzeitlichen Gesellschaften bezieht sich die Funktion von Religion letztlich auf dieses zentrale gesellschaftliche Syndrom der Konstitution und Reduktion eines Selektionsverhältnisses. Die Welt wird religiös erlebt, das Handeln, wenn nicht religiös begründet, so doch durch religiöse Vorstellungen in seiner Selektivität begrenzt. Es wäre empirisch unrichtig, eine volle Koinzidenz von Religion und sinnvollem Handeln[7] oder Religion und Gesellschaft anzunehmen. Aber die Funktion des Gesellschaftssystems wird in jenen Gesellschaften in der Form religiöser Bindungen erfüllt als Voraussetzung auch dafür, daß in der Gesellschaft andersartiges Erleben und Handeln in Politik, Wirtschaft und Familie seinen eigenen Spielraum finden kann[8].

Damit ist noch nicht viel gesagt. Vor allem lassen sich aus einer so formalen Einsicht keine Inhalte und Beschreibungen, keine Erklärungen und Prognosen religiöser Sachverhalte deduzieren. Sie gibt keine Antwort auf die Frage, was Religion »ist«[9]. Das ist nicht zufällig so, ist auch kein Fehler der Theorie. Vielmehr ist es eine Bedingung gesellschaftlicher Evolution gewesen, daß in einer Vielzahl von Territorialgesellschaften eine Vielzahl von Antworten möglich war und – mit mehr oder minder guten

7 Vgl. hierzu Bronislaw Malinowski, Magic, Science and Religion and Other Essays, Boston—Glencoe Ill. 1948, S. 8 ff; E. E. Evans-Pritchard, Witchcraft, Oracles and Magic Among the Azande of the Anglo-Egyptian Sudan, Oxford 1937 (insb. S. 20). Darauf stützt sich die verbreitete Dichotomie von sakralem und profanem Handeln. Siehe dazu die kritische Erörterung von Jack Goody, Religion and Ritual: The Definitional Problem, The British Journal of Sociology 12 (1961), S. 142—164.

8 Einen ähnlichen Gedanken formuliert im Anschluß an Parsons Robert N. Bellah, Religion: The Sociology of Religion, International Encyclopedia of the Social Sciences, New York 1968 Bd. 13, S. 406—414 (410 f.) mit Hilfe der Begriffe identity und subconscious motivation. Identity wird verstanden als »a relatively condensed, and therefore highly general, . . . . . . . . . definition of the system *and the world*« (Hervorhebung durch mich, N. L.). Der Systembezug bleibt hier jedoch ebenso wie bei subconscious motivation unklar. Zur Motivationsfrage auch unten S. 142 ff.

9 Insofern ist es verständlich, wenn zuweilen die Möglichkeit eines universell anwendbaren Religionsbegriffs überhaupt bestritten wird. Siehe Werner Cohn, Is Religion Universal? Problems of Definition, Journal for the Scientific Study of Religion 3 (1962), S. 25—33.

Chancen für Evolution – funktioniert hat. Die Verlegenheit der Theorie steckt also in der Sache selbst, die immense Streubreite und Unterschiedlichkeit religiösen Gedankenguts ist ein Aspekt der Gesellschaftlichkeit von Religion – zumindest gewesen.

Die Vielzahl funktional äquivalenter Möglichkeiten von Religion schließt es jedoch, wie im einleitenden Kapitel gezeigt, nicht aus, anhand des Bezugsproblems der religiösen Funktion weitere formale Charakterisierungen und schließlich auch historische Spezifikationen zu gewinnen. Wir können für diesen Zweck mit dem Gegensatz von unbestimmter und bestimmter Komplexität und mit dem Gegensatz von latenter und manifester Funktion arbeiten.

Ein System/Umweltverhältnis, in dem Komplexität zugleich konstituiert und reduziert wird, ist letztlich notwendig unbestimmt, weil die Weltstrukturen von den Systemstrukturen abhängen und umgekehrt. Das Gesellschaftssystem kann sich, da alle Modalisierungen und selektiven Bestimmungen von ihm abhängen, nicht auf eine bestimmte Umwelt stützen. Auf der letzten Funktionsebene sozialer Systeme muß deshalb unbestimmte in bestimmte oder doch bestimmbare Komplexität transformiert werden[10]. Damit werden nicht etwa bereits vorliegende »Tiefenstrukturen der Wirklichkeit« nur »thematisiert«[11], sondern wird Diskretheit, Typik, Diskontinuität, Grenze und damit »Andersheit« überhaupt erst geschaffen[12]. Es ist diese Transformationsfunktion, an der sich religiöse Qualitäten ansiedeln[13].

10 In diesem Punkte setzt selbst Edmund Husserl Konstitutionsleistungen schon voraus, kommt also nicht an den Ursprung, wenn er formuliert: »Die Unbestimmtheit bedeutet ja notwendig *Bestimmbarkeit eines fest vorgeschriebenen Stils*« (Ideen zu einer reinen Phänomenologie und phänomenologischen Philosophie Bd. I, Husserliana Bd. III, Den Haag 1950, S. 100).

11 In der Thematisierung von Tiefenstrukturen der Wirklichkeit sieht Günter Dux, Ursprung, Funktion und Gehalt der Religion, Internationales Jahrbuch für Religionssoziologie 8 (1973), S. 7—67, die Funktion der Religion, ohne daß ersichtlich würde, wie Dux selbst zu der Annahme kommt, daß die Tiefe eine (nicht weiter auflösbare?) Struktur habe.

12 Vgl. oben S. 18 f.

13 Ähnlich Clifford Geertz, Ethos, World-View and the Analysis of Sacred Symbols, Antioch Review 1 (1957—58), S. 421—437, und ders., Religion as a Cultural System in: Michael Banton (Hrsg.), Anthropological Approaches to the Study of Religion, London 1966, S. 1—46, der darin eine be-

Kulturelle Strukturen mit genau diesem Funktionsbezug sind Religionen. Die Funktion der Religion bezieht sich auf die Bestimmbarkeit der Welt[14].

Mit dieser Funktion der Reformulierung unbestimmter Komplexität ist und bleibt die Religion an die Ebene des gesamtgesellschaftlichen Systems gebunden. Nicht in dieser Beziehung hat sie sich geändert, sondern wegen dieser Beziehung. Genau diese Systemreferenz erklärt die evolutionären Veränderungen, das historische Schicksal von Religion. Auf dieser Annahme beruhen die folgenden Analysen[15]. Im Laufe der Evolution zu höherer Komplexität verändert sich der Stellenwert der Gesamtgesellschaft im Gefüge sozialer Systeme, ändert sich vor allem durch Innendifferenzierung und Ebenendifferenzierung der Bedarf für Selektionsleistungen, die auf dieser höchsten Systembildungsebene noch für die gesamte Gesellschaft einheitlich erbracht wer-

kannte, theoretisch aber noch nicht ausreichend begriffene These sieht. Für die ältere Diskussion siehe auch Albert K. Cohen, On the Place of »Themes« and Kindred Concepts in Social Theory, American Anthropologist 50 (1948), S. 436—443. Etwas enger sehen Peter L. Berger / Thomas Luckmann, Die gesellschaftliche Konstruktion der Wirklichkeit: Eine Theorie der Wissenssoziologie, Frankfurt 1969, religiöse Symbolsysteme (wie Symbolsysteme schlechthin) als Derivationen und Sedimente von Prozessen der Institutionalisierung und Legitimation von Sinnbildungen in einer immer schon vorkonstituierten Lebenswelt.

14 Hier liegt ein feiner, aber wichtiger Unterschied zur Religionsauffassung von Parsons. Parsons ist aus Gründen, die mit seiner Systemtheorie zusammenhängen, genötigt, Religion als *Teil*system des sozialen Systems auf eine *Teil*umwelt zu beziehen, zu der das Religionssystem besondere interchange-Beziehungen unterhält. Er nennt diesen Umweltteil (wohl angeregt durch Paul Tillich, Biblical Religion and the Search for Ultimate Reality, Chicago 1955) »ultimate reality«.

15 Dazu sei angemerkt, daß das dafür erforderliche Instrumentarium der Systemtheorie bisher erst in sehr begrenztem Umfange entwickelt ist. Wir werden im folgenden durchgehend von der Möglichkeit Gebrauch machen, Systemdifferenzierung als Variable zu behandeln, werden die damit verbindbaren Einsichten jedoch nicht auf der Ebene einer allgemeinen Theorie sozialer Systeme artikulieren, sondern sie am besonderen Fall des Religionssystems abhandeln. Dies geschieht nicht zuletzt deshalb, um abzutasten, welche Konsequenzen abstrakt angesetzte systemtheoretische Forschungen über Zusammenhänge zwischen Ausdifferenzierung und Innendifferenzierung, Generalisierung und Respezifikation, Reflexivität und Reflexion, Teilsystemautonomie und Medienbildung, Kontingenzformeln und Code-Thematiken usw. für die Religionsforschung haben können.

den müssen – oder auch nur: erbracht werden können. Der Bedarf ebenso wie die Möglichkeit einheitlicher Reformulierungen nehmen mit zunehmender Komplexität des Gesellschaftssystems ab. Für die Religion ergibt sich daraus die doppelte Möglichkeit, mit der Totalität des Gesellschaftssystems generalisiert und/oder nur noch situationsweise abgerufen zu werden. Das *Ganze* wird nur noch *gelegentlich* bedeutsam, es ist ein Teil in sich selbst. Dann muß von Repräsentation auf Reflexion umgedacht werden.

Diese funktionale Konzeption stellt sich über die bekannte Kontroverse, ob Religion Angst und Unsicherheit behebe oder ob sie sie erst erzeuge[16]. Beides trifft in gewisser Weise zu. Religion reformuliert die Bedingungen von Unsicherheit. Sie interpretiert Ereignisse und Möglichkeiten in einer Weise, die mit sinnhafter Orientierung korreliert und eine Steigerung tragbarer Unsicherheit ermöglicht. Der Bedarf für diese Leistung hängt zusammen und variiert mit dem Entwicklungsstand der Gesellschaft einerseits, der in zunehmende Komplexität und Kontingenz anderer Möglichkeiten führt, und andererseits mit den Strukturen der Religion selbst.

In sehr frühen Stadien menschlich-gesellschaftlicher Entwicklung erfolgt die Transformation des Unbestimmten gleichsam unter Überspringen von Kontingenz direkt in der Form eines mehr oder weniger alternativenlosen Realitätsglaubens. Das religiöse Erleben ist demgemäß auf Enttäuschung, Überraschung und Angst gestimmt. Das Problem liegt in der Erhaltung gesellschaftlicher Interaktionsmuster über Angst und Erwartungsenttäuschung hinweg. Die Funktion der Religion wird noch nicht, wie später, durch gewagte Interpretationsleistungen vermittelt. Sie wird durch *unmittelbare Sakralisierung des Problems* erfüllt – zum Beispiel durch Tabuierung der Bruchstellen in der Ordnung, der Übergänge, der Mischformen, des Unklassifizierbaren, der Anomalien[17]. Die dafür bereitgestellten Rituale tragen zu-

16 Siehe Malinowski a.a.O. einerseits und Alfred R. Radcliffe-Brown, Taboo, in ders., Structure and Function in Primitive Society, London 1952, S. 133 bis 152 (148 ff.), andererseits. Vgl. dazu auch George C. Homans, Anxiety and Ritual: The Theories of Malinowski and Radcliffe-Brown, American Anthropologist 43 (1941), S. 164—172.

17 Dazu Mary Douglas, Purity and Danger: An Analysis of Concepts of Pollution and Taboo, London 1966. Vgl. auch Edmund Leach, Anthropologi-

nächst die Religion. Einfache Gesellschaften, die wenig Rituale aufweisen (und solche gibt es durchaus[18]), sind auch solche mit geringer Religiosität. Rituale sind Prozesse feierlicher, wichtiger Kommunikation, die zugleich dazu dienen, das Risiko aller Kommunikation, den möglichen Fehlgebrauch der Symbole, zu kontrollieren bzw. als kontrolliert darzustellen[19]. Wo sie Sprache benutzen, geschieht dies in entsprachlichter Form. Sie nehmen also die Errungenschaft der Sprache, wo sie riskant wird, zurück, ohne sie aufzugeben. Sie bilden damit die Grundstruktur verdichteter Sozialität, treten deshalb auch bei lockeren Formen des Zusammenlebens zurück[20] und stellen die dafür nötige Kommunikation unter die Sanktion des Schrecklichen außerhalb, das als Bruch des Rituals erscheinen würde. Dadurch wird die doppelte Kontingenz aller Sozialität ausgeschaltet oder doch minimiert, und das Risiko des sprachlichen Gebrauchs von Zeichen solange stillgestellt, bis in der Form von symbolisch generalisierten Kommunikationsmedien funktionsfähige Selektoren auch für relativ unwahrscheinliche Lagen entwickelt worden sind[21]. Eine späte Variante ist das Mythenrezitativ, die standardisierte, rhythmisch-rhapsodisch tradierte Erinnerung, wie sie zum Beispiel in den homerischen Epen den Kontrastpunkt abgegeben hat für das Bemühen der Philosophen um eine sachorientierte Kommunikation[22].

In dem Maße, als die Gesellschaft komplexer wird, nehmen auch

cal Aspects of Language: Animal Categories and Verbal Abuse, in: Eric H. Lenneberg (Hrsg.), New Directions in the Study of Language, Cambridge Mass. 1964, S. 23—63.

18 Siehe nur Mary Douglas, Natural Symbols: Explorations in Cosmology, London 1970 — zugleich auch für die im folgenden erörterte Auffassung des Rituals als restricted communication.

19 So Roy A. Rappaport, Ritual, Sanctity and Cybernetics, American Anthropologist 73 (1971), S. 59—76; ders., The Sacred in Human Evolution, Annual Review of Ecology and Systematics 2 (1971), S. 23—44; Maurice Bloch, Symbols, Song, Dance and Features of Articulation, Europäisches Archiv für Soziologie 15 (1974), S. 55—81.

20 Dazu Douglas, Natural Symbols a.a.O.

21 Vgl. unten S. 91 ff., 121 ff.

22 Die Entstehung dieser Sonderform bedarf jeweils besonderer Erklärung. Für den Fall der Griechen wird zumeist die Reprimitivierung einer schon entwickelten Hochkultur während des »dunklen Zeitalters« für ausschlaggebend gehalten. Vgl. zu all dem besonders Eric A. Havelock, Preface to Plato, Cambridge Mass. 1963.

ihre Generalisierungen zu. Es werden mehr Möglichkeiten sichtbar, die Realität wird in steigendem Maße als kontingent, als »auch-anders-möglich« bewußt. Die Gesellschaft benötigt jetzt zur Kontrolle des Zugangs zu anderen Möglichkeiten Einrichtungen, die wir *Kontingenzformeln* nennen wollen. Zu den wichtigsten Kontingenzformeln gehören das jeweilige Prinzip politischer Legitimität, also eine Formel für Gemeinwohl, ferner das Prinzip konstanter Gütermengen (und in diesem konkreten Sinne: Knappheit)[23], die normativen Strukturen des Rechts[24] und das Prinzip der Limitationalität in der Wissenschaft als Voraussetzung für den binären Ja/Nein-Schematismus der Logik[25], der sehr bald nach seiner Konstituierung auf das Möglichkeitsproblem selbst angewandt wurde[26] und dann in der Doppelgestalt des possibile/impossibile und des necessarium/contingens die theologische Diskussion des Mittelalters in einer religiös nicht mehr kontrollierbaren Weise abstrahiert hat.

In all diesen Fällen waren es zunächst relativ konkrete, moralgetränkte Ausführungen, die das Problem der Kontingenz nicht voll transparent werden ließen. Solche Kontingenzformeln leisten eine Rekonstruktion beliebiger Komplexität und Kontingenz in Form von Reduktionen, die für das System bestimmbar sind und Selektionen und Anschlußselektionen ermöglichen: Erst wenn jemand anders handeln kann, als erwartet wurde, und wenn dies antizipierbar ist, entsteht das Problem rechtlicher Normierung und verfahrensmäßiger Abwicklung von Konflikten und Verstößen; erst wenn eins auf Kosten des anderen geht, entstehen Probleme der Verteilung, der Hilfe und Dankbarkeit;

23 Einen guten Überblick, besonders auch im Hinblick auf moralische und institutionelle Implikationen, vermittelt George M. Foster, Peasant Society and the Image of Limited Good, American Anthropologist 67 (1965), S. 293 bis 315. Zur weiteren Entwicklung auch Niklas Luhmann, Knappheit, Geld und die bürgerliche Gesellschaft, Jahrbuch für Sozialwissenschaft 23 (1972), S. 186 bis 210.

24 Vgl. Niklas Luhmann, Die juristische Rechtsquellenlehre aus soziologischer Sicht, Festschrift René König, Opladen 1973, S. 387—399.

25 Vgl. hierzu Joachim Klowski, Zum Entstehen der logischen Argumentation, Rheinisches Museum für Philologie 113 (1970), S. 111—141; ferner, besonders unter konstitutionstheoretischen Gesichtspunkten, ders., Die Konstruktion der Begriffe Nichts und Sein durch Parmenides, Kant-Studien 60 (1969), S. 404—416.

26 Aristoteles, De interpretatione, Kap. 12 und 13.

erst wenn das Ja ein Nein ausschließt und umgekehrt, machen Dialog und Argumentation Fortschritte, gibt es eine Progression der Erkenntnis. Die Instituierung jener Kontingenzformeln ist wiederum Sache von Religion gewesen, weil sie eine Transformation unbestimmter in bestimmbare Komplexität erfordert. Im Kontrollbereich dieser Formeln ist jedoch in dem Maße, als sie Struktur gewinnen, eine unmittelbare religiöse Lebensorientierung entbehrlich, ja hinderlich. In einer eigentümlichen Weise, die bis in die Neuzeit hinein wirksam ist, beruhen sie auf Religion, übernehmen ihre Funktion – und distanzieren zugleich von Religion. Wir können vermuten, daß ein so auffälliger Tatbestand in der religiösen Dogmatik nicht unbeachtet bleiben kann und in der einen oder anderen Form Ausdruck finden muß – möglicherweise in Form eines negativen Urteils über die »Welt«.

Ein Religionsbegriff, der *lediglich* auf *eine* Funktionsbestimmung zurückgreift, wird oft wegen seiner Unbestimmtheit kritisiert[27]. Er übergreift einerseits zu viel, weil auch Erlebnis- und Handlungsweisen darunterfallen, die man normalerweise nicht als religiös ansieht. Er sagt andererseits zu wenig, weil eine einzelne, abstrakte Funktionsangabe nicht ausreicht, um die innere Varietät und die Variationsgrenzen von Religion zu begreifen. Diese Schwäche funktionaler Begriffsbildung kann nicht dadurch behoben werden, daß man die Funktionsbestimmung einschränkt durch Angabe des »Wie« der Funktionserfüllung, also etwa durch Kennzeichnung der Religion als Glaube an übermenschliche Wesenheiten. Damit glitte man ab in einen historisch relativierten, nicht mehr universell verwendbaren Religionsbegriff.

27 Vgl. hierzu und zum Folgenden Melford E. Spiro, Religion: Problems of Definition and Explanation, in: Michael Banton (Hrsg.), Anthropological Approaches to the Study of Religion, London 1966, S. 85—126; Louis Schneider, Sociological Approach to Religion, New York 1970, S. 89 ff.; J. Milton Yinger, The Scientific Study of Religion, New York 1970, S. 5 ff. Auf allgemeiner Ebene gibt es entsprechende Bedenken gegen die Verwendung von Begriffen wie Komplexität oder Kontingenz als Bezugsprobleme funktionaler Analysen. Siehe etwa Jürgen Habermas in: Habermas / Luhmann a.a.O., S. 146 ff., oder Walter Schmidt, Aufklärung durch Soziologie, Neue politische Literatur 1971, S. 340—354, insb. 345 f.; Renate Mayntz, Zweckbegriff und Systemrationalität: Zu dem gleichnamigen Buch von Niklas Luhmann, Schmollers Jahrbuch 91 (1971), S. 57—63.

Statt dessen wollen wir in Fortsetzung der Analysen des ersten Kapitels versuchen, die abstrakte Einseitigkeit einer einzelnen Funktionsangabe, die zu viel zuläßt und zu wenig leistet, durch systemtheoretische Analysen zu korrigieren und zu komplizieren[28], das heißt in die Religionstheorie einzuarbeiten, daß jedes soziale System, also auch die Gesellschaft, mehr als nur ein Problem zu lösen hat, also eine Vielzahl von Funktionen erfüllen muß. Die Entwicklungsfähigkeit einer funktionalen System- und Religionstheorie wird sich daran erweisen, ob es gelingt, die Analyse über bloße Kataloge von Funktionen und Dysfunktionen hinauszuführen[29].

## IV.

Ein erstes Zusatzproblem liegt in der strukturierten und begrenzten Kapazität aller Sinn erlebenden, Information verarbeitenden Systeme. Das Grundproblem völlig unbestimmter anderer Möglichkeiten muß zumindest in einigen Hinsichten bestimmt werden, damit es überhaupt Angriffspunkte für selektive Prozesse des Erlebens und Handelns bietet. Dieser Strukturbedarf kann nicht dadurch unterlaufen werden, daß man die Funktion beliebiger, jeweils auch anders möglicher Bestimmung im System selbst als Funktion thematisiert; denn im Hinblick auf sie wäre jede Bestimmung austauschbar, also nichts entscheidbar.

Wir lassen die Frage offen, ob es Formen der Reflexion geben kann, die sich dieser Situation stellen. Alle Religionen, die wir kennen, haben dieses Problem »chiffriert«, haben es verdeckt und es nicht als Variationsregel ihrer selbst benutzt. Mit Chiffrierung meinen wir nicht einfach die Benutzung von Symbolen als Zeichen für etwas anderes, nicht direkt Zugängliches, auf das sie hinweisen, sondern vielmehr die Erzeugung von Wissen durch

28 Hierzu prinzipiell Niklas Luhmann, Funktionale Methode und Systemtheorie, in ders., Soziologische Aufklärung: Aufsätze zur Theorie sozialer Systeme Bd. 1, 4. Aufl. Opladen 1974, S. 31—53.

29 Siehe den nahestehenden Versuch von Thomas F. O'Dea, The Sociology of Religion, Englewood Cliffs N. J. 1966, der von drei Grundproblemen der Unsicherheit und Kontingenz, der Machtlosigkeit und der Knappheit ausgeht und in lockerem Anschluß daran sechs Funktionen und sechs Dysfunktionen der Religion unterscheidet.

reduktive Bestimmung[30]. Chiffren verdecken und ersetzen ihren Ursprung, sie sind also nicht im Hinblick auf das, was sie meinen, auswechselbar wie Zeichen im Hinblick auf das Bezeichnete. So hat eine Religion nicht die Möglichkeit, wenn »Gott« nicht mehr geht, es einmal mit »Geld« zu versuchen. Soziologisch formuliert, bleibt die Funktion der Religion bei der Transformation unbestimmter in bestimmte oder bestimmbare Komplexität für das religiöse Erleben und auch für seine Dogmatik *latent*. Sie wird nicht selbst thematisiert, sondern mit religiösen Themen »besetzt«. Anders gesagt: Die religiöse Symbolik ist nicht identisch mit dem, was sie symbolisiert – mit der Gesellschaft selbst (Durkheim) oder mit spezifisch religiösen Funktionen in der Gesellschaft[31]. Sie hat nicht etwa die Form verkürzt dargestellten soziologischen Wissens. Das ist verständlich, wenn man bedenkt, daß eine Thematisierung der Funktion hieße, Religion selbst einem Vergleich mit anderen Möglichkeiten und einer Substitution auszusetzen. Es fehlt dem religiösen Erleben damit ein Funktionsbewußtsein auf der soziologisch-analytischen Ebene, die wir hier zu Grunde legen. An Stelle dessen kommt es zu Bemühungen um Verstehen und Themen-Interpretation, die sich unter noch zu erörternden Voraussetzungen zu dem verdichten, was wir Dogmatik einer religiösen Vorstellungswelt nennen wollen. Entsprechend entwickeln sich Religionen im Gange gesellschaftlicher Evolution nicht in Prozessen funktionaler Substitution, sondern in Prozessen thematischer Generalisierung und Abstraktion.

*Auslegungsbedürftig* werden religiöse Themen, sobald sie *situationsfrei* zu fungieren beginnen – das heißt eine Bedeutung gewinnen, die über die jeweilige Steuerung der unmittelbaren Interaktion unter Anwesenden hinausreicht[32]. Durch rekurrenten

30 Unklar Paul Tillich, Wesen und Wandel des Glaubens, Berlin 1961, S. 53 ff.: Symbole seien zwar Zeichen, die auf etwas anderes verweisen, partizipierten aber an der Realität dessen, worauf sie hinweisen.

31 So ausdrücklich und gegen irreführende soziologische Formulierungen Spiro a.a.O., S. 104 f. Vgl. auch Raymond Firth, Problem and Assumption in an Anthropological Study of Religion, Journal of the Royal Anthropological Institute 89 (1959), S. 129—148 (134 f.).

32 Zur Funktion thematischer Aufmerksamkeitskonzentration im Kontext unmittelbarer Interaktion siehe Niklas Luhmann, Einfache Sozialsysteme, in: ders., Soziologische Aufklärung Bd. 2, Opladen 1975, S. 21—38.

Gebrauch entstehen begriffsähnliche Gebilde, räumlich oder wortmäßig fixierte Orientierungspunkte, Gottbegriffe, auf die man zurückkommen kann und deren Gebrauch daher geregelt werden muß. Entsprechend werden Erfahrungsinhalte an und mit solchen Themen interpretationsbedürftig. In älteren Gesellschaften geschieht dies zunächst in enger Bindung an rituelles Handeln und im übrigen okkasionell, erzählerisch, hochgradig inkonsistent und undurchdacht[33]. Von »Glauben« kann man kaum sprechen[34]. Erst mit dem weiteren Ausbau von relativ kontextfrei organisiertem Erleben entsteht überhaupt ein Problem der Bindung (religio, commitment) und daran anschließend ein Problem professioneller Betreuung und Verwaltung solcher Bindungen. Erst mit kontextfrei gepflegten Sinnbildern, Mythen und Kontingenzformeln entsteht die Möglichkeit einer Nachfrage, die beantwortet werden muß; und mit der dagegen gesetzten Perfektionierung solcher Konzepte entsteht die Möglichkeit eines abwertenden Vergleichs[35] – Ist das gerecht? Ist das ein guter König? Handelt so ein Freund? Geschieht das nach dem Willen Gottes? – und wiederum mit der Erwartung begründbarer Antworten.

Als religiöse Dogmatik wollen wir die jeweilige verbale und begriffliche Ausstattung dieser Interpretationsfunktion bezeichnen – also nicht nur eine bestimmte theologische Disziplin unter anderen[36], und vor allem nicht einen ausdrücklichen Gegensatz zur Moraltheologie. Dogmatiken sind Nachfolgeeinrichtungen für Rituale auf höherer Ebene, sie ermöglichen daher eine gewisse

33 Vgl. z. B. Paul Radin, Primitive Man as Philosopher, New York 1927; ferner unter S. 109.

34 »My own experience among the Tikopia was that I was often asked if the spirits . . . were true or not, but not whether I myself believed in them. The enquiry was to get my opinion, not to test my allegiance. In this sense primitive religions have no dogma« (Firth a.a.O. S. 137).

35 Hierzu Kenneth Burke, The Rhetoric of Religion: Studies in Logology, Boston 1961.

36 Dieser Sprachgebrauch mag willkürlich erscheinen. Die Begriffsgeschichte von »Dogma« und »Dogmatik« (vgl. August Deneffe, Dogma: Wort und Begriff, Scholastik 6 (1931), S. 381—400, 505—538; Martin Elze, Der Begriff des Dogmas in der Alten Kirche, Zeitschrift für Theologie und Kirche 61 (1964), S. 421—438; ders., Dogma, Historisches Wörterbuch der Philosophie Bd. 2, Basel-Stuttgart 1972, Sp. 275—277) ist aber ohnehin sehr wechselvoll. Ältere Angaben findet man eher unter dem Stichwort articulus fidei.

Entritualisierung der Religion[37]. Sie teilen mit Ritualen die Funktion, Negationsrisiken zu kontrollieren, die in allem Sinn impliziert sind und durch Sprache generalisiert werden. Die Unmittelbarkeit der in Ritualen praktizierten *Negationsausschaltung* durch Entsprachlichung, Rhythmisierung, Körperbeteiligung, Stereotypisierung muß dabei ersetzt werden durch *Negationsverbote*, die nach Möglichkeit begründet, zumindest aber im Corpus der Dogmatik durch Konsistenz und Kohärenz abgesichert werden. Die soziale Kontrolle des expliziten Negierens kann daher wichtiger werden als die Stärkung der Relevanz des Glaubens[38]. Der Weg vom Ritual zur Dogmatik ist ein Weg des »adaptive upgrading« (Parsons) der Negation von Negationen. Die Auslese evolutionär erfolgreicher Dogmatiken testet gleichsam das Festhalten von Unnegierbarkeiten unter steigenden Anforderungen an Problemspezifikation, Systematisierungsleistung und Flexibilität.

Eine Dogmatik interpretiert, um Antwort geben zu können. Sie arbeitet einerseits mit funktional unanalysierten Abstraktionen und in dieser Hinsicht unreflektiert. Sie thematisiert ihre gesellschaftliche Funktion nicht, sondern versteht auch sich selbst, ihren Begriff des Dogmas, wiederum nur dogmatisch – etwa in der Weise, daß sie den Begriff des Dogmas durch Bezug auf die Offenbarung und die Lehrtradition der Kirche definiert[39]. Sie beruht andererseits auf der kontextfreien Verwendbarkeit ihres Materials, also auf Distanz zu den Bindungen, die sie interpretiert. Die Richtung, in der sie ihre eigene Leistung steigern kann und in der Folge gesellschaftlicher Evolution verändert, liegt demnach nicht in der Reflexion ihrer eigenen Kontingenz; sie liegt in *höheren Freiheitsgraden im Umgang mit Erfahrungen und Texten.* Die religiöse Dogmatik befaßt sich mit Themen, Thesen und Symbolen, und erst diese ihre Gegenstände beziehen

37 Dies widerspricht einem Religionsbegriff, der den Bezug auf Rituale als Konstante durchzuhalten versucht — etwa dem von Anthony F. C. Wallace, Religion: An Anthropological View, New York 1966. Zu Entritualisierung und ihren Schranken vgl. auch unten S. 108 ff.

38 Deshalb folgert Jean-Pierre Deconchy, L'orthodoxie religieuse: Essai de logique psycho-sociale, Paris 1971, S. 116: »Finalement, dans un système de pensée à régulation orthodoxe, il vaut toujours mieux ne rien dire. A la limite, un orthodoxe parfait, c'est quelqu'un qui se tait.«

39 Dazu nochmals unten S. 173 f.

sich auf die Erfahrungswelt. In ihren Hochformen organisiert sie diese Freiheit als Differenz von Material und Begrifflichkeit und kann so die schon kontextfrei verwendbaren Glaubenssätze – der Heiland ist geboren – nochmals als Manövriermasse ihrer eigenen Gedankenbewegungen verwenden, sie systematisieren, sie anwenden, um auf neu auftauchende Fragen Antwort zu geben.

Diese eigentümliche Funktion und Struktur von Dogmatiken, die sich ähnlich auch im Bereich des Rechts beobachten läßt[40], läßt sich in der üblichen wissenschaftstheoretischen Kritik von Dogmatiken nicht erfassen[41]. Der Vergleichspunkt Wissenschaft ist falsch gewählt[42]. Weder ihren Kontingenzformeln noch ihrem Kommunikationsmedium nach sind Dogmatiken auf Forschung spezialisierte Einrichtungen. Sie bringen im Falle religiöser Dogmatiken vielmehr die Interpretation des Erlebens und Handelns, das Unbestimmbares berührt, auf ein Generalisierungsniveau, das den gesellschaftlichen Anforderungen an strukturelle Kompatibilität genügt. Auf die Art und Weise, wie religiöse Dogmatiken diesen Anforderungen genügen könnten, kommen wir an Hand von Beispielen zurück. Zuvor sind jedoch noch einige mehr soziologische Überlegungen erforderlich. Sie betreffen einige Gesichtspunkte der Theorie gesellschaftlicher Evolution (V), ferner die »De-Sozialisation« der Welt mit Hilfe

40 Vgl. Niklas Luhmann, Rechtssystem und Rechtsdogmatik, Stuttgart 1974.

41 Siehe statt anderer Julius Kraft, Vorfragen der Rechtssoziologie, Zeitschrift für vergleichende Rechtswissenschaft 45 (1930), S. 1–78 (29 f.): »Eine Disziplin heißt Dogmatik, insofern sie gewisse an und für sich willkürliche Sätze als über jeder Kritik stehend erachtet und also das Postulat der unabhängigen Forschung aufgibt«. Noch schärfer ders., Die Unmöglichkeit der Geisteswissenschaft, Leipzig 1934, S. 38 »Der Begriff der Dogmatik enthält die widerspruchsvolle Vorstellung einer Erkenntnis ohne Erkenntnis.« Diese Beurteilung dürfte auf Kant zurückgehen, verkennt aber die Art, in der Kant (Kritik der reinen Vernunft, Vorrede zur zweiten Auflage S. XXXV f.) Dogmatik und Dogmatismus unterscheidet.

42 Siehe für den Bereich des Rechts auch die scharfe Unterscheidung bei Ottmar Ballweg, Rechtswissenschaft und Jurisprudenz, Basel 1970. Anderer Meinung ist Erich Rothacker, Die dogmatische Denkform in den Geisteswissenschaften und das Problem des Historismus, Akademie der Wissenschaften und der Literatur in Mainz, Abhandlungen der Geistes- und Sozialwissenschaftlichen Klasse 1954 Nr. 6, S. 257, Anm. 1, und zwar deshalb, weil er Wissenschaft ganz allgemein als begriffliche Arbeit sieht.

religiöser Generalisierungen (VI), das Problem der Ausdifferenzierung eines speziell auf die Religion bezogenen Teilsystems der Gesellschaft (VII) und Hauptrichtungen weiterer Problemspezifikation (VIII).

## V.

Wir beginnen mit mehr oder weniger klassischen Thesen der Soziologie: Im Laufe der Evolution nimmt die bestimmbare *Komplexität* der Gesellschaft und der für sie möglichen Welt zu. Die Folgeprobleme einer solchen Entwicklung lassen sich – das entspricht allgemeinen systemtheoretischen Erkenntnissen – nur lösen durch zunehmende *Differenzierung* des Gesellschaftssystems, und zwar mit Hilfe einer Änderung des Differenzierungsprinzips, die an der Schwelle zu Hochkulturen eingeleitet wird. Sie besteht in einer allmählichen Umstellung von segmentierender auf stratifizierende und schließlich auf funktionsspezifische Bildung von Teilsystemen[43]. Die Ausdifferenzierung funktionsspezifischer Teilsysteme ist im Bereich der Religion wie auch sonst Voraussetzung dafür, daß eine sehr niedrige Schwelle gesellschaftlicher Evolution überwunden werden kann. Als Korrelat dieser Entwicklung setzen auf der symbolisch-motivationsmäßigen Ebene der Orientierung des Erlebens und Handelns Prozesse der *Generalisierung* ein. Vorstellungen, die die einzelnen Funktionsbereiche, etwa das Haus und die Stadt, Schiffahrt und Krieg, Handwerk und Kult, übergreifen, müssen generalisiert und zugleich so gefaßt werden, daß sie den Einzelnen relativ herausgelöst aus Teilsystemzusammenhängen als Individuum erfassen. Damit verlieren die kulturellen Symbole und Orientierungsschemata die Unmittelbarkeit und Konkretheit situationsmäßiger Relevanz. Es müssen Mechanismen der *Respezifikation* generalisierter Orientierungsmuster geschaffen werden, deren »Anwendung« fallweise problematisch wird. Sie findet man im Bereich des Rechts, in einem aufkommenden Erziehungswesen und nicht zuletzt im Bereich der Religion, die jetzt nicht mehr nur Ritual und Kult sein kann. In diesem systemstrukturellen Kontext gewinnt Religion ihre Ausformung an der

43 Vgl. Emilie Durkheim, De la division du travail social, Paris 1893.

Funktion der *Interpretation*. Sie entwickelt damit ein funktionales Äquivalent für das, was wir oben (S. 80) unmittelbare Sakralisierung des Problems genannt haben, und Sakralformen werden, wenn beibehalten, ethisch, allegorisch oder als Symbole reformuliert.

So weit reicht eine häufig formulierte soziologische Theorie[44]. Ich möchte sie um zwei weitere Vorschläge ergänzen, *Kontingenzformeln* und *Kommunikationsmedien* betreffend. Diese Begriffe beziehen sich auf Veränderungen des Konstitutionszusammenhanges von System und Welt. Die evolutionären Bedingungen, die die Zunahme bestimmbarer Komplexität auslösen, verändern zugleich die Ansprüche, die an die Transformation unbestimmter in bestimmte oder bestimmbare Komplexität gestellt werden müssen. Die Kontingenzformeln, die diese Transformation leisten, müssen mehr mögliche Zustände von System und Umwelt abdecken; sie müssen von Realitätsannahmen in Normbegriffe, Dispositionsbegriffe, Möglichkeitsbegriffe abstrahiert werden, ohne doch ihre operative Funktion zu verlieren. Das ist ein Fall von Generalisierung und Respezifikation im Bereich der Modalität.

Als Mittel der Überführung unbestimmbarer in bestimmbare Kontingenz dienen Formeln, die Abhängigkeiten und Interdependenzen ausdrücken. Dadurch wird die regellose Beliebigkeit der Möglichkeiten, anders zu sein, auf bestimmbare Relationen reduziert. Knappheit reduziert zum Beispiel die wunschhafte Projektion, mehr oder anderes zu haben, auf Abhängigkeit von Kosten, die viele Möglichkeiten ausschließt und Interdependenzen in Systemen kalkulierbar macht. Eine limitationale zweiwertig schematisierte Logik reduziert beliebige Möglichkeiten, wahre Sätze zu bilden, auf ableitbare Formen. Ein Prinzip politischer Legitimität reduziert regellose Machtausübung auf Abhängigkeit von konditionierbaren, authentischen Entscheidungen. Für die Kontingenzformel der Religion, für den Gottesbegriff, hatte man eine ähnliche, aber nicht bereichsspezifische, sondern weltuniversale Reduktionsleistung angenommen, in der

44 Die hier angegebene Zusammenfassung hält sich an Charles Ackerman / Talcott Parsons, The Concept of »Social System« as a Theoretical Device, in: Gordon J. DiRenzo (Hrsg.), Concepts, Theory, and Explanation in the Behavioral Sciences, New York 1966, S. 19—40 (36 ff.).

abendländischen Tradition hauptsächlich formuliert als eine der göttlichen Vollkommenheit entsprechende Varietät und Perfektion der Welt[45]. Ein Vergleich mit anderen Kontingenzformeln zeigt, wie wenig damit allein die Umsetzung in systematisch kontrollierbare Interdependenzen geleistet ist.

Abstraktere Kontingenzformeln machen zugleich die *Selektivität* des Erlebens und Handelns erkennbar, die Mögliches in Wirkliches überführt. Ein gutes Beispiel dafür bietet die Umstellung des griechischen Rechtsdenkens von Thesmós auf Nómos im Zusammenhang mit der Umstellung politischer Institutionen und Entscheidungsprozesse auf höhere Selektivität[46]. Solche Veränderungen bedeuten, daß auch die kommunikative Übertragung von Selektionsleistungen problematisch geworden ist. In dem Maße, als der eine *auswählt*, was er erlebt und tut, und dies dem anderen bewußt wird, ist nicht mehr selbstverständlich, daß andere das Gleiche auswählen oder dazu Passendes auswählen. Die Anschlußselektivität muß vielmehr durch besondere Einrichtungen gewährleistet werden, die wir *Kommunikationsmedien* nennen wollen. Die Hauptbeispiele für solche Kommunikationsmedien in der abendländischen Tradition sind Wahrheit, Liebe, Geld, Kunst, Macht[47]. Kommunikationsmedien sind symbolische Codes, die Regeln möglicher Kombination von Symbolen festlegen und dadurch zugleich eine Übertragung von Selektionsleistungen sicherstellen können, das heißt erreichen, daß Ego eine Selektion Alters als Prämisse eigenen Verhaltens übernimmt. Dazu sind Kombinationen von sprachlichen und motivationalen Leistungen erforderlich, deren Bedingungszusammenhang mit

45 Einen guten Überblick vermittelt Arthur O. Lovejoy, The Great Chain of Being: A Study of the History of an Idea, Cambridge Mass. 1936. Siehe zu den Grenzen der Bereitschaft, Perfektion als Antwort zu akzeptieren, auch Martin Foss, The Idea of Perfection in the Western World, Princeton N. J. 1946, sowie unten S. 130 f., 130 ff., 219 ff.

46 Vgl. Martin Ostwald, Nomos and the Beginning of the Athenian Democracy, Oxford 1969.

47 Hierzu und zur Einordnung in eine sich herausbildende Theorie der Kommunikationsmedien näher Niklas Luhmann, Einführende Bemerkungen zu einer Theorie symbolisch generalisierter Kommunikationsmedien, in ders., Soziologische Aufklärung Bd. 2 a.a.O., S. 170—192; ferner ders., Macht, Stuttgart 1975; ders., Ist Kunst codierbar?, in: Siegfried J. Schmidt (Hrsg.), »schön«: Zur Diskussion eines umstrittenen Begriffs, München 1976, S. 60 bis 95.

den evolutionären Veränderungen des Gesellschaftssystems variiert.
In diesem Veränderungszusammenhang werden die eingangs skizzierten Zurechnungsprobleme aktuell, die zur Differenzierung von Erleben und Handeln führen. Wenn nämlich Verhalten überhaupt als Selektion erkennbar ist, macht es einen Unterschied aus, ob die Selektivität als Erleben oder als Handeln gebucht wird; ob sie also der Welt zugerechnet wird, nach der sich das Verhalten nur »richtet«, oder ob sie als Leistung des seligierenden Systems, zum Beispiel als »Wille« des Handelnden, gesehen wird. Je nachdem stellt sich das Problem entsprechender Selektionen anders; je nachdem braucht man andere Kommunikationsmedien.
Die symbolischen Codes der wichtigsten Kommunikationsmedien müssen sich deshalb dieser Differenzierung stellen, sie aufnehmen und verarbeiten. Darauf beruht der Typus ihrer Spezialisierung. Wahrheit zum Beispiel dient der Übertragung von Erlebnisselektionen als Erlebnisselektionen, Macht dient der Übermittlung von Handlungsselektionen in dem Sinne, daß Alter durch eigenes, ihm zugerechnetes Handeln ein Handeln Egos auswählen kann. Wahrheit kann, wenn diese Differenzierung sich durchsetzt, dann nicht mehr mit Macht gefördert werden, sondern folgt den Steigerungsbedingungen und Bewährungsregeln eines darauf spezialisierten Codes[48]. Und Macht kann nicht mehr auf Wahrheit gegründet werden. Liebe, Kunst, Geld sind Kombinationsformen mit gleichwohl klaren Zurechnungsregeln, bei denen entweder das Erleben Alters im Handeln Egos übernommen werden muß oder umgekehrt.
Besonders zu beachten, weil wichtig für eine Theorie religiöser Dogmatik, ist die *Doppelung* der Ebenen der Symbolbildung. Wir waren oben S. 86 f. bei den Überlegungen zur Funktion von Dogmatiken bereits darauf gestoßen. Medien-Codes sind symbolisch generalisierte Regeln zulässiger Kombination von Symbolen, die im Falle der Religion zum Beispiel Glaubenserfahrungen symbolisieren. Diese Höherstufung der sinnbildenden Funktion von Symbolen ist zugleich ein Mittel größerer Spezifikation der Strukturbildung durch Einschränkung des Möglichen,

48 Hierzu auch meinen Beitrag Wahrheit als Kommunikationsmedium, in: Habermas / Luhmann a.a.O., S. 342 ff.

ein Mittel höherer Freiheit der Interpretation des unmittelbar Gegebenen und ein Mittel funktionaler Ausdifferenzierung besonderer Kommunikationsbereiche.
Ein Aspekt der Ausdifferenzierung und Verselbständigung solcher Kommunikationsmedien ist, daß sie sich von der alltäglichen Interaktion abheben, die normalerweise nicht medienspezifisch orientiert ist, und nur noch in typischen Problemlagen relevant werden. Solche Problemlagen werden durch Kontingenzformeln vorstrukturiert. Der Zusammenhang von Limitationalität und Wahrheit liegt auf der Hand, ebenso der Zusammenhang von Knappheit und Geld[49] und von Legitimität und Macht. Bemerkenswert ist auch, daß der »Zufall« der Begegnung als mediumspezifische Kontingenz im Code der Liebe auftaucht und für gut befunden wird; und daß Kunst auf natürliche oder selbsterarbeitete Formvorgaben angewiesen ist, an denen jeweils dazu Passendes und Nichtpassendes unterschieden werden kann[50].
All das kann hier nur angedeutet, nicht ausgearbeitet werden. Uns interessiert, was die skizzierten Entwicklungslinien zusammengenommen für Religion und religiöse Dogmatiken bedeuten mögen. Wir stellen diese Fragen zunächst für vorneuzeitliche Hochkulturen, die zugleich Prototypen hochentwickelter Religiosität hervorgebracht haben[51].

## VI.

Bevor wir auf Einzelheiten der Innenstruktur des Gesellschaftssystems eingehen, muß dessen Ausdifferenzierung aus der sozial

49 Siehe auch Niklas Luhmann, Knappheit, Geld und die bürgerliche Gesellschaft a.a.O.

50 Vgl. Christopher Alexander, Notes on the Synthesis of Form, Cambridge Mass. 1964; Luhmann, Ist Kunst codierbar? a.a.O.

51 Jede Periodisierung bringt natürlich Abgrenzungsprobleme mit sich. Wir legen deshalb nur eine ganz grobe Unterscheidung von archaischen, hochkulturellen und neuzeitlich-industriellen Gesellschaften zugrunde. So auch N. J. Demerath III / Phillip E. Hammond, Religion in Social Context: Tradition and Transition, New York 1969. Mit einer Einteilung in 5 Perioden arbeitet Robert N. Bellah, Religious Evolution, American Sociological Review 29 (1964), S. 358—374.

konstituierten Welt im ganzen zumindest in einem wichtigen Aspekt geklärt werden. Die Konstitution bestimmbaren Sinnes dürfte ursprünglich sehr nah und sehr konkret an Kommunikation in sozialer Interaktion gebunden gewesen sein. Die Gewißheitssicherungen werden noch nicht »individualisiert«, sie bleiben unmittelbar von sozialer Resonanz abhängig. In älteren Gesellschaftssystemen werden deshalb soziale Beziehungen mehr oder weniger in die gesamte Welt projiziert. Die grundlegenden Dichotomien wie gut/böse, nah/fern, Freund/Feind, vertraut/unvertraut, die die Totalität der Welt formulieren, sind sozialer Natur. Selbst grundlegende Negationen bezeichnen noch negierte Sozialität, neben der es keine *eigenständige* Zeitdimension (z. B. Geschichte) oder Sachdimension (z. B. Kausalität) gibt[52]. Die soziale *Konstitution* ist zugleich soziale *Erfahrung* und *Thematisierung* der Welt. Sie erfolgt auf zwei verschiedene Weisen, die analytisch, aber nicht praktisch getrennt werden können. Einmal werden auch außerhalb der zwischenmenschlichen Beziehungen eine Fülle von »Partnern« erlebt, denen man die Fähigkeit zu sozialen Beziehungen, Erwartungen und intentionalem Verhalten unterstellt – Totemtiere, Yamwurzeln, Totengeister, um auf bekannte Beispiele hinzuweisen. Die Grenzen der sozialen Welt sind mit denen des Menschensystems nicht identisch[53]. Zum anderen werden, und diese Projektion ist sehr viel schwieriger abbaubar gewesen, soziomorphe Ordnungsmodelle der Welt im ganzen unterstellt, etwa das Eltern/Kind-Verhältnis oder ein Regulativ für Lohn und Strafe. Beide Projektionsweisen zusammen stabilisieren einen Primat der Sozialdimension in der sinnhaften Bestimmung des Erlebens, der einer

52 Hierzu John Middleton, Lugbara Religion: Ritual and Authority among an East African People, London — New York — Toronto 1960, S. 250 ff.

53 Vgl. z. B. Jean Cazeneuve, La connaissance d'autrui dans les sociétés archaïques, Cahiers Internationaux de Sociologie 25 (1958), S. 75—99; A. Irving Hallowell, Ojibwa Ontology, Behavior and World View, in: Culture in History: Essays in Honor of Paul Radin, New York 1960, S. 19—52; Thomas Luckmann, On the Boundaries of the Social World, in: Maurice Natanson (Hrsg.), Phenomenology and Social Reality: Essays in Memory of Alfred Schutz, Haag 1970, S. 73—100. Im gleichen Zusammenhang können die Arbeiten von Ernst Topitsch gelesen werden, vor allem: Vom Ursprung und Ende der Metaphysik, Wien 1958.

sozial-indifferenten Erfassung der Sachwelt und vor allem der Entwicklung eines komplexeren Zeitbewußtseins entgegensteht. Von diesen Ausgangspunkten her gesehen ist die allmähliche »De-Sozialisation« der Welt[54] ein Ergebnis komplizierter evolutionärer Prozesse. Die Deckungsgleichheit des Sozialen mit dem Menschlichen, die nichts Soziales mehr außerhalb der Gesellschaft (bzw. Gesellschaften) kennt, ist ein offenbar recht voraussetzungsvoller Typus menschlichen Weltlebens – im historischen Vergleich gesehen keineswegs die Regel, sondern die Ausnahme. Der Prozeß der De-Sozialisation der Welt ist, was seine symbolischen Korrelate angeht, weitgehend identisch mit der Entwicklung einer abstrakteren religiösen Symbolik, die nicht mehr unbedingt auf Tragbarkeit und direkte Bestätigung in sozialer Interaktion angewiesen ist. Gerade indem die religiöse Vorstellungswelt das soziale Moment außerhalb der Menschensphäre aufnimmt, repräsentiert und absorbiert in Leitmotiven wie Vater, Gebot, Strafe, Kommunikation, Wort, Liebe, entzieht sie es der Welt im Prozeß theologischer Generalisierung und Dogmatisierung. Die außermenschliche Sozialität wird in die Form von Religion gebannt und so symbolisch fixiert. Sie hat dann nur noch *Beziehungen* zur Welt, sie ist nicht mehr mit ihr *identisch*[55]. Der reale Vollzug des religiösen Mythos im sozialen Handeln, zum Beispiel im Inzest des ägyptischen Königshauses, wird entbehrlich oder in einen weniger folgenreichen Ablauf verlagert wie das Abendmahl, das symbolisch praktiziert

54 So Luckmann a.a.O.

55 Genau in diesem Punkte scheinen sich, was die evolutionär wichtige Verbindung zur Symbolik politischer Herrschaft angeht, mesopotamische und altägyptische Religiosität zu unterscheiden. So wenigstens vermuten, auf Grund unzureichender Quellen, Henri Frankfort, Kingship and the Gods, Chicago 1948; Talcott Parsons, Societies: Evolutionary and Comparative Perspectives, Englewood Cliffs N. J. 1966, S. 59 ff., 65; John G. Gunnell, Political Philosophy and Time, Middletown Conn. 1968, S. 34 ff. Siehe andererseits die stärker auf kulturelle Diffusion aufmerksam machenden Auffassungen der sog. Myth and Ritual Schule, vor allem S. H. Hooke (Hrsg.), Myth, Ritual and Kingship, Oxford 1958, und E. O. James, Myth and Ritual in the Ancient Near East, London 1958. Wie immer diese Streitfrage in bezug auf Königsritual und -mythos zu entscheiden sein mag: daß auch die ägyptische Religion zu einer gewissen Distanzierung von Gott und König und damit zu einer Ethik des kontingenten Wohlverhaltens gefunden hat, steht außer Zweifel.

werden kann (wie immer der theologische Streit in dieser Frage entschieden wird).

Vorbedingung für diese Entwicklung, die das Soziale auf menschliche Beziehungen zugleich reduziert und ausweitet, ist ein hinreichendes Maß an *sichtbar gewordener und individuell zurechenbarer Selektivität des Handelns.* Diese hängt ihrerseits davon ab, daß die Struktur des Gesellschaftssystems und dessen Sinnhorizonte Möglichkeitsüberschüsse erzeugen, gegen die sich die Kontingenz allen Handelns profiliert. Erst wenn einleuchtet und erwartbar wird, daß Handeln aus einer Vielzahl von Möglichkeiten auswählt und immer auch anders kann, entsteht ein Bedarf für Motive[56] und entsteht die Notwendigkeit, sich die Identität des anderen individualisiert vorzustellen; denn nur unter dieser Voraussetzung benötigt man einen Bezugspunkt, der im Selektionsprozeß und zugleich in der Weite seiner Möglichkeiten und in der Enge einer ausgewählten Wirklichkeit des Handelns derselbe bleibt[57]. Erst unter dieser Voraussetzung individualisiert sich auch Angst[58], und erst unter dieser Voraussetzung wird eine entsprechende Generalisierung religiöser Mittel der Angstabsorption für verschiedenartige Individuen nötig.

Die Beziehung unter individuell-kontingent-selektiven Menschen hebt sich so stark von der Natur ab, daß sie als das spezifisch Soziale begriffen werden kann. Die Folgen eines damit eingeleiteten Konvergierens des Sozialen und des Menschlichen lassen sich unter drei Gesichtspunkten zusammenfassen. *Zum ersten* ermöglicht diese Konvergenz eine neuartige *Prägnanz der Ausdifferenzierung des Gesellschaftssystems* aus der für es relevanten Umwelt. Beschränkt auf die Beziehungen unter Menschen,

56 Wir verwenden hier einen spezifisch soziologischen Motivbegriff, der letztlich auf Max Weber zurückgeht. Vgl. unten S. 142 f. mit weiteren Hinweisen.

57 Diese Auffassung der Genesis und Funktion von Individualität wendet sich zugleich gegen die vorherrschende, auf Durkheim zurückgehende soziologische Individualismus-Theorie, die die »Institutionalisierung des Individualismus« lediglich auf die zunehmende Rollendifferenzierung zurückführt. Vgl. statt anderer Hans Gerth / C. Wright Mills, Character and Social Structure: The Psychology of Social Institutions, New York 1953, S. 100 ff. (Dt. Übers., Person und Gesellschaft, Frankfurt — Bonn 1970).

58 Siehe dazu eine interessante Andeutung (aber nicht diese Ableitung) bei Charles Drekmeier, Kingship and Community in Early India, Stanford Cal. 1962, S. 289.

unterscheidet dieses System der Gesellschaft sich jetzt deutlich, sei es von anderen Gesellschaften, sei es von der Natur oder der Übernatur. Die sozialen Beziehungen können als menschliche eigengesetzlich geordnet und modifiziert werden, Konsens kann zum Beispiel Entscheidungsfaktor werden, wenn nicht länger auch Geister, Tiere, Feldfrüchte und anderes Mitglieder des Systems sind.

Dem entspricht *zweitens* eine neuartige *Humanisierung der Gesellschaft*. Es geht in dem jetzt möglichen Gesellschaftstypus um den Menschen als Menschen. Humanisierung heißt nun allerdings nicht, daß es den Menschen jetzt besser gehe als vorher, und schon gar nicht, daß sie einander besser behandelten. Religionskriege, Ketzerverbrennungen usw. sind kein Beweis gegen, sondern ein Beweis für den Zusammenhang von Religionsentwicklung und Humanisierung; dazu kommt es nämlich gerade, weil die Menschen einander als Menschen, nämlich als ichgleiche selbstselektive Handlungssysteme, im Auge haben – und negieren können. Eben deshalb führt denn auch die spätere Entwicklung vor die Notwendigkeit, zwischen sozialen Systemen und personalen Systemen strukturell (und dann auch theoretisch!) schärfer zu differenzieren, wo die Risiken der Humanität untragbar werden.

Aus dem gleichen theoretischen Kontext ist *drittens* plausibel zu machen, daß erst die religiöse De-Sozialisation der Welt eine weitgehende *Verselbständigung von Sachdimension und Zeitdimension gegeneinander und gegen soziale Sinnbezüge* ermöglicht hat. Um es auf die abstrakteste Formel zu bringen: Die Fähigkeit zu negieren wird allmählich differenziert; sie wird in zeitlichen und sachlichen Verwendungen von sozialen Implikationen entlastet.

Wenn der Ablauf und die Wiederkehr prominenter (zum Beispiel politischer oder zeremonieller) gesellschaftlicher Prozesse nicht mehr als in sich selbst religiös erlebt wird, sondern es zur *Aufgabe der Politik* oder zur *Aufgabe individuellen Wohlverhaltens* wird, sich um die Übereinstimmung der kosmisch-religiösen und der irdischen Ordnung zu bemühen, entstehen Probleme neuer Art, nämlich (1) Möglichkeiten des *folgenreichen Fehlverhaltens* und des Scheiterns, (2) eine *doppelte* Möglichkeit der *Zurechnung*, sei es auf göttlichen Willen, sei es auf menschliches Fehlverhalten, mit der jener erstgenannten Kontingenz Rechnung getragen wird, und (3) ein neuartiges Bewußtsein der *Zeit* als Dimension von Ereignis und Erfolg, Schuld und Sühne, in der Anstrengung eine variable Größe sein kann[59]. Die religiöse Symbolik wird damit allein noch nicht entmythisiert; aber sie muß jetzt auf die für Kontingenz notwendigen *Bedingungen* bezogen, also *abstrahiert* werden, so daß sie mit konditionalisierten Verhältnissen und mit Systemen kompatibel wird, die mehr als einen Zustand annehmen können.

Auf diese Anforderungen hin sind in der frühen Religionsentwicklung Vorderasiens verschiedene Modelle der Rekonstruktion von Kontingenz erprobt worden. Die altbabylonische Lösung des Problems durch ein Götterpantheon, das ohne moralische Bindungen furchtbar und arbiträr, aber doch nicht kapriziös handeln konnte[60], wird auf dem Weg zum Monotheismus zunächst hierarchisiert und moralisiert, so daß der höchste Gott mit dem moralischen Prinzip identifiziert werden kann (was auf Erden organisierte Justiz voraussetzt). Für die weitere Entwicklung ist dann vor allem die daran anschließende hebräische Religionsbildung[61] leitend geworden durch die Vorstellung einer

59 Hierzu Gunnell a.a.O. S. 39 ff. Bellah a.a.O. (1964), S. 367, charakterisiert diese gesellschaftliche Lage der »historischen Religionen« mit den Worten: »The opportunity is far greater than before but so is the risk of failure«. Und Burr C. Brundage, The Birth of Clio: A Résumé and Interpretation of Ancient Near Eastern Historiography, in: H. Stuart Hughes (Hrsg.), Teachers of History, Ithaca N. Y. 1954, S. 199—230 (200), charakterisiert die dazugehörige Geschichtssicht mit den Worten: ... »history was written *about* kings, and not *by* kings.«

60 Ich folge der Darstellung und auch der Formulierung von M. David, Les dieux et le destin en Babylonie, Paris 1949, insb. S. 50 ff. Frau David zeigt zugleich, daß unter *diesen* Bedingungen die Einstellung zur Götterwelt einen Orientierungszusammenhang von Furcht und Hoffnung ohne eindeutigen moralischen Bezug motiviert (57 ff.) und magische Vorstellungen auch im Rahmen einer Hochreligion zur Instrumentierung von Rationalität und Willen noch unentbehrlich sind (66 ff.).

61 Hier erlaubt die Quellenlage einen besonders guten Überblick über die Entwicklung. Reichhaltige Belege für eine noch nicht voll moralisierte Gottheit im frühen Israel bei Johannes Hempel, Geschichten und Geschichte im Alten Testament bis zur persischen Zeit, Gütersloh 1964, insb. S. 92 ff. Erst wenn die Dichotomie von gut und böse in der *Gesellschaft universell* gesetzt ist, d. h. *alles* Handeln regelt, bleibt auch dem Gott keine andere Wahl mehr als gut zu sein.

(kontingenten und inhaltsvariablen, historischen!) *Kommunikation Gottes mit seinem Volk* – ein Modell, das mit sowohl gutem als auch schlechtem Handeln, mit Furcht und Hoffnung, Lohn und Strafe, Glück und Unglück Israels kompatibel und damit historischen Wechselfällen gegenüber beständig war[62]. Dabei stellt sich das Problem, daß Zeit nicht mehr nur konkret im Zusammenhang mit Enttäuschungsabsorption als Geburt und Tod, als Werden und Vergehen gesehen werden kann, sondern begriffen werden muß als *Sinnbeziehung* zwischen zeitlich entfernt liegenden Ereignissen der Vergangenheit bzw. Zukunft und zugleich als Entwicklungsraum für Kommunikation: also *historisch*. Geschichte ist für dieses Denken Entscheidungsgeschichte, auf die Gott korrelativ reagiert[63]. Sie wird als Dialog mit Gott reflektiert[64].

Es genügt für die Folgezeit, die Geschichte des Kausalprinzips zu studieren, um die weiteren Zusammenhänge in den Blick zu bekommen[65]. Die spezifisch neuzeitliche idealisierend-technisierende Weltpraxis war nur auf dieser Grundlage in Gang zu bringen, und Ähnliches gilt für die Umformung des Zeitbewußt-

62 Ein zentrales Moment und eine Art evolutionäres Scharnier ist in diesem Zusammenhang die *Vertragsform* der Kommunikation. Sie setzt Kontrolle über den eigenen Beitrag voraus. Man kann Gott nicht vertragsbrüchig denken (Vgl. aber den 89. Psalm!) oder ihn mit einer Exkulpation wegen Unmöglichkeit seiner Leistung ausstatten. Die *Vertragsfähigkeit* des Hochgottes ist deshalb nur in einer hinreichend disziplinierten, hierarchisierten Götterwelt konzipierbar und forciert dann die Entwicklung eines Monotheismus, der innerhalb des religiösen Kosmos keine unkontrollierbaren Gegenkräfte mehr zuläßt. Der religiöse Kosmos selbst wird auf diese Weise »entsozialisiert«. An die Stelle der mehr oder weniger zwangshaften Unzuverlässigkeit einer polytheistischen Götterwelt tritt die frei gewählte Bindung des einen Gottes. Das Gebot der *Vertragstreue* erzwingt außerdem *Erinnerung*, und zwar Gott gegenüber die Selbstidentifikation durch conscientia und memoria. Zur memoria-These auch Johann Baptist Metz, »Politische Theologie« in der Diskussion, in: Helmut Peukert (Hrsg.), Diskussion zur »politischen Theologie«, Mainz—München 1969, S. 267—301 (284 ff.) mit weiteren Hinweisen.

63 So Georg Fohrer, Prophetie und Geschichte, Theologische Literaturzeitung 89 (1964), S. 480—499 (498 f.).

64 Siehe z. B. Heinz-Dietrich Wendland, Geschichtsanschauung und Geschichtsbewußtsein im Neuen Testament, Göttingen 1938, S. 14; James Muilenburg, The Biblical View of Time, Harvard Theological Review 54 (1961), S. 225—252 (239 ff.).

65 Vgl. hierfür besonders Hans Kelsen, Vergeltung und Kausalität: Eine soziologische Untersuchung, Den Haag, 1941.

seins im Sinne von inhaltsneutraler Linearität einerseits und scharfer, unumkehrbarer Differenzierung von Vergangenheit und Zukunft andererseits. Zu all diesen Veränderungen liefert die christliche Theologie Geburtshilfen und Überleitungsformeln: so namentlich mit der Verabsolutierung des Schöpfungsgedankens, die Kausalität kontingent werden läßt; und mit der Vorstellung doppelter Zeitebenen, auf deren einer die Zeit noch ewige Gegenwart, das heißt (soziale!)[66] Präsenz Gottes ist, während auf der anderen die Zeit schon ein Avancieren mit ständigem Wechsel von Vergangenheit und Zukünften ermöglicht[67].

Die dafür geltenden sozialstrukturellen Bedingungen haben sich jedoch im Übergang zur Neuzeit erneut wesentlich geändert. Die Zeit hat ihr letztes soziales Merkmal, die kommunikative Präsenz aller Zeiten in der Gegenwart, verloren bzw. ersetzt durch die bloße Präsentierbarkeit der Zeithorizonte Zukunft und Vergangenheit[68]. In diesem Sinne ist aus der geschlossenen Zeit eine offene Zeit entstanden, in der der Geschichtsverlauf sich als Entfernung aus einer unvordenklichen Vergangenheit und Vorlauf in eine offene, entscheidbare Zukunft selbst bestimmt. Es ist kein Zufall, daß parallel zur Etablierung dieser neuen Temporalstruktur im 18. Jahrhundert auch der Humanismus sich religiös emanzipierte und ein eigenes, selbstreferentielles Fundament zu gewinnen suchte[69]. Dafür wurden optimisti-

66 Dieser Zusatz kann in der gebotenen Kürze nicht ausreichend begründet werden. Er beruht darauf, daß im Ewigkeitsbegriff des Mittelalters aus wohl erwogenen Gründen auf die *Simultaneität* mit allen Zeiten abgestellt wird und nicht einfach auf bloß unbeschränkte Dauer! Simultaneität aber ist eine auf die Sozialdimension hinzielende Bedingung, nämlich Bedingung der kommunikativen Erreichbarkeit des anderen. Zu letzterem vor allem Alfred Schütz, Der sinnhafte Aufbau der sozialen Welt: Eine Einleitung in die verstehende Soziologie, Wien 1932.

67 Vgl. zur mittelalterlichen Diskussion besonders J. M. Parent, La doctrine de la création dans l'école de Chartres: Etude et Textes, Ottawa—Paris 1938.

68 Hierzu Niklas Luhmann, Weltzeit und Systemgeschichte, in ders., Soziologische Aufklärung Bd. 2 a.a.O., S. 103—133; ders., The Future Cannot Begin, Social Research 43 (1976), S. 130—151.

69 Vgl. Lester G. Crocker, An Age of Crisis: Man and World in Eighteenth Century French Thought, Baltimore 1959; ders., Nature and Culture: Ethical Thought in the French Enlightenment, Baltimore 1963; Roger Mercier, La réhabilitation de la nature humaine (1700—1750, Villemomble (Seine) 1960;

sche und pessimistische Varianten angeboten. Die Möglichkeit, zwischen ihnen zu wählen, ließ die Frage zunächst nicht aufkommen, ob es überhaupt sinnvoll sei, die Letztorientierung des Menschen an ihm selbst auszuprobieren.

Sicher sind Zeitdimension und Sozialdimension im Ausmaß ihrer wechselseitigen Differenzierung bedingt durch die Struktur und die evolutionäre Lage des Gesellschaftssystems. Insofern gibt es kein Zurück zu einer religiösen Dogmatik, die im Begriff des Gottes und im Begriff des Menschen einen geringeren Grad der Differenzierung vorausgesetzt hatte. Aber es mag möglich sein, die Konsequenzen der erreichten Differenzierung genauer ins Auge zu fassen und adäquatere semantische Korrelate zu finden. Es mehren sich die Anzeichen dafür, daß die gesellschaftliche Evolution über eine Lage hinausgeführt hat, in der es sinnvoll war, soziale Beziehungen auf den Menschen zu beziehen. Neuere Systemtheorien gehen in Anerkennung dieser Situation vielfach, wenn auch nicht unumstritten, davon aus, daß Menschen im Sinne individualisierter Personalität nicht als Elemente, sondern als Umwelt sozialer Systeme (also auch der Gesellschaft, also auch des Religionssystems) angesehen werden müssen. Darin liegt eine Weiterführung der Spezifikation des Sozialen über eine bloße Desozialisation der außermenschlichen Welt hinaus in Richtung auf eine Differenzierung personaler und sozialer Systeme im Sinne wechselseitig-interdependenter System/Umwelt-Verhältnisse. Hier liegen die vielleicht einschneidendsten Konsequenzen der neueren Systemtheorie für die religiöse Dogmatik[70].

## VII.

Bei allen systemtheoretischen Analysen muß man eine Mehrheit von Systemreferenzen im Blick behalten. Die Ausdifferenzierung der Gesellschaft und das Gewinnen prägnanter Grenzen für ein

Günther Buck, Selbsterhaltung und Historizität, in: Wolf-Dieter Stempel / Reinhart Koselleck (Hrsg.), Geschichte — Ereignis und Erzählung, München 1973, S. 29—94.

70 In der Religionsoziologie von Schneider a.a.O., S. 42 f., findet man eine Erörterung und Anerkennung der soziologischen Position in dieser Frage, ohne daß deren Konsequenzen für die Dogmatisierbarkeit von Religionen in den Blick kämen.

spezifisch menschlich-soziales System sind zu unterscheiden von der Entwicklung von Innendifferenzierungen dieses Gesellschaftssystems, insbesondere von der Ausdifferenzierung eines speziellen Systems für Religion in der Gesellschaft, dem wir uns jetzt zuwenden. Auch die Ausdifferenzierung und funktionale Verselbständigung von Religion wird durch einen evolutionären Systembildungsprozeß getragen, als dessen Resultat wir religiöse Dogmatik vorfinden.

Im Rückblick und im Vergleich mit der heutigen Lage zeigt sich rasch, daß Religion in vorneuzeitlichen Gesellschaften noch deutlich einen Status von gesamtgesellschaftlicher Relevanz besitzt. Sie bietet für alle Funktions- und Medienbereiche noch eine Art Grundsicherheit und Variationsschranke, die deren Ausdifferenzierung und technische Verselbständigung überhaupt erst ermöglicht[71]. Vor allem wird politische Herrschaft religiös legitimiert und dadurch in ihren Ausübungsmöglichkeiten unter Normen gesetzt, die sie nicht selbst geschaffen hat. Die Kontingenzformel Knappheit, das heißt die wechselseitig-gegenläufige Interdependenz wirtschaftlicher Bedürfnisbefriedigungen, wird in ihrer Geltung religiös begründet, zum Beispiel aus einem Verstoß gegen ein Gebot (!) der Gottheit hergeleitet mit der Folge, daß damit zugleich religiös-moralische Anforderungen an das Verhalten unter der Grundbedingung von Knappheit erklärt werden können[72]. Die durch Kontingenzformeln strukturierten besonderen Funktions- und Medienbereiche sind noch nicht autonom

71 Als Beispiel für eine Untersuchung, die darauf besonders achtet, siehe Robert N. Bellah, Tokugawa Religion: The Values of Pre-Industrial Japan, Glencoe Ill. 1957.

72 Der uns bekannteste Fall ist der hebräische Mythos vom Verlust des Paradieses. Ein anderes Beispiel aus der Mythologie der Dinka führt die Entstehung von Knappheit auf das Übertreten eines Verbotes auf *Habsucht* zurück. Vgl. Godfrey Lienhardt, Divinity and Experience: The Religion of the Dinka, Oxford 1961, S. 33 f.
Im Vergleich beider Mythen erhellt die kühnere Differenzierung im hebräischen Mythos: Habsucht setzt nämlich Knappheit eigentlich schon voraus. Der Beginn von Knappheit ergibt sich aus einer Situation, die selbst durch Knappheit schon moralisiert ist. Dagegen ist das Erkenntnisinteresse, die Neugier, ein gegenüber Knappheit selbständiges Steigerungsmotiv. Zur späteren Geschichte des curiositas-Themas und zu seinem Zusammenhang mit der neuzeitlichen Wissenschaftsentwicklung siehe auch Hans Blumenberg, Die Legitimität der Neuzeit, Frankfurt 1966, S. 201 ff.

institutionalisiert. Volle Autonomie einzelner Medienbereiche ist zwar schon denkbar, praktisch aber nicht realisierbar und wird mit moralisch-negativem Vorzeichen versehen[73]. Das Ausmaß erreichbarer Verselbständigung hängt mit der risikofähigen Ausdifferenzierung von Teilsystemen zusammen und variiert von Gesellschaft zu Gesellschaft und von Medienbereich zu Medienbereich. Auch bei hoher Verselbständigung wird aber die Sinngebung der einzelnen Medien und vor allem ihre Verbindung und wechselseitige Unterstützung religiös vermittelt[74]. Nicht selten geschieht das in der Form, daß die schon ausdifferenzierten Mediencodes, etwa für Wahrheit, für Liebe, für Herrschaft, religiös dupliziert und auf eine einheitliche Weltsicht hin reinterpretiert werden.

Auch in früheren Gesellschaftssystemen stehen die religiösen Funktionen unter Anforderungen, die nur durch Ausdifferenzierung besonderer, spezialisierter Veranstaltungen bewältigt werden können – zunächst situationsweise durch phasenmäßige Besonderungen etwa kultischer Art, dann durch Rollendifferen-

73 Exemplarisch ist das politische Scheitern der chinesischen Legisten an dieser Frage und die darauf folgende Remoralisierung von Politik durch die Konfuzianer. Siehe namentlich Léon Vandermeersch, La formation du légisme: Recherches sur la constitution d'une philosophie politique charactéristique de la Chine ancienne, Paris 1965. Eine systematisch-vergleichende Untersuchung dieser Frage bietet S. N. Eisenstadt, The Political Systems of Empires, New York—London 1963.

Beispiele für das gleiche Problem im Verhältnis von Religion und ausdifferenzierter Wahrheitsforschung findet man reichlich in der Wissenschaftsgeschichte der frühen Neuzeit. Vgl. Robert K. Merton, Science, Technology and Society in Seventeenth Century England, in ders., Social Theory and Social Structure, 2. Aufl., Glencoe Ill. 1957; Richard S. Westfall, Science and Religion in Seventeenth Century England, New Haven 1958. Besonders Detailuntersuchungen zeigen, daß es oft zufällige Koinzidenzen waren, die der Forschung eine Art religiös-moralischer Schonfrist gewährten, bis sie sich empirisch und erfolgsmäßig selbst tragen konnte. Dazu gut Walter Pagel, Religious Motives in the Medical Biology of the Seventeenth Century, Bulletin of the (Johns Hopkins) Institute of the History of Medicine 3 (1935) S. 97—128, 213—231, 265—312. Die etwa gleichzeitig anlaufende Privatisierung und Sentimentalisierung der Liebe nach der spektakulären Diskussion des pur amour ist ein weiteres Beispiel aus einem dritten Medienbereich. Vgl. dazu Mercier a.a.O. (1960).

74 Das gibt der ebenso unklaren wie problematischen These, Religion habe eine primär integrative Funktion in der Gesellschaft, für diese Epoche der Evolution ein gewisses Recht.

zierung und schließlich durch permanent fungierende Teilsysteme für spezifisch religiöse Funktionen. In dem für sie zentralen Funktionszusammenhang einer Chiffrierung unbestimmter und Etablierung bestimmbarer Komplexität stützt die Gesellschaft sich auf eines ihrer Teilsysteme unter anderen, auf die in Tempeln oder Kirchen organisierte Priesterschaft. Dadurch kommt es zu eigentümlichen Diskrepanzen und Systemverschiebungen und zu Techniken der Überbrückung dieser Differenz von Ganzem und Teil[75]. »Auslegen gehört Gott zu, doch erzählet mir's« (1. Mose 40,8). Perfektion muß verwaltet werden, wo immer sie auftritt, weil sie im Alltag nicht selbstverständlich ist. Bei allen dogmatischen Figuren ist daher immer auch zu fragen, was sie für eine Profession bedeuten. Zur Struktur von Dogmatik gehört dieser Bezug auf Praxisprobleme dazu[76]. Man kann annehmen, daß eine direkt auf Herbeiführung oder Abwendung von Wirkungen gerichtete priesterliche Kausalpraxis nur in bezug auf wenige, relativ einfache Problemlagen institutionalisiert werden kann. Die Interpretation von Enttäuschungen läuft dann über die Annahme gegenwirkender Kräfte. Bei komplexeren, handlungsmäßig eher durchsichtigen und in das Sozialsystem zurückwirkenden Kausalverläufen wächst die Gefahr von Mißerfolgen, damit die Notwendigkeit des Verschweigens von Mißerfolgen und damit die Notwendigkeit des Verschweigens konkreter Intentionen bis hin zu dem Punkt, wo Kultformen entwickelt werden, die konkrete Wirkungsintentionen gar nicht mehr brauchen und mit Erfolgen und Mißerfolgen kompatibel sind[77]. Die Erhaltung dieser Distanz erfordert Sinngebungen

75 Zu genauen Parallelproblemen in der alteuropäischen Theorie der societas civilis siehe Niklas Luhmann, Gesellschaft, in ders., Soziologische Aufklärung Bd. 1 a.a.O., S. 137—153. Auch das ökonomisch fundierte Gesellschaftskonzept der bürgerlichen Gesellschaft läuft auf das gleiche Paradox auf, einen Teil, nämlich die Wirtschaft, als quasi das Ganze begreifen zu wollen. In *beiden* Fällen wird ein *hierarchisches* Konzept als Lösung angeboten: Im Falle der societas civilis das Konzept der politischen Herrschaft, im Falle der bürgerlichen Gesellschaft (der Herrschaft suspekt geworden ist) das Konzept von Basis und Überbau mit seinen heute komplizierten Derivaten.

76 Hierzu auch Schneider a.a.O., S. 14 ff., ferner unten S. 194 ff., 208 ff.

77 Vgl. hierzu mit illustrativen Details Hempel a.a.O. (1964), besonders S. 76 ff. — Im übrigen ist die Notwendigkeit der Distanzierung von Erfolg und Mißerfolg ein typisches Merkmal berufsförmiger Bearbeitung hoher ge-

neuen Stils und professionelle Kooperation an solchen Sinngebungen; sie trägt ihrerseits zur weiteren Ausdifferenzierung des Religionssystems bei.

Zugleich trägt die Ausdifferenzierung ein »Überziehen« der systemspezifischen Sinngrundlagen und führt zur Projektion unerfüllbarer Erwartungen. Im Religionssystem werden Möglichkeiten produziert und für die gesamte Gesellschaft formuliert, die gesamtgesellschaftlich keine sind, das heißt in der Gesellschaft nicht untergebracht werden können. Ein differenziertes Gesellschaftssystem erzeugt mehr Möglichkeiten, als verwirklicht werden können; das ist ein Aspekt des oben erörterten Zusammenhanges von Differenzierung und Generalisierung. Beispielsweise konnte in mittelalterlichen Theologenkreisen ernsthaft diskutiert werden, ob man im Einklang mit dem Willen Gottes auch den Tod des eigenen Vaters zu wollen hat[78]. So entstehen für andere Teilsysteme der Gesellschaft, hier die Familie, unrealistische Erwartungsprojektionen, die sie sich nicht zu eigen machen, sondern nur als externe Daten behandeln können[79]. Das Gesellschaftssystem wird dadurch in die Lage versetzt, seine *eigenen* religiösen Erwartungen *selektiv* behandeln zu können und zu müssen. Damit ist eine Spannung angezeigt, die als ein Folgeproblem evolutionärer Differenzierung der Gesellschaft gesehen und im Religionssystem auf sehr verschiedene Weisen gelöst werden kann: durch Strapazierung oder Stilisierung der Lebensfüh-

sellschaftlicher Risiken. Auch Ärzte und Juristen werden dadurch in ein abstrakteres Berufsethos gezwungen.

78 Siehe für viele Thomas von Aquino, Summa Theologiae I, II q. 19 art. 10. Vgl. auch Lukas 14, 26; Matthäus 12, 46—50.

79 Diese Differenzierung von Familie und Religion tritt, besonders pointiert und überraschend in der Parsons'schen Soziologie hervor, die der Familie und der Religion nahezu die gleiche Funktion des latent pattern maintenance zuschreibt. Die Differenzierung kann nach Parsons daher nur besagen, daß die Familie sich regressiv auf Kleinkindsozialisation spezialisiert, während die Religion die fundamentalen Motivationsmuster des Erwachsenen bildet. Vgl. Talcott Parsons, Some Comments on the Pattern of Religious Organization in the United States, in ders., Structure and Process in Modern Societies, Glencoe Ill. 1960, S. 295—321 (302 f.). Vgl. auch ders., Mental Illness and »Spiritual Malaise«: The Role of the Psychiatrist and of the Minister of Religion, in ders., Social Structure and Personality, New York—London 1964, S. 292—324 (insb. 305 ff.); Robert N. Bellah, The Place of Religion in Human Action, Review of Religion 22 (1958), S. 137—154.

rung in Richtung auf die Idealisierungen des Dogmas; durch taktische Finessen, zum Beispiel in der Moralkasuistik; durch Geheimhaltung gewisser Aspekte professioneller Praxis, und anderes mehr.

Im Anschluß hieran läßt sich die Hypothese formulieren, daß eine stärkere *Ausdifferenzierung* des Religionssystems in stärkerem Maße zur *Dogmenbildung* und zu *kirchlich-organisierter Respezifikationspraxis* führen muß, die eine ritualistische Religionspraxis ergänzt oder gar mehr oder weniger ersetzt. Stärker ausdifferenzierte Religionssysteme können sich weniger unmittelbar auf andere gesellschaftliche Funktionskreise stützen, können zum Beispiel nicht mehr wie selbstverständlich davon ausgehen, daß die Tapferen und Kriegstüchtigen in den Himmel kommen oder daß, was für die Familie gut ist, auch Gott gefällt. Die religiösen Zielvorstellungen und Heilsinteressen werden in ihren Erfolgsbedingungen von andersartigen gesellschaftlichen Funktionskreisen abgekoppelt; sie werden verselbständigt und nur noch selektiv (zum Beispiel unter dem Gesichtspunkt der caritas) mit ihnen abgestimmt[80].

Eine so weit distanzierte, auf Grund *eigener* Prämissen selektive, gleichwohl aber gesamtgesellschaftlich relevante Beziehung des Religionssystems zur umgebenden Gesellschaft spiegelt sich in internen Erfordernissen wider. Übernimmt das Religionssystem eine *spezifische* und doch *universell relevante* Funktion, muß es auch *intern von primär segmentärer auf funktionale Differenzierung* umgestellt werden. Denn die sich nun stellenden Anforderungen sind auf der Basis segmentärer, in viele gleiche oder ähnliche Einheiten einteilender Systembildung nicht mehr angemessen zu erfüllen.

Die für die abendländische Entwicklung in dieser Beziehung entscheidende spätrömische Phase hat diese Umstrukturierung wenn nicht bewirkt, so doch als anlaufenden historischen Prozeß ermöglicht. Es gelang der christlichen Bewegung, die Zurückdrängung auf den Status eines Kults neben anderen, also den Einbau in die noch vorherrschende segmentäre Differenzierung des Reli-

80 Man kann dieses *soziologische* Problem in der christlichen *Dogmatik* gut verfolgen, wenn man sich genauer ansieht, was dort begrifflich und exemplarisch über Liebe gesagt wird bis hin zur berühmten Diskussion des pur amour.

gionssystems, zu verhindern und zugleich einen universellen, allmenschlichen Geltungsanspruch aufrechtzuerhalten. Es mußte in dieser Situation fast religionsfeindlich, jedenfalls politisch-anomisch vorgehen, andersartig und intolerant. Und es mußte sich *zugleich* – denn nur so war ein Erfolg möglich – auf den schon weit entwickelten politisch-rechtlichen Universalismus römischer Form stützen und mit ihm eine Kombination eingehen. Die Zwei-Reiche-Lehre Augustins spiegelt diese Problematik wider – nicht zuletzt darin, daß sie keine klare Begrifflichkeit und keine logisch und moralisch glatte (binäre) Differenzierung dieser Reiche finden kann.

Die in der Spätantike sich herausbildende Systemstruktur des Religionssystems gibt das Prinzip segmentärer Differenzierung nicht auf; sie bildet es aber zurück zu einem *nur noch organisatorischen Prinzip* einer einheitlichen Kirche eines Glaubens, nämlich in die Form regionaler Segmentierung der Kirchenorganisation in Bistümer und Pfarreien. Deshalb wird eine strikt *hierarchische* Organisation nötig, die es übernimmt, Einheit und regionale Segmentierung zu verbinden. Nach außen hin fungiert diese Hierarchie zugleich als Kontaktdifferenzierung im Verhältnis zur Gesellschaft, namentlich zu ihrem ebenfalls hierarchisch gebauten politischen System[81]. All das erfordert im Religionssy-

81 Im einzelnen müßte und könnte die Analyse an dieser Stelle wesentlich verfeinert werden. Es kommt einmal hinzu, daß das Prinzip vertikaler Strukturierung zur Überbrückung segmentärer Differenzierung sich auf der Ebene des Gesellschaftssystems bereits in spätarchaischen Gesellschaften findet, dort aber nur die Form annimmt, die Ethnologen (auf Anregung von Aidan W. Southall, Alur Society: A Study in Processes and Types of Domination, Cambridge Engl. o. J. [1953]) »pyramidale« Struktur nennen *mit größerer Macht an der Basis.* Das Neuartige kirchlicher Hierarchiebildung ist, daß sie einerseits noch zur Überbrückung einer segmentären Innendifferenzierung gebildet wird, aber als Hierarchie eines Teilsystems der Gesellschaft zugleich funktional zur Kontaktdifferenzierung nach außen dient, *und deshalb die größere Macht an die Spitze zieht,* also Weisungsmöglichkeiten und Gehorsamspflichten institutionalisieren muß. Dieser Widerspruch wird durch eine prinzipiell labile interne Machtverteilung gelöst. Ferner bleibt diese Hierarchie der Kirche bezogen auf eine Gesellschaft, die ihre eigene funktionale Differenzierung nicht nur politisch, sondern auch schichtenmäßig integriert, indem der Zusammenhalt und das ständische Interesse namentlich in höheren Schichten zuweilen stärker sein kann als die jeweils politisch, religiös, wirtschaftlich, oder familienmäßig spezifizierten Rolleninteressen. Das hat vor al-

stem intern eine *funktionale Differenzierung in spezifisch organisatorische und spezifisch geistliche Prozesse* mit den entsprechenden kirchenpolitischen Dauerbelastungen[82]. Diese Folgeprobleme haben nicht zuletzt ihren Grund darin, daß die Differenzierung von organisatorischen und geistlichen Prozessen nicht wiederum eine rein organisatorische Differenzierung sein kann. Fortentwicklungen der religiösen Dogmatik erfolgen heute mehr denn je außerhalb der Kirchenorganisation.

Unter den oben erörterten gesamtgesellschaftlichen Bedingungen kann die Verselbständigung und funktionale Spezifikation des religiösen Bereichs nicht mehr primär auf eine besondere ritualistische Praxis gestützt werden, die nur zu bestimmten Zeiten stattfindet und durch ihr timing mit vielerlei andersartigem Handeln vorher und nachher kompatibel ist. Das würde ein zunehmend ausdifferenziertes Religionssystem gesellschaftlich beziehungslos werden lassen. Vielmehr erfordert stärkere Ausdifferenzierung stärkere Generalisierung gesellschaftlicher Integrationsmittel.

Unter diesen Umständen *verlagert sich der Schwerpunkt der Religiosität im Religionssystem aus rituellen Praxen in übergreifende Glaubensfragen,* die dogmatisiert, interpretiert und exegetisch respezifiziert werden müssen[83]. Die Dogmen des Glau-

lem für die gesellschaftliche Anpassung des Religionssystems durch schichtenspezifische Rekrutierung Bedeutung.

Schließlich ist namentlich für heutige organisatorische Überlegungen wichtig, daß die traditionelle kirchliche Hierarchie *nicht zur Reintegration einer internen funktionalen Differenzierung gebaut ist* und auch vertikal nicht ausreichend funktional differenziert ist, solange sie eine »pyramidale« Struktur bewahrt, nämlich Pfarrer, Bischof und Papst nur als kleinere und größere Exemplare derselben Art unterscheidet. Hierzu und zu weiteren Organisationsfragen auch Niklas Luhmann, Die Organisierbarkeit von Religionen und Kirchen, in: Jakobus Wössner (Hrsg.), Religion im Umbruch, Stuttgart 1972, S. 245—285; ferner unten Kap. 5.

82 Hierzu lesenswert Kenneth A. Thompson, Bureaucracy and Church Reform: The Organizational Response of the Church of England to Social Change 1800—1965, Oxford 1970.

83 Zur Ausnahmestellung und zum relativ späten Auftreten von Religionen, die sich in erster Linie als Glauben verstehen, vgl. etwa A. R. Radcliffe-Brown, Religion and Society, in ders., Structure and Function in Primitive Society, London 1952, S. 153—177 (155 ff.); A. D. Nock, Conversion: The Old and the New in Religion from Alexander the Great to Augustine of Hippo, London 1961 (Erstausgabe 1933).

bens übernehmen Funktionen im Code eines besonderen Kommunikationsmediums, das Systemdifferenzierungen übergreift. Die Schwankungsbreite der Mythen und Deutungen, die in älteren, auf der Basis von Ritual und Kult identifizierten Religionen üblich und unschädlich war[84], ist nicht länger tragbar, wenn die Religion durch höher generalisierte Symbole identifiziert wird. Das richtige Glaubensverständnis kann, ja muß zum Streitpunkt werden, dessen Entscheidung die weitere Dogmententwicklung vorantreibt. Ein Glück, wenn man dann ein »Buch« hat! Es müssen, welchen Weg immer die Dogmatik wählt, zunächst desintegrierende Wirkungen in Kauf genommen werden, da die gesellschaftliche Integration nur noch auf abstrakteren Ebenen der institutionellen und sinnhaft-symbolischen Kompatibilität erreicht werden kann.

Entritualisierung bedeutet vor allem, daß in der Religion selbst und in ihren gesellschaftlichen Beziehungen ein höheres Maß an *Differenzierung expressiver und instrumenteller Prozesse* möglich wird – zum Beispiel eine ausgeprägte Trennung von Liebesangelegenheiten und Geldangelegenheiten. Riten sind in ihrem Vollzug so konkretisiert, daß expressive und instrumentelle (durchaus: bewußt manipulative!) Funktionen verschmelzen und sich wechselseitig stützen[85]. In dem Maße, als die »Führung« im Religionssystem auf die Dogmatik übergeht, ermöglicht diese eine stärkere Verselbständigung expressiver und instrumenteller Funktionen gegeneinander, erreicht damit höhere Kompatibilität mit gesellschaftlicher Differenzierung, muß aber zugleich in der Form von Symbolbildung und Interpretation expressive und instrumentelle Prozesse in einen einheitlichen Deutungszusammenhang re-integrieren. Die Hauptlinie der Differenzierung verläuft dann nicht mehr, wie in spätarchaischen Gesellschaften, auf der Ebene einer Rollendifferenzierung zwischen den Priestern und dem Volk, das am Kult mit Distanz beteiligt wird,

84 Siehe dazu etwa Edwin O. James, Myth and Ritual in the Ancient Near East, London 1958, S. 293 f.

85 So z. B. Godfrey Lienhardt, Divinity and Experience: The Religion of the Dinka, Oxford 1961; S. J. Tambiah, The Ideology of Merit and the Social Correlates of Buddhism in a Thai Village, in: Edmund R. Leach (Hrsg.), Dialectic in Practical Religion, Cambridge Engl. 1968, S. 41—121 (44 f.).

sondern sie findet sich jetzt in der *abstrakteren* Form einer Ausdifferenzierung des Handelns von Priestern *und* Gläubigen, *sofern* es religiöse Funktionen trägt.

Auch wenn Religion nicht mehr primär als Ritual begriffen werden kann, bleibt jedoch eine deutliche Ausdifferenzierung des Religionssystems *auch auf der Ebene kultischen Handelns* erhalten und unentbehrlich. In keiner der bedeutenden Religionen hat man auf rituelle Kultformen völlig verzichtet. Die Eigenständigkeit eines spezifisch christlichen Kults ist zum Beispiel eine wesentliche Voraussetzung dafür gewesen, daß das Christentum in den ersten Jahrhunderten der Zeitrechnung auf der Ebene dogmatisch generalisierter Symbole ein hohes Maß an Umweltoffenheit und kultureller Anregbarkeit erreichen konnte – Züge, die mit wachsender Stärke der kirchlichen Organisation noch zunahmen. Ohne diese Sicherheitsbasis zunächst kultischer, dann organisatorischer Besonderung und Unterscheidbarkeit wäre jener hohe Grad an Übernahme und Assimilation von Gedankentraditionen der heidnischen Antike und damit eine gewisse Kontinuität wesentlicher evolutionärer Errungenschaften (etwa in der Fortführung der teils monarchistischen, teils stadtstaatlichen politischen Terminologie, im Rechtsdenken, in der Logik und in der allgemeinen Durchbildung des Argumentationsbewußtseins) kaum möglich gewesen.

Mit Talcott Parsons kann man eine solche Entwicklung systemtheoretisch begreifen als Zusammenhang *zunehmender Ausdifferenzierung und zunehmender Innendifferenzierung* des Religionssystems der Gesellschaft[86]. Dabei wird zugleich die Ebene und das Prinzip der Differenzierung *stärker generalisiert*. Wäh-

86 Parsons formuliert (im Anschluß an einen Hinweis auf das Dogma der Trinität, der mir nicht ganz zu treffen scheint) ». . . this implied, correlative with the differentiation of the church from secular society, a differentiation *within* the religious system itself, in the broadest respect between the aspect of devotion and worship on the one hand, and the aspect of the Christian's relation to his fellow men on the other. The Christian community was constituted by the fact of common faith and common worship, but the contexts in which worship was paramount were differentiated from the context of love and charity which bound the community together in bonds of human mutuality.« (Christianity and the Modern Industrial Society, in: Parsons, Sociological Theory and Modern Society, New York—London 1967, S. 385—421 [393]). Dazu auch oben S. 54 ff.

rend man im Buddhismus noch an der Ebene des Rituals festhält sowohl für die Ausdifferenzierung, nämlich von Mönchen gegenüber Laien, als auch für die maßgebende Innendifferenzierung, nämlich von Verdiensterwerb und Meditation[87], erzwingt die stärkere Verschiebung im Gewicht von Ritual und Glauben und die zugleich abstraktere, kirchlich-organisatorische Form der Ausdifferenzierung einen *andersartigen Typus* der Problemlösung. Die Ausdifferenzierung lockert den gesellschaftlichen Funktionszusammenhang religiösen und säkularen Handelns so stark, daß systemintern anders differenziert werden muß, nämlich zwischen kultischem Handeln einerseits und religiös geforderter gesellschaftlicher Liebespraxis andererseits. *Diese* Innendifferenzierung kann nicht mehr wie die buddhistische von Meditation und Verdiensterwerb zugleich ritualisiert werden. Der Zusammenhang von Ausdifferenzierung und Innendifferenzierung macht jetzt in *beiden* Hinsichten Generalisierung erforderlich, die die Form einer verbindenden Dogmenentwicklung annehmen. Eine verbindende Idee mit dieser Funktion ist zum Beispiel, daß man *denselben* Gott *verehren* und *im anderen Menschen lieben* solle. Die *horizontale* Differenzierung so verschiedenartiger Handlungsweisen erfordert in der *Vertikale* eine Ausbildung übergeordneter, symbolisch-generalisierter Steuerungs- und Integrationsmittel. Die später folgende reformatorische Umstellung von Kult auf Kommunikation ist die vielleicht bemerkenswerteste strukturelle und dogmatische Anpassung an diese Entwicklung. Sie ist nur möglich, wenn das Religionssystem – ebenfalls im Wege interner Differenzierung – eine besondere Leitungs- und Verwaltungsorganisation ausbildet, an deren *Handeln* keine besonderen religiösen Anforderungen gestellt werden brauchen, weil sie religiösen *Zwecken* dient und religiösen *Glauben bekennt*[88]. Dann liegt es nahe, die Ausdifferenzierung des Religionssystems und die kulturelle Kontaktfähigkeit seiner dogmatischen Entwicklung in die Verantwortung eines organisierten Sozialsystems Kirche zu übertragen.

87 Siehe hierzu den Überblick bei Michael M. Ames, Magical-animism and Buddhism: A Structural Analysis of the Sinhalese Religious System, Journal of Asian Studies 23 (1964), S. 21—52.

88 Hierzu auch Niklas Luhmann, Die Organisierbarkeit von Religionen und Kirchen, a.a.O.

So schälen sich allmählich innerhalb des christlichen Religionsbereichs funktionale Differenzierungen heraus, die auch die Re-Segmentierung dieser Religion durch die Konfessionsspaltungen überdauern. Es handelt sich einerseits um den *amtskirchlichen Funktionsbereich der spezifisch geistlichen Kommunikation.* Hier bleibt die Religion an Rituale gebunden, die jedoch im neuen Kontext einer Glaubensreligion auf ihren Sinn hin befragt und theologisch akklimatisiert werden müssen. So werden die christlichen Sakramente begriffen als Kanalisierung des Gnadenerweises oder als Symbole und Zeichen für erwiesene Gnade. Daneben entwickeln sich *karitative Aufgaben,* die die Kirche mit anderen Sektoren der Gesellschaft verbinden, die aber nicht ausreichen, um Gnade zu erübrigen und den Heilserwerb allein über Verdienst laufen zu lassen. Die Theologie der Gnade blokkiert, mit anderen Worten, eine Auflösung der Religion in bloße Leistung; sie verteidigt den Funktionskern der Religion, ihr »proprium«, gegen laufend zunehmende Möglichkeiten des umweltlichen Engagements. Daß hierzu ein Zentralstück der Theologie, die Rechtfertigungslehre, entwickelt wird, zeigt den Bedarf für einen dritten Typus von Orientierungen und Prozessen an: für *theologische Reflexion,* die mit dem erforderlichen Grad an Bewußtheit und Präzision die Identität und Systematizitätsinteressen des Religionssystems betreut. Wir haben diese drei inkongruenten Ansprüche oben[89] auf divergierende Systemreferenzen zurückgeführt und als Funktion, Leistung und Reflexion charakterisiert. Diese drei Bereiche können in einer ausdifferenzierten Glaubensreligion nicht mehr durch je verschiedene Kompetenzgötter repräsentiert und betreut werden; ihre Rechtfertigung und Harmonisierung ist Sache der theologischen Reflexion selbst.

Das Zusammentreffen der evolutionären Bedingungen für eine solche Gesamtveränderung ist ein seltener, unwahrscheinlicher Fall[90]. Unter einigen gelungenen Ansätzen scheint nur die christliche Religion in *allen* genannten Dimensionen (Ausdiffe-

89 Vgl. S. 54 ff.

90 Zur kulturellen Vorbereitung durch die jüdischen Propheten siehe Ernst Troeltschs bekannte Ausführungen zum »Gesetz der Ablösung und Verselbständigung« in: Glaube und Ethos der hebräischen Propheten. Gesammelte Schriften Bd. IV, Tübingen 1925, S. 34–65.

renzierung, Innendifferenzierung, Entritualisierung, Dogmatisierung des Glaubens und Organisation von Respezifikationseinrichtungen) Extremwerte zu erreichen[91] – mit »Kosten«, die möglicherweise erst heute bezahlt werden müssen. In dieser eigentümlichen Kombination dürfte die *genetische* Bedeutung des Christentums für die Freisetzung derjenigen Möglichkeiten zu suchen sein, die die moderne Weltgesellschaft hervorgebracht haben (was noch nichts sagt über seine heutige Funktionalität als Religion)[92]. Über die in diesem Falle bei günstigen gesellschaftsstrukturellen Rahmenbedingungen ausschlaggebenden *historischen Ursachen* wäre konkret zu forschen. Unter anderem dürften sie darin liegen, daß die *politische* Verfolgung und Kreuzigung des Jesus von Nazareth als *Negativum* in seiner eigenen Lehre *religiös* interpretierbar war und als Heilsgeschehen dogmatisiert werden konnte[93].

Abgesehen von diesem besonderen und besonders folgenreichen Sonderfall scheint eine gewisse Ausdifferenzierung betriebsförmig verselbständigter Religionspflege eine notwendige Bedingung der Entstehung und Erhaltung dogmatisierbarer Hochreligionen zu sein. Damit ist aber nicht gesagt, daß Religion jeden Grad der Ausdifferenzierung und Autonomie verträgt. Gerade weil ihre Funktion nicht nur notwendig ist – das gälte für die Funktionen der Wirtschaft, der Politik, der Erziehung und Sozialisation usw. auch –, sondern darüber hinaus jene zentrale Bedeutung hat für die Konstitution des Gesellschaftssystems, ergeben sich hier Bedenken. Die mit der Ausdifferenzierung verbundene, nur noch aspekthafte Interpretation der Welt ist schon nicht mehr Interpretation der *Welt*, und im Verzicht auf eine

91 Anregend hierzu, aber ohne vollständige Erfassung der relevanten Variablen, Schneider a.a.O., S. 73 ff.

92 Im Gegensatz hierzu sieht Talcott Parsons die Bedeutung des Christentums für die moderne Welt primär in den gesellschaftlichen *Werten*, zu deren Legitimation es beitrug. Siehe Christianity and the Modern Industrial Society a.a.O. und ders., Christianity, International Encyclopedia of the Social Sciences Bd. 2, New York 1968, S. 425—447.

93 Zu Konsequenzen für eine heutige »politische Theologie« siehe Jürgen Moltmann, Theologische Kritik der politischen Religion, in: Johann Baptist Metz / Jürgen Moltmann / Willi Oelmüller, Kirche im Prozeß der Aufklärung, München—Mainz 1970, S. 11—51.

Interpretation der Welt liegt schon der Beginn des Verzichts auf die gesellschaftliche Funktion.

## VIII.

Einen Schritt weiter führt die Überlegung, daß bei einer funktionalen Analyse von Religionen und religiösen Dogmatiken nicht nur Systemreferenzen, sondern auch Bezugsprobleme geklärt und spezifiziert werden müssen. Auf den sehr unbestimmten, nahezu tautologischen Charakter einer einzigen, allgemeinen und universell gültigen Funktionsformel für Religion hatten wir oben (S. 9 f., 83 f.) bereits hingewiesen. Die Bezeichnung der religiösen Funktion als Transformation unbestimmter in bestimmte oder doch bestimmbare Komplexität für ein Gesellschaftssystem kann nur einen ersten Schritt der Analyse bilden. Die Religion wird nicht zureichend charakterisiert, wenn man sagt, daß sie dieses Problem löst – und es dabei beläßt. Vielmehr tritt dieses durchgehende Grundproblem in verschiedenen Gesellschaftssystemen in je anderer Weise auf. Die Systemstruktur bricht gleichsam das Problem auf und läßt es an verschiedenen Stellen in der Form von (nicht mehr direkt vergleichbaren) Sonderproblemen erscheinen. Daher hat Religion immer auch wichtige Funktionen im Hinblick auf eine Mehrzahl von strukturabhängigen Sonderproblemen – dies als Religion aber nur deshalb, weil diese Sonderprobleme im Kontext der allgemeinen Bestimmungsfunktion stehen, diese konkretisieren und daher mit multifunktionalen, vielseitig verwendbaren generalisierten Symbolen gelöst werden können. Wir wollen dies an zwei zentral gewählten Beispielen zeigen.

1. Seit Arnold van Gennep[94] kennt man und untersucht man die Verwendung magischer, mythischer oder religiöser Mittel zur Überleitung von Personen aus einem Status in andere, vor allem in den Altersveränderungen des Lebenslaufes einschließlich der Grenzfälle von Geburt und Tod[95]. Es ist geklärt, daß Über-

94 Les rites de passage, Paris 1909.

95 S. G. F. Brandon, The Origin of Religion, The Hibbert Journal 57 (1959), S. 349—355, sieht in diesen Grenzfällen den Ursprung von Religion überhaupt.

leitungsrituale über eine Orientierungsschwierigkeit hinweghelfen und für eine Zwischenzeit eindeutige, oft drastisch verdeutlichte Ersatzorientierungen und außerordentliche Handlungsgrundlagen anbieten. Wir wissen ferner, daß es in modernen, stark differenzierten Gesellschaften, in denen Übergänge zu Normalerscheinungen werden, funktionale Äquivalente außerhalb der Religion gibt[96]. Weshalb und unter welchen Voraussetzungen wird Religion für die Lösung dieses Sonderproblems beansprucht?

Die Grundbedingung scheint zu sein, daß eine rein zeitliche Zäsur nicht ausreicht, um die Situation zu klären. Die Übergangslage kann nicht durch Differenzierung des vorher und des nachher Geltenden geordnet werden, weil im Wechsel die Identität durchgehalten werden muß. Aber die Übergangslage hebt die positionsbezogenen Bestimmungen auf. Der Überzuleitende ist »sowohl – als auch« oder »weder – noch«, und zwar gleichzeitig! Seine Identität wird unklar und unbestimmbar. Diese Situation macht das Problem der Bestimmung des Unbestimmten aktuell, *ohne es als Weltproblem zu stellen.* Es kann daher konkreter behandelt und gelöst werden – etwa dadurch, daß man den Übergänger zeitweise entfernt, wegfingiert, übermalt oder daß man ihn jetzt in die Mysterien des Unsichtbaren und Unbegreiflichen einweiht[97].

Mit veränderten gesellschaftlichen Grundlagen verändern sich die Voraussetzungen ebenso wie die Lösungsmöglichkeiten für dieses Problem. Stärker differenzierte Gesellschaften können für *jeden* Wechsel Sozialbeziehungen anbieten, die den Wechsel überdauern und die Identität abstützen (etwa: Liebesbeziehungen im Zeitpunkt des Berufseintritts). Sie leisten außerdem, und in engem Zusammenhang damit, eine schärfere, abstraktere Differenzierung von Welt und Zeit, so daß das Übergangsproblem durch eine rein zeitliche Zäsur artikuliert werden kann, die als

96 Vgl. z. B. Morris Janowitz, The Professional Soldier, Glencoe Ill. 1960, S. 128 ff. über Einführungspraktiken in der Militärakademie West Point und allgemein Anselm Strauss, Mirrors and Masks, Glencoe Ill. 1959, S. 109 ff.; Barney Glaser / Anselm Strauss, Status Passage, London 1971.

97 Vgl. dazu Viktor W. Turner, Betwixt and Between: The Liminal Period in Rites de Passage, in: Symposium on New Approaches to the Study of Religion, Proceedings of the 1964 Annual Spring Meeting of the American Ethnological Society, Seattle 1964, S. 4—20.

solche die Identität sowie die Bestimmbarkeit des Vorher und des Nachher nicht in Frage stellt. Damit verliert die Übergangssituation ihren prinzipiell anomischen, unbestimmbaren Charakter und wird zu einer nur noch »schwierigen« Situation, deren Problematik auf Koordinations- und Lernschwierigkeiten reduziert und so gelöst werden kann[98].

Die Steigerung gesellschaftlicher Komplexität und Differenziertheit entlastet mithin die Religion von der Notwendigkeit, für Überleitungen ganz konkrete Situationsdefinitionen zu beschaffen. Die religiöse Symbolik kann stärker abstrahiert und dogmatisiert werden. Um so schwieriger wird es, die Funktion der Religion in diesem Sonderproblembereich überhaupt noch zur Geltung zu bringen. Religiös interpretierbar bleiben die speziell mit dem Religionssystem verbundenen Statusveränderungen, etwa Taufe und Kommunion/Konfirmation[99]. Im übrigen zieht die

98 Siehe dazu die Forschung über Behandlung von Neulingen in Gruppen und Organisationen, etwa William F. Whyte, Human Relations in the Restaurant Industry, New York—London—Toronto 1948, S. 211 ff.; Theodore M. Mills, Group Structure and the Newcomer: An Experimental Study of Group Expansion, Oslo 1957; Peter M. Blau, Orientation Toward Clients in a Public Welfare Agency, Administrative Science Quarterly 5 (1960), S. 341 bis 361 (insb. 351 ff.); Norton E. Long, Administrative Communications, in: Sidney Mailick / Edward H. Van Ness (Hrsg.), Concepts and Issues in Administrative Behavior, Englewood Cliffs N. J. 1962, S. 137—149; William M. Evan, Peer Group Interaction and Organizational Socialization: A Study of Employee Turnover, American Sociological Review 28 (1963), S. 436—440. Das Hauptergebnis dieser Forschung ist, daß das Problem in die Situationsdefinition übernommen und in paradoxen und dadurch belastenden Erwartungs- und Verhaltensweisen zum Ausdruck kommt — daß vom Neuling zum Beispiel informal ein ungewöhnlich formalistisches Verhalten erwartet und mit Fehlertoleranz belohnt wird; daß ein Neuling sich an den bestehenden Normen schärfer stößt und sie doch genauer befolgt als andere, usw.
Parallel dazu gibt es Forschung über Situation, Verhalten und Behandlung derjenigen, die einen bevorstehenden Statuswechsel, im Extremfall ihren bevorstehenden Tod, kennen und auch wissen, daß ihre Interaktionspartner ihn kennen. Auch hier scheinen, selbst im Falle des Todes, nichtreligiöse Formen des problembewußten Kommunikationsmanagements vorzuherrschen, in denen religiöse Floskeln allenfalls noch die Funktion von Kommunikationshilfen erfüllen. Vgl. etwa Barney G. Glaser / Anselm L. Strauss, Awareness of Dying, Chicago 1965; dies., Temporal Aspects of Dying as a Non-Scheduled Status-Passage, The American Journal of Sociology 71 (1965), S. 48—59.

99 Aber auch hier dringen die im übrigen üblichen, rationaleren Formen der Problemstellung und Problemlösung vor, zum Beispiel wird das in der vo-

Religion sich auf eine auf gesamtgesellschaftlicher Ebene nicht mehr funktionsnotwendige, nur fallweise abgerufene »helfende Begleitung«[100] zurück, die bereitgestellt wird für den Fall, daß Situationen, *obwohl nicht anomisch,* den Einzelnen aus welchen Gründen immer zu überfordern drohen[101]. Der Begriff »Hilfe« signalisiert, daß nicht der Übergangsprozeß selbst religiös vollzogen wird, sondern daß nur das Handeln, das von außen in ihn eingreift, religiös motiviert oder zumindest legitimiert wird.

2. Unser zweites Sonderproblem bezieht sich nicht auf den Wechsel, sondern auf die Enttäuschung der mit einer Situation oder einer Position fest verbundenen Erwartungen: Ein Gesunder wird krank, ein Haus brennt ab, ein Vater verhält sich nicht als Vater. Solche mit Strukturbildung unvermeidlich verbundenen Enttäuschungen bilden ein Doppelproblem je nach der zeitlichen Beziehung zum Ereignis: Soweit Enttäuschungen als Möglichkeit antizipiert, aber nicht konkret voraussehbar sind, erzeugen sie *Angst.* Soweit sie gelegentlich faktisch eintreten, erzeugen sie *Unsicherheit* in bezug auf die Geltung und Verläßlichkeit konkret enttäuschter Erwartungen. Bei Angst handelt es sich also um das Problem der Unbestimmbarkeit von Enttäuschungen bestimmter Erwartungen, bei Unsicherheit um die Unbestimmtheit der Erwartungen, die angesichts einer bestimmten Enttäuschung gelten sollen. Unter näher zu klärenden Voraussetzungen erfüllt Religion in *beiden* Beziehungen eine Funktion der Erklärung und Absorption solcher Enttäuschungen[102].

rigen Anmerkung notierte Problem der Lern- und Einsichtsfähigkeit auch hier akut und die Problemlösung durch vorübergehenden Rigorismus der Normorientierung auch hier praktiziert.

100 Diese Formel im Zusammenhang einer funktionalen Theorie kirchlichen Handelns bei Karl-Wilhelm Dahm, Beruf: Pfarrer, München 1971, insb. S. 116 ff., 303 ff. Zur zweiten Funktion der »Wertevermittlung« siehe unten Anm. 105.

101 »Aus welchen Gründen immer« heißt organisationspraktisch übrigens, daß die vorkommenden Fälle nicht voraussehbar sind und daß die Initiative zur Aufnahme des Kontaktes daher aus der Umwelt an die Kirche herangetragen werden muß.

102 So am augenfälligsten in archaischen Gesellschaften. Vgl. z. B. E. E. Evans-Pritchard, Witchcraft, Oracles and Magic among the Azande of the Anglo-Egyptian Sudan, Oxford 1937; Melford E. Spiro, Ghosts, Ifaluk, and Teleological Functionalism, American Anthropologist 54 (1952), S. 497—503;

Eine Enttäuschung ist mehr als ein unerwartetes Ereignis. Sie greift die Erwartung selbst an, gefährdet die Bestimmtheit oder Bestimmbarkeit des Erlebens und Handelns auch für künftige Situationen und, je nach dem Grade der Generalisierung des Erwartens, auch für andersartige Situationen. Enttäuschungen sind Bruchstellen in den Strukturen und damit Einbruchstellen unbestimmbarer Möglichkeiten. Mehr oder weniger weit ausgreifende Angst und Unsicherheit können die Folge sein. Es liegt daher nahe, angesichts einer generalisierten Gefährdung generell verwendbare religiöse Symbolik einzusetzen; der Zusammenhang mit der Hauptfunktion der Religion, der Transformation unbestimmter in bestimmte oder doch bestimmbare Komplexität, liegt auf der Hand.

Gleichwohl steht schon für früheste Gesellschaftssysteme fest, daß das Problem der Erwartungsenttäuschung nicht ausschließlich religiös empfunden und gelöst wird. Im Falle der Enttäuschung einer Erwartung bieten sich prinzipiell zwei einander entgegengesetzte Möglichkeiten der Problemverarbeitung an: Man kann die enttäuschte Erwartung *ändern*, eine andere für sie substituieren, also lernen; oder man kann sie *kontrafaktisch beibehalten* und versuchen, sie durchzusetzen[103]. Jede dieser Strategien hat ihre besonderen Bedingungen. In dem Maße, als die Art der Enttäuschungsabwicklung in dem einen oder anderen Sinne antizipiert werden kann, gewinnt die Erwartung selbst eine im einen Falle *kognitive*, im anderen Falle *normative* Färbung; sie antizipiert etwas, was ist, oder etwas, was sein soll.

In dem Maße, als diese Differenzierung in die Erwartungsstruk-

Max Gluckman, Custom and Conflict in Africa, Oxford 1955, S. 81 ff. Für Belege aus den hinduistischen und buddhistischen Traditionen vgl. z. B. Pauline Kolenda, Religious Anxiety and Hindu Fate, Journal of Asian Studies 23 (1964), S. 71—81 und Ames a.a.O., insb. S. 38 f. Darüber hinaus wird vielfach in dieser Frage das Bezugsproblem der Religion überhaupt gesehen. Der theoretische Gehalt der neueren Religionssoziologie zeigt sich jedoch darin, daß dieser begrenzte Standpunkt überwunden und aufgehoben worden ist in einer abstrakteren Fragestellung, die die Absorption von Enttäuschungen und die Begründung von Sinnstrukturen als Einheit zu sehen vermag. So in einem ersten Ansatz Talcott Parsons, The Theoretical Development of the Sociology of Religion, in ders., Essays in Sociological Theory, 2. Aufl. Glencoe Ill. 1954, S. 197—211 (insb. 209).

103 Zu diesen beiden Möglichkeiten ausführlicher Niklas Luhmann, Rechtssoziologie, Reinbek 1972, Bd. I, S. 40 ff.

tur aufgenommen und entscheidbar wird, gibt es auch antizipierbare Techniken des Umgangs mit Enttäuschungen, die die Funktion der Bestimmung übernehmen. Der unmittelbare Bezug zur Religion tritt zurück. Schon in frühesten Gesellschaften gibt es sehr wohl religionsfreie, kognitiv strukturierte Sphären des Erlebens und Handelns in der unmittelbaren Auseinandersetzung mit der Natur. Und ebenso gibt es rechtliche Normativität, die mehr oder weniger technisch durchgebildet ist und nicht als Bestandteil der Religion erlebt wird[104]. Im Bereich dieser sei es als kognitiv, sei es als normativ ausdifferenzierten Erwartungsstrukturen zieht sich die Religion aus dem unmittelbaren Geschäft der Enttäuschungsabsorption zurück und übernimmt stattdessen die Funktion der Deutung und Legitimation der Erwartungsstrukturen selbst[105].

Im Laufe der gesellschaftlichen Entwicklung nimmt der Umfang, die Prägnanz und die Trennbarkeit der sei es kognitiv, sei es normativ geordneten Erwartungsbereiche zu. Deren Grundlagen zu interpretieren, wird zur Hauptbeschäftigung der Hochreligionen und zur Quelle von gesellschaftlichen Kompatibilitätsanforderungen an ihre Dogmatik. Soweit auch Hochreligionen noch konkrete Enttäuschungsabsorption leisten, geschieht dies auf dem Umweg über Konkretisierung und Denaturierung dogmatischer Materialien[106]. Insgesamt nimmt jedoch im Laufe

104 Dazu ausführlich und gegen die ältere Theorie eines Ursprungs allen Rechts aus der Religion A. S. Diamond, The Evolution of Law and Order, London 1951. Entsprechend unterscheidet Max Gluckman, African Jurisprudence, Advancement of Science 18 (1962), S. 439—454 (450 f.), zwischen dem judiziellen Mechanismus und magisch-ritueller Enttäuschungsbehandlung.

105 Deshalb können wir die zweite Funktion kirchlichen Handelns, die Karl-Wilhelm Dahm a.a.O., S. 116 ff., 303 ff. für heute noch aktuell und praktisch bedeutsam hält, nämlich Wertevermittlung, diesem Sonderproblem zuordnen.

106 Gut illustrierbar ist ein solcher Vorgang an der mittelalterlichen Verwendung der Lehre vom Antichrist, die als begrifflich-dogmatische Grundlage außer einer eschatologischen Geschichtsauffassung den Reichsgedanken (vgl. unten S. 149 f.), ferner die Möglichkeit, ihn sowohl positiv als auch negativ zu fassen, und seine ethisch-politische Kombination mit Tugend- und Sündenlehren zur Voraussetzung hat; die dann aber sowohl gesellschaftlichen als auch natürlichen Ereignissen gegenüber sehr drastisch als Erklärungs-, Einschüchterungs- und Sanktionsmittel eingesetzt wurde. Vgl. z. B. Ernst Bernheim, Mittelalterliche Zeitanschauungen in ihrem Einfluß auf Politik und Geschichtsschreibung, Bd. I, Tübingen 1918, insb. S. 70 ff.; Christopher Hill, Antichrist in Seventeenth-Century England, Oxford 1971.

der Neuzeit in dem Maße des Ausbaus einer wissenschaftlich, also kognitiv bestimmbaren Weltvorstellung das Bedürfnis nach Enttäuschungserklärungen dieser Art auch im gesellschaftlichen Alltag ab. Im Bereich der Selbstverständlichkeiten des Alltags bleiben Erwartungen virulent, die so selten gebrochen werden, daß ein sei es kognitiver, sei es normativer Stil der Enttäuschungsabwicklung nicht ausgebildet wird. Verstöße werden in krasseren Fällen weiterhin religiös interpretiert, bis die neuzeitliche Gesellschaft auch dafür eine nicht mehr religiöse Problemdefinition, nämlich Geisteskrankheit, und entsprechende Behandlungstechniken erfindet, die die normalen Erwartungsmuster vor Verunsicherung schützen[107]. Eine rationale Theologie kann in Geisteskranken nur noch eine Aufgabe liebevoller Pflege sehen, nicht mehr eine Quelle der Inspiration oder eine Erklärung für Unglauben. Es verbleiben in diesem Sonderproblembereich der Enttäuschung, ebenso wie bei Überleitungsschwierigkeiten, für die kirchliche Praxis schließlich nur noch individuelle Problemfälle übrig, in denen Trost und Hilfe gespendet werden kann.
Und es bleibt die Funktion, die Wertgrundlage der gesellschaftlich dominanten Erwartungsstrukturen zu stützen und zu ihrer Konsolidierung beizutragen. Es wäre unsinnig, diese Funktion als solche schon zu kritisieren und zu verwerfen. Sie wird jedoch suspekt und angreifbar, nachdem ihr enger Zusammenhang mit der Deutung und Aufhebung von »Kosten«, Strukturbrüchen und Dysfunktionen der eingesetzten Strukturen abgerissen ist. Man fragt sich, ob jener organisierte Okkasionalismus der Zuwendung zu den Armen und Benachteiligten, ob Caritas und Diakonie in dieser spezifischen Hinsicht ausreichende Gegengewichte sind. Denn in der Distanz zwischen Wertbestätigung einerseits und karitativer Behandlung von Problemfällen (Funktionen, die je für sich auch nicht-religiös erfüllt werden könnten) geht die alte Einheit der Bestimmung des Unbestimmten verloren.
Für eine adäquate Theorie der Religion ist die Einsicht von Bedeutung, daß keine der beiden Teilfunktionen – weder die Überbrückung eines Wechsels noch die Überbrückung von Er-

107 Vgl. dazu Michel Foucault, Psychologie und Geisteskrankheit, Frankfurt 1968. In diesem Zusammenhang ferner lesenswert Ronald D. Laing, Phänomenologie der Erfahrung, Frankfurt 1969.

wartungsenttäuschungen – für sich allein die Funktion der Religion ausreichend charakterisiert, und daß keine dieser Teilfunktionen auf die jeweils andere reduzierbar ist. Diese Lage führt auf dogmatischer Ebene zu religiösen Vorstellungen, die beide Arten von Strukturbrüchen übergreifen, und auf religionstheoretischer Ebene zu einem höheren Abstraktionsgrad der Theorie.

## IX.

Eine der theoretisch wichtigsten Fragen, die im Anschluß an eine funktionale Analyse von Religion gestellt werden muß, zielt auf das Problem eines für Religion spezialisierten, von der Profession betreuten symbolischen Kommunikationsmediums. Die Funktion der Religion wird sich in einer hochkomplexen Gesellschaft nur mit Hilfe eines Mediums für geistliche Kommunikation erfüllen lassen, das besonderen Anforderungen gewachsen ist. Diese Frage nach einem besonderen Kommunikationsmedium für Religion ersetzt die ältere Annahme, daß Religion die Funktion gesellschaftlicher Motivsteuerung schlechthin erfülle[108]. Dadurch wird es möglich, das Problem der gesellschaftlichen Vorbedingungen für die Spezialisierbarkeit eines besonderen Motiv-Codes der Religion prägnanter zu stellen und diese Frage zu unterscheiden vom allgemeinen Problem sozial-adäquater Motivation.

Im Ganzen weist die gesellschaftliche Entwicklung ein hohes Maß an Kongruenz zwischen Teilsystembildung und Medienbildung auf. Die Politik arbeitet mit Macht, die Wissenschaft mit Wahrheit, die Wirtschaft mit Geld, die Familie mit Liebe. In all diesen Fällen sind Ausdifferenzierungsschwellen vor allem in der Neuzeit mit Hilfe der Verselbständigung und Neuinterpretation von Medien-Codes genommen worden. Wie steht es mit dem Medium der Religion?

In der soziologischen Theorie Talcott Parsons' fungiert »commitment« als hier einzuordnender Medienbegriff – allerdings analytisch auf die Funktion des latent pattern maintenance und

108 So noch Robert N. Bellah, The Place of Religion in Human Action, Review of Religion 22 (1958), S. 137—154.

nicht konkret auf Religion hin ausgearbeitet[109]. Der Begriff bezeichnet die Festlegung von Identität unter Reduktion anderer Möglichkeiten, gibt aber darüber hinaus nicht viel her[110]. Religiös-dogmatische Äquivalente für commitment finden sich in Begriffen wie Bekenntnis, Bekehrung, Taufe, die den Gedanken der selektiven Selbstfestlegung (wenn auch: auf Grund eines »Anrufes«) zum Ausdruck bringen, also nur in Religionen mit hochentwickeltem Kontingenzbewußtsein möglich sind. Aber Selbstselektion ist kein Kommunikationsmedium; sie reduziert nur einfache, nicht doppelte Kontingenz.

Geht man dagegen von kommunikativen Situationen mit doppelter Kontingenz aus, muß die Vorstellung einer religiösen Selbstverpflichtung zumindest ergänzt werden. Zu allen Kommunikationsmedien gehören zum Beispiel auch *Code-Regeln gegen Selbstbefriedigung*. Die Reduktion der Komplexität wird durch Selbstbefriedigungsverbote auf den Umweg sozialer Interaktion geleitet und erreicht dadurch höhere Selektivität. Im Falle der Liebe ist das klar. Auch Geld darf man nicht einfach selbst machen, auch Macht darf man nicht einfach durch Drohung mit eigener physischer Gewalt selbst erzwingen, und Wahrheiten sind durch ihren Code als intersubjektiv zwingende

109 Siehe On the Concept of Value Commitments, Sociological Inquiry 38 (1968), S. 135—160. Dazu bemerkenswert die an Parsons anschließenden Ausführungen von Neil J. Smelser, Theory of Collective Behavior, New York 1963, S. 187 f., über Ausdifferenzierung religiöser commitments als Voraussetzung für kollektive »crazes«. Vgl. ferner die Hinweise oben Anm. 8 und 79.

110 Auch der allgemeine soziologische Sprachgebrauch führt über den umgangssprachlichen Sinn des Wortes nicht wesentlich hinaus. Gemeint ist soviel wie Selbstverpflichtung, Selbstfestlegung, und zwar nicht im Sinne eines natürlichen Gewordenseins, sondern unter Ablehnung anderer Möglichkeiten. Vgl. z. B. Anselm Strauss, Mirrors and Masks: The Search for Identity, Glencoe Ill. 1959, insb. S. 39 ff.; Thornton B. Roby, Commitment, Behavioral Science 5 (1960), S. 253—264; Helen P. Gouldner, Dimensions of Organizational Commitment, Administrative Science Quarterly 4 (1960), S. 468—490; Howard S. Becker, Notes on the Concept of Commitment, American Journal of Sociology 66 (1960), S. 32—40; William Kornhauser, Social Bases of Political Commitment: A Study of Liberals and Radicals, in: Arnold M. Rose (Hrsg.), Human Behavior and Social Processes: An Interactionist Approach, Boston 1962, S. 321—339; Rosabeth Moss Kanter, Commitment and Social Organization: A Study of Commitment Mechanisms in Utopian Communities, American Sociological Review 33 (1968), S. 499—517.

Gewißheiten definiert, das Evidenzerleben einzelner reicht nicht aus. Für den Fall des religiösen Glaubens hat der neuzeitliche Individualismus die Institutionalisierung von Selbstbefriedigungsverboten erschwert, zugleich aber auch den polemischen Begriff des »Fanatismus« geschaffen und dagegengesetzt[111]. Im ursprünglichen Sinne ist Fanatismus intolerantes, verbohrtes Bestehen auf privaten Einsichtsquellen gegen den allgemein akzeptierten Glauben, also Selbstbefriedigung in Glaubensangelegenheiten.

Weiter können aus den vorliegenden Ansätzen zu einer allgemeinen Theorie der Kommunikationsmedien Vorstellungen über *Inflation* und *Deflation* auf den Fall des spezifisch religiösen Mediums übertragen werden. Allerdings ist die Theorie hier in den Anfängen ihrer Entwicklung und durch sehr heterogene Auffassungen gekennzeichnet. Man kann davon ausgehen, daß Möglichkeiten der Inflation und der Deflation zu den spezifischen Risiken ausdifferenzierter und hochgeneralisierter Medien-Codes gehören und bei *allen* Medien, also nicht nur im bekanntesten Falle des Geldes auftreten. Wenn man, wie hier, die Medien-Funktion in der Übertragung von Selektionsleistungen sieht, liegt es nahe, sowohl Inflation als auch Deflation als Störungen dieser Funktion zu begreifen[112]. Inflation liegt vor,

111 Zur Begriffsgeschichte und zur theologischen Herkunft von »Fanatismus« siehe Robert Spaemann, Reflexion und Spontaneität: Studien über Fénelon, Stuttgart 1963, S. 163 ff. und ders., Fanatisch, Fanatismus, in Joachim Ritter (Hrsg.), Historisches Wörterbuch der Philosophie, Bd. II, Basel — Stuttgart 1972, Sp. 904—908.

112 Teilweise abweichend Talcott Parsons, On the Concept of Value-Commitments a.a.O., S. 153 ff., der Inflation im Bereich von (u. a. religiösen) commitments als »overcommitment« beschreibt, nämlich als mehr und verschiedenartigere Engagements, als man erfüllen kann, und Deflation als mangelnde Bereitschaft, commitments zu honorieren. Vgl. auch Talcott Parsons / Gerald M. Platt, The American University, Cambridge Mass. 1973, S. 304 ff. Zur Übertragung der Begriffe Inflation/Deflation auf das Kommunikationsmedium Macht siehe auch David A. Baldwin, Money and Power, The Journal of Politics 33 (1971), S. 578—614 (608 ff.). Sehr bemerkenswert ist ferner der Versuch von Rainer C. Baum, On Societal Media Dynamics: An Exploration, in: Jan J. Loubser / Rainer C. Baum / A. Effrat / Viktor Lidz (Hrsg.), Explorations in General Theory in the Social Sciences, New York 1976, Inflation als zu starkes Auseinanderziehen der einzelnen Sinnkomponenten (Werte, Normen, Rollen, Mittel) des Handelns und Deflation als zu starke Verdichtung und Verschmelzung dieser Sinnkomponenten zu begreifen — zu

wenn die Religion sich darauf einstellt, daß die (an sich mediumkonforme) Selektivität Alters von zu hoher, zu beliebiger Abstraktheit ist, als daß sie Ego noch ansprechen könnte; Deflation liegt vor, wenn die Religion sich darauf einstellt, daß der Selektionsrahmen Egos zu konkret und zu alternativenarm gesetzt ist, als daß er Kommunikationen Alters selbstselektiv verarbeiten könnte. In diesem Sinne läßt sich zum Beispiel eine Theologie der Kontingenz und der unerkennbaren Prädestination, aber auch eine liberale »civil religion« als inflationär, eine fundamentalistische Theologie als deflationär charakterisieren[113]. Der Abstraktionsgrad des Code birgt *beide* Gefahren in sich[114]. Beide Gefahren verkürzen die Zeithorizonte, innerhalb deren im Vertrauen auf das Medium disponiert werden kann. Beide Gefahren betreffen die Motivationsfähigkeit des Mediums und führen in Extremfällen zu Verquickungen mit anderen Medien, also zum Verlust der Vorteile von Mediendifferenzierungen. Religiöse Dogmatiken müssen nicht zuletzt als Einrichtungen der Kontrolle dieses Problems beurteilt werden; sofern sie versagen, kann es zu zweitbesten Lösungen einer internen Differenzierung von Klerikern und Laien oder von Kirchen und Sekten kommen, die dann im Code des Mediums legitimiert werden muß.

Analysen dieser Art setzen voraus, daß der Begriff des Glaubens bzw. der Begriff des spezifisch religiösen commitments nicht psychologisch oder quasipsychologisch oder sonstwie mit Bezug auf das einzelne Individuum definiert wird, sondern daß er einen Code für Kommunikationsprozesse bezeichnet. Gleichwohl bleibt das Merkmal individueller Selbstselektion für die Frage nach dem Kommunikationsmedium der Religion doch bedeutsam, weil es eine bezeichnende Schwierigkeit beleuchtet. Es führt nämlich vor die Frage, *ob in bezug auf religiöse Selbstbindung*

stark jeweils relativ auf Anforderungen der Kompatibilität mit dem Entwicklungsstand der Gesellschaft.

113 Zu letzterem Parsons, Value-commitments a.a.O., S. 154 f. mit Parallelen zu einer ethnisch oder national orientierten Politik und zu einer an den Goldstandard gebundenen Wirtschaft. Siehe auch ders., Religion in a Modern Society, Review of Religious Research 7 (1966), S. 125—146 (137 ff.).

114 Nur im Falle des *Geldes* werden durch Quantifikation und durch das summenkonstant gesetzte Knappheitsprinzip Inflation und Deflation *wechselseitig exklusiv* mit dem erheblichen praktischen Vorteil, daß man jeweils nur gegen die eine oder gegen die andere Gefahr Maßnahmen treffen muß.

*ähnlich wie bei anderen, gesellschaftlich erfolgreichen Kommunikationsmedien überhaupt zwischen Erleben und Handeln differenziert werden kann.* Die aus der Antike überlieferte, in der Neuzeit »subjektivierte« *Verinnerlichung* des religiösen Erlebens ist als *Reaktion* auf gesellschaftliche Mediendifferenzierung zu begreifen und als ein Versuch stärkeren Auseinanderziehens von Erleben und Handeln mit höherer wechselseitiger Indifferenz. Die Problematik dieses Lösungsversuchs liegt auf der Hand. Wenn Selbstbindung für soziale wie für personale Systeme Identitätsdefinition bedeutet und Identität stets kontingente Identität-des-Systems-in-seiner-Umwelt ist, erfordert ihre Festlegung Zurechnung als Erleben und Handeln zugleich. Die Selektion der Identität des Systems ist zugleich Selektion einer relevanten Umwelt und umgekehrt. Die binäre Schematik der Zurechnung auf entweder Umwelt oder System setzt die Konstitution des Systems in einer geordneten Umwelt schon voraus. Sie kann nicht auf konstituierende Prozesse selbst angewandt werden.

Wenn das so ist, dann fügt sich ein Kommunikationsmedium der Religion nicht dem oben S. 92 skizzierten evolutionären Trend der Ausdifferenzierung und Spezialisierung auf der Basis des Zurechnungsunterschiedes von Erleben und Handeln; dann kann im Bereich der Religion kein konstellationsspezifischer Medientypus entwickelt werden, der einen Spezialisierungsgrad wie Wahrheit oder Macht erreicht und den symbolisch-generalisierten Code darauf zuschneidet; dann fällt im Bereich der Religion ein evolutionär höchst erfolgreicher Typus der Übertragung reduzierter Komplexität aus. Dieser Befund kann interpretiert werden als kulturelle und evolutionäre Rückständigkeit von Religion, aber auch als Andersartigkeit ihrer Funktion und Funktionsweisen im Vergleich zu anderen sozialen Mechanismen. Er kennzeichnet die Problemlage von Religion in einer Gesellschaft, die in wesentlichen strukturellen Hinsichten auf Mediendifferenzierung beruht. Er zwingt nicht zu dem Schluß, daß es kein spezifisch religiöses Kommunikationsmedium geben könne. Aber er besagt, daß ein religiöses Medium nicht speziell für die Übertragung riskanter, unwahrscheinlicher Selektionsleistungen gewidmet sein kann, sondern sehr viel fundamentaler die Erfahrung der Selektivität als gemeinsame kommunikationsfähig machen muß.

## X.

Im Anschluß hieran können wir die Frage stellen, ob und wie religiöse Dogmatik in den erörterten Hinsichten ein adäquates Funktionsniveau erreichen kann. Um zu rekapitulieren: Unter Dogmatik verstehen wir im weitesten Sinne jene gedanklichen Konzepte, mit denen das Grundmaterial religiöser Erfahrungen und situationsbezogener Interpretationen gesichtet, fachlich bearbeitet, auf Fehler hin kontrolliert und systematisiert wird. Der Begriff bezeichnet soziologisch zugleich eine Ebene der Ausdifferenzierung und Selbststeuerung des Religionssystems als Teilsystems der Gesellschaft. Über die Ausdifferenzierung kultischen Handelns und religiöser Situationsdeutungen (Wahrsagungen, Traumdeutungen etc.) hinaus nehmen Religionssysteme die Form dogmatischer Selbststeuerung an, wenn die gesellschaftliche Entwicklung ihnen eine entsprechende Komplexität und gedankliche Flexibilität abverlangt. Wir fragen also: Wie erreicht ein Religionssystem mit dogmatischer Selbststeuerung ein Niveau der Generalisierung, auf dem es strukturelle Kompatibilität mit der Gesellschaft im übrigen erreichen kann. (Und wir fragen dies mit dem Hintergedanken, daß die heutige Problematik der Religion nicht in ihrer unzureichenden »Anpassung« an die Gesellschaft liegt, sondern im Mangel an struktureller Kompatibilität.)

1. Eine erste Frage zielt auf die *Kontingenzformel* der Religion. Sie liegt für die abendländische Tradition im Begriff *Gott.* Zunächst und vor allem andern ist die religiöse Dogmatik *Theologie* (und erst sekundär Glaubenslehre, Ekklesiologie usw.), weil die Interpretation der Kontingenzformel die gesellschaftliche Funktion der Religion unmittelbar betrifft und von daher auch in der dogmatischen Systematisierung den Primat beanspruchen kann.

In der Gottesfrage hat die Wendung vom spätarchaischen Polytheismus zum Monotheismus den ausschlaggebenden Abstraktionsgewinn erbracht[115]. Der Polytheismus hatte religiöse Kon-

115 Wir unterstellen nicht, daß diese Frage in jedem Religionssystem zur Entscheidung gebracht werden muß. Die ägyptische Religion ist ein gutes Gegenbeispiel. Sie schließt ein den Versuch Echnatons, den Umschlag zum Monotheismus *politisch* herbeizuführen. Dessen Scheitern lehrt zugleich, daß im 14.

tingenz recht geschickt und erfolgreich auf einer sehr konkreten Ebene ausgebildet als Existenz »anderer« Götter und als Möglichkeit der Wahl von Göttern und Kulten für spezifische Zwekke. Diese Problemlösung erwies sich jedoch in zunehmend differenzierten Gesellschaften mit abstrakteren Medien-Codes als eine nicht weiter entwicklungsfähige Fehlspezifikation. Im Monotheismus, der an ihre Stelle tritt, wird der religiöse Kosmos »entsozialisiert«, wird deshalb die Kontingenzformel rekonstruiert und zugleich ein neuartiges Generalisierungsniveau für religiöse Dogmatik geschaffen – für Dogmatik als Theologie[116]. Die Ausgangssituation ist in Israel deutlich greifbar: Die *Einheit* eines zunächst aus Gründen des sozialen Zusammenhaltes

vorchristlichen Jahrhundert weder die Logik (daß die Einheit des Gottes die Vielheit der Götter ausschließen wolle), noch die Politik dieser Errungenschaft gewachsen war. Vgl. Siegfried Morenz, Ägyptische Religion, Stuttgart 1960, S. 144 ff.; Erik Hornung, Der Eine und die Vielen: Ägyptische Gottesvorstellungen, Darmstadt 1971. (Siehe auch Bernard Delfendahl, La multiplicité des dieux: Enquête à Kunje (Inde), Annales E.S.C. 25 (1970), S. 1523—1546). Erst in späterer Zeit nach einer stärkeren Differenzierung von Religion und Politik konnte sich der Monotheismus auf das Vor-Bild der politisch erfolgreichen Monarchie stützen und daraus zumindest Plausibilität und Illustrationsmaterial ziehen. Hierzu interessant Erik Peterson, Der Monotheismus als politisches Problem, in ders., Theologische Traktate, München 1951, S. 45 bis 147 mit Material, das zugleich die theologische Gefährlichkeit dieser Anlehnung und den Weg zu ihrer Überwindung durch das Dogma der Trinität belegt. Vgl. ferner N. Q. King, Kingship as Communication and Accomodation, in: Promise and Fulfilment: Essays Presented to Professor S. H. Hooke, Edinburgh 1963, S. 142—162. Soziologisch gesprochen ist diese politische Analogie ein gutes Beispiel für »evolutionäre Überleitungen«, die nach Stabilisierung einer Institution wieder abgebaut werden müssen.

116 Eine ausgesprochen evolutionistische Behandlung gerade dieses Themas trifft immer noch auf den Widerstand der Ethnologie. Zumindest wird heute aber gesehen, daß die vielen Fälle von archaischem Monotheismus ganz anderer Art sind als der hochkulturelle Monotheismus, also eine Entwicklungshypothese zumindest nicht widerlegen. Dazu Murray and Rosalie Wax, Magic and Monotheism, in: Symposium on New Approaches to the Study of Religion, Seattle 1964, S. 50—60, und Ralph Underhill, Economic and Political Antecedents of Monotheism: A Crosscultural Study, American Journal of Sociology 80 (1975), S. 841—861; ferner zahlreiche Beiträge von Raffaele Pettazzoni, zum Beispiel Der allwissende Gott: Zur Geschichte der Gottesidee, Frankfurt 1960. Theologen selbst sind durchaus bereit, die Entwicklung des biblischen Monotheismus anzuerkennen. Vgl. z. B. Walther Eichrodt, Theologie des Alten Testaments, Teil 1, 5. Aufl. Stuttgart — Göttingen 1957, S. 141 ff.

benötigten Stammesbundesgottes trifft auf ein expandierendes Zeitbewußtsein, wird dadurch bei einer politisch-geographisch prekären Lage des Volkes mit einer *wechselvollen* Geschichte konfrontiert und gerät so unter Generalisierungszwang[117]. Der Gott Israels wird zu einem Israel und seine Umwelt übergreifenden *Weltgott* erhöht, der dann Israel aus freien Stücken als sein Volk *erwählt*[118]. Zugleich damit wird der Gott von der Zeit selbst noch distanziert. Erst gegen diese Distanz profilieren sich Ereignisse wie die Auserwählung des Volkes Gottes als Verheißung und die Geburt Gottes in der Zeit als Versöhnung.

»Zufällige« Entstehungsbedingungen erzeugen mithin ein Muster, das sich durch Abstraktionsgewinne stabilisiert und mit höherer Komplexität des Gesellschaftssystems kompatibel ist. Diese Kompatibilität bewährt sich dann nicht nur gegenüber zeitlicher Komplexität im Nacheinander verschiedenartiger Ereignisse, sondern auch gegenüber der sachlichen und sozialen Komplexität einer späteren Gesellschaftsentwicklung. Der monotheistische Gottesbegriff setzt sich auf dieser Grundlage im römischen Großreich durch, in dem es weniger auf zeitliche als auf sachliche

117 Siehe bereits oben S. 98 f. Vgl. außerdem Hans Walter Wolff, Geschichtsverständnis der alttestamentlichen Prophetie, Evangelische Theologie 20 (1960), S. 218—235; Hans Wildberger, Jesajas Verständnis der Geschichte, Supplements to Vetus Testamentum Vol. IX, Leiden 1963, S. 83—117. Bei *polytheistischen* Ausgangsbedingungen muß dagegen der *gleiche* Prozeß einer temporalen Kontinuitätserweiterung der Gegenwart in Vergangenheit und/oder Zukunft zu ganz andersartigen Ergebnissen führen; er läßt die Religion unberührt. Das läßt sich an der ebenfalls viel diskutierten Entwicklung des griechischen Zeiterlebens zeigen. Vgl. aus einer umfangreichen Literatur Silvio Accame, La concezione del tempo nell' etá arcaica, Rivista die filologia e di istruzione classica n. s. 39 (1961), S. 359—394; Jacqueline de Romilly, Le temps dans la tragédie grecque, Paris 1971.

118 Zur Genialität dieser konzeptionellen Erfindung vgl. auch Robert H. Pfeiffer, Facts and Faith in Biblical History, Journal of Biblical Literature 70 (1951), S. 1—14. Sie ermöglichte es, den Übergang zum universellen Monotheismus eines Weltgottes schrittweise zu vollziehen, indem sie die Generalisierung durch die Gegenbehauptung der selektiven Präferenz für ein Volk teilweise wieder zurücknimmt. Soziologisch gesprochen, wird damit von einem askriptiven zu einem leistungsorientierten Verhältnis von Gott und Volk übergeleitet, das dann zu einem Verhältnis von Gott und Individuum weiterentwickelt werden konnte. Zu letzterem: Jean de Fraine, Adam et son lignage, Brügge 1959 (dt. Übers., Adam und seine Nachkommen, Köln 1962).

und soziale Identifikation ankommt. Er wird damit von den Bedingungen seiner Entstehung unabhängig.

Sehr gut läßt der damit verbundene Abstraktionsgewinn sich erkennen, wenn man ihn unter dem Gesichtspunkt einer Art »Symbolökonomie« betrachtet[119]. Es erleichtert die religiöse Interpretation und die Stiftung von Zusammenhang, wenn Verschiedenes – und vorzugsweise: Entgegengesetztes – als dasselbe gedeutet wird: so Geburt und Tod, Nehmen und Geben, Werden und Vergehen, Zukunft und Vergangenheit oder ganz konkret das Gewölbte und das Hohle der Hütte, des Welthauses[120]. Mit Hilfe der Abstraktion zur Einheit des Schöpfergottes wird erreicht, daß Verschiedenes und Gegensätzliches nicht mehr *als* dasselbe, sondern *durch* dasselbe erklärt und damit größere Varietät zugelassen und Logik ermöglicht wird.

Eine weitere, sehr bedeutsame Folge ist, daß das mit manchen dieser Identifikationen verbundene Summenkonstanzprinzip gelockert wird; daß Knappheit damit nicht mehr kosmisches Welt-

119 Auch dafür gibt es Vorbereitungen in Religionen, die sich noch nicht zwischen Polytheismus und Monotheismus entscheiden, nämlich darin keine Alternative sehen, sondern, analog zum segmentär-pyramidalen Aufbau der Gesellschaft, eine Überordnung religiöser Geister und Kräfte, die in einem ambivalenten Prinzip oder einer Weltgottheit mündet. Siehe für Beispiele E. E. Evans-Pritchard, Nuer Religion, Oxford 1956; John Middleton, Lugbara Religion, London 1960; E. G. Parrinder, An African Saviour God, in: S. G. F. Brandon (Hrsg.), The Saviour God: Comparative Studies in the Concept of Salvation Presented to Edwin Oliver James, Manchester 1963, S. 117—128 oder, mit besonderer Betonung jener Symbolökonomie, die auf höheren Ebenen »more and more in terms of less and less« erklärt, Robin Horton, The Kalabari World-View: An Outline and Interpretation, Africa 32 (1962), S. 197—220 (216).

120 Zu den sprachlichen Grundlagen des Ausdrucks von Totalität durch dualistische Oppositionen vgl. Adhémar Massart, L'emploi, en égyptien, de deux termes opposés pour exprimer la totalité, in: Mélanges bibliques (Festschrift André Robert), Paris 1957, S. 38—46 mit weiteren Hinweisen. Zur Verwendung dieser Möglichkeit in archaischen und in Hochreligionen Edmund R. Leach, Anthropological Aspects of Language: Animal Categories and Verbal Abuse, in: Eric H. Lenneberg (Hrsg.), New Directions in the Study of Language, Cambridge Mass. 1964, S. 23—63, und ders., Pulleyar and the Lord Buddha: An Aspect of Religious Syncretism in Ceylon, Psychoanalysis and the Psychoanalytical Review 49 (1962), S. 81—102. Für frühgriechisches Denken und Übergänge zur Logik G. E. R. Lloyd, Polarity and Analogy: Two Types of Argumentation in Early Greek Thought, Cambridge Engl. 1966.

gesetz ist, sondern in Abhängigkeit von Gottes Willen Steigerungsmöglichkeiten Raum gibt – ein theologischer Freibrief für ökonomische Entwicklung. Vermutlich ist auch die Verabschiedung der zyklischen Zeitvorstellung und die vollständige Trennung von Zukunft und Vergangenheit im Laufe der Neuzeit in diesem Zusammenhang zu sehen.

Die Formel Gott besagt zuletzt Kompatibilität jeglicher Kontingenz mit einer Art supramodaler Notwendigkeit. Mit dieser Generalisierung steigen die Anforderungen an Respezifikation. *Alle* Kontingenz einer zunehmend komplexen Welt, was Böses und Zufälliges einschließt, muß *einem* Gott zugeschrieben und daher *innerhalb* des religiösen Systems interpretiert werden. Das erfordert eine Form und Technik dogmatischer Generalisierung, die mit Kenneth Burke[121] als *Perfektion* beschrieben werden kann, nämlich ein Ausziehen und Vollenden sprachlicher Steigerungsmittel, letztlich mit Hilfe von Negationen, deren eigene Negierung in der Perfektion blockiert wird. Dadurch wird zugleich eine eigentümliche Form von Reflexivität erreicht in dem Sinne, daß die Perfektion sich selbst gegen weitere Übertreibung schützt dadurch, daß sie auch die Perfektionierung der Perfektion selbst immer schon impliziert. Sie wird dadurch ihrem gemeinten Sinne nach notwendig nicht-kontingent[122].

In dieser Weise kann trotz des negativen Charakters des denktechnischen Erreichens von Perfektion deren Nichtkontingenz behauptet und in Bestimmbares heruntertransformiert werden, – der Extremfall, in dem eine Kontingenzformel gerade noch funktioniert[123]. Vor allem dem Thomismus gelingt es, trotz

121 Vgl. The Rhetoric of Religion a.a.O. Ferner ders., A Dramatistic View of the Origins of Language, The Quarterly Journal of Speech 38 (1952), S. 252—264, 446—460, 39 (1953), S. 79—92, 209—216 (insb. S. 81 f.).

122 Ich formuliere bewußt mit doppelter Modalisierung: notwendig nichtkontingent. Als eine der Theologie näher stehende Parallele ist lesenswert Henry Deku, Possibile Logicum, Philosophisches Jahrbuch der Görres-Gesellschaft 64 (1956), S. 1—21, der die Problematik des possibile logicum auf die These der Notwendigkeit einer supramodalen Notwendigkeit bringt.

123 Das wird natürlich immer wieder, und rein analytisch mit guten Gründen, bestritten. Siehe nur Ronald W. Hepburn, Christianity and Paradox: Critical Studies in Twentieth Century Theology, London 1958; Konstantin Kolenda, Thinking the Unthinkable: Logical Conflicts in the Traditional Concept of God, Journal for the Scientific Study of Religion 8 (1969), S. 72—78.

eines verabsolutierten Gottesbegriffs, die Kontingenzproblematik noch einzufangen, nämlich mit Hilfe der auf sie gezielten Unterscheidung primärer und sekundärer Ursachen, die zugleich weltlichen Eigenbereichen ihr relatives Recht zuzugestehen vermochte[124]. Er wird um dieser Leistung willen zur vorherrschenden Dogmatik der katholischen Kirche.

Hinzu kommt ein wichtiger positiver Aspekt des christlichen Gottesbegriffes: seine Personalität. Die Person-Vorstellung fungiert als Korrektiv eines Folgeproblems höchster Perfektion: der Gefahr ihrer Sterilität. Sie macht nämlich glaubhaft, daß auch das selbstgenügsame, unverbesserbare ens perfectissimum an der Welt noch Interesse hat und Motive, sich auf sie hin zu verschenken[125]. In ihr steckt unter anderem die Behauptung, daß Gott sich selbst respezifiziert. Damit entlastet die theologische Dogmatik sich sehr weitgehend von einem Problem, das vor allem im Bereich von Recht und Politik virulent geworden ist, daß nämlich hohe Generalisierung des Codes die Selektivität aller Respezifikationsleistungen sichtbar und zurechenbar macht. Die turbulente Konzilsgeschichte zeigt, daß dieser Mechanismus nicht immer funktioniert, aber jedenfalls brauchte und konnte es in der Kirche keine *originäre,* ihrer *eigenen* Selektivität entstammende Souveränitäts-, Verfahrens- und Demokratieproblematik geben.

Die Vorstellung Gottes als perfekte Person transformiert unbestimmte in bestimmbare Kontingenz vor allem mit Hilfe des Schöpfungsgedankens und der Auffassung der Kontingenz als »Abhängigkeit von ...«[126]. Die Kontingenz und Selektiert-

124 Zu den auch soziologisch wichtigen Konsequenzen für die Interpretation von Schöpfung, Sünde und Menschwerdung Gottes vgl. August M. Knoll, Thomismus und Scotismus als Standestheologien, Festschrift für Karl Adam, Düsseldorf 1952, S. 225—239, neu gedruckt in ders., Zins und Gnade: Studien zur Soziologie der christlichen Existenz, Neuwied—Berlin 1967, S. 5—24.

125 In einer Analyse genau dieses Folgeproblems der Perfektion formuliert Arthur Lovejoy, The Great Chain of Being: A Study of the History of an Idea, Cambridge Mass. 1950 (zuerst 1936), S. 49 in bezug auf den Gott Platons: »The concept of Self-Sufficing Perfection, by a bold logical inversion, was — without losing any of its original implications — converted into the concept of a Self-Transcending Fecundity«.

126 Eine genauere Analyse könnte zeigen, daß die eigentlichen Denkleistungen in einer selektiven Verbindung von möglichkeitstheoretischen mit epistemologischen, temporalen und kausalen Modalitäten zu suchen sind. Siehe für

heit der Welt selbst aus einer Vielzahl anderer Möglichkeiten wird akzeptierbar, weil in Gott zugleich die Garantie der Perfektion dieser Selektion liegt. Der Gottesbegriff erklärt und entschärft Kontingenz bis hin zur Umwertung der Kontingenz in einen modus positivus entis[127], und er kann umgekehrt mit Hilfe empirisch erfahrbarer Kontingenz als Existenzaussage bewiesen werden.

Die Überspanntheit einer so weit abstrahierten Kontingenzformel zeigt sich zunächst an einer Fülle von innerdogmatischen und kirchenpolitischen Streitigkeiten des hohen und späten Mittelalters[128], an der Notwendigkeit, das zu Denkende wieder zurückzunehmen, an der Notwendigkeit, die der Perfektion immanenten Negationsblockierungen auch moralisch oder gar politisch zu stützen, und schließlich an der Neuformierung von Rationalformen für Medienbereiche wie Politik, Wissenschaft, Kunst, für die eine abstrakte Theologie gleichsam im voraus schon den Geburtsschein ausgestellt hatte. Der Gottesbeweis scheint überzugehen an die ratio status, an die Schönheit der Kunst, an den ökonomischen Erfolg oder an die Möglichkeit, mit minimalen begrifflichen Mitteln höchste Weltkomplexität zu kontrollieren. Zugleich behaupten diese neuen Kontingenzfor-

Einzelaspekte dieser insgesamt kaum überblickbaren Verflechtungen z. B. Gerard Smith, Avicenna and the Possibles, The New Scholasticism 17 (1943), S. 340—357; Thomas B. Wright, Necessary and Contingent Being in St. Thomas, The New Scholasticism 25 (1951), S. 439—466, Guy Jalbert, Necessité et contingence chez saint Thomas d'Aquin et chez ses prédécesseurs, Ottawa 1961; Guy Picard, Matière, contingence et indéterminisme chez saint Thomas, Laval Théologique et Philosophique 22 (1966), S. 197—232; Heinrich Barth, Philosophie der Erscheinung: Eine Problemgeschichte, Bd. I, 2. Aufl., Basel — Stuttgart 1966, S. 326 ff.

127 Vgl. Duns Scotus, Ordinatio I dist. 39, ad arg. pro tertia op. »quod contingentia non est tantum privatio vel defectus entitatis (sicut est deformitas in actu illo qui est peccatum), immo contingentia est modus positivus entis (sicut necessitas est alius modus), et esse positivum — quod est in effectu — principalius est a causa priore. Zit. nach Opera Omnia, Civitas Vaticana 1950 ff., Bd. VI, S. 444. Vgl. auch Celestino Solaguren, Contingencia y creación en la filosofía de Duns Escoto, Verdad y Vida 24 (1966), S. 55—100.

128 Siehe etwa Konstanty Michalski, Le problème de la volonté à Oxford et à Paris au XIVe siècle, Studia Philosophica 2 (1937), S. 233—365, neu gedruckt in ders., La Philosophie au XIVe siècle; six études, Frankfurt 1969; ferner, auch soziologisch sehr interessant, Léon Baudry, La querelle des futurs contingents (Louvain 1465—1475), Paris 1950.

meln ihre Eigenständigkeit etsi non daretur Deus. Die nicht mehr überbietbare Generalisierung und Perfektion der Gottesformel blockiert eine dazu komplementäre Reflexion im Religionssystem, indem sie Reflexivität in sich aufhebt.
Sehen wir uns daraufhin nochmals an, wie Perfektionsvorstellungen funktionieren. Sie absorbieren Kontingenz dadurch, daß sie in sich selbst zurücklaufen. Dadurch eignen sie sich zur symbolischen Repräsentation von Zusammenhängen, die wir als *selbstsubstitutive Ordnungen* bezeichnet haben. Ordnungen sind selbstsubstitutiv, wenn sie nicht durch Ordnungen eines anderen Typs (also zum Beispiel Wahrheit nicht durch Kunst, Liebe nicht durch Recht) ersetzt, sondern nur im gleichen Typ fortentwickelt werden können. Die allgemeinste selbstsubstitutive Ordnung ist die Welt, denn alles, was sie ablösen könnte, nimmt wiederum die Form von Welt an. Der selbstsubstitutive Charakter der Welt wird formal (simpliciter et universaliter) repräsentiert durch Gott. Andere selbstsubstitutive Ordnungen, etwa die genannten der Wahrheit, der Kunst, der Liebe, des Rechts, werden durch eigene Perfektionsvorstellungen repräsentiert, die analog zur Gottesvorstellung gebaut sind und zugleich auf sie verweisen, weil jede Ordnung Welt impliziert. In der bürgerlichen Gesellschaft wird dieser Zusammenhang dadurch gesprengt, daß eine selbstsubstitutive Ordnung zu dominieren beginnt, deren Medium und Kriterium nicht mehr als Perfektion begriffen werden kann: die Geldwirtschaft. Damit verliert nicht ohne weiteres der Glaube an Gott seine Bedeutung, wohl aber die Vorstellung der Perfektion an Selbstverständlichkeit. Das Geld fungiert selbst in ganz anderem Sinne als perfekte Substitution innerhalb einer selbstsubstitutiven Ordnung, der die Perfektion offensichtlich fehlt. Kontingenz kann nicht mehr überzeugend in Perfektionen spezifischer oder universeller Art aufgehoben werden, an die Stelle der Perfektion tritt daher in gleicher Funktion der eigentliche Charakter selbstsubstitutiver Ordnungen: das Prinzip der Entwicklung. Eine Theologie, die Kontingenz nach wie vor in einem Gottesbegriff aufhebt, der die (unanalysierte) Begriffsform der Perfektion verwendet, gerät nun in einen Gegensatz zu allen evolutionär orientierten Wissenschaften, nicht zuletzt zur Soziologie[129].

129 Die übliche Behandlung des Gegensatzes von Theologie und Evolutions-

Was bleibt? Die Behauptung, Gott sei tot, mag eine bewußt inkongruente Chiffrierung dieser Frage gewesen sein, sie formuliert aber das Problem noch zu theologisch. Bei einem Vergleich mit dem neuzeitlichen Werdegang anderer Kontingenzformeln fällt ein doppeltes auf: Durchweg besteht seit dem Ende des 18. Jahrhunderts eine Tendenz, Perfektion durch Entwicklung zu ersetzen. Daraufhin, und im Zusammenhang damit, trennen sich Kontingenzformeln und Selektionskriterien. Die Rekonstruktion der Kontingenz für wichtige Sachbereiche gibt nicht mehr zugleich Auswahlgesichtspunkte vor; die Kontingenzformel dient nicht mehr zugleich als Wert. Weder die binären Schematisierungen von Recht/Unrecht oder von Wahrheit/Unwahrheit noch das Knappheitsprinzip der Wirtschaft oder die formalen Legitimationsmechanismen politisch-rechtlicher Verfahren geben bereits Entscheidungskriterien oder -methoden an die Hand. Diese Funktionen differenzieren sich in Systemen, die auf die hohe Komplexität der modernen Welt reagieren. Das hat unter anderem den Vorteil, die Kontingenzformel der Negierbarkeit auf der Ebene bloßer Werte zu entziehen. Genau diese Differenzierung konnte das Religionssystem unter Steuerung durch eine theologische Dogmatik nicht nachvollziehen. Im Gottesbegriff bleiben die Funktion der Rekonstruktion des offenen Chaos als bestimmbare Varianz und die Funktion einer Selektionsanweisung untrennbar verschmolzen: Man soll ein gottgefälliges Leben führen, und die teuflischen Komponenten des höchsten Prinzips werden externalisiert. Dies mag – ähnlich wie wir es im Falle des Kommunikationsmediums Glauben gesehen hatten – heute eine vergleichsweise untypische Problemlösung sein. Das braucht jedoch ihre Überlebensfähigkeit nicht zu gefährden.

2. Tragweite und Schicksal einer religiösen Dogmatik hängen nicht allein von der Artikulierbarkeit ihrer Kontingenzformel ab. Ein anderes »notwendiges Thema« betrifft das *Kommunikationsmedium* der Religion, den symbolisch generalisierten

theorie — z. B. Edwin O. James, Evolution and the Faith, Theology 16 (1928), S. 2—9 —, sieht das Problem nur in einem Vergleich des biblischen Textes, insb. des Schöpfungsberichts, mit Erkenntnissen der Evolutionstheorie und kommt so zu voreiligen Versöhnungsvorschlägen, indem sie biblische Materialien für allegorisch oder für nur symbolisch gemeint erklärt.

Code, der die Übertragung von Selektionsleistungen steuert, die sich als religiös verstehen. Vor dem hier auftauchenden Problem der Undifferenzierbarkeit von religiösem Erleben und Handeln sind wir bereits gewarnt. Der Lösungsversuch der religiösen, vor allem der christlichen Dogmatik scheint im Begriff des *Glaubens* zu liegen.

Die nähere Bestimmung dieses Begriffs schwankt in mindestens zwei Hinsichten: auf der Achse von emotional zu rational und im Grade der Individualisierung des Glaubens als Ereignis oder Entscheidung. Es bedürfte genauerer Untersuchung, weshalb die Religion ihr Medium ausgerechnet in diesen Richtungen für definitionsbedürftig hält. Daß sie ihr Medium nicht in seiner Funktion analysiert und deshalb in psychologisch mißverstehbare Erläuterungen ausweicht, mag einer der Gründe sein. Aber könnte die Dogmatik nicht gerade hier durch soziologische Analyse und durch Offenheit für einen Vergleich mit andersartigen Medien einen schärfer profilierbaren Glaubensbegriff gewinnen?

Mit der Charakterisierung des Glaubens als symbolisch generalisiertes Kommunikationsmedium ist zunächst verständlich zu machen, daß der Glaubensbegriff zwar ein Zentralstück auch theologischer Dogmatiken ist im Sinne von: keine wahre Religion ohne Glauben, keine Rechtfertigung ohne Glauben, keine Gnadenwirksamkeit der Sakramente ohne Glauben; daß es aber gleichwohl auch Theologen schwerfällt, Religiosität ausschließlich als Innehaben und Nachvollziehen des rechten Glaubens zu begreifen, und dies besonders im Hinblick auf Lebensverhalten und Sprache Jesu[130]. Es gibt eine lebensweltliche Unmittelbarkeit der religiösen Erfahrung und des religiösen Handelns, die keiner Kontrolle auf Übereinstimmung mit dem Glauben bedarf und erst zur Sache des Glaubens wird, wenn über sie kommuniziert wird. Gerade an den Religionsstiftern selbst fällt dies auf[131]. Ihr Verhalten ist als Ausübung des Glaubens nicht ange-

130 Vgl. Michael Theunissen, Ὁ αἰτῶν λαμβάνει: Der Gebetsglaube Jesu und die Zeitlichkeit des Christseins, in: Jesus: Ort der Erfahrung Gottes, Freiburg — Basel — Wien 1976, S. 13—68.

131 Ein gutes Beispiel aus dem Bereich bhakti-Bewegungen des Hinduismus behandelt Edward C. Dimock, Jr., The Place of the Hidden Moon: Erotic Mysticism in the Vaisnava-Sahajitya Cult of Bengal, Chicago 1966. Siehe auch ders., Doctrine and Practice Among the Vaisnavas of Bengal, in: Milton Singer (Hrsg.), Krishna: Myths, Rites and Attitudes, Honolulu 1966.

messen zu begreifen, es generiert Glauben dadurch, daß es sich in Situationen begibt, in denen es als Kommunikation aufgefaßt und Gegenstand von Kommunikation wird. Dazu sind außer dem Religionsstifter selbst theologisch prädisponierte Begleiter erforderlich.

Wie es für generalisierte Medien im allgemeinen typisch ist, muß auch im Falle von Glauben ein Sprach-Code so generalisiert werden, daß er für eine Vielzahl von Inhalten offen ist. Sowenig wie Geld spezialisiert werden kann auf die Möglichkeit des Erwerbs von Automobilen oder politische Macht auf die Bestrafung von Verbrechern, sowenig kann Glaube in der Beachtung von Speiseverboten oder Betvorschriften bestehen. Die Ausdifferenzierung eines besonderen Kommunikationsmediums der Religion, nämlich Glauben, das sich von Macht, auch von Autorität, von Wahrheit, von Liebe, von Kunst unterscheiden läßt, ist daher nur mit Hilfe eines symbolisch generalisierten Codes möglich, erfordert also die Entwicklung einer besonderen religiösen Dogmatik. Man muß schließlich wissen, oder in Erfahrung bringen können, oder zumindest an die Möglichkeit glauben, in Erfahrung bringen zu können, *was* man glaubt. Das gibt dem oben (S. 107 ff.) erörterten Zusammenhang von Ausdifferenzierung, Entritualisierung, Dogmatisierung und kirchlicher Organisation, der in der christlichen Religion gipfelt, seine besondere Relevanz auch für die Ausbildung eines religionsspezifischen Kommunikationsmediums, das sich nirgends sonst in gleich scharfer Profilierung findet. Man kann sagen, daß von einer bestimmten Entwicklungsstufe der Gesellschaft ab eine weitere Ausdifferenzierung des Religionssystems nur noch durch Ausdifferenzierung dieses besonderen Kommunikationsmediums möglich war, also nicht mehr durch bloße Rollendifferenzierung, und deshalb von dessen Bedingungen abhängig wird. In der letzten Konsequenz führt diese Ausdifferenzierung dahin, daß *Glaube nicht einmal mehr Autorität verträgt*, weil Autorität sich immer auch in anderen gesellschaftlichen Beziehungen wie Wissen und Artikulationsfähigkeit, Herkunft, Prominenz usw. abstützt.

In einer auf Ausdifferenzierung beruhenden generalisierten Symbolisierung, die nicht mehr von selbst mit den Problemlagen anderer gesellschaftlicher Bereiche ausgeglichen ist, stecken spezifische *Risiken*, die in den Institutionen absorbiert werden müssen. Das gilt für alle Medien und Mediensysteme. Im Falle des religiös spezialisierten Glaubens findet man einen charakteristischen Beleg dafür in der engen und ausschließenden Verknüpfung von Heilsaussicht und Glauben, also im Dogma der *Rechtfertigung allein durch den Glauben*[132]. Dieses Prinzip hat nach außen die eindeutige Funktion der Ausdifferenzierung, intern ist es wandelbar (und wird in der Neuzeit tiefgreifend verändert) je nachdem, welches Handeln (zum Beispiel normkonformes, kultisch-sakramentales, weltlich gesinnungs- oder erfolgsbezogenes) als Ausdruck des Glaubens angesehen wird. Die Anpassungen werden also durch Veränderungen der Handlungsrelevanz vermittelt. Gesamtgesellschaftlich gesehen bleibt das Dogma der Rechtfertigung allein durch den Glauben riskant und nur tolerierbar, wenn zugleich die Folgen des Glaubens für die Gesellschaft in gewissem Umfang neutralisiert werden können. Das Korrektiv kann zum Beispiel in einer (auch aus anderen Gründen funktionalen) überzogenen Perfektion des Glaubens-Codes liegen, die ihn verhaltensmäßig unrealisierbar macht.

Mit diesen beiden Folgen ausdifferenzierter Generalisierungen, mit Respezifikationsbedarf und Risiko, werden Einrichtungen des Religionssystems bedeutsam, die die Interpretation des Glaubens-Codes und die Motivation zur Übernahme von Selektionsleistungen faktisch bestimmen. Ihre Möglichkeiten und ihr Rechtfertigungsprinzip müssen im Code mitgeregelt werden. Das läßt es fraglich erscheinen, ob es so etwas wie eine natürlich-generalisierte, in der Menschlichkeit des Menschen liegende Religiosität geben kann, wie sie die Aufklärungszeit unterstellte.

132 Auf die »Menschenfeindlichkeit« und die moralische und politische Gefährlichkeit dieses politisch-anomischen Prinzips hatte die neuplatonische Kritik ebenso nachdrücklich, wie erfolglos hingewiesen. Vgl. dazu Arnold A. T. Ehrhardt, Politische Metaphysik von Solon bis Augustin, Bd. III Civitas Dei, Tübingen 1969, S. 2 f. mit weiteren Hinweisen. Vgl. auch Adolf von Harnack, Die Mission und Ausbreitung des Christentums in den ersten drei Jahrhunderten, 4. Aufl. Leipzig 1924, Bd. I, S. 281 ff. und zu weiteren Themen jener Polemik Pierre Courcelle, Anti-Christian Arguments and Christian Platonism: From Arnobius to St. Ambrose, in: Arnaldo Momigliano (Hrsg.), The Conflict Between Paganism and Christianity in the Fourth Century, Oxford 1963, S. 151—192.

Dafür fehlt der Beweis bis hin zu den soziologischen Schwierigkeiten, solche natürliche Religiosität in der empirischen Forschung aufzuspüren. Wahrscheinlicher ist, daß generalisierter Glaube sich nur im Zusammenhang mit Einrichtungen der Respezifikation und der Risikoabsorption entwickeln kann, die in unserer Tradition die Form organisierter Kirchen angenommen haben (aber vielleicht nicht notwendig annehmen müssen)[133]. Die Betreuung des Codes und die Verhinderung von Inflation und Deflation des Glaubens[134] erfordert bei hoher Generalisierung eine Dogmatik im erörterten Sinne, und Kirche (oder Äquivalente) ist daher ein dogmatischer Begriff.

Als Kommunikationsmedium fungiert Glaube nur, wenn unterstellt werden kann, daß der Kommunizierende selbst glaubt. In dem Maße, als Religion zur Angelegenheit eines Glaubens wird, muß daher auch diese Unterstellung mitproduziert werden. In der christlichen Glaubensgeschichte wird dieses Erfordernis besonders evident. Es wird erfüllt durch eine Tradition von Bekenntnissen und Zeugnissen, in der Glaubende ihren Glauben – oft unter extremen Belastungen und also um so glaubwürdiger – selbst bezeugen oder Zeugen bezeugen, daß Glaubende ihren Glauben bezeugt haben. Es fällt auf, in welchem Maße dabei auf Anwesenheit und ununterbrochene Vermittlung Wert gelegt wird, so als ob das Medium eine Kommunikation unter Anwesenden als Sicherheitsbasis voraussetze.[135] Erst in der Neuzeit wird dafür die (übersetzte und gedruckte!) Schrift substituiert, die immer schon »Testament« geheißen hatte. »Wenns in der Schrift nicht stünde, so glaubte ichs selber nicht«, bekennt Luther. Letztlich führt die Kette der Zeugnisse zurück auf die Offenbarung des Glaubens und setzt dort die Selbstoffenbarung Christi voraus. Die Konzepte Glauben und Offenbarung kon-

133 Als kontingente Respezifikation zählen auch solche Bewegungen, die sich gegen generalisierte Codes als solche wenden, aber die Kontingenz der Ausgangslage und ihre eigene Selektivität nicht abschütteln können. Siehe die Ausführungen von Talcott Parsons über »fundamentalism« in: Religion in a Modern Society, Review of Religious Research 7 (1966), S. 125—146. Der Begriff schließt daher die Möglichkeit einer außerkirchlichen Sektenbildung ein.

134 Vgl. oben S. 123 f.

135 Wir werden diese Aussage sogleich einschränken müssen. Siehe den folgenden Abschnitt über »symbiotische Mechanismen« (S. 144 ff).

vergieren in der Unterstellung, er selbst habe an sich geglaubt; er selbst habe geglaubt, er sei der Messias.[136]

Nur diese Sicherheitsbasis im bezeugten Selbstglauben des Offenbarenden hat es ermöglicht, die Kommunikationsmedien Wahrheit und Glauben zu trennen: Während Wahrheit selbstverständlich sein oder auf Selbstverständliches zurückführbar sein muß, konnte Glauben in der christlichen Tradition gerade auf Außeralltäglichkeit, Unwahrscheinlichkeit, Fremdheitserfahrung und auf die historische Kontingenz der Offenbarung gestützt werden. Die Konsequenz allerdings, die zuzugestehende Wahrheitsunfähigkeit des Glaubens, hat man im Hinblick auf die prekäre Motivlage eines solchen Code nicht ziehen können.

Mit der Reformation kommt ein verschärftes Bewußtsein der individuellen Selbstselektivität auch dessen hinzu, der den Glauben annimmt. Betont wird die Eigenständigkeit (und damit die Gleichheit) der Partner einer kommunizierenden Glaubensgemeinschaft[137]. Der Glaubensbegriff wird entsprechend verändert. In der historischen Situation, in der dies Konzept durchgesetzt werden mußte, erforderte es Polemik gegen die institutionalisierte Kirche, also eine Entinstitutionalisierung des Kommunikationsmediums Glauben. Damit – und mit einem zu sehr organisationsgebundenen Begriff der Kirche als Institution – wird jedoch das Problem falsch gestellt. Für Kommunikationsmedien schlechthin ist gerade diese Problemlage konstitutiv: daß in Kommunikationsbeziehungen mit zweiseitiger Selektion reduzierte Komplexität trotzdem übertragen werden kann, und daß die Code-Bedingungen, die diese Übertragung regulieren, trotzdem institutionalisiert werden können. Das ist besonders für Wahrheit, für Liebe, für Geld leicht einzusehen, und für Glauben nicht anders. Das Auf-Sich-Selbst-Stellen des Gläubigen akzentuiert nur die Bedingung, auf die hin Kommunikationsmedien institutionalisiert werden. Höhere Freiheiten der Selektion, die bei stärkerer Systemdifferenzierung und bei Ab-

136 Diesen Zusammenhang von Offenbarung und Heilsgeschichte als Geschichte von Zeugnissen und Interpretationen betont Oscar Cullmann, Heil als Geschichte: Heilsgeschichtliche Existenz im Neuen Testament, Tübingen 1965.

137 Diesen Gedanken werden wir unten im Kapitel über Säkularisierung (S. 236 ff.) unter dem Gesichtspunkt der Ausdifferenzierung auch von Komplementärrollen weiterführen.

bau von multifunktionalen Rollenkombinationen zu erwarten sind, erzwingen nur einen höheren Abstraktionsgrad des Codes, der zu institutionalisieren ist. Vielleicht ist das gemeint, wenn man sagt, die Reformation habe die sichtbar repräsentierende Kirche durch eine unsichtbare Versammlung der Herzen in einem Glauben ersetzt.

Die Auffassung des Glaubens als code-abhängiges Kommunikationsmedium ermöglicht eine Verlagerung und Beantwortung der Streitfrage, ob man an Dogmen glauben müsse oder ob der Glaube sich auf das durch sie Bezeichnete richte: auf Gott, auf Christus, auf die Heilsaussicht selbst. In dieser Fassung ist die Frage abhängig von der Auffassung des Glaubens als »visio« oder als »perceptio« oder als intentionales Erleben[138]. Der Prozeß eines Kommunikationsmediums richtet sich aber zunächst auf den anderen, mit dem kommuniziert wird[139]. Er intendiert zunächst nicht seinen eigenen Code, sondern kommuniziert naiv. Der Prozeß kann jedoch, wie Sprache überhaupt und wie alle mediengesteuerte Kommunikation im besonderen, reflexiv werden. Er kann auf sich selbst angewandt werden, das heißt seinen eigenen Code mitthematisieren, indem man zum Beispiel nicht über Gott, sondern über den richtigen Gottesbegriff spricht. Der Glaubensprozeß kann also die Bedingungen seiner Möglichkeit »formulieren«[140]. Die Entwicklung einer dogmatischen Theologie setzt ein solches Reflexivwerden des Glaubens, setzt einen

138 Bei dieser Auffassung können die Dogmen selbst als Durchgangsstation des Erlebens gesehen werden, das sich auf die Sache selbst richtet. Siehe etwa Thomas von Aquino, Summa Theologiae II, II q. 1 a. 2 ad secundam: »Actus autem credentis non terminatur ad enuntiabile, sed ad rem: non enim formamus enuntiablia nisi ut per ea de rebus cognitionem habeamus, sicut in scientia, ita et in fide«. Bemerkenswert ist auch, daß an dieser Stelle und in diesem Zusammenhang die Frage der Komplexität der vermittelnden Symbolstruktur auftaucht.

139 Nur so (und nicht mit einer bloßen Konsensvorstellung) läßt sich überzeugend begründen, daß Glauben *nur* als Angelegenheit einer communio, einer kommunizierenden Gemeinschaft, möglich ist und nicht als richtige Meinung eines Einzelnen, der sich dann gelegentlich durch Seitenblicke vergewissert, ob andere dasselbe meinen wie er.

140 Über »formulations« in diesem Sinne siehe Harold Garfinkel / Harvey Sacks, On Formal Structures of Practical Actions, in: John C. McKinney / Edward A. Tiryakian (Hrsg.), Theoretical Sociology: Perspectives and Developments, New York 1970, S. 327—366.

nicht nur liturgischen Gebrauch der heiligen Worte voraus – so wie das Bankwesen die Möglichkeit der Finanzierung von Geldausgaben, also Kredit, oder verwaltbare Politik die hierarchische Anwendung von Macht auf Macht, oder Positivität des Rechts die Normierbarkeit der Normsetzung voraussetzen[141]. Das Erreichen von Reflexivität und die Lösung der damit verbundenen Folgeprobleme ist für alle Medien und Mediensysteme eine wichtige evolutionäre Errungenschaft, die den Übergang zur modernen Gesellschaft ermöglicht. Andererseits muß, wenn diese Möglichkeit besteht, verhindert werden, daß alle Kommunikationsprobleme zu Code-Problemen werden.

Mit Hilfe von Reflexivität kann die für alle Kommunikationsmedien wesentliche *mehrstufige Symbolisierung* verwirklicht werden. Damit ist gemeint, daß der Code eines Mediums symbolisch generalisierte Regeln der möglichen Kombination anderer Symbole enthält, die den Prozeß der Erlebens- und Handlungsselektion leiten. Solche Mehrstufigkeit ist Bedingung dafür, daß Kommunikationen als Information, das heißt als Auswahl unter mehreren zulässigen Möglichkeiten, erscheinen können. Von ihr hängt der Grad der Freiheit und Individualisierbarkeit ab, der in Kommunikationen unter einem Code erreicht werden kann, ohne die Übertragung von Selektionsleistungen zu gefährden. Von allen Kommunikationsmedien erreicht das Geld die schärfste und prägnanteste Ebenendifferenzierung (und damit die höchsten Grade der Freiheit und Komplexität zulässiger Operationen), weil es durch Ausmünzung oder buchmäßige Identifikation von Quantitäten die Gebrauchssymbole, die zirkulieren, vom Code möglicher Kombinationen unterscheidbar macht. Daher ist die Frage berechtigt, ob nicht andere Medien, zum Beispiel Macht oder auch Glauben, geldähnlicher institutionalisiert werden können[142].

141 Der Vergleich mit anderen Medien mag für die Theologie selbst zunächst suspekt sein. Zumindest mit einem der Kommunikationsmedien, mit Wahrheit, hatte sie den Glauben jedoch immer schon verglichen — siehe »sicut in scientia« in der oben zitierten Thomas-Antwort. Die Erweiterung der Vergleichbarkeit ist eine Folge der theoretischen und begrifflichen Umstellung von Erkenntnis auf Kommunikation, die ihrerseits eine zwingende Konsequenz der modernen sozialwissenschaftlichen Forschung ist.

142 Für den Fall der Macht stellt diese Frage David A. Baldwin, Money and Power, The Journal of Politics 33 (1971), S. 578—614 (insb. S. 597 f., 605).

Betrachtet man die neuzeitliche Entwicklung des religiösen Glaubens, so festigt sich der Eindruck, daß er als Dogmatik fortexistiert, aber die Funktion eines Code für gesamtgesellschaftliche Prozesse weitgehend verloren hat. Dogmatische Kontroversen interessieren nur noch die Beteiligten und ein sehr begrenztes Publikum. So besteht nicht die für andere Medien, namentlich für Liebe und für Macht, typische Gefahr, daß zu viel Kommunikationsprobleme zu Code-Problemen werden; sondern eher die umgekehrte: daß Code-Probleme gar keine Kommunikation (es sei denn: die über sie selbst) mehr betreffen.

Mit dem überlieferten Glaubensbegriff und mit der Vorstellung einer thematischen Fixierung des Glaubens durch Dogmen ist diese Problematik nicht recht zu erfassen. Das kann, von der Dogmatik her gesehen, bedeuten, daß der Begriff des Kommunikationsmediums den von ihr gemeinten Sachverhalt nicht trifft. Die Diskrepanz kann aber auch umgekehrt benutzt werden, um an die Dogmatik die Frage zu stellen, ob sie nicht ihren Glaubensbegriff revidieren muß. Wenn es zutrifft, daß die gesellschaftliche Entwicklung durch Differenzierung von Kommunikationsmedien bestimmt oder doch mitbestimmt wird, wird die Frage nach dem Medium der Religion unabweisbar. Und dann liegt es nahe, die Frage nach etwaigen Entwicklungsschranken der Religion in der Form eines Vergleichs mit den Strukturen und Funktionsweisen der derzeit erfolgreichsten gesellschaftlichen Kommunikationsmedien zu beantworten und den Begriff des Glaubens in eine dafür geeignete Fassung zu bringen.

Weiterhin wichtig und faktisch im wesentlichen ungelöst sind die Folgeprobleme der Generalisierung symbolischer Glaubenscodes im Bereich der Motivation. Unter Motivation verstehen wir nicht das Erfordernis von »inneren« Ursachen des Handelns, sondern im Anschluß an Max Weber verständliche und verständlich zu machende Gründe einer Selektion, also einen Tatbestand, der zunächst und vor allem sprachliche und soziale Bezüge hat, dann aber auf sehr komplexe und undurchschaubare Weise auch im psychischen und organischen System ursächlich wird[143]. Dieser Motivationsbegriff macht unmittelbar verständ-

143 Vgl. Max Webers Definition von Motiv in Wirtschaft und Gesellschaft, 3. Aufl., Tübingen 1948, S. 5. Seitdem namentlich C. Wright Mills, Situated Actions and Vocabularies of Motive, American Sociological Review 5 (1940),

lich, daß Motive überhaupt erst infolge von Generalisierungen und transparenter Selektivität erforderlich werden. Motive sind also nicht einfach psychische Ursachen des Glaubens, so daß es, wenn sie ausbleiben, keinen Glauben gibt. Sie sind zugleich und vor allem Folgen des Glaubens und Themen des Glaubens, und dies in einer Weise, die rücklaufend ursächlich werden und die Übernahme von Selektionsleistungen bewirken kann[144]. Der Code eines Mediums muß also auch funktionierende Motive produzieren und regulieren können, und dies unter Rahmenbedingungen, die durch die jeweilige Lage des Gesellschaftssystems vorgegeben und mehr oder weniger indisponibel sind. Auch diese Funktion fällt der religiösen Dogmatik zu. Es gibt keine sichere Gewähr dafür, und vor allem kann es nicht aus dem »Wesen von Religion« oder aus dem Begriff des Glaubens hergeleitet werden, daß diese Motivfunktion sich unter allen Umständen mit anderen Funktionen religiöser Dogmatik kombinieren läßt[145]. Ob »Rechtfertigung« zum Beispiel heute ein noch ausreichender Begriff für die Motivlage beim Glauben ist, mag man bezweifeln. Ganz abgesehen von den Problemen der gesellschaftlichen Bedingungen religiöser Motivbildung stehen wir damit vor der weiteren Frage, bis zu welchen Grenzen der Komplexität und Abstraktheit ein und dieselbe Dogmatik es sich zumuten kann, zugleich Kontingenzformeln zu interpretieren und

S. 904—913; Hans Gerth / C. Wright Mills, Person und Gesellschaft: Die Psychologie sozialer Institutionen, Frankfurt — Bonn 1970, S. 102 ff.; Kenneth Burke, A Grammar of Motives, Englewood Cliffs N. J. 1945; A. R. White, The Language of Motives, Mind 67 (1958), S. 258—263; Fritz Heider, The Psychology of Interpersonal Relations, New York — London 1958; Alan F. Blum / Peter McHugh, The Social Ascription of Motives, American Sociological Review 36 (1971), S. 98—109.

144 Auch die neuere Psychologie arbeitet dieser Auffassung entgegen in dem Maße, als sie Interdependenzen zwischen kognitiven und motivationalen Komponenten psychischer Informationsverarbeitung erforscht. Vgl. Heckhausen / Weiner a.a.O. (Anm. 1).

145 Einen der eindrucksvollsten Belege für dieses Problem bietet die berühmt-berüchtigte Moralkasuistik, die im Grunde eine Motivtheorie war und in dieser Richtung bis an die Grenzen des dogmatisch Vertretbaren ging. Ein Grenzbeispiel in der Gegenrichtung bilden die theologischen Spekulationen des hohen und späten Mittelalters im Zusammenhang mit Gottesbegriff, Allwissenheit, Kontingenz, die die Funktion religiöser Motivbildung vernachlässigten.

Motivformeln zu beschaffen und dabei sowohl Inflationen wie Deflationen des Glaubens in Grenzen zu halten.

3. Jedes Medium symbolisch generalisierter Kommunikation gelangt vor die Frage, ob und wieweit es den Kommunikationserfolg allein durch codierte Bedingungen der Sprachbenutzung sicherstellen kann. Zusätzliche Motivationsressourcen, aber auch typische Gefährdungen und umweltliche Konditionierungen liegen in der physisch-organischen Präsenz von Kommunikationspartnern. Sie sind gegenwärtig als Systeme, die man sehen und hören, stoßen und streicheln kann und die in ihrer physisch-organischen Kapazität sich aufdrängen und zugleich jeder Kommunikation unübersteigbare Schranken setzen[146]. In den Symbolstrukturen der wichtigsten Kommunikationsmedien wird diese Grundbedingung der Kommunikation aufgenommen und ihrerseits symbolisiert. Symbole, die dies leisten, kann man »symbiotische Mechanismen« nennen, denn sie betreffen buchstäblich das Zusammenleben der Menschen[147]. Daß es unerläßlich zu sein scheint, sich im Bereich der Macht auf physische Gewalt, im Bereich der Wahrheit auf Wahrnehmung, im Bereich der Liebe auf Sexualität zu beziehen mit wie immer minimalisierter Schlüsselstellung dieser Referenz, mag diese These ausreichend belegen. Parsons spricht in ähnlichem Zusammenhang von »real assets« als Korrelate der Generalisierung[148].

Daher braucht es nicht zu wundern, daß es nicht gelungen ist, die Sicherheitsbasis des Glaubens auf die Kommunikation der Zeugnisse und Bezeugungen des Glaubens zu reduzieren. Das führt vor die Frage, ob und wie Rituale in diese Funktion symbiotischer Mechanismen eintreten können, nachdem sie ihre Zentralstellung im Prozeß des Präsentierens von Religion verloren haben. Im Zuge der Entritualisierung von Glaubensreligionen

146 Daß auch die Linguistik hieraus Konsequenzen ziehen kann, zeigt Harald Weinrich, Für eine Grammatik mit Augen und Ohren, Händen und Füßen — am Beispiel der Präpositionen, Vorträge der Rheinisch-Westfälischen Akademie der Wissenschaften Opladen 1976.

147 Vgl. Niklas Luhmann, Symbiotische Mechanismen, in: Ottheim Rammstedt (Hrsg.), Gewaltverhältnisse und die Ohnmacht der Kritik, Frankfurt 1974, S. 107—131.

148 Vgl. Talcott Parsons, On the Concept of Political Power; ders., Some Reflections on the Place of Force in Social Process; beides neu gedruckt in ders., Sociological Theory and Modern Society, New York 1967.

hat zunächst die Spiritualisierung derjenigen Rituale im Vordergrund gestanden, die sich als unverzichtbare Kernbestandteile geistlicher Kommunikation erwiesen, und man hat lieber noch die Physik als die Anthropologie bemüht, um das Abendmahl zu begreifen.
Für die dogmengerechte Interpretation des Rituals steht der Titel des Sakraments ein. Sakramente sind gedacht als Vermittlung von Gnade. Deren Realisation in der Welt tangiert für das Mittelalter Fragen der Kausalität. Dabei wird zum Kernproblem, wieweit die unmittelbar-präsente Wirksamkeit Gottes einerseits im Ritual konzentriert und andererseits zeitlich gestreckt werden kann, so daß eine Art Gnadendepot entsteht, über das die Kirche unter anzugebenden Bedingungen verfügen kann. Schon durch diese Interpretation, aber auch durch Inanspruchnahme weiterer Kategorien der Physik wie Substanz und Quantität wird eine letztlich nicht mehr ritualgerechte Interpretation des Rituals eingeleitet. Das hat die Konsequenz, daß innovierende Verteidigungen des dogmatischen Corpus im Hinblick auf aufbrechende Konsistenzprobleme das Ritual tangieren und an ihm eine Schranke finden. Im Überblick über jahrhundertelange Bemühungen wird evident, daß die dogmatische Harmonisierung gerade an dieser Stelle immer auch Kontroversen erzeugt bis hin zu Glaubensspaltungen; daß mit der Artikulation zugleich die Negierbarkeit wächst und daß man damit (und erst recht mit Re-Mystifikationen) an der Sicherheitsfunktion der »real assets« des Glaubens vorbeigreift. Zumindest ist im Kontext der dogmatischen Interpretation der Sakramente der zugleich ablaufende Verlust der Sinnhaftigkeit des Unmittelbaren uninterpretierbar geblieben.
Dies wird deutlicher, wenn man sich die Funktion von symbiotischen Mechanismen und die Funktion von Negationsausschaltungen im Kommunikationsprozeß vor Augen führt. Man kann mit Mary Douglas[149] fragen, ob nicht auch christliche Prediger die Funktion des Leibes als soziales Medium stärker beachten sollten, bei aller Entritualisierung ihrer Religion. Mehr aber wird mit einem soziologischen Ansatz jedoch nicht erreicht; denn funktionale Analyse ist nun wirklich alles andere als eine Technik zur Wiederherstellung der Unmittelbarkeit.

149 Natural Symbols a.a.O. S. 166. Vgl. auch S. 65 ff.

4. Wenn zwei Bedingungen zusammentreffen: Wenn ein Religionssystem wie das christliche mit scharfen Grenzen zwischen Mitgliedern und Nichtmitgliedern ausdifferenziert wird und wenn diese Ausdifferenzierung, wie oben S. 105 f. skizziert, überzogene Erwartungen an religiös bestimmtes Erleben und Handeln erzeugt, verändert sich das Verhältnis von Welt, System und Umwelt für ein solches System in näher zu beschreibender Weise. Unter Umwelt ist der nicht dem System zugerechnete Weltausschnitt zu verstehen, unter Welt die Gesamtheit des im System und in seiner Umwelt Möglichen. Ausdifferenzierte Religionssysteme des eben beschriebenen Typs müssen die Erfahrung machen, daß ihre *eigenen Mitglieder* den Erwartungen ihrer Religion nicht genügen. Das auserwählte Volk Gottes lebt nicht nach den Geboten Gottes. Diese Erfahrung verstärkt sich und verlangt eine Antwort, wenn solche Erwartungen nicht nur »meritorisch« im Hinblick auf mögliche Verdienste und mögliche Heilschancen, sondern in der hebräischen Tradition normativ formuliert sind[150]. Auf dieses Syndrom von religiöser Normativität und Sünde im auserwählten Volk kann man nicht mehr mit Freund/Feind- oder Nah/Fern-Differenzierungen reagieren. Die spätere Prophetie findet dafür die oben (S. 128) behandelte Form der Generalisierung des Volksgottes zum Weltgott und der Lösung des Kontingenzproblems durch eine *Eschatologie* – das heißt eine Lösung, die ins Zeitliche verlegt ist und damit nicht mehr nur volkhafte, sondern bereits welthafte Züge annimmt[151]. Das ist symptomatisch und läßt sich systemtheoretisch rekonstruieren.

In dieser Lage kommt nämlich die religiöse Dogmatik mit der schlichten Positiv/Negativ-Differenzierung von System und Umwelt nicht mehr aus. Sie kann sich nicht mehr auf die Auffassung zurückziehen, daß die Mitglieder gut, die Nichtmitglieder dagegen schlecht seien. Sie kann die Welt also nicht mehr nur als Totalität dieses Gegensatzes rekonstruieren. Die Einstellung der Defensive oder der Gleichgültigkeit gegenüber einer feindlichen Umwelt gibt keinen ausreichenden Hinweis dafür, wie die Laxheit und die Anfälligkeit der eigenen Mitglieder für Sünde

150 Auf diesen Unterschied kommen wir unten S. 167 ff. zurück.

151 Hierzu lesenswert Hans Wildberger, Jesajas Verständnis der Geschichte, Supplements to Vetus Testamentum Bd. IX, Leiden 1963, S. 83—117.

zu verstehen seien. Christen müssen sogar die Gemeinsamkeit des Sakraments mit den Bösen ertragen, hoffend auf Aussortierung im Jüngsten Gericht. Die frühchristliche Umwelt-Indifferenz und Hinnahmebereitschaft ließ sich aus diesen Gründen nicht durchhalten; sie mußte in ein Weltverhältnis umgeformt werden, *das die Frage der Annahme oder Verwerfung der Welt stellt, sie aber aus strukturellen Gründen nicht entscheiden kann, sondern bis ans Ende aufschiebt.*

Ebenso kann es Situationen geben, die die Möglichkeit geben zu entdecken, daß auch die Gegner in einer feindseligen Umwelt nach eigenen Glaubensgrundsätzen und moralischen Gesichtspunkten handeln. Die Gefangenschaft der Kreuzritter war ein solcher Fall mit weitreichenden Folgen für das Mittelalter[152]. Die Notwendigkeit wenn auch nur diplomatischer Interaktion erforderte Generalisierungen quer zu Glaubensschranken, für die eine sinnhafte Basis und zulässige Ordnung nach dem Vollzug nicht mehr schlechthin geleugnet werden konnte. Auch damit war die Einheit von Glauben, System und Welt aufgelöst.

Die (wie immer ausgelöste) Thematisierung von Welt bedeutet, daß Vollständigkeit nicht mehr, wie in archaischen Religionen, durch *Mitzulassung des Gegenteils* erreicht werden kann, sondern nur noch durch *Formulierung des Unbekannten.*[153] Das erzwingt neue Formen der Zurechnung. Vor allem ist der Ausweg versperrt, sich selbst anzunehmen und die Umwelt zu verwerfen. Die »Ähnlichkeiten« von Mitgliedern und Nichtmitgliedern werden unübersehbar[154]. Sie können weder als Eigenschaft des Systems noch als Eigenschaft der Umwelt interpretiert werden; sie können nur der *Welt* zugerechnet werden[155]. Men-

152 Vgl. Volker Rittner, Kulturkontakte und soziales Lernen im Mittelalter, Köln — Wien 1973.

153 Darin liegt zugleich ein günstiger Ausgangspunkt für die Entstehung von Wissenschaft. In *diesem* Zusammenhang benutzt Gaston Bachelard, La Philosophie du non: Essai d'une philosophie du nouvel esprit scientifique, 3. Aufl., Paris 1962, S. 58, die Wendung: »l'inconnu est formulé«.

154 Vgl. zu dieser für fortschreitende Differenzierung typischen Folge bereits Georg Simmel, Über sociale Differenzierung, Leipzig 1890.

155 Hier dürften die systemstrukturellen Gründe liegen für jene »Entgrenzung« oder »Entschränkung« der Geschichtsvorstellung Israels durch die Propheten, die Wilhelm Kamlah, Christentum und Geschichtlichkeit, Stuttgart 1951, erörtert.

schen schlechthin sind, weil sie in dieser Welt leben, der Sünde ausgesetzt. Die Kirche bleibt bis ans Ende der Welt civitas permixta[156]. Je schärfer zugleich eine Differenz von System und Umwelt, von Christen und Heiden behauptet wird, desto abstrakter muß eine Weltvorstellung ausfallen, die mit einer solchen Differenz noch kompatibel ist. Die Endform ist, daß der Unterschied der Gerechtfertigten und der Verdammten als *unerkennbar* angesehen und dadurch *mit jeder aktuellen Welt kompatibel wird.* Dann erfordert die Unterscheidung von den reprobi, die auch glauben, *subjektive* Reflexion auf die Bedingungen der Heilsgewißheit.

In den strukturellen Bedingungen dieser Situation ist demnach die Projektion eines *universalistischen Weltbegriffs* angelegt, der gleichwohl eine systemspezifische Basis hat und systemspezifischen Problemlagen entspricht. Damit ist nicht gesagt, welche dogmatischen Materialien bereitliegen, um einem solchen Weltbegriff Plausibilität und Motivfähigkeit zu verleihen. Für das Christentum lag es aus Gründen seiner Herkunft nahe, auf die Zeitdimension zurückzugreifen und Weltgeschichte als eine Heiden und Christen übergreifende Sünden- und Heilsgeschichte darzustellen. Damit konnte die sachlich-sinnhafte Weltvorstellung in ihren Konsistenzanforderungen gelockert und in ein dramatisches Geschehen umgedacht werden, das im *Nacheinander verschiedene* Zustände annehmen kann und in ein Eschaton ausläuft.

Immer aber blieb ein religiös bestimmter Weltbegriff, und so auch der christliche, um seiner Funktion willen eine Reduktion, nämlich, um eine Formulierung von Oskar Köhler[157] aufzunehmen, repräsentative Darstellung von »Welt« in der eigenen Welt. Die regionalgesellschaftliche Selektion bestimmbarer Möglichkeiten hatte bis in die Neuzeit hinein stets als begrenzt vorgestellte Welten produziert, die uns im historischen Rückblick als »Weltbilder« erscheinen. Erst die heutige Weltgesellschaft erzwingt, schon weil sie solche Weltbilder inkorporieren, also in ihrer Weltgeschichte Welten vorstellen muß, einen zugleich re-

156 Augustinus, Civ. Dei I, 35.

157 Was ist »Welt« in der Geschichte, Saeculum 6 (1955), S. 1—9 (3). Zur gleichen Problematik ders., Versuch, Kategorien der Weltgeschichte zu bestimmen, Saeculum 9 (1958), S. 446—457.

flexiven (auf sich selbst anwendbaren) und zukunftsoffenen Welthorizont, dessen kategoriale Struktur und Bestimmbarkeit über die Zukunft von Religion entscheiden wird. Daraus ergibt sich die Frage, auf die wir am Schluß dieses Kapitels zurückkommen werden: ob die religiöse Dogmatik zum Begriff einer *nichtnegierbaren Welt* gelangen kann.

5. In den (relativ seltenen) Fällen, in denen die gesellschaftliche Entwicklung zur Nichtidentität politischer und religiöser Bezugsgruppen führt, fordert die gesellschaftliche Funktion von der religiösen Dogmatik die Projektion eines eigenen *Gesellschaftsbegriffs,* mit dem sie sich gegen das vorgefundene, politisch konstituierte Gesellschaftssystem absetzen kann. Dabei kann es sich nicht einfach um ein auf der Ebene von Politik konkurrierendes Konzept handeln (so wie Demokratie vs. Monarchie), sondern nur um eine andersartige Merkmalskombination, die als Perfektionsbegriff der Gesellschaftlichkeit des Menschen auf die spezifisch religiöse Funktion hin formuliert ist. Dies leistet in der christlichen Tradition die verfängliche Formel vom *Reich Gottes.* Sie postuliert gesellschaftliche Solidarität in einer Form, die weder auf verwandtschaftliche noch auf territorialpolitische Bindung zurückgeführt werden kann, sondern sich diesen gegenüber indifferent gibt. Damit verstärkt die religiöse Dogmatik für sich selbst eine gewisse Unabhängigkeit von konkreten gesellschaftlichen Anforderungen und eine Möglichkeit der Eigenentwicklung, die ihr den Fortbestand auch im Zustande relativer Kontaktlosigkeit und Obsoletheit ermöglicht.[158] Die Anlehnung an politische Begriffe (civitas, imperium) zeigt, daß hinter die politische Konstitution der Gesellschaft über den archaischen Geschlechterverbänden nicht mehr zurückgegangen werden kann. Eben deshalb kann der religiöse Gesellschaftsbegriff nicht einfach als Negation des politischen formuliert werden[159]. Zu deutlich ist den Kirchenvätern bewußt, wie sehr der

158 Zur relativen Selbständigkeit im Verhältnis von Religion und Sozialstruktur früherer Gesellschaften vgl. auch Raymond Firth, Problem and Assumption in an Anthropological Study of Religion, The Journal of the Royal Anthropological Institute 89 (1959), S. 129—148 (140 ff.).

159 Sowenig wie umgekehrt der Gegenbegriff zur civitas Dei, die civitas terrena Augustins, lediglich als die politisch konstituierte Gesellschaft zu verstehen ist. Überhaupt ist der Gegensatz von civitas Dei und civitas terrena bei Augustin so vielseitig (und in mehrfacher Hinsicht widersprüchlich) ange-

politisch stabile Frieden im Römischen Reich Ausbreitungsbedingung des christlichen Glaubens und damit Fügung Gottes war. Die stadtstaatliche Terminologie der civitas sive societas civilis affiziert die Terminologie der christlichen Dogmatik[160]. Aber es geht um einen andersartigen Anspruch an die Gesellschaft der Menschen, um eine Projektion, die weder als Substitution für das politische Konstitutionsprinzip der Gesellschaft, noch als dessen Gegensatz zu begreifen ist. Die Notwendigkeit und der systematische Stellenwert der Differenzierung *zweier* Reiche ist besonders für die christliche Tradition evident, nachdem Jesus von Nazareth an ihrer mangelnden Evidenz gescheitert war. Sie wird unter anderem auch im Dogma der *Trinität* ausgedrückt und stabilisiert[161], das die strukturelle Isomorphie der beiden Reiche abschwächt – es gibt keine trinitarischen Monarchien –, *aber nicht ganz aufgibt.* Soziologisch ist daran ablesbar, daß die Gesellschaft, obwohl Einheit eines sozialen Systems, vom Politischen und vom Religiösen aus nicht mehr einheitlich interpretierbar ist. Theologisch kann freilich die Situation so nicht definiert werden, und es bleibt der Dogmatik die Teilaufgabe gestellt, dieses Reich Gottes zu interpretieren: was es ist, wo es ist, wen es umfaßt, wann es kommt.

Eine schärfere Differenzierung von Religion und Politik entzieht der Politik die einstige Mittlerrolle zwischen irdischem und kosmischem Geschehen, die jetzt die Religion mit Ausschließlichkeit für sich beansprucht. Für die Politik ist das ein Funktionsverlust, der ihr zugleich größere Freiheit und Präzisierbarkeit einer spezifisch politischen Verantwortung einträgt. Erdbeben und Mißernten geben nicht mehr als solche Anlaß, den Herrscher zu töten. Die Funktionen des Herrschers im Ritual werden abgebaut, aber er kümmert sich noch um den Bau des Tempels. Die religiöse Dogmatik ihrerseits behauptet noch, ein eigenes Urteil über die Politik zu haben; aber die Dissozi-

legt, daß er trotz eingebauter Präferenz eine theokratische Einheitslösung ausschloß und der Politik nur Kompatibilität mit christlichem Glauben abverlangte.

160 Nachweise bei Arnold A. T. Ehrhardt, Politische Metaphysik von Solon bis Augustin, 3 Bde. Tübingen 1959—1969, insb. Bd. II.

161 Diesen Zusammenhang sehen Theologen (Moltmann a.a.O., S. 27, im Anschluß an Peterson) ebenso wie Soziologen (Parsons, Christianity and the Modern Industrial Society a.a.O., S. 393).

ierung politischer und religiöser Kriterien bahnt einer Entwicklung den Weg, an deren Ende die Politik religiös nur noch danach beurteilt wird, ob sie das kirchliche Religionssystem stützt und fördert.

6. Weiter stellt sich für eine hochentwickelte religiöse Dogmatik die Aufgabe, die *Ausdifferenzierung* des Religionssystems zu interpretieren. Ausdifferenzierung ist nicht nur ein soziologischer Tatbestand, sondern als Bedingung der Möglichkeit von Hochformen zugleich ein Thema des Glaubens. Themafähig wird sie für unsere Tradition im Begriff der *Kirche*[162]. Man kann nicht an Ausdifferenzierung glauben, wohl aber unter Hinzunahme konkretisierender Gehalte und unter Ausklammerung einer allzu abstrakten Fungibilität an Kirche. Der Übergang von soziologischer Theorie zu religiöser Dogmatik müßte sich, wenn er bewußt bedacht und vollzogen werden würde, also als ein Prozeß der Reduktion von Komplexität vollziehen, als ein Prozeß des Einbaus und Ausbaus gedanklicher Elemente in bezug auf eine abstrakte systemtheoretische Vorlage.

Wie bei aller Ausdifferenzierung entsteht auch für die Ekklesiologie die Frage, wie sie das Verhältnis von System und Umwelt beschreibt; wie sie vor allem ihr Verhältnis zur Gesellschaft begreift, in der sie Teilsystem ist und doch eine zentrale Funktion des Ganzen vertritt[163]. Themen wie »Kirche und Welt«, »Kirche und Gesellschaft« haben hier ihren Ursprung. Als Form ihrer Artikulation werden duale Schemata sehr verschiedener Art (etwa: jenseits/diesseits; Körperschaft/Organisation; oben/unten; innerlich/äußerlich) angeboten, die als Gegensatz und zugleich als Zusammenhang interpretiert werden können[164]. Hier wie auch sonst dienen Paradoxien als Elastizitätsreserven der Dogmatik.

162 Das Verhältnis von »Reich Gottes« und »Kirche« wird hier nach dem Schema von System und ausdifferenziertem Subsystem interpretiert, und nicht, wie häufig (z. B. Wolfhart Pannenberg, Thesen zur Theologie der Kirche, München 1971, S. 9) nach dem Schema von Zweck und Mittel.

163 Auf die Bedeutung dieser Frage für die Selbstbestimmung gesellschaftlicher Teilsysteme hatte ich oben S. 154 f. und Anm. 75 bereits hingewiesen.

164 Vgl. dazu und zu weiteren Dualen Yorick Spiegel, Kirche als bürokratische Organisation, München 1969, S. 78 ff. im Anschluß an Wolf-Dieter Marsch, Kirche als Institution in der Gesellschaft, Zeitschrift für Evangelische Ethik 4 (1960), S. 73—92.

Mit Recht weigert sich die Religionsdogmatik, Kirche als Organisation zu begreifen[165]. Gesellschaftssysteme und Organisationssysteme liegen auf verschiedenen Ebenen der Systembildung und erfüllen unterschiedliche Funktionen. Gesellschaft ist das umfassende System kommunikativer Beziehungen zwischen Erlebnissen und Handlungen, Organisation dagegen eine durch Eintritts- und Austrittsbedingungen spezifizierte Systemstruktur. Evolutionsgeschichtlich gesehen, treten diese Ebenen der Systembildung mit der Entwicklung der neuzeitlichen Weltgesellschaft eher weiter auseinander und gewinnen dadurch eine deutlichere Eigenausprägung. Das Gesellschaftssystem verliert dadurch die organisationshaften Züge der alten, politisch konstituierten Territorialgesellschaften und verliert zugleich den direkten regulativen Zugriff auf die Struktur von Einzelorganisationen; es bestimmt Organisationen nur noch dadurch, daß es deren geordnete Umwelt ist. Damit kann die Gesellschaft sich in viel stärkerem Maße als je zuvor auf umweltbezogen rationalisierte Organisationspraxis stützen und zugleich in sehr viel geringerem Maße als je zuvor Organisation sein. Dies gilt nicht nur für die Gesellschaft im ganzen, sondern ebenso für ihre primären Teilsysteme für Religion, Politik, Wirtschaft, Wissenschaft, Kunst, Familienleben, Erziehung. In allen diesen Fällen können weder die gesamtgesellschaftlichen Funktionen noch die entsprechenden Kommunikationsmedien ganz in die Einheit eines Organisationssystems eingebracht werden, und gerade diejenigen Strukturen, mit denen diese Teilsysteme auf die sehr hohe Komplexität der modernen Gesellschaft antworten, lassen sich nicht organisationsförmig regulieren. Das gilt zum Beispiel im politischen System für die Inkongruenz von Politik und Verwaltung[166], im Wirtschaftssystem für die Marktvermittlung von Produktion und Konsum[167], im Wissenschaftssystem für das Verhältnis der Disziplinen und theoretischen Paradigmata[168], im Erziehungssystem für das Verhältnis von Schule und Elternhaus.

165 Zum folgenden ausführlicher Niklas Luhmann, Die Organisierbarkeit von Religionen und Kirchen, a.a.O.; ferner unten Kap. 5.

166 Hierzu Niklas Luhmann, Politische Planung: Aufsätze zur Soziologie von Politik und Verwaltung, Opladen 1971, insb. S. 66 ff., 165 ff.

167 Hierzu Niklas Luhmann, Soziologische Aufklärung Bd. 1, a.a.O., S. 204 ff.

168 Hierzu Niklas Luhmann, Soziologische Aufklärung Bd. 1, a.a.O., S. 232 ff.

Im Religionssystem ist die Lage nicht anders. Sie nimmt eine funktions- und teilsystemspezifische Variante an, entspricht grundsätzlich aber der allgemeinen Einsicht, daß gerade in einer hochkomplexen Gesellschaft gesamtgesellschaftliche Funktionen mehrfach gebrochen, reduziert und reformuliert werden müssen, bevor sie auf die Ebene organisierter Systeme überführt werden können. Die Nichtorganisierbarkeit von Religion und Kirche kann und braucht nicht aus den besonderen Qualitäten des Religiösen heraus erklärt zu werden. Eben deshalb ist es für eine religiöse Dogmatik schwierig, dies Problem in ihrem Kirchenbegriff adäquat zu formulieren, ohne zugleich die Kirche als Organisation zu diskreditieren.

Die christlichen Kirchen waren schon früh Organisationen, die nicht nur Organisationen sein konnten. Sie haben lange Erfahrungen mit diesem Problem, die heute jedoch nicht mehr zureichend verarbeitet werden. Die alten Lösungsmuster, vor allem die Sakralisierung der Organisation selbst, setzten einen relativ geringen Grad der Differenzierung der Systemebenen von Gesellschaft und Organisation voraus. Unter den heutigen Bedingungen eines weiteren Auseinanderziehens dieser Ebenen überzeugen sie nicht mehr. Auf der Ebene der Organisation stören sie deren Effektivität – wenn zum Beispiel »Weihen« als Karrierevoraussetzung angesehen werden. Auf der Ebene gesamtgesellschaftlicher Relevanz bleibt die Organisation zugleich überartikuliert und reflexionsunfähig und damit auch unfähig, Welt und Gesellschaft religiös zu repräsentieren. Wir kommen am Schluß darauf zurück.

Die in den Kirchen praktizierten »Auffangvorrichtungen« für unorganisierbar hohe gesellschaftliche Komplexität liegen faktisch in den Differenzierungsformen des Religionssystems – ganz ähnlich wie in den Teilsystemen für Politik, Wirtschaft und Wissenschaft. Sie finden sich einmal in der Differenzierung von aktiven und nichtaktiven Mitgliedern, die nicht organisierbar ist, weil auf die letzteren die Bedingungen der Mitgliedschaft weder angewandt noch nicht angewandt werden können; sie finden sich zum anderen in der Differenzierung von organisiertem Handeln und geistlicher Kommunikation, zu der heute zunehmend eine kirchenpolitisch unabhängige, eigenständige Dogmendiskussion zu treten scheint.

7. Wie oben (S. 114 ff.) erörtert, finden sich alle Religionen mit der Kontingenz gesellschaftlicher Statusänderungen und mit deren Grenzfällen, Geburt und Tod, konfrontiert. Wenn infolge der Evolution des Gesellschaftssystems Komplexität und Kontingenz der Welt zunehmen und wenn zugleich damit die gesellschaftliche Entwicklung Biographien und Schicksale individualisiert, entsteht darüber hinaus ein Bedarf für Aussichten auf Sicherung des kontingent gewordenen individuellen Wohlergehens in Sinndimensionen, die moralisch, sozial, räumlich oder zeitlich über die je aktuelle Situation hinaus verlängert sind. Die gesellschaftsstrukturell einheitlich ausgelöste Expansion der Sinnhorizonte und die Individualisierung kontingenter Schicksale erfordern eine Interpretation. Das verändert das Problem der Statusveränderungen[169]. Im Anschluß an archaische rites de passage entwickeln Hochreligionen eine spezifisch religiöse Heilsthematik. Im Hinblick auf eine Statusänderung an den Grenzen des hiesigen Lebens werden Heilsinteressen, Heilserwartungen, Heilsbedingungen formuliert und mit den Umständen und Ereignissen der gesellschaftlichen Lebensführung verknüpft. An die Stelle der Vorstellung eines undifferenziert-alternativenlosen Fortexistierens aller nach dem Tode tritt die Annahme einer Heilskontingenz, einer offenen Möglichkeit, die verschiedene Zustände annehmen kann[170]. Und das Fortleben nach dem Tode wird nicht nur direkt und konkret als abhängig gesehen von den Umständen des Todes, sondern abstrakter bezogen auf die Kriterien und die Art der Lebensführung[171]. Sowohl Lebensführung als auch Heilszustand werden dann kontingent gesetzt – beide sind »auch anders möglich« – und werden nichtkontingent korreliert, das heißt durch strukturell invariante Beziehungen vom Typus »Wenn-Dann« verknüpft. Damit entsteht eine relativ auf diesen Entwicklungsstand der Gesellschaft notwendige Thema-

169 Vgl. oben S. 115 f.

170 Vgl. dazu Gananath Obeyesekere, Theodicy, Sin and Salvation in a Sociology of Buddhism, in: Edmund R. Leach (Hrsg.), Dialectic in Practical Religion, Cambridge Engl. 1968, S. 7—40 (12 ff.), mit dem wichtigen Hinweis auf den Unterschied, den es in *dieser* Frage ausmacht, ob aus archaischen Traditionen das Wiedergeburtsthema übernommen wird oder nicht.

171 Beide Formen der Problembehandlung sind in Indien noch greifbar. Siehe Christoph von Fürer-Haimendorf, The After-Life in Indian Tribal Belief, The Journal of the Royal Anthropological Institute 83 (1953), S. 37—49.

tik religiöser Dogmatiken: die Interpretation einer *nichtkontingenten Relation kontingenter Zustände oder Ereignisse*. Auf der Grundlage *dieser Form* der Heilsthematik können Religionssysteme Kristallisationszentren für relativ langfristig institutionalisierte Interessen werden, auf die sich institutionelle Entwicklungen in anderen Bereichen stützen können. Für die weitere Entwicklung ist es daher sehr bedeutsam, wie diese Interessen formuliert und motivfähig gemacht werden.

Wir hatten im Vorübergehen (oben S. 106) schon notiert, daß eine stärkere Ausdifferenzierung des Religionssystems eine Abstraktion der Heilsthematik mit sich bringt. Bei genauerem Zusehen muß man unterscheiden zwischen einer abstrakteren Umschreibung der Heils*aussichten* und den durch die Dogmatik selektiv pointierten Heils*bedingungen* oder Heilsfaktoren. In *beiden* Hinsichten lösen Hochreligionen sich von gesellschaftlich durchgehenden Normalerwartungen ab[172]. Sie brauchen Heilsaussichten nicht mehr notwendig auf ein gutes Leben, geschweige denn auf ein gut ausgestattetes Leben zu beziehen, und die Heilsbedingungen hängen nicht mehr unmittelbar mit der Erfüllung familiärer, militärischer, politischer, rechtlicher oder sonstiger Pflichten zusammen, sondern werden unter Gesichtspunkten dogmatischer Konsistenz reformuliert.

Aus dieser Spannung von Abstraktionschancen und natürlicher Interessenlage der Kundschaft des Religionssystems[173] folgen Probleme, die in der Dogmatik selbst aufgefangen und bearbeitet werden müssen. Wichtige Ambivalenzen dienen der Lösung dieses Problems. Zum Beispiel bietet die Wiedergeburtsmechanik der indischen Religion die *doppelte* Möglichkeit einer *Wiedergeburt in besseren Lebenslagen*, die man sich konkret ausmalen kann, und eines *Übergangs ins nur negativ umschreibbare Nirvana* – eine Doppelfassung, die jedem Reifegrad des Heilsinteresses etwas zu bieten vermag. Was die Heilsbedingungen angeht, wird in der christlichen Dogmatik seit der Antike das

172 Dies allerdings in sehr verschiedener Weise und mit sehr verschiedenen Graden der Konzentration auf die Heilsthematik. Einen Überblick vermittelt S. G. F. Brandon (Hrsg.), The Saviour God: Comparative Studies in the Concept of Salvation Presented to Edwin Oliver James, Manchester 1963.

173 Schneider a.a.O., S. 127 spricht von »soteriological pressure«. Dort S. 123 bis 153 ein guter Überblick über die Problematik.

Verhältnis von *Verdienst* und *Gnade* diskutiert. Offensichtlich ist es schwierig, sei es auf den Menschen, sei es auf Gott, als Heilsfaktor ganz zu verzichten. Zugleich trägt diese Unterscheidung Differenzierungserfordernissen im Religionssystem Rechnung[174]: Sie bezieht die Heilsbedingung des Verdienstes auf die Differenzierung der Gesellschaft und auf die durch sie anfallenden Leistungsbeziehungen des Religionssystems zu seiner innergesellschaftlichen Umwelt, die Heilsbedingung der Gnade dagegen auf die Kernfunktion geistlicher Kommunikation im Religionssystem selbst.

Angesichts dieser Ausgangslage sind Extremlösungen, die nur einen Faktor berücksichtigen, besonders interessant. Zunächst liegt es nahe, das Risiko solcher Einseitigkeit durch theologische Kombinationsversuche zu mildern, also die Instabilität der Extremlösung durch die Instabilität von Kombinationsversuchen zu ersetzen, die ein Zusammenwirken von Verdienst auf Gnade zu interpretieren suchen und damit das Problem in theologische Kontroversen mit einer Mehrzahl möglicher Standpunkte auflösen[175]. Die angebotenen Lösungen beruhen nicht zuletzt darauf, daß die Dogmatik das Einschieben eines agnostischen Moments ermöglicht – zum Beispiel mit der Annahme, daß das Karma durch Verhalten vor der Geburt (also unerinnerbar!) mitdeterminiert ist; oder im Falle der christlichen Religion durch Abstraktion und Perfektion der Kontingenzformel Gott, dessen Wissen und Wollen unerkennbar bleibt[176].

Hier lassen sich wiederum recht gewichtige soziologische Fragen anschließen. Hat es zum Beispiel irgendeine Bedeutung, daß im Buddhismus die Abstraktionsleistung mehr im Bereich der Heils*zustände*, im Christentum mehr im Bereich der Heils*faktoren* gesucht wird? Vermutlich liegen hierin bedeutsame Unterschiede der Ansatzpunkte für die Ausdifferenzierung des Religionssystems, Unterschiede der Handlungsrelevanz, der Motivations-

174 Vgl. bereits oben S. 54 ff.

175 Siehe ausführlich Otto Hermann Pesch, Theologie der Rechtfertigung bei Martin Luther und Thomas von Aquin, Mainz 1967.

176 Man beachte, daß hier *Systematisierungsleistungen* der Dogmatik ins Spiel kommen. Andere Belege dafür sind, daß die Gewißheit des Heils auf die *Offenbarung* gestützt wird, und daß die Annahme des *Glaubens*, also Anerkennung des religionsspezifischen Medium-Codes, als Heilsfaktor behandelt wird — alles in allem also ein Spiel mit wenigen zentralen Figuren.

strukturen. Faktorenabstraktion dürfte der schwerwiegendere, voraussetzungsvollere, aber auch effektivere Eingriff in die Sozialstruktur sein, als die Abstraktion einer nur negativen Vorstellung vom Heilszustand. Das führt auf die berühmte, durch Max Weber angeführte Calvinismus/Kapitalismus-Diskussion[177]. Hier kommt zur allgemeinen christlichen Akzentuierung der Heilsfaktoren die spätmittelalterlich-reformatorische Kritik der Verdienst-Komponente und eine Extremverschiebung in Richtung auf Gnade hinzu[178]. Dies betont die Kernfunktion der Religion auf Kosten der konkreten Leistungsverflechtungen mit der gesellschaftlichen Umwelt und setzt dabei voraus, daß die übrigen Teilsysteme der Gesellschaft, vor allem Familie und Wirtschaft, relativ unabhängig werden können von dem, was im Religionssystem als Verdienst behandelt wird. Damit waren nicht nur, wie Weber mit sehr umstrittenen Überlegungen annimmt, *Motive* ökonomisch-rationalen oder auch wissenschaftlich-rationalen Handelns *geschaffen*, sondern vor allem *Interferenzen* der Religion in Ökonomie und Wissenschaft *abgebaut*, die über relativ konkrete Bewertung heilsrelevanten Handelns gelaufen waren. Zugleich verschiebt sich die Problemstellung mit dem Beginn der bürgerlichen Gesellschaft (ganz deutlich bei Hobbes) ins Politisch-Ökonomische. Der evolutionäre Erfolg lag wohl mehr in der stärkeren Entflechtung und Systemdifferenzierung begründet als in einer besonderen Effektivität asketischer Leistungsmotivation; also nicht darin, daß man im ökonomischen Erfolg eine Substitution für religiöse Heilsgewißheit suchte, sondern darin, daß man dies nicht mehr konnte.

Man könnte weiter überlegen, ob eine relativ ausgeprägte theologische Spannung abstrakter und konkreter, bedürfnisbezogener Heilsthematisierungen nicht soziologisch *Kommunikationsschranken* in der Gesellschaft voraussetzt, wie sie zum Beispiel in einer fest etablierten sozialen Schichtung gegeben waren. Die-

177 Zum neueren Diskussionsstand siehe Shmuel N. Eisenstadt (Hrsg.), The Protestant Ethic and Modernization: A Comparative View, New York 1968.

178 Vgl. Werner Dettloff, Die Lehre von der acceptatio divina bei Johannes Duns Scotus mit besonderer Berücksichtigung der Rechtfertigungslehre, Werl 1954, und ders., Die Entwicklung der Akzeptations- und Verdienstlehre von Duns Scotus bis Luther mit besonderer Berücksichtigung der Franziskanertheologen, Münster 1963.

se Annahme könnte erklären, weshalb es in den Vereinigten Staaten zu jenem raschen Abbau der puritanischen Tradition gekommen ist und zu ihrem Auslaufen in eine theologisch relativ anspruchslose, sozialeudämonistische Civil Religion.

Hiervon zu unterscheiden ist schließlich die Frage, welchen Stellenwert eine religiöse Dogmatik der Heilsthematik schlechthin einräumt in Abwägung gegen andere Systemfunktionen. Das Heilsinteresse hat seine Funktion als Ansatzpunkt für den Motivationsmechanismus des Glaubens-Codes; seine Ausformulierung gehört insoweit zum Themen-Code dieses Kommunikationsmediums. Wird die Beziehung von Gott und Mensch primär unter Heilsgesichtspunkten thematisiert, so verrät das einen Primat von Medien-Problemen im Religionssystem. Das versteht sich nicht von selbst. Im Widerspruch dazu vertritt der Gottesbegriff als Kontingenzformel des Systems eine eigene Funktion, nämlich die der Bestimmbarkeit welthafter Kontingenz. In der katholischen Tradition findet dieser Widerspruch Ausdruck in einer zentralen theologischen Kontroverse, nämlich in unterschiedlichen Antworten auf die Frage: Cur Deus homo?[179]. Nach überwiegender (vor allem: thomistischer) Auffassung ist die Menschwerdung Gottes als Reaktion auf den Sündenfall im Heilsinteresse erfolgt. Damit werden Motive betont. Im Anschluß an Duns Scotus sieht die Gegenauffassung darin eine abzulehnende Einschränkung der Allwissenheit und Konditionierung der freien Entschlüsse Gottes; für sie liegt der Grund der Menschwerdung in der Selbstoffenbarung Gottes, also in einem Vorgang der Emanation und Respezifikation derjenigen Größe, die als Kontingenzformel fungiert. In dem einen Falle hat das Medium, im anderen Falle die Kontingenzformel der Religion den Primat. Die Option steuert mithin die Dogmatik in Richtung Motivfähigkeit der Religion auf der einen, in Richtung Weltbezug und Reflexionsfähigkeit auf der anderen Seite[180]. Für die evolutionäre Lage des Gesellschaftssystems ist bezeichnend, daß darin bereits eine *Alternative* liegt, über die aber noch

179 Vgl. Aloysius Spindler, Cur Verbum caro factum?, Paderborn 1938.

180 Etwas vereinfacht, aber prinzipiell berechtigt, sieht August M. Knoll, Thomismus und Skotismus als Standestheologien a.a.O., die Anlässe und Konsequenzen dieser Kontroverse in einer mehr kirchlichen bzw. mehr weltbezogenen Grundorientierung.

theologisch im Rahmen *einer* Kirche und *eines* Glaubens diskutiert werden kann.

8. Im Anschluß an eine stärkere Ausdifferenzierung des Religionssystems entsteht, wie unter VI gezeigt, als weiteres notwendiges Thema *Zeit und Geschichte.* Die Differenzierung kosmischer und irdischer Ordnung, die die Ausdifferenzierung des Religionssystems symbolisiert, läßt Ereignisse in der Zeit als kontingent bewußt werden und wirft die Frage nach dem Sinnbezug zwischen zeitlich distanzierten Ereignissen auf. Andererseits erfolgen Strukturänderungen im Gesellschaftssystem noch nicht so rasch und so normal, daß die tägliche Orientierung das Wissen um eine andersartige Vergangenheit und eine anders werdende Zukunft implizierte; man kommt noch mit geringer zeitlicher Komplexität ohne nennenswerte qualitative Differenzierung von Vergangenheit, Gegenwart und Zukunft aus[181]. Auf diese Vorgegebenheiten antwortet zum Beispiel die biblische Zeitvorstellung dadurch, daß sie die Geschichte von Extremlagen am Anfang und am Ende her konzipiert, die ein Urteil über den Sinnzusammenhang des Ganzen ermöglichen, ohne die Zwischenzeit allzu stark (etwa im Sinne moderner Evolutionstheorie) zu differenzieren[182]. Zwischen Sündenfall und Jüngstem Gericht spannt sich eine irdische Zeit, die zwar in Epochen eingeteilt, aber gleichwohl als moralisches Kontinuum und als einheitliche Heilsgeschichte begriffen werden kann. Eine solche Geschichte hat als Zeit einen *jeweils gegenwärtigen* Bezug zu Anfang und Ende, zu Sündenfall und Erlösung, läßt also keine vollständige Differenzierung von Vergangenheit, Gegenwart und Zukunft zu[183]. Dazu kommt für den Christen die Möglichkeit, die Gewährleistung der Zukunft in der Präsenz eines vergangenen Ereignisses innerhalb der Geschichte zu sehen, die

181 Vgl. z. B. die von Walter Freund, Modernus und andere Zeitbegriffe des Mittelalters, Köln—Graz 1957 gesichteten Quellen des 5./6. bis 12. Jahrhunderts n. Chr.

182 Das gilt auch und gerade für die Unterscheidung verschiedener Weltalter. Dazu Auguste Luneau, L'histoire du salut chez les Pères de l'Eglise: La doctrine des âges du monde, Paris 1964.

183 Vgl. als Beispiel aus einer sehr umfangreichen Literatur James Muilenburg, The Biblical View of Time, Harvard Theological Review 54 (1961), S. 225—252 (insb. 246 ff.).

Einheit der Heilsgeschichte also auch innerzeitlich zu verstehen[184].

Die zwischen Anfang und Ende aufgespannte, durch ihre Extreme bestimmte Zeit kann in gewissem Sinne schon als linear begriffen werden. Lineare und zyklische Zeitvorstellungen sind bereits in Ägypten *nebeneinander* entwickelt worden[185], und dieses Nebeneinander dürfte sowohl im griechischen als auch im hebräischen Zeitverständnis angedauert haben. Die gesellschaftlichen Koordinationserfordernisse waren nicht so weit entwikkelt, daß eine Entscheidung für nur eine Zeitvorstellung in dieser Abstraktionslage erzwungen wurde. Auch die textlichen Überlieferungen rechtfertigen die unter Theologen und Philosophen verbreitete Gegenüberstellung[186] von griechischem (angeblich zyklischen) und hebräischem (angeblich linearen) Zeitbegriff nicht[187]. Wohl aber gab es speziell im christlichen Glauben bestimmte Gründe, den literarisch vorherrschenden zyklischen Zeitbegriff nicht auf die Geschichte anzuwenden[188]; hätte das

184 Vgl. Karl Löwith, Weltgeschichte und Heilsgeschehen: Die Theologischen Voraussetzungen der Geschichtsphilosophie, 2. Aufl., Stuttgart 1953, S. 168 ff.

185 Vgl. Siegfried Morenz, Ägyptische Religion, Stuttgart 1960, S. 79 ff.

186 Siehe die wohl bekannteste Darstellung bei Oscar Cullmann, Christus und die Zeit: Die urchristliche Zeit- und Geschichtsauffassung, Zollikon—Zürich 1946, insb. S. 43 ff.

187 Dazu ausführlich James Barr, Biblical Words for Time, London 1962. Ebenso kritisch Arnaldo Momigliano, Time in Ancient Historiography, und Chester G. Starr, Historical and Philosophical Time, beide in History and the Concept of Time, Beiheft 6 von History and Theory, o.O. (Middletown Conn.) 1966, S. 1—23 und 24—35. Siehe außerdem Pierre Vidal-Naquet, Temps de dieux et temps des hommes: Essai sur quelques aspect de l'expérience temporelle chez les Grecs, Revue de l'histoire des religions 157 (1960), S. 55—80; Norman H. Snaith, Time in the Old Testament, in: Promise and Fulfilment: Essays Presented to Professor S. H. Hooke, Edinburgh 1963, S. 175—186; Thorleif Boman, Das hebräische Denken im Vergleich mit dem Griechischen, 3. Aufl. Göttingen 1959, S. 114 ff., 140 ff.

188 Vgl. Cullmann a.a.O., S. 107 ff. Wie schwer selbst hier es fiel, mit der Entscheidung *für* einen linearen Zeitbegriff sich zugleich *gegen* die zyklische Zeitvorstellung zu wenden, zeigen Versuche, diesen Gedanken der Einmaligkeit des Heilsgeschehens um des Zeitbegriffs willen zu opfern. Vgl. Henri-Charles Puech, La Gnose et le temps, Eranos-Jahrbuch 20 (1951), S. 57—113 (70 ff.) mit weiteren Hinweisen. Noch im Mittelalter wird gerade das Problem der Linearität zyklisch gelöst — siehe Georges Poulet, Les metamorphoses du cercle, Paris 1961; Max Seckler, Das Heil in der Geschichte: Geschichtstheologisches Denken bei Thomas von Aquin, München 1964 —, und das Bild ei-

doch bedeutet, daß man auch die Passion des Herrn als regelmäßig wiederholtes Ereignis angesehen und ihr damit den Tiefensinn eines nur einmal möglichen und nur einmal notwendigen Heilsgeschehens genommen hätte[189]. Dadurch wurde zumindest für die Geschichtskonzeption eine lineare Zeitvorstellung zwingend, und andererseits ermöglicht diese Zeitvorstellung die ebenso anspruchsvolle wie unwahrscheinliche These einer *einmaligen* Offenbarung[190].

Entsprechend unterscheiden sich die christlichen Reinigungsritualien, nämlich Taufe und Abendmahl, deutlich von Vorläufern, die mit dem Jahreswechsel, etwa dem Neujahrsfest, verbunden waren[191]: Sie sind zwar ebenfalls gemeint als wiederholender Nachvollzug eines vergangenen Heilsgeschehens[192]

nes Kreises der Zeit dient dazu, die irdische Zeit von der allen Zeiten gleichzeitigen göttlichen Gegenwart als Mittelpunkt des Kreises zu unterscheiden.

189 Vgl. Augustinus, civ. Dei XII, c. 14. — Interessant wäre es, die spätantike Problemlage zu vergleichen mit der frühneuzeitlichen Diskussion der Mehrheit von Welten, die das gleiche Problem aufwarf (Hat jede Welt ihre Eva, ihre Schlange, ihren Apfel?), die aber offenbar viel geringere theologische Widerstände weckte. Zumindest ist die Annahme einer Mehrheit von Welten in der Neuzeit nicht an ihren theologischen Implikationen gescheitert.

190 Deren Unwahrscheinlichkeit ist nicht nur ablesbar an dem Spott und der Ablehnung, mit der sie in der heidnischen Antike zunächst empfangen wurde, sondern auch daran, daß sie in der Volksreligion nicht voll durchsetzbar war. Zum Korrektiv des verbreiteten Glaubens an »Himmelsbriefe« vgl. R. Stübe, Der Himmelsbrief: Ein Beitrag zur allgemeinen Religionsgeschichte, Tübingen 1918.

191 Daß auch in solchen Kulten schon auf einmalige Ereignisse der Vergangenheit Bezug genommen wurde — vgl. S. G. F. Brandon, History, Time and Deity, Manchester—New York 1965, S. 71 ff. — zeigt erneut, daß es für ältere Epochen einfach nicht möglich ist, eine Option zwischen linearem und zyklischem Zeitbegriff zu unterstellen. Siehe auch ders., The Myth and Ritual Position Critically Considered, in: S. H. Hooke (Hrsg.), Myth, Ritual, and Kingship, Oxford 1958, S. 261—291 (284 ff.) zum Nebeneinander von Yahwe-Theologie und gemeinorientalischer, zyklisch orientierter Ritualpraxis.

192 und sind insofern Nachläufer einer mythischen Ritualpraxis, die noch nicht als »Feier« oder als »Erinnerung« eines vergangenen Ereignisses, sondern als aktuelle Wiederholung nach beglaubigtem Muster begriffen worden war. Hierzu mit reichem Material Konrad Theodor Preuss, Der religiöse Gehalt der Mythen, Tübingen 1933. Zu den dogmengeschichtlichen Gründen der Veränderung dieses Konzepts durch die memoria-These vgl. auch oben Anm. 62, ferner Brevard S. Childs, Memory and Tradition in Israel, London 1962, S. 74 ff., 81 ff., und zu den Abwandlungen im griechischen Denken Paula Philippson, Untersuchungen über den griechischen Mythos, Zürich 1944.

und also nur plausibel zu machen in einer Gesellschaft, die auch zyklisch denken konnte; aber sie sind selbst nicht mehr an den Zeitrhythmus eines Zyklus gebunden, sondern in einer linear fortschreitenden Zeit *jederzeit* möglich. Damit wurden sie nach Bedarf vollziehbar, individualisierbar, synchronisierbar, konnten also abgestimmt werden auf eine Gesellschaft, die sehr heterogenen Biographien, Zeitplänen und Tätigkeitsfolgen gleichzeitig Rechnung tragen muß. Obwohl noch Ritual, erreichen religiöse Vollzüge damit höhere Kompatibilität mit einer komplexer werdenden Gesellschaft.

Zugleich bietet die lineare Zeitvorstellung Nebengewinne apologetischer Art. Schon die Kirchenväter profitieren seit Tertullian von der größeren Tiefenschärfe ihres Geschichtshorizontes, die sie mit den Kosten dogmatischer Heterogenität erreichen können – nämlich durch die an sich seltsame Inkorporation der hebräischen Tradition als »Altes Testament« in die christliche Dogmatik[193]. Ein weiteres folgenreiches Moment ist, daß die christliche Überlieferung die *Erinnerung* an die *Vorhersage* der Ankunft des Herrn bewahrt[194]. Sie muß also die Vorstellung einer in der Vergangenheit liegenden Zukunftsperspektive ermöglichen, sich also Zeitbestimmungen nicht nur als chronologisch verschiebbar, sondern auch als auf sich selbst anwendbar denken können. So wie die Gegenwart als eine in der Zukunft liegende Vergangenheit denkbar wird, namentlich in der Vorstellung des Jüngsten Gerichts, muß auch die Vergangenheit gedacht werden können als eine vergangene Gegenwart, die eine eigene Zukunft hatte – eine Vorstellung, die in der mittelalterlichen Theologie im Diskussionszusammenhang de futuris contingentibus große Bedeutung für die Generalisierung des Kontingenzproblems gewann. Mit Augustins berühmten Reflexionen im 11. Buch der Konfessionen wird diese variable Horizontstruktur der

193 Daß sie damit auf die heidnische Welt großen Eindruck machten, mag freilich mit Momigliano a.a.O., S. 21 f. bezweifelt werden.

194 Daß darin zugleich eine gewichtige *Einschränkung* zeitlich möglicher Komplexität lag, nämlich die Festlegung auf eine prinzipiell vorhersagbare Zukunft an sich feststehender Ereignisse, bleibt festzuhalten; sie hatte jedoch in der Spätantike, die ohnehin an Divination auf Grund gegenwärtiger (!), dunkler, aber alternativenloser Zeichen glaubte, zunächst nichts Besonderes an sich.

Zeit auf die jeweilige Gegenwart bezogen und damit selbst historisch in Bewegung gesetzt[195]. Die theologische Brisanz dieser Thematik ist nicht zuletzt daran ablesbar, daß eine Dogmatik, die Zeitaussagen formuliert, deren Wahrheit als gegenwärtige der Zeit überordnen muß.[196]

Durch all diese Einzelhinweise sollte eine leichtgängige Vorstellung über die Entwicklung des Zeiterlebens korrigiert werden. Es wäre falsch, davon auszugehen, daß die Hebräer gleichsam als eine Art Stammestradition eine eigenartige, nämlich lineare Zeitvorstellung besessen hätten, die sich dann mit Hilfe des Christentums in einer Art kulturellem Kampf ums Dasein als überlegen behauptet und durchgesetzt hätte. Vielmehr sind es angebbare religionsdogmatische Interessen gewesen, die ein Zeitproblem und eine darin steckende Entscheidungsfrage überhaupt erst produziert haben und dadurch in zunächst einzelnen und unkoordinierten Hinsichten ein Zeiterleben von größerer Komplexität und größerem Differenzierungsvermögen vorbereitet haben. Als Artikulationsbasis eignet sich dafür am Ende nur noch die abstrakte lineare Struktur der Zeit. Es scheint, mit anderen Worten, eine sehr allgemeine Regel zu geben, daß bei Steigerung des Auflösevermögens in der Sachdimension und bei Stei-

195 Vgl. insb. Conf. XI, 23—26. Bemerkenswert ist im übrigen, daß selbst hier der lineare Zeitlauf nicht notwendig als Gegensatz zum Kreismodell gedacht werden muß und daß selbst die archaische Unterscheidung von Nahzeit und Fernzeit, die der zyklischen wie der linearen Rationalisierung vorausgeht, erhalten bleibt in der Formulierung sed ex aliquo procedit occulto, cum ex futuro fit praesens, et in aliquod recedit occultum, cum ex praesenti fit praeteritum (Conf. XI, 22). Vgl. zu dieser Zukunft und Vergangenheit nicht mehr trennenden Vorstellung einer Fernzeit auch Ernst Jenni, Das Wort ›ōlam‹ im Alten Testament, Berlin 1953, entsprechend zur Herkunft von αἰών A. P. Orbán, Les dénominations du monde chez les premiers chrétiens, Nijmegen 1970, S. 97 ff., und aus der ethnologischen Forschung z. B. John Mbiti, Les Africains et la notion du temps, Africa 8,2 (1967), S. 33—41. Selbst das, was Augustin als angespannteste Introspektion und Gewissenserforschung erlebt, reproduziert und rekombiniert sprachliche und kulturelle Muster.

196 Zu den logischen Problemen vgl. Arthur N. Prior, The Formalities of Omniscience, in ders., Papers on Time and Tense, Oxford 1968, S. 26—44; zu den damit zusammenhängenden Problemen einer *theologischen* Kirchengeschichte vgl. den Überblick bei Peter Meinhold, Weltgeschichte — Kirchengeschichte — Heilsgeschichte, Saeculum 9 (1958), S. 261—281.

gerung der Kontingenzen im Sozialbereich schließlich die Zeitdimension zur Wiederherstellung der Vorstellbarkeit von Ordnung in Anspruch genommen werden muß[197].

Andererseits *verschärft* eine lineare Historisierung der Zeit die Erfahrung der *Sünde*, des kontingenten Fehlverhaltens. Vergangenes muß jetzt in einer von der Gegenwart abgetrennten Zeitrichtung begriffen werden, die jedes Fehlverhalten unwiderrufbar feststellt. Es kann jetzt keine Aufhebung, kein Ungeschehenmachen der Tat mehr geben[198], und diese Bewußtseinslage trifft auf eine schon moralisierte Religion, die die Kontingenz des Verhaltens unter dem Gesichtspunkt der Disjunktion von gut und böse interpretiert. Das Problem der Sünde wird damit aus der Konkretheit sachlicher Tatbestände, Schäden, Gegenmaßnahmen und Sanktionen in die Zeitdimension verschoben und dort radikalisiert und universell gesetzt als ein für alle Menschen gleiches Problem. Und Erlösung kann jetzt nur begriffen werden als der Zusammenhang von Sünde und gleichwohl erwiesener Gnade. Auch hier erzwingt Universalisierung eine Tieferlegung des Problemverständnisses.

Diese Notwendigkeit verhindert wiederum, daß die lineare Zeitvorstellung bis in die letzte Konsequenz durchgehalten wird. Deshalb ist es irreführend, ohne weitere Präzisierung von linearer Zeitvorstellung zu sprechen. Die Abstraktheit der modernen Vorstellung einer Zeitpunktreihe, die indifferent dagegen ist, was geschehen war, jeweils geschieht und geschehen wird, wird noch lange nicht erreicht[199]. Die Gegenwärtigkeit des erfahrenen Heilsgeschehens und eine zukunftsbezogene Eschatologie schließen sich in ihrer zeitlichen Placierung wechselseitig noch

197 Siehe dazu die Interpretation der Kantischen Naturgeschichte und Theorie des Himmels bei Hans Blumenberg, Die Genesis der kopernikanischen Welt, Frankfurt 1975, S. 66 ff.

198 Vgl. hierzu die Kapitel über Time and Guilt und über Atonement bei Josiah Royce, The Problem of Christianity, New York 1913, Neudruck Chicago — London 1968, S. 143 ff. Das gleiche Problem irreparabler Vergehen stellt sich in anderer Form in den griechischen Tragödien. Dazu (unter Herausarbeitung des Gegensatzes zum zyklischen Zeitbegriff) Victor Goldschmidt, Le problème de la tragédie d'après Platon, Revue des Etudes Grecques 1948, S. 19—63 (57 f.).

199 Siehe auch die Vorbehalte bei John G. Gunnell, Political Philosophie and Time, Middletown Conn. 1968, S. 63 f.

nicht aus[200]. Die Vorstellung einer jeweils *gegenwärtig* möglichen faktischen (!) Teilnahme an dem *vergangenen* Heilsereignis (Römer VI, 3–9) wird erst später undenkbar, nämlich dann, wenn die Zeit aus Gründen des gesellschaftlichen Koordinationsbedarfs voll auf eine lineare Zeitpunktreihe abstrahiert werden muß, in der es keine Simultaneität von vergangenen und gegenwärtigen Ereignissen mehr geben kann[201]. Ein religiöser Zeitbegriff kann nicht mit jeder möglichen Welt kompatibel sein; er verlöre damit seine religiöse Funktion, zur Transformation gänzlich unbestimmter in bestimmbare Möglichkeiten beizutragen[202]. Er bezeichnet nicht nur eine Dimension für alles Mögliche, sondern eine reale Bedingung der Möglichkeit, die sich irdischer Disposition und Variation entzieht. So sieht das Mittelalter das Verhältnis von ewiger (zukunfts- und vergangenheitsloser) göttlicher Gegenwart zum wechselnden Zeitlauf auf Erden nicht nur formal als Simultaneität, sondern zugleich konkret als Herrschaft mittels temporaler Disposition[203]. Demgegenüber besteht im Gesellschaftssystem der Neuzeit die eindeutige Ten-

200 wie die heutige Diskussion dieser Frage zumeist unterstellt. Dazu und dagegen siehe Werner Georg Kümmel, Futuristische und präsentische Eschatologie im ältesten Urchristentum. New Testament Studies 5 (1959), S. 113—126. Vgl. auch ders., Verheißung und Erfüllung: Untersuchungen zur Eschatologischen Verkündigung Jesu, Basel 1945, und für das Alte Testament Walther Eichrodt, Heilserfahrung und Zeitverständnis im Alten Testament, Theologische Zeitschrift 12 (1956), S. 103—125.

201 Umgekehrt erfordert *diese* Zeitvorstellung eine völlige Neutralisierung *vergangenen* Fehlverhaltens, sofern es nicht *künftige* Folgen oder Folgeprobleme nach sich zieht — also eine Umstellung von Strafe für Unrecht auf Strafe zur Prävention.

202 Im modernen Historismus, der »letzten Religion der Gebildeten« (Croce), übernimmt die Weltgeschichte selbst diese Funktion der Bestimmbarkeitsgarantie. Vgl. dazu Karl Löwith, Christentum und Geschichte, Numen 2 (1955), S. 147—155. Inzwischen ist auch diese Fragestellung von »Weltgeschichte und Heilsgeschehen« in Frage gestellt durch Ansätze zu einer evolutionstheoretischen Genetik, die nicht mehr »Gesetze der Evolution« als Prinzip historischer Entwicklung beschreibt, sondern eine Kombination von Mechanismen, die fähig ist, eine Welt unendlicher Komplexität bestimmbarer Zustände hervorzubringen. An die Stelle der Religion tritt hier die Analyse der Selbstselektion des Seins.

203 Siehe als ein deutliches Beispiel den bei J. M. Parent, La doctrine de la création dans l'école de Chartres: Etude et textes, Paris — Ottawa 1938, S. 124 ff. abgedruckten Text aus den Boethius-Glossen des Wilhelm von Conches.

denz, durch Vereinheitlichung und Abstraktion der Zeitvorstellung jede Einschränkung durch nichtdisponible Bedingungen der Möglichkeit nach Möglichkeit zu eliminieren.
Die wohl einschneidendste Konsequenz dieser Veränderungen der Art, wie Zeit präsentiert werden kann, betrifft ihr Verhältnis zur geschichtlichen Entwicklung der Welt und der Gesellschaft im besonderen. Solange Zeit mehr oder weniger mit Prozeß oder Bewegung identifiziert wurde und nur als Chronologie abstrahiert war, gab es die beiden Möglichkeiten, die Zeit und die Welt entweder anfangslos zu denken (was nur heißen konnte: keinen Anfang zu denken) oder den Anfang in einer erzeugenden Ur-Sache zu suchen: in einem System, das komplexer ist als die durch es erzeugten Systeme, weil es sie sonst gar nicht erzeugen könnte. Die Selbstimplikation der Prozeßerklärung wird in den Anfang verlagert – in die Vorstellung eines schöpferischen Aktes oder für den Bereich der Strukturgenese in die Lehre von den Keimkräften als Voraussetzung aller Entwicklung, von der Empeiria als Voraussetzung allen Lernens, von den angeborenen Ideen als Voraussetzung allen Erkennens. Man hat sozusagen den Anfang paradoxiert, um den Prozeß begreifen und erklären zu können. Zugleich erspart die Glaubensentscheidung für Gott als erklärenden Begriff und für Schöpfung eine Entscheidung des analytisch unlösbaren Problems des Anfangs[204]. In der modernen Theorie der Evolution oder für den Bereich der Strukturgenese in Theorien über Autokatalyse und zufallsgenerierte Limitierung von Möglichkeiten ist die Voraussetzung des Glaubens als Mittel der Entscheidung von Unentscheidbarkeiten entfallen, aber man kann auch auf die Selbsterklärung von Prozessen durch ihren Anfang verzichten. Damit verliert der Anfang seine Dignität (ohne daß das Ende sie dadurch gewönne). Die Prämisse, zur Erklärung der Genese von Systemen sei der Rückgriff auf ein komplexeres System erforderlich, ist durch den Begriff der Selektion überholt[205]. Das erfordert auf seiten der Wissenschaft schmerzliche Verzichte auf

204 Vgl. Anton Antweiler, Die Anfanglosigkeit der Welt nach Thomas von Aquin und Kant, Trier o.J. (1961).
205 Für eine explizite Erwähnung dieses Punktes siehe Robert B. Glassman, Selection Processes in Living Systems: Role in Cognitive Construction and Recovery From Brain Damage, Behavioral Science 19 (1974), S. 149—165.

Erklärung und Prognose emergenter Entwicklungen; gleichwohl arbeiten Theorien dieses Typs mit unbestreitbaren Erfolgen, und sie entsprechen vor allem den offenen Zeithorizonten, in denen wir heute ohnehin leben.

Natürlich kann man mit einem Blick erkennen, daß damit Probleme der Letztbegründung nicht gelöst sind. Aber das kann die Theologie nicht trösten, denn schon die Form, in der Fragen nach Letztbegründung in der Zeitdimension jetzt gestellt werden müßten, ist mit den Prämissen der Schöpfungstheorie nicht mehr in Einklang zu bringen.

9. Einen weiteren Anstoß zur Konstruktion von Dogmen können wir unter dem Gesichtspunkt der *Erhaltung der Possibilität* zusammenfassen. Die Transformation des Unbestimmbaren in Bestimmbares kann (und muß in entwickelten Gesellschaften) die Form annehmen, daß Struktur zumindest als *bestimmte Möglichkeit* des Erlebens und Handelns erhalten wird. Das Problem der Möglichkeit von Bestimmtheiten erhält dann die handlichere Fassung der Bestimmtheit von Möglichkeiten.

Auch im Modalbegriff des Möglichen drückt sich ein gesellschaftlich erforderliches Generalisierungsniveau aus – zum Beispiel ein moralisches Anspruchsniveau, das sich mit unvollständiger Realisierung begnügen muß. Die Erhaltung der Möglichkeit von Erwartungserfüllungen kann als Bereitstellung einer bloßen Möglichkeit religiöser (z. B. asketischer) *Hochleistungen und Verdienste* interpretiert und als vorbildlich moralisiert werden – so im Buddhismus und im christlichen Konzept der opera supererogatoria. Das setzt eine regulierende Knappheitsvorstellung voraus, die die Grenzen menschlicher Kapazität interpretiert und in ihren Konsequenzen elitär wirkt: Das Heil ist nicht für alle erreichbar. Im Anschluß an die Gottesvorstellung kann die Erhaltung der Possibilität außerdem auch eine ausgeprägt *normative* Form enthalten, indem sie mit der Vorstellung von Geboten Gottes verknüpft wird[206]. Verstöße gegen solche Ge-

206 Ob und wie in Gebote und Pflichten ausgeprägte Normativität mit dem Konzept supererogatorischer Leistungen vereinbar ist, wird neuerdings in der angelsächsischen Literatur diskutiert. Vgl. z. B. Joel Feinberg, Supererogation and Rules, Ethics 71 (1961), S. 276—288, neu gedruckt in ders., Doing and Deserving: Essays in the Theory of Responsibility, Princeton 1970, S. 3—24; Roderick M. Chisholm, Supererogation and Offence: A Conceptual Scheme

bote werden dann als Sünde interpretiert, die die Geltung der Gebote, also die Erhaltung der Possibilität, nicht tangiert. Diese *kontrafaktische* Stabilisierung von Möglichkeiten erfordert im Bereich der Heilsthematik einen *kontradiktorischen* Gegensatz von Heil und Unheil, von Himmel und Hölle. Es scheint außerdem, daß eine supererogatorische Moral mehr zur Ausarbeitung von Leistungskatalogen neigt[207], eine normative Moral dagegen mehr zur Ausarbeitung von Geboten und Sündenregistern und mit dem an sich »populären« Verdienst-Thema daher eigentümliche Schwierigkeiten hat[208]. Dem *normativen* Grundkonzept entspricht, daß unter den Heilsbedingungen *Gnade* den

for Ethics, Ratio 5 (1963), S. 1—14; Michael Stocker, Supererogation and Duties, in: Studies in Moral Philosophy, American Philosophical Quarterly Monograph No. 1, Oxford 1968, S. 53—63. Diese Untersuchungen haben, bisher jedenfalls, keine ganz überzeugende Möglichkeit einer *einheitlichen* moraltheoretischen Konstruktion *beider* Formen der Moralisierung ergeben und auch Schwierigkeiten mit ihrer logischen Abgrenzung aufgedeckt. Bei dieser Sachlage wird verständlich, daß die christliche Theologie mit einer Primat-Entscheidung für normative Orientierung nur die Ermöglichung *zusätzlicher* supererogatorischer Verdienste vereinbaren konnte. Diese Kombination hat dann im Effekt die elitären Konsequenzen einer rein supererogatorischen Moral abgeschwächt und bewirkt, daß der Klerus sich auch für das Heil der Laien interessiert.

207 Vgl. dazu Christoph von Fürer-Haimendorf, Morals and Merit, London 1967; S. J. Tambiah, The Ideology of Merit and the Social Correlates of Buddhism in a Thai Village, in: Edmund R. Leach (Hrsg.), Dialectic in Practical Religion, Cambridge Engl. 1968, S. 41—121 (115); ders., Buddhism and the Spirit Cults in North-East Thailand, Cambridge Engl. 1970, S. 147. J. A. N. Mulder, Merit: An Investigation of the Motivational Qualities of the Buddhist Concept of Merit in Thailand, Social Compass 16 (1969), S. 109 bis 120.

208 die gut zu belegen sind an dem Problem, ob und wieweit es Verdienste für andere geben kann ohne Rücksicht auf deren Sündigkeit und Gnadenstand. Siehe dazu den Überblick bei Johannes Czerny, Das übernatürliche Verdienst für andere: Eine Untersuchung über die Entwicklung dieser Lehre von der Frühscholastik an bis zur Theologie der Gegenwart, Freiburg/Schweiz 1957. Als einen Vergleich buddhistischer und christlicher Verdienst-Thematik siehe Ninian Smart, The Work of Buddha and the Work of the Christ, in: S. G. F. Brandon (Hrsg.), The Saviour God: Comparative Studies in the Concept of Salvation Presented to Edwin Oliver James, Manchester 1963, S. 160—173. Die von Smart gewählte Kontrastierung als pragmatisch bzw. historisch könnte damit zusammenhängen, daß die normative Gesamtkonzeption des Christentums keinen voll individualisierten Pragmatismus zuließ und Handeln deshalb historisch begreifen mußte.

Vorrang erhält vor Verdienst[209]. Wie immer die Ausführung im einzelnen geschieht, sowohl mit primär meritorischen als auch mit primär normativen Konzepten kann mit unterschiedlichen gesellschaftlichen Konsequenzen Mögliches stabilisiert werden mit mehr oder weniger hoher Indifferenz gegen gesellschaftliche Faktizität.

Abgesehen von dieser Grundfrage der »Stilisierung« von Erwartungen haben auch Einzeldogmen eine mehr oder weniger zentrale Funktion im Kontext der Erhaltung von Possibilität. Das Dogma der Auferstehung nach dem Scheitern am Kreuz interpretiert die Erfahrung, daß die Möglichkeiten im Scheitern nicht untergehen, sondern erhalten bleiben[210]. Im Begriff des Heiligen Geistes wird die gleiche Abstraktion und Unabhängigkeit von der konkreten Präsenz symbolisiert als eine Art »Anzahlung« (nicht: Pfand!), die das Versprechen bindend macht[211]. Das Unwahrscheinliche dieser Erfahrungen wird durch ihre Einmaligkeit noch unterstrichen. Ihre Signifikanz ergibt sich daraus, daß das »Reich Gottes« Grund und Thema des Scheiterns war. In der »Auferstehung« triumphiert also dieses Reich. Die Partizipation daran, die jedem offensteht, ist Rechtfertigung. Zugleich verdunkelt diese Fassung als historisches Ereignis die gedankliche Struktur, um die es geht: nämlich daß die Ebene der realen Bewährung und Verwirklichung nicht nur als Test für

209 Bemerkenswert ist die dazu notwendige *Entindividualisierung* des Leidens Christi — siehe Thomas von Aquino, Summa Theologiae III q. 48, art. 1: »Christo data est gratia non solum sicut singulari personae, sed inquantum est caput Ecclesiae, ut scilicet ab ipso redundaret ad membra« als Antwort auf die ausdrückliche Frage nach dem Verdienstwert der Passion. Jedenfalls ist es verfehlt, diesen moraltheoretischen Unterschied von normativ-pflichtmäßigem und meritorischem (supererogatorischem) Aspekt gleichzusetzen mit einer Unterscheidung von juridischem und ethischem Verdienst, wie es in der deutschen Literatur zuweilen geschieht. Siehe z. B. Hans Dombois, Juristische Bemerkungen zur Satisfaktionslehre des Anselm von Canterbury, Neue Zeitschrift für Systematische Theologie und Religionsphilosophie 9 (1967), S. 339 bis 355; Hans Kessler, Die theologische Bedeutung des Todes Jesu: Eine traditionsgeschichtliche Untersuchung, Düsseldorf 1970, S. 188 ff.

210 Vgl. dazu von theologischer Seite die Auslegung von Tod und Auferstehung Christi als Durchgang durch das Nichts und damit als Offenbarung einer Möglichkeit, die nicht mehr wirklichkeitsbedingt begriffen werden kann, bei Eberhard Jüngel, Die Welt als Möglichkeit und Wirklichkeit, Evangelische Theologie 29 (1969), S. 417—442.

211 2. Kor. 1,22.

Möglichkeiten in Betracht kommt, sondern daß im Scheitern und im Entzug, im Durchgang durch die Negation, das Mögliche zur Unwiderlegbarkeit gehärtet wird: Zerstörungen und Anrempeleien jeder Art besagen nicht, daß es nicht möglich wäre[212]. Erhaltung der Possibilität ist ein Moment der Erhaltung von Komplexität, der Stabilisierung eines Woraus der Selektion, gegen die sich Verhalten als auch anders möglich, als Handeln profiliert. Von da her bestimmt sich neu, was in der Gesellschaft als kontingentes Handeln erlebt und behandelt werden kann. In dieser Weise trägt die religiöse Dogmatik dazu bei, Gesellschaft als Selektionsverhältnis zu konstituieren, ohne daß diese Funktion in der Dogmatik selbst zum Thema wird.

10. Den Zusammenhang zwischen Kontingenzformel, symbolischem Medium, Ausdifferenzierungskonzept, Zeitvorstellung und Möglichkeitsbewahrung begründet in manchen religiösen Traditionen ein Dogma der *Offenbarung*[213]. An ihm ist exemplarisch zu erkennen, wie das Reflexionsproblem dogmatisch bewältigt wird und wie Dogmen ihre Einheit aus ihrer integrativen Stellung innerhalb der Dogmatik und ihrer kompatiblen Interpretierbarkeit gewinnen, nicht aber aus dem Bezug auf ihre Funktion, das heißt nicht aus den Bedingungen ihrer Ersetzbarkeit. Das Dogma der Offenbarung dient als koordinierende Generalisierung. Es kombiniert (1) eine *universell verwendbare Autorschaft* (Gott) mit (2) relativ *verweisungsoffenen, deutungsfähigen Inhalten*, deren Rationalität und Interpretierbarkeit gleichwohl garantiert ist, und (3) mit dem wirklichen Erscheinen einer *Möglichkeit* in der Form (4) eines *besonderen historischen Ereignisses*, das als ein besonderes (5) *unmittelbare Evidenz* hat und als ein historisch-einmaliges (6) der *variierenden Disposition* durch die je gegenwärtige Gesellschaft *entzogen ist*, vielmehr allein einer theologischen Dogmenverwaltung unterliegt. Mit Hilfe dieser konzeptuellen Erfindung können universelle Relevanz und spezifische Kompetenz zugleich be-

212 Die Anregung zu dieser Formulierung verdanke ich Friedrich Rudolf Hohl.

213 An diesem Konzept läßt sich besonders gut die evolutionär wichtige Kontinuität mit früheren Formen magischer Religiosität, etwa mit Erleben und Miterleben von Inspiration, Inkarnation oder Weissagung greifen, die Diskontinuitäten in anderen Hinsichten, namentlich den Übergang zum Monotheismus, zu tragen vermochte.

gründet werden, und in einem damit wird das Kommunikationsmedium der Religion als symbolisch generalisiertes, sprach- und kommunikationsfähiges Interpretationsmittel glaubhaft gemacht: Die Offenbarung liefert und begründet den Code des Mediums. Zugleich liegt in der historischen Faktizität der Offenbarung ein im Laufe der Zeit sich steigernder Abstraktionszwang, dem nur durch Interpretation Rechnung getragen werden kann[214].

Offenbarungsreligionen können in Ausarbeitung der offenbarten und textlich überlieferten Sinngehalte als Glaubensreligionen entwickelt und tradiert werden. Sie können sich gleichwohl nicht ganz von der Ebene des kultischen Rituals ablösen. Denn gerade in ihrer Einmaligkeit bedarf die Offenbarung der laufenden Wiederholung und Versicherung kontinuierender Gegenwärtigkeit. Rituale gewinnen dadurch eine neue, Einmaligkeit kompensierende Funktion und lassen sich mit Bezug darauf in ihrem systematischen Zusammenhang interpretieren. Das entspricht ihrer Funktion als symbiotischer Mechanismen im symbolisch generalisierten Kommunikationsmedium der Religion.

Schließlich wird durch dieses Schlüsselkonzept die Möglichkeit einer binären Entscheidung über ja oder nein geschaffen, die für die Organisierbarkeit des Religionssystems als Kirche von zentraler Bedeutung ist. Die Pauschalannahme der Offenbarung kommt, in ganz anderem Sinne als die Annahme des Glaubens an die Existenz Gottes allein, dem Eintritt in ein komplex organisiertes Sozialsystem gleich, weil sie die Form einer Entscheidung annehmen kann[215]. Daher dürfte eher in der Offenbarung

214 Die darin liegende Spannung und Belastung des Religionssystems ist ablesbar an Gegeninstitutionen, etwa an den bereits erwähnten »Himmelsbriefen«, die als Kundgebung göttlichen Wissens und Wollens in der Gegenwart verehrt wurden.

215 Die kulturelle Neuartigkeit dieses Syndroms von individueller Entscheidung als Zuwendung zu einer neuen Art von Frömmigkeit, Systemeintritt und Annahme eines ausgearbeiteten Glaubens-Codes unterstreicht besonders A. D. Nock, Conversion, London 1961. Diese Entstehungssituation, in der das religiöse Kommunikationsmedium primär für Eintrittsentscheidungen artikuliert werden mußte, blieb von nachhaltiger Wirkung für Wechselbeziehungen zwischen Glauben und Kirche, zwischen Medium und organisiertem System. Von Grenzsituationen der Bekehrung und Häresie her wird so ein Medium-Code entwickelt, der als Religion möglicherweise zuviel verlangt.

(bzw. im historischen Auftreten Christi) als in der Bejahung der Existenz Gottes der Ansatzpunkt für die Formulierung von Glaubensbekenntnissen gelegen haben, die in der römischen Kirche dann in eine vollständigere, einheitliche und abfragbare Form gebracht wurden und damit Affinität zur Organisation erhielten[216]. Auf diese Weise konnte die *Möglichkeit* der Mitgliedschaft für *jedermann* universell geöffnet, das heißt allein vom Bekenntnis und nicht von sonstigen Qualitäten wie Stammes- oder Volkszugehörigkeit, Schichtung, Beruf etc. abhängig gemacht, und zugleich die faktische Mitgliedschaft *exklusiv* verlangt werden[217]. Das Konzept Offenbarung ist kompatibel mit gesellschaftsstrukturellen Bedingungen, die eine universelle Rekrutierungsmöglichkeit unter autonom spezifizierbaren Bedingungen zulassen oder gar erfordern. Unter diesen Voraussetzungen wird eine über gegebene Gesellschaftsgrenzen hinausreichende Missionspolitik der Bekehrung von Ungläubigen möglich, weil Bekenntnis und Mitgliedschaft so spezifiziert sind, daß sie nicht mehr notwendig eine Veränderung aller gesellschaftli-

216 Diese Hypothese eines Zusammenhangs von Thematik und Organisationsfähigkeit und die weitere Annahme, daß ein Kommunikationsmedium von gesamtgesellschaftlichem Anspruch Sinnveränderungen erfährt, wenn sein Code als Organisationsmittel gebraucht wird, bedürfte im Falle des Glaubensbekenntnisses genauerer Untersuchung mit modernen Mitteln. Den Nachweis eines selbständigen »christologischen« Sonderbekenntnisses hatte versucht Hans Lietzmann, Die Anfänge des Glaubensbekenntnisses, Festgabe Adolf von Harnack, Tübingen 1921, S. 226—242. Siehe außerdem Oscar Cullmann, Die ersten christlichen Glaubensbekenntnisse, Zollikon-Zürich 1943. Zur Entstehung eines Syndroms von Credo und Organisation ferner im Anschluß an Walter Bauer, Rechtgläubigkeit und Ketzerei im ältesten Christentum, Tübingen 1934, Arnold Ehrhardt, Christianity before the Apostles' Creed, Harvard Theological Review 55 (1962), S. 73—119.

217 Daß für Religionssysteme, die diesen Weg gehen, andere Bezugsgruppen relevant werden als für eine territorial und schichtenmäßig geordnete Politik, und daß daraus Konflikte zwischen Religion und Politik resultieren, ist eine bekannte sozialgeschichtliche Erscheinung. Vgl. dazu S. N. Eisenstadt, Religious Organizations und Political Process, Journal of Asian Studies 21 (1962), S. 271—294, und ders., The Political Systems of Empires, New York — London 1963, S. 62 ff.; Schneider a.a.O. S. 73 ff.; Talcott Parsons, The System of Modern Societies, Englewood Cliffs N. J. 1971, S. 30 ff. In der christlichen Dogmatik spiegelt sich diese Tendenz zur Abstraktion des Gesellschaftsbezugs unter Abspaltung von verwandtschaftlich oder territorial konstituierten Affinitäten in der bereits behandelten Rede vom »Reich Gottes.«

chen Status- und Rollenbindungen des Einzelnen voraussetzen: Der Christ kann Grieche *oder* Römer sein und bleiben.
Diese Schlüsselstellung des Offenbarungskonzepts im Schnittpunkt zahlreicher symbolischer Beziehungen und durch sie vermittelter (und verdeckter) Funktionen legt es nahe, *Dogmatik selbst durch Offenbarung zu definieren.* Damit wird ein hochgeneralisierter, zum Beispiel vom liturgischen Ritual unabhängiger Begriff des Dogmas erreicht[218]. Das funktionalste Dogma mit höchstem Anschlußwert und günstigster Systemstellung wird dank dieser Lage bestimmend für den Begriff der Dogmatik selbst und kann in dieser Form nicht nur als Code eines gesellschaftlichen Kommunikationsmediums, sondern auch als Bezugspunkt für die Formulierung von Mitgliedschaftsbedingungen in Kirchen benutzt werden. Auf diese Weise schließt sich ein Zirkel, in dem die Offenbarung als ein Dogma eingeführt und das Dogma als Offenbarung behandelt wird – und funktional transzendierende Fragestellungen ausgeschlossen werden.
11. Die Offenbarung offenbart sich selbst, indem sie sich auf ihr Erscheinen in der Welt bezieht. Die *Theologie* formuliert diese Selbstreferenz als Identität Gottes. Sie macht dabei von der basalen Selbstreferenz allen Sinnes Gebrauch, nämlich von der Möglichkeit, auf das Gemeinte nach Durchlaufen anderen Sinnes zurückzukommen[219]. Würde sie auf Positionen geraten, von denen aus sie nicht zu Gott zurückkommen kann, wäre ein Fehler zu vermuten. Was aus der Sicht der Logik und der logisch schematisierten Wissenschaften als Fehler, als Tautologie oder petitio principii erscheint, ist für die Theologie bewußt betriebene Selbstvergewisserung, Ausweis von Identität – und im übrigen Paraphrasierung. Es muß ihr gerade darauf ankommen, so vorzugehen, daß Ziel und Prämisse der Argumentation zusammenfallen, denn sie hat zu beweisen, daß sie auf diese Weise ins Leben eindringen kann. Ihr Theoriestil ist ihr Gottesbeweis – wenn es ihr gelingt, die Sterilität reiner Selbstimplikation zu überwinden, die beziehungsarme, orthodoxierte Sprache[220] zu

218 Als eine vorsichtige Abschwächung dieses spezifisch neuzeitlichen, im Vatikanum I gipfelnden Dogmenverständnisses vgl. etwa Walter Kasper, Geschichtlichkeit der Dogmen?, Stimmen der Zeit 179 (1967), S. 401—416.
219 Vgl. Kapitel 1, III.
220 Hierzu Jean-Pierre Deconchy, L'orthodoxie religieuse, Paris 1971.

erweitern, ohne in bloßes Metaphorisieren und Gleichnisreden zu verfallen, und die Wirklichkeit Gottes an seiner in der Welt offenbarten Selbstreferenz zu erweisen.

Aber das geht gar nicht, wird man sagen, dafür ist die Welt zu komplex. Das kann man wissen und modelltechnisch durchrechnen. Unterbrechungslose Interdependenzen sind nicht nachvollziehbar, und die theologischen Interdependenzunterbrechungen klassischen Stils durch Anfang und Ende (Schöpfung) oder durch Hierarchisierungen sind diskreditiert. Eben deshalb ist die Theologie auf die Auswege der Sterilität und der Metaphorik geraten und beschäftigt sich mit deren Kombination. Dieser Einwand gewinnt an Bedeutung, wenn man die hier vertretene Einschätzung teilt, daß das Bewußtwerden der Komplexitätsprobleme die intellektuellen Signaturen unserer Zeit prägt. Wenn diese Einschätzung zutrifft, wird die Theologie nur durch eigene Komplexitätsreduktionen Weltrelevanz zurückgewinnen können.

## XI.

Mit diesen Überlegungen ist über das Reflexionspotential religiöser Dogmatiken nicht abschließend geurteilt. Es liegt nahe, die Frage zu stellen, ob der begrifflich-dogmatische Ausgleich jener verschiedenen Funktionen (nämlich Einsetzung bestimmbarer Kontingenz, Codierung eines Mediums, Interpretation der Ausdifferenzierung und Erhaltung der Possibilität) in unserer christlichen Glaubensüberlieferung die Grenze eines gerade noch integrierbaren Spannungsverhältnisses darstellt und damit eine nicht überbietbare Leistung von Dogmatik überhaupt; und weiter, ob diese Gestalt von Dogmatik ein Religionssystem unserer Gesellschaft noch identifizieren und steuern kann. Die Dogmatisierung von Religion hat gerade in ihrer spezifischen Leistung Probleme und Risiken. Was besonders gut gelungen war, kann sich nach einiger Zeit gerade deshalb als anpassungsunfähig erweisen[221]. Gerade wenn religiöse Antworten auf sehr verschie-

221 Vgl. den auf das Wissenschaftssystem zugeschnittenen Begriff des obstacle épistémologique bei Gaston Bachelard, La formation de l'esprit scientifique, Paris 1947, der ein relativ zum Entwicklungsstand unzureichendes Niveau der lebensweltlichen Integration von Vorstellungen bezeichnet.

denartige gesellschaftliche Probleme durch eine Dogmatik systemintern überzeugend verknüpft worden sind, mag daraus eine Schranke der Umstellungsfähigkeit bei grundlegenden gesellschaftlichen Veränderungen resultieren. Eine solche Lage tritt namentlich dann ein, wenn die religiöse Dogmatik in bezug auf Kontingenzformel, Enttäuschungsabsorption, Medienbildung, Differenzierungskonzept, Zeitverständnis usw. mit jeweils andersartigen funktionalen Äquivalenten zu konkurrieren hat und dabei in ihrer problemspezifischen Orientierung durch systeminterne Rücksichten gebunden bleibt.

Die gleiche Frage stellt sich im Hinblick auf die Strenge, mit der die Außen/Innen-Differenz durchgeführt wird. Es könnte sehr wohl sein, daß eine systemexklusive Religiosität, die »keine anderen Götter neben sich duldet«, höhere Ebenen der Abstraktion innerreligiöser Reflexion ausschließt, weil sie sich nicht mehr in »Glauben« umsetzen läßt, und daß günstigere Ausgangspunkte bei nichtexklusiven Religionen liegen, die zum Beispiel eine tendentiell atheistische Religiosität – man denke an den Buddhismus oder an bestimmte Hindu-Philosophien – mit Götterglauben der verschiedensten Art hatten kombinieren können[222]. Diese Kombinationsmöglichkeit beruht allerdings, soziologisch gesehen, auf einem Gegensatz von Hochkultur und Dorfkultur[223], der seinerseits geringe Kommunikationsmöglichkeiten voraussetzt und in dieser Form aussterben wird. Die Entwicklungsmöglichkeiten auf diesem Gebiet entziehen sich einer verläßlichen soziologischen Prognose.

Wir können jedoch noch fragen, ob die vorangegangenen Analysen nicht Anlaß geben könnten, den Reflexionsbegriff zu revidieren.

222 Vgl. hierzu Gananath Obeyesekere, The Great Tradition and the Little Tradition in the Perspective of Sinhalese Buddhism, Journal of Asian Studies 22 (1963), S. 139—153; ders., Theodicy, Sin and Salvation in a Sociology of Buddhism, in: Edmund R. Leach (Hrsg.), Dialectic in Practical Religion, Cambridge Engl. 1968, S. 7—40; ferner die Beiträge von Tambiah und Robinson im gleichen Band; Georges Condominas, Notes sur le Bouddhism populaire en milieu rural de Lao, Archives de sociologie des religions 25 (1968), S. 81—110, 26 (1968), S. 111—150; S. J. Tambiah, Buddhism and Spirit Cults in North-East Thailand, Cambridge Engl. 1970; Richard F. Gombrich, Precept and Practice: Traditional Buddhism in the Rural Highlands of Ceylon, Oxford 1971.

223 Vgl. Robert Redfield, Peasant Society and Culture, Chicago 1956.

Seit alters und verstärkt in der neuzeitlichen Reflexionsphilosophie spricht man von Reflexion im Hinblick auf den Prozeß des Denkens: als Denken des Denkens oder als Denken der Selbstbeteiligung am Denken. Denken ist aber nur ein Prozeß unter vielen anderen, die reflexiv werden können – in der theologischen Diskussion des Liebens und des Wollens ist man bereits im Mittelalter anderen Fällen von Reflexivität sehr nahe gekommen – und überdies darf die *Prozeßstruktur* der Reflexivität nicht verwechselt werden mit der Funktion kontingenter Systembestimmung, die sie leisten kann[224]. Deren genauere Analyse mit Hilfe der Differenz von System und Umwelt löst den einfachen Begriff des Subjekts als das letztlich zu Grunde liegende (ὑποκείμενον) auf. Die Entdeckung des Subjekts im Denken des Denkens ist nur der paradigmatische Fall eines allgemeineren Sachverhalts: daß die Prozeßreflexivität in eine radikalere Form der Systemreflexion umschlagen kann. Der reflexive Prozeß *bezieht* sich auf sich selbst und verändert sich selbst; er entdeckt sich daher nicht als Substanz, sondern als systembedingte Selektivität.

Faßt man diesen Gedanken hinreichend formal, kann man ihn auf Systeme jeder Art erstrecken, die mit Hilfe reflexiver Prozesse der Selbststeuerung ihre eigene Identität thematisieren und in einer Umwelt, die andere Möglichkeiten bietet, kontingent festlegen. Reflexion ist der Perfektionsbegriff eines kontingenten System/Umwelt-Verhältnisses. Das Reflexionspotential der Kirchen mißt sich somit nicht nur an ihrer Fähigkeit, reflektierende »Subjekte« anzuziehen und in ihrem System unterzubringen[225]. Es liegt in der Form, in der sie die Kontingenz ihrer

224 Hierzu Niklas Luhmann, Reflexive Mechanismen, in ders., Soziologische Aufklärung Bd. 1 a.a.O. S. 92 ff.

225 Vgl. Helmut Schelsky, Ist Dauerreflexion institutionalisierbar?, Zeitschrift für evangelische Ethik 1 (1957), S. 153—174, neu gedruckt in ders., Auf der Suche nach Wirklichkeit: Gesammelte Aufsätze, Düsseldorf — Köln 1965, S. 250—275. Die im Anschluß daran von Schelsky, Religionssoziologie und Theologie, Zeitschrift für evangelische Ethik 3 (1959), S. 129—145 entwickelten Thesen zur Abgrenzung von Soziologie und Theologie würde ich im Ergebnis akzeptieren können; nur daß ich den Abgrenzungsgesichtspunkt nicht primär in der Stellung zum Wertungsproblem sehe, sondern in der Differenz der Kommunikationsmedien Wahrheit und Glauben und, daran anschließend, in dem Abstraktionsgrad der theoretischen Freigabe von Forschungsmöglichkeiten.

Identität zur dogmatischen Bestimmung bringen, und erst darauf kann ihre Attraktivität für relativ frei und zeitgemäß denkende »Subjekte« beruhen.
In der gegenwärtigen Diskussion von kirchlicher und außerkirchlicher Religiosität ist die Erfahrung eines stärkeren Auseinanderlebens der Systeme zunächst zu einem Gegensatz von Organisation und Subjekt verarbeitet worden mit der Maßgabe, daß Reflexionsleistungen nur vom Subjekt erwartet werden. Darin liegt eine falsche Alternative, die die Eintritts-/Austritts- und die Partizipationsproblematik in den Vordergrund rückt. Darüber hinaus wird man berücksichtigen müssen, daß Kontingenz und Selbstfestlegung in einem Bereich des »So-und-auch-anders-Könnens« Struktur voraussetzen. Freiheiten wachsen nur mit Ordnungen, nicht nur gegen Ordnungen. Weder psychische noch organisatorische Systemstrukturen ermöglichen aber ohne weiteres Reflexion auf dem heute möglichen Niveau der Selektivität; sie müssen dafür nicht nur selbstkritische Intentionalität, sondern auch adäquat strukturierte Komplexität aufbringen[226]. Die sprunghaft angestiegene Komplexität einer neuartigen Weltgesellschaft und ihrer Welt hat zunächst ein durchgehendes Reflexionsdefizit in allen Teilsystemen ausgelöst – nicht nur in Systemen der Religion, sondern auch in der Wissenschaft, der Politik, der Kunst. Und weder eine umweltbezogene Organisationspolitik noch eine Rekombination kultureller Materialien in der subjektiven Selbsterforschung wird allein ausreichen, um dieses Defizit zu füllen.
Die Suche nach gesellschaftlichen Rahmenbedingungen für mögliche Lösungen dieses Problems kann sich systemtheoretischer Fragestellungen bedienen. Sie wird dabei die Systemtheorie selbst überprüfen und revidieren müssen. Die übliche Form, das Verhältnis von Kirche und Welt oder Kirche und Gesellschaft als ein Dilemma von Erhaltung oder Anpassung darzustellen,

226 Franz-Xaver Kaufmann, Kirchliche und außerkirchliche Religiosität, in ders., Theologie in soziologischer Sicht, Freiburg 1973, S. 93—126, macht darauf aufmerksam, daß diese These einem elitären Verständnis der Religion Vorschub leisten könnte. Das Problem besteht in der Tat in dem Maße, als erforderliche Niveaudifferenzierungen durch Rollendifferenzierungen gestützt werden müssen; und das liegt um so näher, wenn man die Möglichkeit der Reflexion nach wie vor als Eigenschaft des einzelnen Subjekts definiert.

als eine Frage stärkerer Konzentration auf die eigentlichen Kerninhalte des Glaubens oder einer stärkeren »Öffnung zur Welt hin«, läßt eigentlich nur die Strategie zu, für eine Richtung zu optieren und das Gegenteil auch zuzulassen. Weder Erhaltung noch Anpassung lassen sich in die Ausnahmslosigkeit eines absoluten Prinzips steigern. Der Gegensatz setzt einen Status quo voraus, demgegenüber man für stärkere Bewahrung oder für stärkere Öffnung und Anpassung plädiert.

Für Zwecke kirchenpolitischer Parteibildung mag das ausreichen. Für eine funktional orientierte Reflexion tritt dieser Gegensatz zurück. Ihr Problem liegt nicht in der Alternative von Anpassung oder Nichtanpassung und erst recht nicht in den Formen der Anpassung allein[227], sondern in dem Grad der Abstraktion und Differenziertheit, mit dem Systeme diese Alternative formulieren können. Ohnehin gibt es, wenn man Umwelt als rasch variabel unterstellen muß, keine optimale Anpassung, sondern allenfalls Kompromisse zwischen je nach Umweltzustand verschiedenen optimalen Anpassungen. Die Alternative von Anpassung oder Nichtanpassung wird damit überholt durch die Frage, ob es nicht dogmatische Strukturen geben könnte, die auf einer Stufe höherer Abstraktion mehr Anpassung und mehr Erhaltung zugleich leisten. Das müßten Strukturen sein, durch die das Religionssystem höhere Kompatibilität mit einer hochkomplexen Gesellschaft und mit der durch sie konstituierten und bestimmbar gemachten Welt erreicht.

Der Unterschied von Anpassung und Reflexion bezieht sich auf den vorausgesetzten Selektionsbereich und läßt sich mit Hilfe der Unterscheidung von Umwelt und Welt präzisieren. Anpassung, ebenso wie Einfluß, ist eine Kategorie für Beziehungen zwischen einem System und seiner Umwelt. Durch Reflexion bezieht sich ein System dagegen letztlich auf die Welt, in bezug

227 Damit soll natürlich nicht ausgeschlossen sein, daß man auch die Formen der Anpassung von Religionen an moderne Verhältnisse sinnvoll untersuchen kann, vor allem in Entwicklungsländern. Siehe aus der umfangreichen Literatur z. B. Michael M. Ames, The Impact of Western Education on Religion and Society in Ceylon, Pacific Affairs 40 (1967), S. 19—42; Monica Wilson, Religion and the Transformation of Society, Cambridge Engl. 1971; François Houtart, Les fonctions sociales de la symbolique religieuse chez les Bouddhistes à Sri Lanka, Archives des Sciences Sociales des Religions 37 (1974), S. 23—41.

auf die es sich identifiziert (ohne sich aus ihr auszuschließen). Anpassung richtet Systemstrukturen aus an Wechselfällen der Systemumwelt, die das System nicht sich selbst zurechnet. Reflexion konstituiert Systemidentität im Hinblick auf geordnete Möglichkeiten, anders zu sein[228]. Im Bereich der Anpassung findet ein System Kontingenz als Abhängigkeit von ...; im Bereich der Reflexion findet ein System Kontingenz als Un-Notwendigkeit. Diese Unterscheidung ersetzt im Rahmen der Systemtheorie die Unterscheidung von Zufall und Freiheit, mit der der deutsche Idealismus das Kontingenzproblem formuliert hatte.

Demnach wäre zu erwarten, daß die Ebene der Reflexion die Einfluß- und Anpassungsprozesse zu steuern beginnt, sobald sich ein Weltverhältnis vom Umweltverhältnis abhebt und System-und-Umwelt übergreift. Die Differenz von Innen und Außen wird dann durch Bezug auf die Welt des Möglichen modalisiert. Dann wird es notwendig, das Unbekannte zu formulieren.

Den Zugang zu dieser Aufgabe und die Möglichkeit einer klaren Unterscheidung von Welt und Umwelt verbaut sich eine Dogmatik, die an der *Vorstellung einer negierbaren Welt* festhält, um Ablehnung (einschließlich negativer Selbsterfahrung) auszudrücken[229]. Im Sinne unseres Begriffs liegt darin eine Reflexionssperre, die es ermöglicht, Reflexion vorschnell durch die Alternative von Anpassung oder Ablehnung zu ersetzen. Die Welt ist nicht-negierbar, weil der Gebrauch von Negationen Welt voraussetzt und als Sinngehalt konstituiert. Das heißt zugleich, daß die Welt nicht transzendierbar ist, weil sie sich im Prozeß des Transzendierens umkonstituiert; daß die in allem Sinn implizierten Verweisungen auf andere Möglichkeiten, von denen wir bei der Bestimmung der Funktion von Religion ausgegangen sind, in der Welt bleiben, nämlich die Welt sind.

Das Festhalten eines demiurgischen, negierbaren Weltbegriffs bindet die Religion an eine außerweltliche Garantie von Nicht-Kontingenz, an einen außerweltlichen Gott, der real undenkbar

228 Hegel, Wissenschaft der Logik, (Hrsg. Lasson), Leipzig 1934, Bd. II, S. 169 ff. hatte bekanntlich versucht, diese Modalisierung der Beziehung von Innen und Außen als Gesetz einer »dialektischen« Bewegung zu erfassen und hatte damit das Reflexionsproblem in die Zeitdimension verschoben.

229 Vgl. oben S. 148 f.

bleibt. Das gibt ihr die Möglichkeit, Glauben im Unterschied zu Wissen paradox auf letzte Fremdheit, auf Andersartigkeit schlechthin zu gründen und damit gegen das Wahrheitsmedium der Wissenschaft zu differenzieren[230]. Dadurch wird Glauben, wie man heute wissen kann, mit jeder beliebigen Welt kompatibel – eine Folge, gegen die dann in den Themen-Strukturen des Glaubens-Codes auf problematische, unglaubwürdige Weise gegengearbeitet werden muß (z. B. durch die These einer außerweltlichen Personalität [!] Gottes). Die Regeln für das Verhältnis von Religionssystem und gesellschaftliche Umwelt können unter diesen Umständen weder aus dem Gottesbegriff noch aus der Welt selbst abgeleitet werden; das Umweltverhältnis des Religionssystems bleibt mit seinem Weltverhältnis verquickt und strukturell ambivalent[231]. Genau auf dieses Problem war das Dogma der Offenbarung zugeschnitten gewesen, das die Möglichkeit der Respezifikation eines übergeneralisierten, unweltlichen Gottes glaubwürdig machte[232]. Ob dieses Dogma seine Funktion heute noch erfüllt, nachdem der gesellschaftliche Wandel des Zeitverständnisses es hat historisch werden lassen; ob hier noch eine ausreichende Artikulationsbasis für die Steuerung des Umweltverhältnisses der Religionssysteme liegt; ob, mit anderen Worten, Interpretation und Reinterpretation von Offenbarung die Funktion von Religion noch erfüllen kann oder ob nicht Interpretation durch Reflexion ersetzt werden müßte – das sind Fragen, die die Soziologie stellen, aber nicht beantworten kann. Vielleicht findet die Theologie Möglichkeiten, von Interpretation der Offenbarung und Interpretation des Interpretierens zur funktionsbewußten Reflexion des Interpretierens überzugehen.

Mit all diesen Überlegungen ist jedoch nur die Frage reformuliert, wie diese Welt des Möglichen bestimmt sein oder bestimmt werden kann. Diese Frage betrifft die Funktion der Religion. Sie hatte sich unter der Voraussetzung von relativ konkret strukturierten, regionalen Gesellschaftssystemen, die immer noch andere Gesellschaften als Umwelt hatten, dogmatisch beantworten lassen. Solche religiösen Dogmatiken arbeiteten mit funktional un-

230 Vgl. oben S. 139.
231 Vgl. oben S. 147 f.
232 Vgl. oben S. 170 ff.

analysierten Abstraktionen und stützten sich latent auf Gesellschaftssysteme der verschiedensten Art, an deren Strukturen (zum Beispiel Schichtenstrukturen, Herrschaftsstrukturen, Moralen und moralisch begründeten Kontingenzformeln) man sich orientieren konnte. Die im Vorstehenden geschilderte heimliche Allianz zwischen dogmatischer Thematik und Bedingungen gesellschaftsstruktureller Kompatibilität gehört zu den Evolutionsbedingungen bisheriger Gesellschaften. Ob die Weltgesellschaft, die sich heute anbahnt, diese Möglichkeit weiterhin bieten wird, läßt sich in der Übergangssituation, in der wir uns befinden, nicht voraussehen.

Kapitel 3

# Transformationen der Kontingenz im Sozialsystem der Religion

## I.

Die folgenden Überlegungen gehen von einigen allgemeinen systemtheoretischen Grundannahmen aus und wenden sie auf das soziale System der Gesellschaft, auf dessen Teilsystem für Religion und in diesem Bereich auf ein Problem an, das zentrale Bedeutung beanspruchen kann: auf das Problem der Auffassung und Verarbeitung von Kontingenzen. Ihr Ziel ist zu zeigen, daß es Zusammenhänge gibt zwischen Ergebnissen der Evolution des Gesellschaftssystems und der Art, wie im Gesellschaftssystem und in seinen Teilsystemen Probleme gestellt werden und problembezogene Erfahrungen anfallen. Das Interesse zielt damit auf sozusagen transhermeneutische Relationen zwischen sozialen Strukturen auf der einen Seite und Erfahrungsinhalten sowie deren kultureller Formulierung auf der anderen. Die Analysen lassen sich nicht durch die Erwartung tragen, daß solche Relationen letztlich determinierenden Charakter haben, sei es im Sinne einseitiger Determination (in welcher Richtung immer), sei es im Sinne wechselseitiger Determination. Alle bisherigen Erfahrungen mit »Wissenssoziologie«, »Begriffsgeschichte« oder »politischer Semantik« sprechen gegen derart überzogene Thesen. Ebenso fragwürdig sind Hypothesen, die Punkt-für-Punkt-Beziehungen zwischen sozialen Strukturen und bestimmten Ideen postulieren – etwa die These, daß monokomplexen Gesellschaften der Monotheismus, multiplexen Gesellschaften dagegen der Polytheismus entspreche[1]. Wohl aber vermuten wir nachweisbare Nichtbeliebigkeiten in dem Sinne, daß die Evolution des Gesellschaftssystems Strukturen aufbaut,

1 So Charles C. Lemert, Cultural Multiplexity and Religious Polytheism, Social Compass 21 (1974), S. 241—253, mit der daraus abgeleiteten Erwartung eines christlichen Polytheismus.

die Probleme erzeugen, die nicht in beliebiger Weise erfahren und gelöst werden können.
Mit so schwachen Voraussetzungen anfangend, können wir immer noch fragen, welche besonderen strukturellen Bedingungen die Möglichkeiten sinnhafter Erfahrungsverarbeitung und handelnder Problemlösung so stark einschränken, daß bestimmte kulturelle Figuren, wenn einmal entdeckt und ausgearbeitet, anderen deutlich überlegen sind[2]. Umgekehrt können wir aber auch der Tatsache Rechnung tragen, daß symbolische Erfindungen und vor allem systematisierte Kulturleistungen eine eigene Geschichtlichkeit aufweisen, daß sie sich erhalten können, auch wenn die Bedingungen ihrer Entstehung sich geändert haben, und nicht selten Funktionsplätze besetzt halten auch dann, wenn sie den inzwischen gewandelten Problemlagen nur noch unzureichend gerecht werden. Diese Zeitverschiebungen, die allen soziologischen Theorien kulturellen Wandels so große Schwierigkeiten bereiten, sind ein Reflex der einfachen Tatsache, daß die Bedingungen des Eintritts in die Evolution bei kulturellen Formen (ebenso übrigens wie bei Organismen und deren strukturellen Errungenschaften) andere sind als die Bedingungen optimaler Anpassung und andere auch als die Bedingungen schlichter Erhaltung des Bestehenden[3]. Aus diesem Grunde gibt es in jeder Epoche einen Formenüberhang, der keine genaue Relation zu strukturellen Problemen aufweist, der gegenwärtig auch nicht neu entwickelt werden könnte, gleichwohl aber reproduziert wird und die Bedingungen weiterer Evolution mitprägt.
Seit dem 18. Jahrhundert ist dieser Sachverhalt als »Ungleichzeitigkeit des Gleichzeitigen« dargestellt worden[4]. Das setzte die

2 Vgl. Alexander A. Goldenweiser, The Principle of Limited Possibilities in the Development of Culture, Journal of American Folk-Lore 26 (1913), S. 259—290.

3 In der Theorie organischer Evolution läuft diese Einsicht unter der Bezeichnung »Cope's rule« und besagt, daß Organismen unterhalb ihrer optimalen Größe in die Evolution eintreten und erst im Laufe der Evolution die Größe erreichen, mit der sie sich am besten ihrer Umwelt anpassen bzw. sich in einer gegebenen Umwelt gerade noch reproduzieren können. Siehe dazu Steven M. Stanley, An Explanation of Cope's rule, Evolution 17 (1973), S. 1—26.

4 Vgl. Reinhart Koselleck, Fortschritt, in: Geschichtliche Grundbegriffe: Historisches Lexikon zur politisch-sozialen Sprache in Deutschland Bd. II, Stutt-

Möglichkeit voraus, eine Theorie zu behaupten, die Gleichzeitiges in die Ungleichzeitigkeit verweist. In Ermangelung einer solchen Theorie des historischen Prozesses begnügen wir uns mit einer schwächeren Aussage: daß nämlich Evolution auf Systemebene das erfordert, was man »loose coupling« genannt hat[5]. Kein komplexes System kann es sich leisten, alles von allem abhängig zu machen; das wäre schon aufbautechnisch unmöglich und würde den Zeitbedarf für Anpassungen an die Umwelt zu stark erhöhen. Jedes System weist deshalb Strukturen auf, die in der Vergangenheit entstanden sind, die ihre Entstehungsbedingungen und vielleicht auch ihre »beste Zeit« hinter sich haben, die aber gleichwohl in einer gewissen Unabhängigkeit von anderen Strukturen ihre Funktion noch erfüllen. Nur so kann überhaupt der Eindruck entstehen, daß sich etwas in Bewegung befindet, weil anderes konstant bleibt.

Dies gilt auch für Gesellschaftssysteme, und man darf vermuten, daß die *zeitliche Streuung* von Entstehung, Konstanz und Änderung *bei jeweils gleichzeitiger Relevanz* zunimmt, wenn das Gesellschaftssystem komplexer wird. Im Ideenhaushalt einer jeden Gesellschaft sind daher Bestandteile mit sehr unterschiedlichen Zeitbezügen zu erwarten, und gerade das ist Bedingung für weitere Entwicklung.

## II.

Die soziokulturelle Evolution leistet die Ausdifferenzierung eines sinnhaft konstituierten Gesellschaftssystems und damit zugleich die Ausdifferenzierung einer diesem System zugeordneten Umwelt. Sie beginnt mit einer Mehrheit von Gesellschaften und daher mit Umwelten, die unter anderem auch Soziales, nämlich auch andere Gesellschaften enthalten. Sie hat heute ein einziges Weltgesellschaftssystem realisiert, das seine Strukturen an einer voll desozialisierten Umwelt zu orientieren beginnt. Alle überlieferten Formen symbolorientierter Gesellschafts-, Umwelt- und

gart 1975, insb. S. 363—423; Hans Blumenberg, Die Genesis der kopernikanischen Welt, Frankfurt 1975, S. 66 ff.

5 Siehe nur Robert B. Glassman, Persistence and Loose Coupling in Living Systems, Behavioral Science 18 (1973), S. 83—98.

Weltorientierung müssen von da her neu reflektiert werden. Dies betrifft auch das Problem der Kontingenz.

Sinnhafte Konstitution des Gesellschaftssystems besagt, daß System und Umwelt aneinander erfahren werden – als simultan existent und als aufeinander bezogen, und zwar auch dann, wenn das Erleben oder Handeln sich intentional und thematisch mit Aspekten befaßt, die entweder dem System selbst oder dessen Umwelt zugeordnet werden. Der Grenzübergang ist immer möglich, wird in der Form von Verweisungen jeweils mitangezeigt. Im Grenzbegriff und im Grenzerleben ist die Möglichkeit des Transzendierens und die Realität der jeweils anderen Seite vorgesehen und unabweisbar impliziert[6]. Wie phänomenologische Analysen zeigen könnten, ist das jeweils direkt intendierte Thema nie nur als es selbst erfaßbar; es fungiert als Identisches, als Symbol, Ding, Begriff, Ereignis, stets nur im Horizont anderer Möglichkeiten. Diese werden mehr oder weniger unbestimmt präsentiert. Soviel gilt allgemein, nachdem es in der Evolution einmal zur Ausbildung der Möglichkeit sinnhafter Orientierung gekommen ist. Diese Grundbedingung hängt von gesellschaftlicher Kommunikation schlechthin ab – in ihrer Genese ebenso wie in ihrer Reproduktion; sie ist kein besonderes Merkmal bestimmter Gesellschaftsformationen oder bestimmter Epochen der gesellschaftlichen Evolution. Mit den Typen und damit mit der historischen Abfolge der jeweils dominanten Gesellschaftssysteme variiert dagegen die Form, die dieser Grundbedingung sinnhaften Erlebens und Handelns gegeben wird.

Für die Überleitung zu kulturfähigen, Selektionen steuernden Symbolisierungen scheint nun wichtig, wenn nicht entscheidend zu sein, daß *das allgemeine Phänomen sinnhafter Appräsentation,* das sich im Anschluß an Husserls Analysen[7] auf Fremderfahrung, also auf Kommunikation zurückführen läßt, *die Form der Modalität annimmt und in dieser Form differenziert, abstrahiert und spezifiziert werden kann.* Der Begriff der Modali-

6 Daraus hat man bekanntlich immer wieder den Schluß auf die Unendlichkeit der Welt ziehen müssen. Siehe nur Descartes, Les principes de la Philosophie II, 21, Oeuvres et Lettres (éd Bibliothèque de la Pléiade), Paris 1952, S. 623.

7 Vgl. Edmund Husserl, Cartesianische Meditationen und Pariser Vorträge, Husserliana Bd. I, Den Haag 1950, S. 138 ff. Dazu ausführlicher oben S. 22.

tät soll hier die Simultanpräsentation einer Ebenendifferenz bezeichnen, wobei die eine Ebene die unmittelbar zugänglichen, aktuellen Erfahrungsinhalte, die andere in gerafter Form die Appräsentation anderer Möglichkeiten bezeichnet. Während die Simultanpräsentation von Verweisungsüberschüssen am Thema sinnbedingte Grundgegebenheit ist, ist ihre Abbildung als Modalität schon kulturelle Form – also nicht (wie Gegenstandstheorie und Phänomenologie annehmen würden) eine kategoriale Selbstverständlichkeit. Als Formen dienen die verschiedenen Arten von Modalität dem zusammenfassenden Ausdruck einer Mannigfaltigkeit, der gerafften Wiedergabe von unübersichtlichen Einzelheiten unter Weglassung aller Details, die nicht die Modalität selbst konditionieren, also nicht relevant sind als Bedingungen der Möglichkeit/Unmöglichkeit, Bedingungen der Erkennbarkeit/Unerkennbarkeit usw. nach wie immer verschärften Kriterien. Darüber hinaus kanalisieren, und das ist für unser Thema vor allem wichtig, Modalitäten den Gebrauch von Negationen; man denke nur an die klassischen, durch Negation verknüpften Modalitätspaare possibile/impossibile und necessarium/contingens. Modalformen können also dazu benutzt werden, Negationsgebrauch zu domestizieren. Daran schließen die im einzelnen recht schwierigen und noch unausgereiften Versuche der Modallogik an, die Regeln über Negationsgebrauch unter der Voraussetzung von Binarität zu systematisieren.

Wichtige, kulturell bewährte Typen der Modalisierung sind: possibilistische, temporale und epistemologische Modalisierungen. Ihr Verhältnis zueinander ist ungeklärt. Das gleiche gilt für die Gründe, die gerade diesen Modalisierungen evolutionäre Bedeutung für die Entwicklung einer kulturellen Symbolwelt gegeben haben und andere Möglichkeiten (z. B. Scherz/Ernst) haben zurücktreten lassen. Wir können prinzipielle Fragen dieser Art hier nicht weiter verfolgen, sondern gehen davon aus, daß possibilistische Modalisierungen mit ihrer Ebenendifferenz von Wirklichem und Möglichem zweifelsfrei zu den »evolutionär erfolgreichen« Modalitäten gehören, und außerdem zu denen, die in der Tradition seit langem reflektiert worden sind. An ihrem Beispiel können wir daher einige Schritte tun in Richtung auf eine Klärung von Zusammenhängen zwischen evolutionärer Strukturentwicklung des Gesellschaftssystems und der kulturellen, hier speziell-religiös symbolischen Verarbeitung von Erfahrungsinhalten.

### III.

Der Titel Kontingenz bezeichnet in seiner allgemeinsten modaltheoretischen Fassung ein Problem aus dem Umkreis possibilistischer Modalisierungen, nämlich etwas Wirkliches (einschließlich wirklich Möglichem), sofern es auch anders möglich ist. Formal definiert wird Kontingenz durch Negation der Unmöglichkeit und Negation der Notwendigkeit[8]. Kontingent ist demnach alles, was zwar möglich, aber nicht notwendig ist. Zunächst wird der Begriff in der alteuropäischen Tradition attributiv verstanden, wird Seiendem attribuiert und dann *aggregativ generalisiert.* Man spricht von Kontingenten (Dingen). Das entspricht der Auffassung der Welt als einer universitas rerum, als aggregatio bzw. congregatio corporum. Erst seit Kant (und soziologisch gesprochen: erst seit dem Übergang zur »bürgerlichen Gesellschaft«) werden Modalbegriffe dieser Art *relational generalisiert,* und zwar zunächst mit Bezug auf das Erkenntnisvermögen[9]. Damit werden possibilistische Modalisierungen epistemologischen nachgeordnet. Seitdem spricht man von Kontingenz. Wir werden diese Problemfassung (mitsamt der dazugehörigen Frage nach den Bedingungen der Möglichkeit bzw. Notwendigkeit bzw. deren Negationen) beibehalten, werden aber die epistemologische durch eine sozialstrukturelle Relationierung erset-

8 Im einzelnen ist diese Bestimmung in vielen Hinsichten präzisierungsbedürftig. Vgl. etwa Karl Döhmann, Zur Charakteristik der Kontingenz, Atti del XII Congresso Internazionale di Filosofia Venezia 1958, Florenz 1960, Bd. 5, S. 137—141; Storrs McCall, Aristotle's Modal Syllogism, Amsterdam 1963, insb. S. 66 ff.; A. P. Brogan, Aristotle's Logic of Statements About Contingency, Mind 76 (1967), S. 49—61; Heinrich Schepers, Möglichkeit und Kontingenz: Zur Geschichte der philosophischen Terminologie vor Leibniz, Turin 1963; ders., Zum Problem der Kontingenz bei Leibniz, Die beste der möglichen Welten, in: Collegium Philosophicum: Studien J. Ritter zum 60. Geburtstag, Basel—Stuttgart 1965, S. 326—350; Dorothea Frede, Aristoteles und die »Seeschlacht«: Das Problem der Contingentia Futuri in De Interpretatione 9, Göttingen 1970.

9 Zur entsprechenden Veränderung von possibile/impossibile zu Möglichkeit/Unmöglichkeit vgl. Ingetrud Pape, Tradition und Transformation der Modalität Bd. I, Hamburg 1966.

zen. Damit wird die Frage nach Korrelationen von Bewußtsein und Welt ersetzt durch die Frage nach Korrelationen von Gesellschaft und Welt. Wir versprechen uns davon einen besseren Zugriff auf historische und empirische Materialien.
Ob nun aggregativ oder relational gefaßt: Formulierungen der Kontingenz liegen auf einer anderen Ebene als Formulierungen relevanter Dinge oder Ereignisse. Sie gewinnen dadurch eine universalistische Ausstrahlung: Wenn Kontingenz Zufall ist, wird alles zum Zufall[10]. Wenn Kontingenz Knappheit ist, wird alles auf Knappheit bezogen[11]. Wenn Kontingenz Gott als Schöpfer ist, wird alles von Ihm her verstanden. So entstehen überzogene Theorien: Theorien, die ihr Rationalitätskontinuum überschätzen[12]. Zugleich bleibt der Universalitätsanspruch aber rückgebunden an diejenigen Sozialsysteme, die ihn respezifizieren können; er erreicht nur systemrelative Relevanz.
In jedem Falle treten Formulierungen des Kontingenzproblems, die Grundlage unserer eigenen Begriffsentschlüsse sein könnten, sehr viel später auf als die Sozialstrukturen, auf deren Folgeprobleme sie antworten. Die Realkontingenzen des Gesellschaftssystems und seiner relevanten Umwelt werden erst erzeugt, dann werden sie erfahren und schließlich formuliert und symbolisch verarbeitet. Aus den allgemeinen Überlegungen, die wir unter I und II vorangeschickt haben, läßt sich die Hypothese ableiten, daß für die Entstehung des Kontingenzproblems soziale Differenzierungen ausschlaggebend gewesen sind. Soziale Differenzierungen zwingen dazu, Kommunikationsprozesse über größere Divergenzen hinweg aufrechtzuerhalten und sie in einer Weise zu modalisieren, daß Identität und Nichtidentität, Kontinuität und Diskontinuität zugleich möglich sind und sich aneinander bewähren. Wenn es, aus welchen Gründen immer, im Laufe der gesellschaftlichen Evolution zu zunehmender Differenzierung kommt – zur Ausdifferenzierung von Funktionsrollen, zur Stadtbildung, zur Entstehung sozialer Schichtung, schließlich zur Entstehung besonderer Funktionssysteme und

10 Oder, im Falle des Handelns, zur Willkür. Siehe z. B. Pierre Bourdieu / Jean Claude Passeron, Grundlagen einer Theorie der symbolischen Gewalt, Frankfurt 1973.
11 Siehe Jean-Paul Sartre, Critique de la raison dialectique I, Paris 1960.
12 Diese Ausdrucksweise verdanke ich Rudolf Bluhm.

ihnen zugeordneten Organisationen –, sind entsprechende Transformationen der kommunikationsleitenden Symbolstrukturen zu erwarten, weil anders die neu erforderlichen Kombinationsniveaus für strukturell diskrepante Erwartungen und Leistungen nicht erreicht und nicht operativ reproduziert werden können[13]. Derartige Umbauten lassen sich auch auf dem Gebiet der Religion beobachten. In ihrer Funktion, unbestimmbare Kontingenzen in bestimmbare zu überführen, ist Religion von zunehmender sozialstruktureller Differenzierung sehr unmittelbar betroffen. Sie gerät wegen der zentralen Bedeutung ihrer Funktion als erste unter Abstraktionsdruck; sie fängt den Abstraktionsdruck gleichsam für die Gesellschaft auf und kanalisiert ihn auf das eigene, religionsspezifische Symbolsystem, sobald sie selbst in der Gesellschaft ausdifferenziert wird, also eigene Rollen und eigene Sozialsysteme zu bilden beginnt.

Zwei Konsequenzen dieser Entwicklung wollen wir etwas genauer betrachten, und zwar beide mit Hilfe eines analytischen Instrumentariums, das einen Vergleich mit entsprechenden Problemlagen in anderen Funktionssystemen erlaubt. Unsere These ist (1), daß die Ausdifferenzierung besonderer Rollen für professionelle Arbeit im Bereich der Religion eine duale Rekonstruktion der Kontingenz ermöglicht und daß damit (2) Einheits- und Abschlußprobleme aufgeworfen werden, die zur Entwicklung einer besonderen Kontingenzformel des Religionssystems führen. Für beide Leistungen symbolischer Rekonstruktion des Modalproblems der Kontingenz ist charakteristisch, daß sie in dem Maße, als sie in einer für Religion spezifischen Weise gelingen, zugleich die Differenz zu anderen Funktionssystemen steigern, nämlich Problemlösungen anbieten, die nicht zugleich auch politische, wirtschaftliche oder wissenschaftliche Zentralfunktionen erfüllen können, mit der Folge, daß die sozialstrukturelle Diffe-

13 Eine bekannte Formulierung dieses Zusammenhanges ist, daß größere, differenziertere Gesellschaftssysteme eine stärker generalisierte, von interaktionellen Kontrollen unabhängig »geltende« Moral erfordern. Siehe statt anderer: Clyde Kluckhohn, The Moral Order in the Expanding Society, in: Carl H. Kraeling / Robert M. Adams (Hrsg.), City Invincible, Chicago 1960, S. 391—404. Zur entsprechenden Transformation des Rechts in normative Prämissen für Entscheidungen siehe Niklas Luhmann, Rechtssoziologie, Reinbek 1972, Bd. I, S. 166 ff.

renzierung, deren Folgeprobleme gelöst werden sollten, im Effekt wiederum gesteigert wird.

## IV.

Sobald es zu einer Ausdifferenzierung funktionsspezifischer Interaktionsweisen oder Sonderrollen für magische oder kultische Angelegenheiten kommt, gewinnen duale Sinnkonstruktionen auf sehr alten Grundlagen neue Funktionen. Die Neigung, Ganzheiten als Dualität eines Gegensatzes auszudrücken, hat weit zurückreichende, schwer überprüfbare Wurzeln[14]. Erkennbar wird das Bemühen, die Appräsentation anderer Möglichkeiten noch ohne Modalisierung zu ordnen: mit konkreten Bezügen, aber noch extrem reduziert auf jeweils einen Gegensatz, mit Anspruch auf Totalrepräsentation der Möglichkeiten unter Tabuisierung der Übergänge und Mischformen. Die konkreten Verwendungskontexte erzwingen bereits für die archaischen Gesellschaften eine Mehrheit von Dualisierung, und sie lassen es nicht zu, die Menge der Duale so zu integrieren, daß konsistente Reihen entstehen. Weder die Religion, noch die Moral, noch die Logik können das Gesamtsystem in dieser Weise auf Vordermann bringen. Die Folge ist, daß die Wahl des zutreffenden Duals von der Situation abhängt und daß die Präferenzen innerhalb der Duale umkehrbar bleiben, zumindest für typisierte Sondersituationen, ohne daß daraus ein Normverstoß folgte[15]. Wir vermuten, daß erst im Laufe der Ausdifferenzierung besonderer Funktionssysteme spezifisch operative Interessen zu einer Abstraktion und Verfeinerung solcher Duale führen.

14 Siehe die viel zitierte Skizze von Sigmund Freud, Über den Gegensinn der Urworte, Gesammelte Werke Bd. VIII, London 1943, S. 214—221; ferner etwa Adhémar Massart, L'emploi, en égyptien, de deux termes opposés pour exprimer la totalité, in: Mélanges bibliques (Festschrift André Robert), Paris 1957, S. 38—46; an ethnologischen Untersuchungen jetzt zusammenfassend Roger Needham (Hrsg.), Right and Left: Essays on Dual Symbolic Classification, Chicago 1973; und mit ausführlichen Analysen G. E. R. Lloyd, Polarity and Analogy: Two Types of Argumentation in Early Greek Thought, Cambridge England 1971, S. 15—171.

15 Vgl. dazu Peter Rigby, Dual Symbolic Classification Among the Gogo of Central Tansania, Africa 36 (1966), S. 1—17; neu gedruckt in Needham a.a.O.

Wie eine an heutigen Formen professioneller Arbeit durchgeführte Untersuchung zeigen könnte[16], gibt es eine für Professionsrollen typische Rekonstruktion ihres Arbeitszusammenhangs durch einen Gegensatz zweier Welten oder zweier Zustände – etwa krank/gesund, Unrecht/Recht, anormal/normal, Krieg/Frieden, ungebildet/gebildet usw. Die Künstlichkeit solcher Polarisierungen ist rasch erkennbar an der Art, wie durch Einsatz von Negationen eine scheinbare Gleichheit der beiden Welten bei ungleicher Bestimmtheit erreicht wird: Es gibt viele Krankheiten und durchgearbeitete Krankheitsterminologien, aber nur eine Gesundheit[17], viele Bildungsarten, aber nur eine Ungebildetheit. Frieden ist nur als Negation von Kriegen charakterisierbar, Normalität fällt nicht auf, es sei denn als Abwesenheit von Auffälligkeiten. Die Dualität wird in diesen wie in anderen Fällen demnach durch einen eigens konstituierten Gegenbegriff und durch einen Prozeß semantischer Äquilibrierung hergestellt. Die Evidenz der Problemlage, in der der professionelle Praktiker angerufen und in Tätigkeit gesetzt wird, wird dann dazu benutzt, den Kontrastzustand mitzuplausibilisieren: Der Kranke möchte von seinen Schmerzen befreit, möchte gesund werden. Ist eine solche Struktur einmal etabliert, kann der professionelle Praktiker sich als Vermittler zwischen zwei Welten begreifen und anbieten. Der Evidenzgehalt eines solchen Duals erleichtert es, gesellschaftlichen Konsens mit der Berufspraxis und ihren spezifischen Erfordernissen vorauszusetzen und diejenigen Klienten, die sich im Zustand der Krankheit, des Unrechts, der Sünde aufhalten *wollen*, als Abweichler mit kognitiven und evaluativen Fehlleistungen zu charakterisieren.

Über die Dualisierung des Problems kann, wie bereits gesagt, die professionelle Arbeit als Vermittlung oder als Überführung von einer Welt in die andere artikuliert und in ihren Schwie-

16 Anregungen dazu bei Kaspar D. Naegele, Clergymen, Teachers, and Psychiatrists: A Study in Roles and Socialization, Canadian Journal of Economics and Political Science 22 (1956), S. 46—62 (60 f.).

17 Hierzu Charles O. Frake, The Diagnosis of Disease Among the Subanun of Mindanao, American Anthropologist 63 (1961), S. 113—132. Vgl. auch ders., Die ethnographische Erforschung kognitiver Systeme, in: Arbeitsgruppe Bielefelder Soziologen (Hrsg.), Alltagswissen, Interaktion und gesellschaftliche Wirklichkeit, Reinbek 1973, Bd. II, S. 323—337 (insb. S. 329 über »Kontrast-Sets«).

rigkeiten begreiflich gemacht werden. Dabei wird immer vorausgesetzt, daß der Praktiker die Entstehung des Problems nicht zu verantworten hat, eine problematische Welt ist ihm vorgegeben, und daß auch die Problemlösung, das Erreichen des anderen Zustandes oder der anderen Welt, von ihm nicht mit Sicherheit garantiert werden kann. Nicht im Selbstverständnis der Professionen, sondern erst in der soziologischen Analyse kommt es zu der These, daß die Profession die Gegenrolle des Klienten eigentlich erst »konstituiert« – daß der Arzt den Kranken, der Fürsorger den Armen, der Polizist den Verbrecher, der Priester den Sündigen als solchen »definiert«.

Was die Soziologie dieses »labeling approach« angeht, liegt darin eine schlichte Überschätzung der semantischen Komponente. Richtig ist jedoch, daß mit Hilfe einer solchen Dualisierung die konkreten Probleme, die Anlaß geben zur Institutionalisierung professioneller Praxis, so generalisiert werden, daß sie in allgemein geschätzte Werte transformiert und den Klienten in dieser Form entzogen bzw. abgetauscht werden können. Schmerz und Leid sind zunächst unkommunizierbare Realerfahrungen; für das Erreichen der Gesundheit oder die Aussicht auf leidfreies Heil kann man dagegen etwas tun, etwas verlangen, sei es in der Form gehorsamer Kooperation des Betroffenen, sei es in Form einer Honorierung von Dienstleistungen. Erst diese Dualisierungstechnik bringt die Ausgangsprobleme auf ein Generalisierungsniveau, auf dem sie tauschförmig verwendbar werden und schließlich konvertierbar werden in Macht oder in Geld[18].

18 Eines der Grundprobleme, das die Soziologie professioneller Arbeit im Hinblick auf institutionelle Lösungen behandelt, ist deshalb: wie diese problematische Möglichkeit der Konvertierung von Problemlagen in Macht oder Geld unter soziale Kontrolle gebracht und der individuellen Ausbeutung entzogen werden könne. Die neuere Soziologie der Professionen beruht auf der Einsicht, daß dies nicht allein besonderen menschlichen oder moralischen (etwa: altruistischen) Qualitäten des einzelnen Praktikers überlassen bleibt, sondern sozialer Regulierung unterliegt. Siehe dazu namentlich Talcott Parsons, The Professions and Social Structure, Social Forces 17 (1939), S. 457—467; dt. Übers. in ders., Beiträge zur soziologischen Theorie, Neuwied—Berlin 1964, S. 457—467. Ein gutes Beispiel aus dem uns interessierenden Professionsbereich der Religion ist die institutionelle Formung und Limitierung der Art und Weise, wie religiös inspirierte und als heilskräftig legitimierte Personen von Gaben leben. Vgl. als ein Beispiel für viele: S. J. Tambiah, The Ideology of Merit and the Social Correlates of Buddhism in a Thai Village, in: Edmund

Sie werden auf diese Weise in einen Kontext sozialer Transaktionen überführt und in diesem Kontext Bezugspunkt einer Erwartungsbildung, die reproduziert werden kann.
Man muß schließlich sehen, daß *Kontrastierung spezifiziert* und damit die Ausdifferenzierung besonderer Rollenbeziehungen, die sie voraussetzt, verstärkt. Die Differenz der beiden Welten informiert als Differenz, als Relation, über adäquaten terminologischen und praktischen Gebrauch und bestimmt sich durch ihn. In dem Maße als dies geschieht, lassen Duale sich nicht mehr auf eine Weltformel (Fülle/Leere; Sein/Nichtsein) aggregieren. Sie dienen der Ausdifferenzierung besonderer Professionen oder gar besonderer Funktionssysteme. So sondert die Medizin ihre spezifische Praxis ab, indem sie das allgemeine Dual von Leben/Tod durch das Dual Krankheit/Gesundheit spezifiziert[19]. Damit wird für sie das zugrundeliegende Dual von Leben/Tod zum (unbewältigten) Reflexionsproblem[20], an dem die Profession ihre Grenzen und ihre Identität im gesellschaftlichen Zusammenhang zu erkennen und die Situationsdefinitionen ihrer Praxis zu überprüfen hätte. Wie immer aber eine solche Reflexion angelegt ist, sie hebt die Differenz von Medizin und Gesellschaft oder von Medizin und Religion nicht auf. Von Krankheit auf Gesundheit hin zu denken, ist etwas anderes als von Leid auf Heil. Ebenso garantieren die Techniken, Unrecht in Recht zu überführen, etwa durch Strafe zu sanktionieren, nicht zugleich auch die Erlösung von der Sünde. Im Effekt befördert eine Orientierung professioneller Praxis an Dualen und Überführungsregeln mithin eine funktionale Differenzierung der Gesellschaft, ohne daß dieser genetische Mechanismus eine Orientierung an gesellschaftsstrukturellen Problemen erfordert und oh-

R. Leach (Hrsg.), Dialectic in Practical Religion, Cambridge Engl. 1968, S. 41—121. Siehe auch Hans-Dieter Evers, Monks, Priests and Peasants, Leiden 1972, S. 15 ff.

19 Eine in gewissem Sinne rückläufige, auf moralische und religiöse Grundlagen zurückführende Interpretation der Medizin geben Talcott Parsons / Renée C. Fox / Victor M. Lidz, The »Gift of Life« and its Reciprocation, Social Research 39 (1972), S. 367—415. Ganz konsequent reaktiviert diese Interpretation das Dual von Leben und Tod.

20 Vgl. auch Christian von Ferber: Der Tod: Ein unbewältigtes Problem für Mediziner und Soziologen, Kölner Zeitschrift für Soziologie und Sozialpsychologie 22 (1970), S. 237—250.

ne daß er auf Dauer sicherstellte, daß eine ausgewogene Bedienung aller Zentralfunktionen erreicht wird.

Diese allgemein gehaltenen Überlegungen zur Funktion von professionell bedingten Dualisierungen scheinen sich auch im Bereich der Religion zu bestätigen. Hier wird im Laufe der Ausdifferenzierung komplexerer, in bezug auf soziales Handeln anspruchsvollerer Gesellschaftssysteme ein älteres, handlungsunabhängig fixiertes Dual, das man heute durch die Unterscheidung des Heiligen (Sakralen) und des Profanen bezeichnet[21], teils überformt, teils ersetzt durch Duale, *bei denen die professionelle Praxis selbst die Transformation vom Einen ins Andere zu leisten beanspruchen kann,* und zwar als *soziale Interaktion*[22]. Als Grundmodelle hierfür kann man die Duale Leid/Heil und Sünde/Gnade ansehen. Die Doppelung erklärt sich daraus, daß die Einbeziehung kontingenten Handelns die Dimension passiv/aktiv relevant werden läßt. In beiden Fällen sind beide Zustände des Duals partiell kontingent gesetzt. Leid und Sünde sind als notwendig verordnet und doch im Sinne irdischen Geschehens kontingent. Heil und Gnade erhalten ihre Notwendigkeit aus der göttlichen Entscheidung, ihre Kontingenz aus der Relationierung innerhalb des Duals. Diese Mischung aus Notwendigkeit und Kontingenz hat ein modallogisches Fundament in der Prä-

21 Vgl. nur Howard Becker, Through Values to Social Interpretation: Essays on Social Contexts, Actions, Types and Prospects, Durham N. C. 1950; Mirca Eliade, Das Heilige und das Profane: Vom Wesen des Religiösen, Reinbek 1957. Zum räumlichen Substrat dieses Duals und zum Grenzproblem: S. Czarnowski, Le morcellement de l'étendue et sa limitation dans la religion et la magie, Actes du Congrès international d'histoire des religions, Paris 1925, S. 339—359. Joseph Bensman / Robert Lilienfeld, Craft and Consciousness: Occupational Technique and the Development of World Images, New York 1973, S. 83 ff. (88 f.), sehen bereits im Dualismus sakral/profan eine professionelle Rekonstruktion ursprünglicherer religiöser Haltungen. Auch Ethnologen betonen heute (gegen Durkheim), daß dieses Dual sich in primitiven Gesellschaften noch nicht findet.

22 Daß auch das ältere Dual Sakral/Profan in Richtung auf transformatorische Praxis adaptiert werden kann, ist am Institut der »Weihe« zu erkennen. Dessen eigentümliche Limitationen verdienten gerade unter dem hier gewählten analytischen Gesichtspunkten eine genauere Darstellung. Offenbar sind Weihen relativ konkret gebunden an schon Geweihtes, an konkrete Nähe und Berührung, und lassen sich nicht in dem Maße wie evolutionär spätere professionell anspruchsvollere Duale in soziale Interaktionen kontingent zusammenwirkender Partner überführen.

misse, daß die Möglichkeit des Negierens weder in bezug auf Notwendigkeit noch in bezug auf Kontingenz negiert werden kann[23]; sie dient aber zugleich der Rekonstruktion professioneller Erfahrungen und Berufshaltungen, die erfordern, daß der Praktiker zwar sinnvolle, erfolgswirksame Leistungen anbieten kann, aber weder die Entstehung des Problems noch das Ausbleiben des Erfolgs zu verantworten hat[24]. Voraussetzung dafür ist, daß der professionelle Dualismus der beiden Welten *nicht mit dem modaltheoretischen Gegensatz von Kontingentem und Notwendigem gleichgeschaltet,* also nicht zu einem binären Schematismus im strengen Sinne ausgebaut wird. In *beiden* Welten müssen Kontingentes *und* Notwendiges sich zusammenfinden, nur auf verschiedene Weise, um die Vermittlung als kontingent-möglich erscheinen zu lassen. Diese Struktur selbst steht nicht zur Disposition[25], aber gerade sie ist Bedingung dafür, daß die Transformation im Zusammenwirken von Priestern und Laien vollzogen wird.

Setzt sich eine professionell-religiöse Klientenbetreuung in diesen Dualen Leid/Heil und Sünde/Gnade fest, gewinnt sie damit jene oben allgemein skizzierten Merkmale: Sie trennt sich von den Praktiken anderer Professionen und von sonstigen gesellschaftlich geregelten Lebenslagen ab. Eine weitergehende Ausdifferenzierung der religiösen Praxis führt zu einer Neuregelung der sich ergebenden Interdependenzen. Die neueren Duale Leid/Heil und Sünde/Gnade bieten sehr viel weniger starre und sehr

23 Daher: »se aliquod ens est contingens, ergo aliquod ens est necessarium« (Ioannes Duns Scotus, Ordination I Dist. 39 n. 13 Opera Omnia Bd. VI, Civitas Vaticana 1963, S. 414).

24 Zur allmählichen Entstehung dieser Unabhängigkeit von Erfolg und Mißerfolg siehe Johannes Hempel, Geschichte und Geschichten im Alten Testament bis zur persischen Zeit, Gütersloh 1964, S. 76 ff. mit Beispielen aus der hebräischen Kultpraxis.

25 Erstmals die (bürgerliche) Eva Miltons zieht, soweit ich sehe, ein ganz neues Niveau der Kontingenzverarbeitung in Betracht, nämlich mit der Überlegung, den Fluch Gottes einfach ins Leere laufen zu lassen dadurch, daß sie keine Kinder bekommt. Vgl. John Milton, Paradise Lost, in: The Complete Poetical Works of John Milton (hrsg. von Douglas Bush), Boston 1965, X, 966—1006. Dies ist im übrigen das genaue weibliche Gegenstück zu dem Vorgehen der Männer: zu behaupten, die Schöpfung werde mit der Vertreibung aus dem Paradies und der daraufhin notwendigen Arbeit erst vollendet — und sich dann durch Maschinen zu entlasten.

viel »reichere«, innergesellschaftlich brauchbare Anknüpfungspunkte für Beziehungen zur Politik und zur Wirtschaft, zum System der sozialen Schichtung und zu den Familienhaushalten als die Trennung von Sakral und Profan. Zugleich nehmen aber auch die Folgeprobleme und Interferenzen zu. Die neuen Duale werden *innerhalb* des Religionssystems praktiziert, sie fallen nicht mehr, wie Sakral/Profan, mit dessen Innen/Außen-Differenz zusammen. Sie formieren zugleich die Weltsicht der spezifisch religiösen Praxis von Urteilsgrundlagen aus, die mit politischen, ökonomischen oder familiären Erfordernissen anderer Funktionssysteme nicht »natürlich« integriert sind, sondern laufend abgestimmt werden müssen. Damit steigen Konfliktsniveau und kommunikative Erfordernisse, schließlich im Effekt auch interne Differenzierungen im Religionssystem selbst, das Priestern und Propheten, adaptiven und intransigenten, orthodoxen und radikalen Vertretern religiöser Funktionen Plätze einräumt und so in der Lage ist, im Verhältnis zur gesellschaftlichen Umwelt situationsweise Gewichte zu verlagern und das Standbein zu wechseln, wenn Ermüdungserscheinungen oder Überlastungen auftreten.

Es scheint mithin vom Stande der Evolution gesellschaftlicher Differenzierungen abzuhängen, ob es zu solchen anspruchsvolleren Konzepten für die religiöse Praxis kommt, mit denen diese sich als von sich selbst abhängig begreift[26], nämlich als angewiesen auf adäquates Verhalten sowohl der Priester als auch der Laien in bezug auf gemeinsam erfaßte Sinngehalte. Hierfür ist neben der Ausdifferenzierung einer spezifisch religiösen Praxis auch das Verhältnis des politischen Systems zu ihr und zu den Familiensystemen im Auge zu behalten, es sind also mindestens *drei* Funktionsbereiche zu beachten (denn zwei allein können sich innerhalb eines Gesellschaftssystems nicht voneinander trennen).

Günstige Bedingungen scheinen vor allem dort vorzuliegen, wo es nicht (oder zeitweise nicht) zur Großreichsbildung kommt, die politische, religiöse und ökonomische Funktionskreise eng zusammenfaßt, wo aber gleichwohl die politische Funktion ak-

26 also external und internal zugleich zurechnet. Dazu für den ähnlich liegenden Fall der Moral aus psychologischer Sicht Harold H. Kelley, Moral Evaluation, American Psychologist 26 (1971), S. 293—300.

zentuiert wird. Hier kann sich eine religiöse Vorstellungswelt sowohl von politischen als auch von familiären Bindungen emanzipieren. Sie dient nicht primär der Symbolisierung des Haushaltes oder Großhaushaltes. Ansätze zu dieser Art Unabhängigkeit findet man in der mesopotamischen Religionsentwicklung, vor allem aber bei den Hebräern und Griechen. Gerade hier kommt es dann zu einer Art Sekundärsymbolisierung religiöser Sachverhalte durch Familienrollen, etwa zu einer nachträglichen »Familiarisierung« und Genealogisierung der Bedarfs- und Traditionsgötter oder zu einer spät hinzutretenden Vater- und Sohn-Symbolik im hebräisch christlichen Bereich, wo die mosaischen Ursprünge eindeutig politischen und nicht familialen Charakter hatten. Umgekehrt fehlt diese Form der Symbolisierung, darauf hat Robert Bellah[27] hingewiesen, dort, wo die Familie in der Sozialstruktur eine nach wie vor zentrale Rolle spielt und ihre Ordnung direkt als Kosmos projiziert wird: in China.

Typisch für die stärker ausdifferenzierte Form professionell-religiöser Praxis scheint nun zu sein, daß sie ihre eigene Kontingenz in die Beziehung zur Götterwelt oder zu dem einen Gott projiziert. Das archaische Sich-abhängig-Wissen von numinosen Mächten wird dadurch in subtiler Weise transformiert. Den Göttern oder dem Gott wird freie Entscheidung, moralische Qualifikation und damit Verantwortlichkeit für sein Tun unterstellt. Das aber gibt der in allen kontingenten Relationen steckenden *Umkehrbarkeit des Zugriffs* eine neuartige Radikalität. Es geht jetzt nicht mehr um *magisch-technische Manipulation* außermenschlicher Mächte, die, wenn sie überhaupt wirken, auch beeinflußt werden können. Die Umkehrung gewinnt jetzt die Form der Frage, sie wird zur *Umkehrbarkeit der Negationsrichtung*. Angesichts der Welt kann man an Gott zweifeln.

Soweit die professionell-religiöse Praxis unter den Gesichtspunkten von Leid und Heil operiert, muß sie auf die alte Technik des Abschiebens des Leidens auf Ersatzobjekte – ein altes und weit verbreitetes Verhaltensmuster – zunächst verzichten[28].

27 Father and Son in Christianity and Confucianism, The Psychoanalytical Review 52 (1965), S. 236—258.

28 Siehe für Babylon Johann Jakob Stamm, Das Leiden der Unschuldigen in Babylon und Israel, Zürich 1946, S. 26 ff.

Diese Lösung war nur sinnvoll in einem Reziprozitätskontext, in dem Leidenssubstitution zur Ablösung von Sünde mit Hilfe mindertwertiger Ersatzobjekte angeboten werden konnte. Jetzt wird bewußt, daß das Leid keineswegs nur die Sünder trifft. Die Duale Leid/Heil und Sünde/Erlösung müssen differenziert werden. Damit wird das Leid selbst zum Anlaß, den Gott, der es verursacht, auf seine Kontingenz hin zu befragen[29]. Dabei geht es noch keineswegs um das spezifisch neuzeitliche Problem der Theodizee, die die Dispositionen Gottes zu bilanzieren und zu rechtfertigen sucht vor dem Hintergrund der Erwartung, daß die Menschen ihr Leid auch selbst beseitigen könnten. Zunächst handelt es sich vielmehr nur um das Suchen eines festen Bezugspunktes religiösen Glaubens, der die vordergründige Differenz von irdischem Wohlergehen und Unglück transzendiert. Die Glaubenssicherheit muß angesichts der Typik menschlicher Schicksale auf einer Metaebene rekonstruiert werden, soll die Funktion der Religion erfüllbar bleiben. Dies Problem wird akut in dem Maße, als die magischen Erklärungen für *individuelle* Unglücksfälle und Schicksale aufgegeben oder doch zumindest in der Hochreligion nicht mehr akzeptiert werden; es wird akut, mit anderen Worten, durch den Ausfall jener Zwischenschicht von Hexen, Toten und Geistern, die Zurechnungen absorbiert und den Hochgott abgefedert hatten.

Wenn genau das ihre Aufgabe ist, Leid und Heil zu vermitteln, kann die professionelle Praxis des Religionssystems ein solches Problem nicht ignorieren. Sie muß (und auch dies ist im Falle der neuzeitlichen Theodizee anders) darauf eingehen. Anders würde sie keine Systematisierungsleistungen erbringen, keine Dogmatik aufbauen können, denn Systematisierungseffekte werden durch die Problemgesichtspunkte erzielt, mit deren Hilfe man Sachlagen des täglichen Lebens interpretieren und dem Religionssystem zuordnen kann[30]. Leid ebenso wie Sünde sind hier unverzichtbare Aggregatoren.

29 Vgl. außer Stamm a.a.O. W. G. Lambert, Babylonian Wisdom Literature, Oxford 1960, S. 63 ff.; William Chase Green, Moira: Fate, Good, and Evil in Greek Thought, Cambridge Mass. 1944.

30 Siehe die Parallelargumentation für den Fall der juristischen Dogmatik bei Franz Wieacker, Zur Rolle des Arguments in der römischen Jurisprudenz, Festschrift für Max Kaser, München 1976, S. 3—27 (7 f.).

Ob die gesuchten und gefundenen Antworten je befriedigen, ist eine andere Frage; jedenfalls erzwingen sie eine Form der Argumentation, die der Logiker entweder als zirkulär beschreiben oder typentheoretisch aufbrechen und linearisieren würde. Das kann auf die Aufforderung hinauslaufen, trotzdem zu glauben, auch wenn man nicht versteht, weil genau dies dem Gott gemäß ist; oder man kann zu begründen versuchen, weshalb der Gott, der das Leid nicht will, es trotzdem will. Angesichts zahlloser Bemühungen, solche Zirkel in linear-deduktive Begründungen aufzulösen, mag man sich fragen, ob es nicht zuträglicher wäre, sie stehen zu lassen und als Selbstreferenz des Sozialsystems der Religion zu begreifen – als Selbstreferenz, die durch Ausdifferenzierung unvermeidlich wird.

Immerhin haben Begründungsversuche in all ihrer Erfolglosigkeit gleichwohl zu bemerkenswerten dogmatischen Erfindungen geführt. Eine systematisch relevante Theologie entwickelt sich erst an Hand dieses Problems, also erst dann, wenn Denker, die sich mit dem Religionssystem identifizieren, sich gleichwohl die Umkehrbarkeit der Negationsrichtung aneignen, also von Fakten der Welt aus gegen Gott argumentieren können. (Man beachte den Unterschied im Vergleich zur rituellen Behandlung des Heiligen). Besonders folgenreich war die Möglichkeit, die sich der christlichen Religion bot: den alten Gedanken der Leidenssubstitution zu erneuern, jetzt aber als Substitution durch ein höherwertiges Objekt: Gott selbst hat für uns gelitten. Der Sinnbeweis des Leides, des selbsterfahrenen Leides, liegt darin, daß auch Er in seiner Leidensgeschichte zu der Frage geführt wird: warum?

Eine christliche Theologie müßte auf den Zusatzmythos der Auferstehung verzichten und sagen können, weshalb diese Umkehrung der Frage- und Negationsrichtung auf Golgatha das letzte Wort bleibt – auch für ihren Gott. Nur wenn sie auch dann noch in Jesus ihren Gott zu erkennen vermag – ohne happy end, ohne Auferstehung, ohne ewiges Leben, ohne Belohnung für seine vorbildliche Durchhaltefähigkeit – nur dann hätte sie sich dem Problem der Religion gestellt. Dabei kann sie, sofern die vorliegenden Denkversuche nicht zu sehr entmutigen, weiterarbeiten an einer Logik der Perfektion der kontingentgeschaffenen Welt und genau diese Perfektion im letzten Entschluß des Welt gewordenen Gottes, im Entschluß zur Selbstnegation aufheben. Es müßte gerade einer christlichen Theologie gelingen, diese beiden Varianten ihrer Tradition als Einheit darzustellen. Es wäre das zumindest eine der Möglichkeiten, Religion auf ihr Funktionsproblem zu beziehen und zu artikulieren, wie das zur Welt Bestimmte nur aus dem Unbestimmbaren lebt und in der Negation der Bestimmung zu ihm zurückkehrt.

In soziologischer Sicht entzieht diese Aufgabe sich der eigenverantwortlichen Durchführung. Die Soziologie kann als Systemtheorie explizieren, in welchem Sinne soziale (ebenso wie personale) Systeme sich immer selbstreferentiell konstituieren. Sie kann gute theoretische und historisch-empirische Gründe dafür beibringen, daß die spezifische Funktion der Religion im Kontext des Gesellschaftssystems sich auf die Bestimmung des Unbestimmbaren bezieht und als Kontingenz-Problem formuliert werden kann[31]. Diese Annahmen würden es ermöglichen, Transformationen der religiösen Dogmatik soziologisch mit anderen Variablen des evolvierenden Gesellschaftssystems zu korrelieren[32]. Sie würde aber auch implizieren, daß die Reflexion dieser Funktion innerhalb der Theologie zu dem Bewußtsein führen muß, stets nur negierbare Theorien formulieren zu können.

## V.

Ein Beitrag der Soziologie wird unter diesen Umständen vor allem in Begriffsvorschlägen bestehen müssen, die keine theologische Bewährung garantieren, wohl aber gesellschaftstheoretische Verwendbarkeit in Aussicht stellen können. Wir gehen aus diesem Grunde, bevor wir auf die Frage des letzten Wortes und die Logik der Perfektion zurückkommen, nochmals auf Konzepte zurück, die auch außerhalb des Sonderbereichs der Religion verwendet werden können und daher Vergleichserfahrungen zur religionstheoretischen Diskussion beisteuern können.

Funktionssysteme, die ihre professionelle Kommunikationspraxis in der angegebenen Weise dualisieren, bilden in dem Maße, als ihre systemeigene Komplexität zunimmt und ihre Praxis sy-

31 Vgl. Kapitel 1.
32 Vgl. Kapitel 2.

stematisiert werden muß, *Kontingenzformeln* aus, um die operative Einheit des Duals zu begründen und mit hinreichend instruktiven Prämissen zu versehen. Dies geschieht freilich nur dann, wenn die Dualkonstruktion Kontingenzen aufnimmt und sich daraus das Bedürfnis nach übergreifenden und entscheidungswirksamen Orientierungen ergibt.

Als Kontingenzformeln wollen wir Symbole oder Symbolgruppierungen bezeichnen, die dazu dienen, die unbestimmte Kontingenz eines besonderen Funktionsbereichs in bestimmbare Kontingenz zu überführen. Über Kontingenzformeln arrangiert sich ein Funktionssystem mit jeder Art von Negierbarkeit, nämlich mit der in der Sinnkonstitution festgelegten Tatsache, daß die Möglichkeit zu negieren als solche nicht negiert werden kann, aber in bestimmten Hinsichten doch laufend negiert werden muß. Modaltheoretisch gesehen handelt es sich mithin darum, jenes Element von Notwendigkeit zu lokalisieren und zu interpretieren, das in der Negierbarkeit aller Modalformen impliziert ist, und es als instruktive Prämisse einer selektiven Praxis auszunutzen.

Ausgearbeitete Kontingenzformeln müssen berücksichtigen, daß die Wertbegriffe der Duale oder binären Schematismen allein als Selektionskriterien nicht ausreichen, zumindest allein nicht in der Lage sind, die Rationalität der relationierenden Praxis zu begründen. Wahrheit ist kein ausreichendes Selektionskriterium für die Auswahl richtiger Sätze[33], Gerechtigkeit kein anwendbarer Maßstab der Rechtsfindung; Habe ohne Rücksicht auf Nebenbedingungen zu maximieren, ist wirtschaftlich gesehen nicht rational. Im gleichen Sinne müßte die Theologie akzeptieren können, daß Strategien der Minimierung von Leid oder von Sünde nicht zugleich solche sind, die Heilsaussichten oder Gnadenchancen maximieren. In all diesen Fällen sind solche wertbezogenen Selektionen nicht nur deshalb unzulänglich, weil ein Rest an Unberechenbarkeit in den facts of life oder im Willen Gottes nicht zu eliminieren ist; sondern deshalb, weil Rationalität selbst eine relationale Struktur hat. Diese Einsicht schließt im übrigen auch die bloße Umkehrung der Orientierung aus: je mehr Leid, desto mehr Heil; je größer die Sünde, desto sicherer

33 So mit selten zu findender Klarheit Karl R. Popper, Objective Knowledge: An Evolutionary Approach, Oxford 1972, z. B. S. 317, 320 f.

die Gnade. Vielmehr kommt es auf ein »Wie« des Verhältnisses, auf die Art des In-Beziehung-Setzens an. Und genau dafür sollten Kontingenzformeln Gesichtspunkte der Orientierung bereitstellen.

Mit der Abstraktion von vorbestimmten Wert*bindungen* (im Sinne von Engagement ebenso wie im Sinne von Verteilung) bringen Kontingenzformeln die Einheit *beider* Werte des Duals und damit Vollständigkeit und Beteiligung *aller* am System zum Ausdruck. Sowenig wie jemand, wenn Eigentum einmal institutionalisiert ist, weder haben noch nichthaben kann, sowenig kann er außerhalb von Leid und Heilsaussichten oder außerhalb von Sünde und Gnade leben. Die Disjunktionen sind vollständig, betreffen jeden Teilnehmer des Gesellschaftssystems, können also nicht schichtspezifisch, geschlechtsspezifisch oder ethnisch limitiert werden. Sie lassen nur noch Unterschiede der Verteilung zu und stimulieren eben dadurch ständig die Frage nach Gründen für gegebene Verteilungen. Sie präformieren ein Prinzip der Inklusion, das allerdings erst sehr viel später unter Schlagworten wie Freiheit und Gleichheit für alle zur Zielformel der bürgerlichen Bewegung wird[34].

Kontingenzformeln sind mithin *Universal*formeln für die Gesamtkonstruktion eines Funktionsbereichs unter *spezifischen* Relevanzgesichtspunkten[35]. Sie richten sich nach gesellschaftsstrukturellen Bedingungen und wandeln sich mit ihnen. Ihre Tragweite läßt sich am besten durch vergleichende Analysen vorführen. Vor allem in Funktionsbereichen, die binär codierte Kommunikationsmedien ausgebildet haben, haben sich im Zusammenhang damit funktionsspezifische Kontingenzformeln entwickelt[36]. So wird in älteren Gesellschaftssystemen im Bereich politischer Macht die binäre Codierung stark/schwach durch Legitimationsformeln überbrückt, die in einer für Politik spezi-

34 Diese Einsicht wird uns später (Kapitel 4) das Verständnis von »Säkularisation« erleichtern.

35 Damit beziehen wir uns auf die These von Parsons, daß die gesellschaftliche Evolution Kombinationen von universalistischen (nicht: partikularen) und spezifischen (nicht: diffusen) Handlungsorientierungen (pattern variables) begünstigt.

36 Vgl. dazu Niklas Luhmann, Einführende Bemerkungen zu einer Theorie symbolisch generalisierter Kommunikationsmedien, in ders., Soziologische Aufklärung II, Opladen 1975, S. 170—192.

fischen Weise Machtgebrauch auf das *»Gemeinwohl«* (öffentliches Interesse, res publica o. ä.) beziehen. Darin ist das Erfordernis einer Stärkung und Einschränkung politischer Macht zugleich impliziert. Seit dem Durchbruch zur bürgerlichen Gesellschaft ist Gemeinwohl politisch uninterpretierbar geworden – nicht trotz, sondern durch Demokratisierung. Dafür wurde politische *Freiheit* als neue Kontingenzformel substituiert, nämlich als dasjenige Prinzip, das im gesellschaftlichen Leben seine eigene Limitierung fordert. Die Konsequenz war der Rechtsstaat, der Zwang nur noch zuläßt nach Prüfung, ob er mit Freiheit kompatibel sei.
Für den Bereich der Wirtschaft hat Knappheit eine entsprechende Funktion[37]. Ihr Bezugsdual ist die Kontrastierung von Haben und Nichthaben. Ihre Strukturierungswirkung beruht auf einem Summenkonstanzprinzip mit der Unterstellung, daß alle Vermehrung der Habe eines Teilnehmers am ökonomischen System auf Kosten anderer geht, also nicht als bloße Vermehrung von Habe schon rational sein kann.
Für den Bereich der Wissenschaft leisten Prinzipien der *Limitationalität* Entsprechendes. Sie garantieren die forschungstechnische Ergiebigkeit von Negationen in dem Sinne, daß die Negation einer möglichen Realitätsvariante oder einer möglichen wissenschaftlichen Aussage die Bejahung anderer um so wahrscheinlicher macht. Auf Prämissen dieser Art müssen sich nicht nur eine naturbezogene Gattungslogik und nicht nur eine dialektische Prozeßlogik[38] einlassen, sondern ebenso der kritische Rationalismus eines Popper und jede Spielart von Funktionalismus. Für das Erziehungssystem scheint in der neueren Zeit *Lernfähigkeit* als Einheit der Funktionsbedingungen und Ziele des Systems die Funktion einer Kontingenzformel zu gewinnen. Diese Formel hat ihren exzeptionellen Status darin, daß sie temporal dualisiert (vorher/nachher). Ihre Prämisse ist, daß jedes Personsystem jeden Zustand annehmen kann, sofern die strukturell regulierte, umweltbezogene Selbsttransformation gelingt.

37 Hierzu näher: Niklas Luhmann, Knappheit, Geld und die bürgerliche Gesellschaft, Jahrbuch für Sozialwissenschaft 23 (1972), S. 186—210.

38 Als Vergleich dieser beiden Varianten unter dem Gesichtspunkt ihrer Limitationalitätsprämissen siehe Hans Wagner, Philosophie und Reflexion, München—Basel 1959, S. 108 ff.

In diesen Fällen wird, aber das geht nicht ohne ein gewisses Maß an fiktiven Realitätsunterstellungen, für *beide* Werte des Duals wechselseitige Transformierbarkeit durch bloße Negation bzw. entsprechende Realoperationen vorausgesetzt[39]. Solche Duale können wir als binäre Schematismen bezeichnen. Sie sind in hohem Maße technisierbar. Für den Funktionsbereich der Religion lassen diese strengen Bedingungen sich anscheinend nicht erfüllen. Die Konsequenzen lassen sich an der Kontingenzformel des Religionssystems ablesen: am *Gottesbegriff*[40].

Rein empirisch läßt sich zunächst zeigen, daß die unitarische, monotheistische Lösung der Kontingenzprobleme des Religionssystems allmählich entwickelt wird durch Aufwertung von Vater-Göttern, Allzweck-Göttern, Hochgöttern. Sie drängt sich auf in dem Maße, als die Komplexität des Gesellschaftssystems und damit die Kontingenz seiner strukturellen Reduktionen und Handlungsselektionen anwächst[41]. Auch unabhängig von monotheistischen Entwicklungen, auch in polytheistischen Religionen setzt sich eine relationale Rekonstruktion religiös begriffener Kontingenz als eines Verhältnisses zur Gottheit durch[42]. Zugleich gerät mit zunehmender Komplexität der Gottesbegriff unter gesellschaftsbezogene Konstruktionsanforderungen. Gott

39 Eine Ausnahme gilt natürlich für temporalisierte Kontingenzformeln (Lernfähigkeit), bei denen die Asymmetrie der Zeit die wechselseitige Transformation blockiert (es sei denn, man kehre zu zyklischen Zeittheorien zurück). Als funktionales Äquivalent dient hier das Offenhalten der Zukunft auch für Zustände, die der Vergangenheit ähnlich sind. Das drückt der neuzeitliche Begriff der »Reproduktion« aus.

40 Hierzu auch oben S. 126 ff. Die nachstehenden Ausführungen schließen an diese erste Skizzierung der Kontingenzformel Gott an.

41 Die Korrelation von Monotheismus und politischer Komplexität scheint gesichert zu sein. Ob eine davon unabhängige Korrelation mit ökonomischer Komplexität besteht, ist umstritten. Vgl. dazu Ralph Underhill, Economic and Political Antecedents of Monotheism: A Cross-cultural Study, American Journal of Sociology 80 (1975), S. 841—861, und Guy E. Swanson, Monotheism, Materialism, and Collective Purpose: An Analysis of Underhill's Correlations, ebda. S. 862—869. Vgl. auch Guy E. Swanson, The Birth of the Gods: Origins of Primitive Beliefs, Ann Arbor 1960.

42 So beschreibt Eric A. Havelock, Preface to Plato, Cambridge Mass. 1963, S. 155 f. die Ablösung älterer griechischer Formen der Selbstdarstellung religiöser Profession als Geschicklichkeit (σωφία), Berufsgeheimnis usw. auf Rollenebene durch Vorstellungen wie Inspiration gegen Ende des 5. Jahrhunderts.

habe, so nimmt man an, sich um die Moral der Menschen zu kümmern[43]. Damit wird er selbst zu einer moralisch qualifizierbaren Größe. Die moralische Kontingenzregulierung erfordert einen »guten« Gott mit deutlichen Präferenzen. Ihm werden Präzisierungen abverlangt, die mit der Unbestimmtheit archaischer Hochgötter[44] nicht vereinbar sind und auch die verbreitete Vorstellung sprengen, daß die Einheit des einen Gottes und die Vielheit der Götter zusammen existieren können[45]. Damit wird es notwendig, die Einheit des Gottes selbst als Differenz zu denken: als Gutheit des Handelns, die die Differenz von gut und schlecht (gut und böse) schafft, ohne damit selbst schlecht zu handeln oder Böses zu wollen[46]; oder als Anfang und als Prinzip der Selbstrelationierung auf eine Welt hin, für die Gott dann in der Relation ein anderer wird; oder als supramodale Notwendigkeit, die weder als notwendig noch als kontingent im Sinne dieses modaltheoretischen Gegensatzes begriffen werden kann, weil nichts in ihr als durch Negation vermittelt gedacht werden kann. Eine nichtindifferente Transzendenz: Das müßte Er sein.

Begriffliche Kunstleistungen dieser Art zeigen an, daß diesem Symbolkomplex die Funktion einer Kontingenzformel zufällt, deren Einheitsproblem in eine Sphäre jenseits der Wertungen verlagert, aber gleichwohl mit deren Relevanz kompatibel ge-

43 Von den durch George P. Murdock, Ethnographic Atlas, Pittsburgh 1967, erfaßten Gesellschaften kennen wir für 684 Gesellschaften Daten zu dieser Frage. Nur 25 % von diesen haben einen Hochgott, der aktiv auf moralische Probleme hin handelt. Siehe Underhill a.a.O.

44 Siehe etwa E. E. Evans-Pritchard, Azande Theology, in ders., Essays in Social Anthropology, New York 1963, S. 162—203.

45 Vgl. Bernard Delfendahl, La multiplicité des dieux: Enquête à Kunje (Inde), Annales E. S. C. 25 (1970), S. 1523—1546; Erik Hornung, Der Eine und die Vielen: Ägyptische Gottesvorstellungen, Darmstadt 1971. »Einheit« oder Einzigkeit scheint in diesen älteren Theologien ein Attribut zu sein, das dazu dient, die relative Überlegenheit eines bestimmten Gottes über andere auszudrücken. Zur allmählichen Transformation dieser Einheit in Exklusivität vgl. Walther Eichrodt, Theologie des Alten Testaments, 5. Aufl. Stuttgart—Göttingen 1957, S. 141 ff.

46 Dazu Carl J. Peter, Divine Necessity and Contingency: A Note on R. W. Hepburn, The Thomist 33 (1969), 150—161; ferner allgemein zu Korrelationen, die das Absolute zu engagieren suchen, Wolfgang Cramer, Das Absolute und das Kontingente: Untersuchungen zum Substanzbegriff, Frankfurt 1959, S. 68 ff.

halten werden muß. Die Kontingenzformel wird als begründungshaltiger Begriff benutzt. Sie selbst wird der Kontingenz entzogen und wird Katalysator einer Dogmatik, die nicht mehr bereit ist, von jedem ihrer Punkte aus alles in Frage zu stellen. Die faktische Bedeutung konstruktioneller Unterschiede ist, bei aller fachtheologischen Relevanz, vielleicht gering. Bedeutsam aber ist die Möglichkeit, diesen systemlogisch erforderlichen Ausgriff in die Transzendenz nicht negativ gemeinter Negationen nochmals zu dualisieren und dadurch auszugleichen. *Das geschieht durch die zweite Person*[47].

Heute, nach vielen gescheiterten Versuchen, die Selbstlimitierung des Absoluten philosophisch zu begründen oder auch nur verständlich zu machen[48], kann man die Bedeutung dieser Lösung mitsamt den Denkbeschränkungen, die sie in Anspruch nimmt, neu einschätzen. Mit Hilfe dieses letzten Ausgleichs über zweite Personen wie den Messias, Christus, Mohammed ist es möglich gewesen, den Kontingenzbereich der Religion als *wechselseitige Selektion* zu modellieren und als Verhaltensgrundlage anzubieten. Nicht zufällig sind Vertrag und Liebe dafür geeignete Interpretamente. Die zweite Person erhöht außerdem die Belastbarkeit der Theologie durch Ausformulierung ihrer modallogischen Prämissen. Auf diese Weise hat man sehr anspruchsvolle und zugleich plausible, sachgerechte Lösungen des Kontingenz-Problems formulieren können, die sich sehr verschiedene theologische Interpretationsmöglichkeiten mehr schöpfungstheologischer oder mehr christologischer Art offen halten konnten und zugleich bei aller Radikalisierung weltbezogener Transzendenz in jener supramoralischen, supramodalen Relation Gottes zur Welt hin eine ausreichende Nähe zu den Seelsorgebedürfnissen der professionellen Praxis wahren konnten. Die damit verbundenen Probleme konnten innerhalb des Religionssystems als dogmatische Probleme behandelt oder in der Spannung zwischen

47 Zu Vorläufiger-Figuren des »Transformer, Culture-Hero, Trickster« siehe Paul Radin, Primitive Man as Philosopher, 2. Aufl. New York 1957, S. 347 ff.

48 Siehe nur Walter Schulz, Das Problem der absoluten Reflexion, Frankfurt 1963, zu den neuzeitlichen Versuchen, die Figur der Reflexion hierfür einzusetzen. Angesichts dieses Scheiterns kann man vorab schon wissen, daß es wenig sinnvoll sein würde, im Nachzeichnen der Überlegungen des Deutschen Idealismus eine Lösung theologischer Probleme zu suchen.

theologischer Systematik und seelsorgerischer Praxis ausgetragen werden. Mehr als in anderen Fällen (etwa im buddhistischen Bereich) konnte so ein Auseinanderfallen von Hochreligion und Volksreligion verhindert oder doch begrenzt werden. Der evolutionäre Erfolg dieser Version von Religion ist der Art zu danken, wie sie Kontingenzen relationiert auf einem Niveau der Generalisierung und der Komplexität, das mit sehr verschiedenen Formen von Hochkultur in den übrigen Bereichen der Gesellschaft, namentlich in Politik und Wirtschaft, und zunächst auch mit Entwicklungen darüber hinaus kompatibel war.

Setzt man diese Überlegungen zur Kontingenzformel des Religionssystems in Vergleich zu anderen Funktionssystemen, so zeigt sich mindestens ein bedeutsamer Unterschied: Seit dem Umbruch zur bürgerlichen Gesellschaft, seit etwa der Mitte des 18. Jahrhunderts sind alle anderen Kontingenzformeln neu gefaßt und dabei mit Steigerungsinteressen identifiziert worden. Das gilt sehr deutlich für die Kontingenzformel der Moral: die Freiheit des Individuums; ebenso für das Umdeuten von Gemeinwohl in politische Freiheit; ebenso für die dialektisch-temporalisierte Fassung des Problems der Limitationalität, und natürlich für Knappheit. Auch Lernfähigkeit gilt den Pädagogen nicht als höchst dubiose, jedenfalls ambivalente Sache, die Gutes und Schlechtes, Brauchbares und Unbrauchbares sozusagen unterschiedslos konsumiert, sondern als förderungswürdiges Systemziel[49]. Kontingenzformeln werden in all diesen Fällen so behandelt, als ob es gälte, ein unlösbares Problem als ein lösbares erscheinen zu lassen. Dabei wird übersehen, daß gerade der Unlösbarkeit von Problemen die wichtige Funktion der Katalyse struktureller Entwicklungen zufällt. Gerade die Unlösbarkeit gibt jene unverbrauchbare Dauerstimulation, die einen Katalysator auszeichnet und zum evolutionären Aufbau komplexer Systeme erforderlich ist. Überdies scheitert die Identifikation

49 Wer den Tiefgang dieser Interpretation an sich selbst messen will, möge etwa Literatur über Sonderschulen und Lernbehinderung lesen. Durchgehend wird argumentiert: Man müsse mehr und Besseres tun, um Lernbehinderungen zu beseitigen oder gar nicht erst entstehen zu lassen, um die Chancengleichheit aller, die darin besteht, daß jeder möglichst viel lernen kann, herzustellen. Und was sollte man, wenn ein Problem einmal so formuliert ist, dagegen sagen?

von Kontingenzformeln mit Steigerungsinteressen an Gesichtspunkten der Rationalität; es ist ja bekannt, daß es keine Modelle für rationale Kalkulation gibt, die mehr als einen Wert zu maximieren sucht.
Lediglich im Religionssystem haben sich Reserven gegenüber diesen die letzten beiden Jahrhunderte überschwemmenden Interpretationen gehalten. Die hier akzeptierte Kontingenzformel Gott wird nicht als gänzlich unbestimmbare Kontingenz vorgestellt, aber auch nicht auf ein Steigerungsinteresse oder eine Maximierungsidee hin verdichtet. Unabhängig von aller theologischen Aufbereitung ist schon die »Lage« der Formel im Zwischenbereich von unbestimmbarer und bestimmter Kontingenz bemerkenswert. Und es ist nicht auszuschließen, daß hier eine Position gehalten wird, die ein Scheitern der Steigerungsformeln überdauern und darauf reagieren kann.

## VI.

Auf einer etwas konkreteren Stufe soll an einem Beispiel aus dem Bereich christlicher Religion nunmehr gezeigt werden, wie das Kontingenzverhältnis Gott/Mensch in einer Weise symbolisiert werden kann, die Konsequenzen hat für die Situationsauffassung der professionellen Praxis. Unser Beispiel involviert die zweite Person[50]. Es behandelt sie aber nicht in der untergeordneten Rolle eines bloßen Boten, Überbringers oder Vermittlers, der das Unsichtbare (nur) näher bringt, (nur) sichtbar macht, sondern in selbständiger Funktion. Wir gehen damit über eine bloß gnoseologische – und damit nach bekanntem Verfahren leicht kritisierbare[51] – Begründung der Christologie hinaus.

50 Überlegungen zur Trinität, vor allem zur Funktionalität der Unterscheidung dreier Personen einer Gottheit, wären anschließbar. Sie würden allerdings die logischen Probleme der Trinität nicht lösen, sondern bestenfalls verständlich machen, weshalb man sie sich auflädt.

51 Siehe etwa Ronald W. Hepburn, Christianity and Paradox: Critical Studies in Twentieth-Century Theology, London 1958, S. 60 ff. Nach Kenntnisnahme der Position und der Kritik wird man überhaupt eine zweistellige Relation mit nur einem selbstreferentiellen Begründungsargument als zu schmalspurig empfinden für die Lösung der damit angesprochenen Probleme. Wer über Christus etwas über Gott erfahren will, muß zuvor schon glauben, daß

Eine der möglichen Interpretationen der Kontingenz, die *neben die der Schöpfung* gestellt wird, bedient sich der Vorstellung des *Gebens.* Der Mensch ist nicht nur ein Wesen, das geschaffen worden ist, sondern auch ein Wesen, dem etwas gegeben wird – zunächst vor allem sein ganzes Leben und sein Tod. Ebenso wie die Schöpfung ist das Geben kontingent – es brauchte nicht zu sein. Als Geben von Leben und Tod individualisiert es den Empfänger und verpflichtet ihn sodann nach einem allgemeinen Typus gesellschaftsüblicher Vorstellungen zur Reziprozität[52]. Das ganze Leben selbst kann man jedoch nicht adäquat entgelten, da alles Entgelten nur auf Grund der Gabe überhaupt möglich ist[53]. Die Gabe versetzt in Dauerdankbarkeit und Dauerschuld. So zu geben, ist moralisch mindestens ambivalent. Man kann es für gut halten, da das Leben ja ein Gut ist, andererseits ist es eine ausgeklügelte Bosheit, den Empfänger auf diese Weise in Dauerschuld zu versetzen, aus der er sich selbst nicht befreien kann[54].

es möglich ist, und schon wissen, was er erfahren will. Außerdem wird bei dieser Argumentführung nicht recht einsichtig, wieviel man theologisch eigentlich gewinnt, wenn man einen *Ort* durch eine *Person* ersetzt — nämlich den *Tempel*, von dem Gott selbst gewollt hat (was man glauben muß), daß er dort verehrt wird, durch den *Christus*, von dem Gott selbst gewollt hat (was man glauben muß), daß er ihn offenbart. *Erhalten* bleibt gewiß bei dieser Verschiebung der wichtige Strukturzusammenhang von *Einzigkeit* und *Universalität,* und *gewonnen* wird natürlich ein höheres Maß an Text- und Erzählfähigkeit des Glaubens. Aber das Rationalitäts- und Begründungsproblem wird mit dieser Verschiebung *nur um so prekärer*; es wird sozusagen selbst in die Kontingenz gestoßen.

52 Vgl. etwa: Marcel Mauss, Die Gabe: Über Formen und Funktionen des Tausches in archaischen Gesellschaften, dt. Übers., Frankfurt 1968; Bronislaw Malinowski, Sitte und Verbrechen bei den Naturvölkern, Dt. Übers., Wien o. J., S. 28 ff.; Claude Lévi-Strauss, Les structures élémentaire de la parenté, Paris 1949, insb. S. 78 ff.; Marshall D. Sahlins, On the Sociology of Primitive Exchange, in: The Relevance of Models for Social Anthropology, London 1965, S. 139—236.

53 Vgl. 1 Kor. 4,7: »Was hast du aber, was du nicht empfangen hast? So du es aber empfangen hast, was rühmst du dich denn, als ob du es nicht empfangen hättest?«

54 Bereits die Theologie des Paulus trifft hier eine problematische Entscheidung: Gott strafe Undankbarkeit dadurch, daß er die Menschen dahingebe an ihre Sünde (Römer 1,21—28). Diese Auslegung verdeckt die moralische Ambivalenz, die schon im Geben selbst und in der Erzeugung von Dankesbindungen liegt. Zu den moralischen Problemen der Identitätszumutung bei unerbetenem Schenken vgl. Barry Schwartz, The Social Psychology of the Gift,

Ebenso wie die Schöpfung des Guten und des Bösen ist die Gabe von Leben und Tod zunächst metamoralische Kontingenz. Diese Kontingenz wird, und das macht ihre Abstraktheit aus, nur *zeitlich* strukturiert. Gott nutzt seinen Zeitvorsprung als Schöpfer und die Uneinholbarkeit der ersten, noch nicht als Dank geschuldeten Gabe, um daraufhin sowohl Gutes als auch Schlechtes, sowohl Gnade als auch Sünde geben zu können je nachdem, ob der Mensch seiner primären Dankesbindung Rechnung trägt oder nicht.

Das ist zumindest die paulinische Theologie. Sie nutzt nicht alle Möglichkeiten. Mit Hilfe des Zwei-Personen-Modells kommt man über diese einfache Relationierung von Geben und Empfangen und ebenso über eine bloß tauschförmige Reziprozität hinaus. Darin liegt dogmatisch gesehen der Vorteil des Fortschritts vom Ort zur Person, vom Tempel zum Christus. Die Prozeßvorstellung des Gebens ermöglicht eine *reflexive* Interpretation als Geben des Gebens; und Leben und Tod des Jesus von Nazareth machten es möglich, diese Möglichkeit zu realisieren. Gegeben wurde in diesem Falle ein Leben, das sich selbst gibt. Es mußte gegeben sein und sich selbst geben können[55]. Gegeben war das Leben als Leben, sich selbst geben konnte es nur durch Aufsichnehmen des Todes. Das Reflexivwerden göttlichen Gebens setzt somit die Differenz von Leben und Tod, also Menschwerdung voraus.

Diese Konstellation ließ sich auf einer dritten Reflexivitätsstufe nutzen, um das Geben selbst zu salvieren. Das Geben dieses Lebens fand seinen eigenen Sinn darin, jenes Problem der moralischen Ambivalenz zu lösen und die untragbare Dankesschuld nicht abzutragen, sondern mit Heilsaussicht zu versöhnen. Nur so konnte man schließlich wagen, die Gabe des Lebens als Akt der Liebe in einem vertieften Sinne zu deuten, nämlich als Gabe der Freiheit, sich im Leben für oder gegen den Geber zu ent-

The American Journal of Sociology 73 (1967), S. 1—11. Bemerkenswert im übrigen die Umkehrung des Arguments bei Kant (Metaphysik der Sitten: Rechtslehre § 28 und 29): Weil die Gabe des Lebens ohne Einwilligung hingenommen werden müsse, seien die Eltern zur Erziehung verpflichtet.

55 Oder: um sich selbst geben zu können? An die spezifischen Schwierigkeiten der Interpretation der Freiheit des Entschlusses zum Tode und des Voraussens künftiger Kontingenz sei erinnert.

scheiden. Erst vor der letzten Konsequenz, die Anmahnung der Dankesschuld als Grundlage von Verhaltensnormierungen ganz aufzugeben und die Einstellung zu Gott dem Belieben anheimzugeben, scheut eine Theologie zurück, die eine Kirche zu betreuen hat.

Als Kontingenzmodell setzt Geben aus Liebe Freiheit des Entschlusses voraus. Auch aufgegebenes Aufgeben der Gabe des Lebens müßte noch als frei begriffen werden können, soll es sich wirklich um einen reflexiven Prozeß handeln[56]. Die Interpretation dieser Freiheit des gegebenen Gebens, der Freiheit in Gethsemane, wird damit zum Schlüsselproblem.

Es wäre recht vordergründig, diese Freiheit als in der Natur des Menschen liegend einfach vorauszusetzen und in der Göttlichkeit dieses Menschen Jesus dann den Trost und die Sicherheit zu finden, daß sie nicht mißbraucht werden kann. (Daß sie nicht mißbraucht *wurde*, ist natürlich kein Argument). Freiheit ist keine Eigenschaft (etwa als Fähigkeit zu indeterminiertem Disponieren über Ursachen). Sie wird auch nicht erst geschaffen und hernach Versuchungen ausgesetzt, so als ob es um Qualitätstests der Schöpfung gehe. Sie kann schließlich nicht allein aus der logischen Ambivalenz der Aussagen über singuläre künftige Kontingenzen hergeleitet werden[57], da die Frage ja mitbeantwortet werden müßte, weshalb auch dieser heilsnotwendige göttliche Entschluß in der Schöpfung noch als kontingent angelegt werden mußte.

Freiheit ist vielmehr schlechthin, und so auch in diesem Falle, ein *Effekt der Vorausbestimmung* selbst und nur ihr zurechenbar. Insofern ist sie im Akt der Bestimmung mitgegeben. Nur wenn es eine Norm gibt *und man sie kennt*, ist man frei sie zu befolgen oder zu übertreten. Nur wenn es Voraussicht des eigenen Verhaltens gibt *und man die Voraussicht kennt*, ist man frei, sie zu realisieren oder sie zu durchkreuzen. Die mitgeteilte Norm provoziert den ersten Adam, die erkannte Voraussicht provoziert den zweiten Adam in die Freiheit. Erst die Aufstellung der Theorie des eigenen Verhaltens macht dieses frei. Man

56 Das gilt erst recht, wenn man auch dieses Geben als Ausdruck von Liebe interpretieren will (Joh. 3,16; 15,13).

57 Siehe Anselm von Canterbury, Cur Deus Homo II, 17, Opera Omnia (ed. F. S. Schmitt), Neudruck Stuttgart 1968 Bd. II, S. 122 ff.

kann dann theoriegemäß oder auch anders entscheiden. Genau dies gilt auch für Gethsemane. Nur steht gerade hier, müßte die Theologie sagen, mit der Theorie des eigenen Verhaltens noch die Theorie der Freiheit selbst zur Disposition – und dann kann man sich in Freiheit nicht gegen Freiheit, in der Situation des Bestimmten nicht gegen die Bestimmung, in der Situation des Gegebenen nicht gegen das Geben entscheiden. Man könnte es zwar – aber die Vergewisserung dieses Könnens dient nur noch der Vergewisserung des Nicht-anders-Könnens. Immer noch hätte die Entscheidung anders fallen können – aber nur in Reaktion auf eine andere Theorie des Verhaltens – in Reaktion auf Lokalpolitik, Gerichtsverfahren, Nutzen/Kosten-Kalküle oder Ähnliches[58].

Es lohnt sich, an dieser Stelle einen Vergleich mit Vorstellungen über vorgeburtliche Bestimmung einzuschalten, wie sie in einfacheren, stark verwandtschaftsgebundenen Gesellschaften vorkommen[59]. Diese Vorstellung reagiert auf Auffälligkeiten des gesellschaftlichen Abweichens oder Versagens. Sie individualisiert den Grund dafür mit Annahmen über ein individuell verordnetes Schicksal, das Seher deuten können (wenn die Auffälligkeit zu Tage getreten ist) und das auf Ahnen, Geister oder sonstige Veranlasser zuzurechnen ist, die sich mit Gaben oder mit magischen Techniken beeinflussen lassen. Auch hier ist die Bestimmung nicht unnegierbar gedacht. (Ob Abwendungsmaßnahmen im Einzelfall glücken, ist eine andere Frage). Man ist, wenn man das Schicksal dank seherischer Deutung kennt, frei, etwas dagegen zu tun. Man kann sich natürlich auch »fatalistisch« verhalten, aber die Doktrin und die Deutung des Schicksals präsentieren nicht die gesellschaftliche Erwartung, das Schicksal zu akzeptieren.

Diese Form der Kontingenzverarbeitung setzt keine Differenzierung von Gesellschaftssystem und Religionssystem voraus. Sie

58 Das Argument läßt also dem Skeptiker jede Möglichkeit des Bezweifelns offen. Er könnte auf jeder Theorie-Ebene negieren und sich auch vorstellen, daß er, käme er in die Situation von Gethsemane, andere Möglichkeiten finden könnte, sich zu helfen.

59 Vgl. Meyer Fortes, Ödipus und Hiob in westafrikanischen Religionen, dt. Übers. Frankfurt 1966. Ferner William G. Green, Moira: Fate, Good, and Evil in Greek Thought, Cambridge Mass. 1944; M. David, Les dieux et le destin en Babylonie, Paris 1949, für Übergangslagen.

ist an alle Probleme anschließbar, die die jeweilige Gesellschaftsstruktur mit einer gewissen Typik aufwirft. Sie bleibt deshalb an konkrete Auffälligkeiten gebunden, die nur rückwärts und vorwärts interpretiert werden, und begreift in diesem Sinne Bestimmung als individuelles Lebensschicksal. Mit dem Fortschreiten der gesellschaftlichen Differenzierung nehmen auch die Kontingenzen des täglichen Lebens zu, und es bietet sich an, sie einerseits bereichsspezifisch, andererseits unter allgemeineren Kriterien abzufassen. Man kann diese Transformation ablesen an der Neuinterpretation der Bestimmung als Wille und Voraussicht Gottes und an der Erwartung, diese Bestimmung frei zu akzeptieren – eine Erwartung, die nun aber religionsspezifischen Gehalt annimmt und nicht mehr durchgehend an Erwartungsenttäuschungen des täglichen Lebens anschließt. Der in Gethsemane angenommene Tod hat seinen Sinn als Gabe des gegebenen Lebens – nicht als Hinnahme eines vorbestimmten Leides wie Kinderlosigkeit, Mißernten, Krankheit.

Ein zweiter Vergleich bringt uns näher heran an die Gesellschaftsstruktur, die im Kontingenzmodell des reflexiven Gebens vorausgesetzt ist. Wir entnehmen ihn der Darstellung der Haltung des Sokrates in Platons Kriton. Auch hier geht es um die Gabe des Lebens und angesichts des Todes darum, diese Gabe dem zu geben, der das Leben (und damit alles) gegeben hat. Gegeben hat die Gabe: die Stadt. Sie hat es durch ihre gesetzliche Ordnung den Eltern ermöglicht, sich zu treffen, Kinder zu zeugen, aufzuziehen und zu erziehen. Der Stadt verdankt jeder Bürger alles, was er ist. Im Namen der Stadt sprechen die Gesetze und das Gemeinsame[60]. Sie stellen vor die Wahl, ihnen recht oder unrecht zu tun. Und die Antwort lautet: daß man gegenüber dem, dem man alles verdankt, nicht auf Unrecht mit Unrecht reagieren darf. Das Argument hat eine Mehrebenen-Struktur, aber nicht im Bewußtsein des Entscheiders, sondern im Objekt: Die Stadt hat Gesetze und Richter, die fallweise Fehlentscheidungen treffen. Sie trennt das Gemeinsame und das Private. Die Vernunft fordert, daß Interessen auf der Ebene des Privaten nicht gegen das Gemeinsame, Reaktionen auf der Ebene des Entscheidens nicht gegen die Gesetze antreten dürfen, weil

60 Οἱ νόμοι καὶ τὸ κοινὸν τῆς πόλεως (Kriton 50 A).

die Gesetze der Gemeinschaft das Leben gegeben haben[61]. Dieser Vernunft zu folgen aber heißt: der Weise zu folgen, in der Gott uns leitet[62].

In diesem Konzept ist, der Soziologe fühlt sich an Durkheim erinnert, die Stadtgesellschaft der Geber – eine Gesellschaft, die durch ihre Ämter nicht diskreditiert, durch ihre eigene Humanität nicht widerlegt werden kann, weil sie nur durch Ämter und Ethos das sein kann, was sie ist. Im Lande der Hebräer wäre ein solches Vertrauen in die politisch konstituierte Gesellschaft nicht möglich gewesen. Das gleiche Kontingenzmodell reflexiven Gebens muß sich hier auf andere Voraussetzungen einlassen, sollen Freiheit und Vernunft in der Annahme des Todes konvergieren. Die Lösung beruht hier auf einer Reduplikation: Es wird zwischen dem Gott und dem Volk unterschieden mit der Folge, daß zwischen beiden kontingente Beziehungen bestehen können, die in Ordnung oder auch nicht in Ordnung sein können. Damit werden für individuelles Verhalten neue Freiheitsgrade gewonnen: Die Vernunft gebietet nicht notwendig, Fehlverhalten in politischen Ämtern zu akzeptieren, es kommt auf die Relation dieses Verhaltens zum Willen Gottes an – einer Relation, auf die man sich auch Königen, auch Priestern gegenüber individuell einzustellen hat. Das Modell des reflexiven Gebens erreicht seine endgültige Form, wenn der Geber aus der Gesellschaft herausgenommen und ihr gegenübergestellt wird. Dann kann auch das Individuum in die gleiche Distanz zur Gesellschaft treten. Dann ist Religion ausdifferenzierbar und nicht mehr nur nachgeschaltetes Motiv für die Annahme politischer Entscheidungen. Dann ist Religion autonom, zwar keineswegs unabhängig von der Gesellschaft, wohl aber in der Lage, über ihre Beziehungen zu anderen Bereichen der Gesellschaft ein eigenes Urteil zu bilden. Der Geber, dem man sein Leben und damit alles verdankt in einer Weise, die auch durch Rückgabe des Lebens nicht auszugleichen ist, kann in beliebige Distanz zu gesellschaftlichen Verhältnissen gebracht werden.

Auf seiten des Menschen setzt das Kontingenzmodell reflexiven Gebens bereits differenzierte Lebenssituationen, also einen ent-

61 Πρῶτον μὲν σὲ ἐγεννήσαμεν ἡμεῖς (Kriton 50 D).
62 Ἐπειδὴ ταύτῃ ὁ θεὸς ὑφηγεῖται (Kriton 54 E).

wickelten Gesellschaftszustand voraus. Die Gabe des Lebens betrifft nicht nur die Herstellung und Erhaltung oder Reproduktion; sie bezieht die Qualität des Lebens ein und hat darin ein Maß ihrer Perfektion, das in unterschiedlichen Graden erfüllt werden kann[63]. Das ermöglicht den Anschluß einer Moral, die nicht mehr schlicht Realitätsanforderungen in Verhaltenserwartungen übersetzt, sondern zwischen externaler und internaler Zurechnung, zwischen unverfügbaren Kriterien und Bedingungen auf der einen und Leistungen oder Fehlleistungen auf der anderen Seite unterscheiden kann[64]. (Die politisch-ethische Unterscheidung von ζῆν und εὖ ζῆν zeigt im übrigen, daß auch außerhalb dieses theologisch bestimmten Kontextes genau analog liegende Problem der moralischen Artikulation von Kontingenz auftreten und ebenfalls mit Hilfe der Kategorie des Lebens eine Form erhalten, die Zurechnungsdifferenzierungen erlaubt). Andererseits wird Freiheit defizient, das heißt dem Mißbrauch ausgesetzt.

Heil kann bei einem solchen Konzept nichts anderes sein als die Ganzheit des Lebens selbst – also seinerseits Gabe, also Gnade (und nicht etwa: bloße Belohnung guter Lebensführung mit »Seelenheil«). Eben in dieser Totalität bleibt das Heil für den Einzelnen auch eigene Wahl und Entscheidung. Heil steht in keinem Reziprozitätsverhältnis zu Leistungen. Jener Logik der Reflexivität göttlichen Gebens entspricht damit in der Geschichtserfahrung des Menschen die Heilsgeschichte[65]. Der Unabtragbarkeit der Dankesschuld entspricht der doch nicht »ganze« oder »gute«, sondern fragmentierte, leidvolle Daseinszustand, der das ganze Leben (noch) gar nicht ist. Die Spannung wird temporal ausgeglichen: Der zweite Adam ist in seiner historischen Faktizität den Weg des Heils vorausgegangen.

An diesen Punkt gelangt, ist es eigentlich nicht mehr möglich, Kontingenz über Verrechnungen aufzuheben oder mit den Ver-

63 Monica Wilson, Religion and the Transformation of Society: A Study in Social Change in Africa, Cambridge England 1971, S. 47 f. hat entsprechende Veränderungen der Glaubensvorstellungen im Süden Afrikas beobachtet.

64 Vgl. hierzu Harold H. Kelley, Moral Evaluation, American Psychologist 26 (1971), S. 293—300.

65 Diese Entsprechung bleibt außer Acht, wenn man die Frage zu der Alternative zuspitzt, ob die Menschwerdung Gottes reiner Selbstvollzug war oder um des Menschen willen erfolgte.

tröstungskonzepten eines Schicksalsausgleichs stillzustellen. In seiner reflexiven Form wird das Kontingenzmodell des »Gebens« inkompatibel mit der Einführung von Ersatzleistungen, die durch Erweiterung der Güter oder durch Erstreckung der Zeit zu einem Gleichgewicht zu kommen suchen. Obwohl die Vorstellung der Kompensation dem römischen Recht entlehnt und für theologische Zwecke adaptiert wird[66], bleibt diese Argumentationsfigur dem spezifisch christlichen Ansatz äußerlich. Gewiß könnte man sagen: Die Gabe des Lebens habe ihre eigene Mangelhaftigkeit immer schon kompensiert, dadurch daß sie in Christo für Leid Heil und für Sünde Erlösung bereitstelle. Aber das wird der Spezifik der Reflexivform des Gebens nicht gerecht, die als Geben der Gabe des Lebens in der Menschwerdung ihre eigene Negation impliziert.

Insofern bleibt der Bezug auf Leben und Tod ein nichteliminierbares Moment. Diese Kontingenzform läßt sich nicht ins Kosmologische elargieren – etwa an Hand der Lehre von der creatio continua, die aus Gründen zunächst des Kausalbegriffs, dann des Zeitbegriffs den Bestand der Welt als laufenden Akt der Gnade zu begreifen suchte. Von hier aus kommt man nur wieder auf die Frage der Kontingenz zurück. Warum so und nicht anders? Und man ist letztlich gezwungen, sich auf die Probleme der Theodizee einzulassen, für die religiös befriedigende Lösungen sich kaum abzeichnen.

Erst ein genaueres Durchdenken der Modelle, die angeboten werden, um Kontingenz und Negierbarkeit zu artikulieren, läßt solche Differenzen bewußt werden. Dabei bleibt natürlich die Frage, unter welchen Gesichtspunkten man derartige Ausführungskonstruktionen eines theologischen Kontingenzprogramms beurteilen will. Als Theologie zumindest – das heißt: im Bereich derjenigen Bemühungen, die sicherzustellen suchen, daß man wissen kann, wie andere denken, wenn sie glauben – als Theologie zumindest verdient die Konstruktion der Reflexivität des Gebens Beachtung. Durch Bezug des Gebens auf Leben und Tod spannt sie göttliche und menschliche Kontingenzen zusammen und ermöglicht eben dadurch eine Form der Reflexivi-

66 Vgl. Odo Marquard, »Kompensation«: Überlegungen zu einer Verlaufsfigur geschichtlicher Prozesse, Ms. Bad Homburg 1976, mit Rückführung bis auf Tertullian.

tät, die die Probleme der Konstruktion selbst löst. Und sie kann bezeugen: Es ist so gewesen[67]. Kontingenz, Existenz und Reflexivität begründen sich im Bezug aufeinander. Auch muß man erwarten, daß die Wahl eines solchen Syndroms als Glaubensgrundlage weitreichende Konsequenzen hat für die Praxis der Profession. Es ist dann nicht mehr möglich – oder möglich nur noch im Sinne eines schlichten Theoriedefekts –, die Praxis der Profession selbst als Geben zu begreifen. Es mochten sich ritualisierte Reste dieses alten Modells halten und in der Form einer Differenzierung von Klerus und Laien neu verfestigen, aber es lag in der Konsequenz des Kontingenzansatzes der Theologie, sie in Frage zu stellen und schließlich aufzulösen. Schließlich ermöglicht dieses Kontingenzmodell nach Aufsprengung der polis eine Differenzierung von Religion und Politik. Eine an Gabe und Dankbarkeit orientierte Theologie liefert dem Religionssystem eine Ideengrundlage, die sich nicht mehr aus der Notwendigkeit politischer Herrschaft begründet und auch nicht mehr auf politische Strafgewalt zurückgreift (wie groß immer die Versuchung ist und bleibt, sich zur Durchsetzung religiöser Vorstellungen politischer und rechtlicher Mittel zu bedienen)[68]. Theologen mögen in derart elaborierten Kontingenz-Programmen Möglichkeiten sehen, verfeinerte Formen der Frömmigkeit zu stimulieren. Soziologisch gesehen erhöhen sie die Chance des Religionssystems, sich mit eigenbegrifflichen Mitteln auf eine Steigerung der funktionalen Differenzierung des Gesellschaftssystems einzustellen und in einer solchen Gesellschaftsformation zu überleben.

Bei aller Ausgewogenheit dieses Arrangements, das die Reflexivität des göttlichen Gebens vermittelt mit den differenzierten Unvollkommenheitserfahrungen des Empfängers, bleibt die entscheidende Erfahrung doch, daß die Kontingenz der einfachen Relation des Gebens so nicht überspielt oder gar aufgeho-

67 Siehe auch den Hinweis von Parsons / Fox / Lidz a.a.O., S. 377: Der Tod ist als *Gabe desLebens* bezeugt und nicht nur als Verschwinden einer göttlichen Person, die eine Zeitlang als Mensch verkleidet auf Erden zu sehen gewesen war.

68 So David Little, Religion, Morality, and Secularization, in: James F. Childress / David B. Harned (Hrsg.), Secularization and the Protestant Prospect, Philadelphia 1970, S. 135—150.

ben werden kann. Sie behält die aller kontingenten Relationierung immanente Möglichkeit der Umkehrung des Fragens. Eucharistie und Kirche, jene Derivate des Gebens, zweigen zu früh ab, bevor die Geschichte zu Ende ist. Am Ende aber heißt es: »Mein Gott, mein Gott, warum hast Du mich verlassen?« Damit wird nicht eine nur verdrängte Reziprozität angemahnt, wird nicht etwa Gott an seine Schuldigkeit erinnert. So wurde es gesprochen, und so war es vielleicht auch gemeint. Deshalb ist die religiöse Dogmatik vor dieser Stelle am Ende. Aber die Logik dieser Geschichte hat einen anderen Sinn. Sie sagt am Ende nur: Es war nicht notwendig!

## VII.

Mit Hilfe der zweiten Person kann man »soteriological pressures«[69] im Religionssystem abfangen und außerdem die religiösprofessionelle Praxis mit einer nur noch abstrakt möglichen Theologie verbinden, die die Lehr- und Ausbildungsfunktionen des Religionssystems beherrscht. Je anspruchsvoller ein solches Verknüpfungsmuster gestaltet wird, desto stärker bezieht es sich nur noch auf das Religionssystem selbst. Konsistenzprobleme im Bereich der Dogmen und Kompatibilitätsprobleme im Bereich funktionaler Einrichtungen bleiben Interna des Religionssystems, das sich gerade unter dem Druck wachsender Anforderungen irreversibel gegen andere Funktionsbereiche der Gesellschaft differenziert. Damit verschärft sich also nur die Frage, ob und wie bei einer solchen Entwicklung verschiedene Funktionsbereiche miteinander noch integriert werden können, obwohl sie jeweils eigene Dualisierungen und jeweils auf ihre Funktion abgestellte Kontingenzformeln verwenden. Wir können dieses Thema hier nicht in voller Breite anschneiden, denn das würde eine komplette Darstellung der Theorie sozialer Differenzierung erfordern. Es gibt aber in der Tradition mindestens einen Versuch, dieses Problem in einer Weise zu lösen, die den Umgang mit Modalitäten und Negationen auf der Ebene symbolischer Strukturen un-

69 nach einer Formulierung von Louis Schneider, Sociological Approach to Religion, New York 1970, S. 127 ff.

mittelbar betrifft und insofern in unseren Themenkreis gehört; das ist Orientierung an der Idee der *Perfektion*[70].

Ursprünglich findet man Perfektionsvorstellungen im Bereich derjenigen Kontingenzen angesiedelt, die als τέχνη dargestellt und realisiert werden können[71]. τέχνη ist ein nur noch im Ursprung religiös (also: ambivalent) begriffenes, im übrigen aber dem Menschen in Erfolg und Mißerfolg verfügbares Handeln[72]. Der Begriff mobilisiert im Prozeß des Ablösens religiöser Bindungen ein eigenes Grenz- und Risikobewußtsein, ferner Qualitätsanforderungen wie Geschick (σωφία), Exaktheit und Gerechtigkeit, sowie spezifische Dualisierungen (τέχνη/ἐπιστήμη; τέχνη/φύσις), die seinen Wirkungsraum artikulieren und begrenzen. Über eine teleologische Interpretation werden die Kontingenzen dieses Bereichs bewundernswerter menschlicher Errungenschaften und Erfolge mitsamt ihren Risiken dann auf jeweils nichtselbstverständliche Vollendungszustände bezogen, in denen Natur oder Technik ihren Zweck erreichen und sich selbst erfüllen. Insofern steht die Vorstellung der Perfektion für negierte Kontingenz (bzw. für nicht mehr negierbare Notwendig-

70 Andere, weniger stringent reflektierte Problemlösungen laufen über allgemeingesellschaftliche *Moralisierungen* von Kontingenzformeln, namentlich des (nicht nur ökonomischen!) Verhaltens in Bezug auf Knappheit, des (nicht nur politischen!) Verhaltens in Bezug auf Gemeinwohl und des (nicht nur wissenschaftlich zweckmäßigen) Anerkennens der Limitationen menschlicher Erkenntnis — alles immer auch religiös wichtige Themen.

71 Eine umfassende Interpretation des τέχνη-Interesses in Relation zur gesellschaftlichen Entwicklung der griechischen Stadt fehlt. Die zu vermutenden Zusammenhänge vor allem mit der handwerklichen und professionellen (Medizin, pädagogische und rechtlich-politische Rhetorik) Entwicklung werden aber auch durch textnah gearbeitete Analysen der Begriffsgeschichte deutlich. Sie sind vom modernen Technik-Verständnis aus gerade in ihrem Bezug auf den Menschen ebenso wenig zu erschließen wie von den modernen Verwendungen der Begriffe Zweck und Mittel her. Siehe etwa Karl Ulmer, Wahrheit, Kunst und Natur bei Aristoteles: Ein Beitrag zur metaphysischen Herkunft der modernen Technik, Tübingen 1953; Alfonso Ortega, Aspectos del concepto de τέχνη en Aristóteles, Helmántica 16 (1965), S. 61—83; Jörg Kube, ΤΕΧΝΗ und ΑΡΕΤΗ: Sophistisches und platonisches Tugendwissen, Berlin 1969.

72 Dazu und zur Ablösung von der Religion Hinweise bei René Schaerer, ΕΠΙΣΤΗΜΗ et ΤΕΧΝΗ: Etude sur les notions de connaissance et d'art d'Homère à Platon, Macon 1930, insb. 3 ff., 190 f.

keit)[73]. Die Front der Diskussion liegt dabei, nachdem für die Griechen das religiöse Problem schon im Begriff der τέχνη gestellt und gelöst worden war, in der Beziehung zum Wissen, zum Zufall und zur Natur.

Erst die Zusammenführung dieser Begriffstradition mit der jüdisch-christlichen Religionsüberlieferung erzwingt einen neuen, jetzt komparatistischen Gebrauch von »Perfektion«, eingeführt durch Augustin und Anselm von Canterbury[74]. Damit wird sozusagen der Spielraum des Begriffs erhöht, seine Kompatibilität mit Negationen gesteigert, Perfektion selbst wird nun als steigerbar, also als kontingent gedacht, und nur in der höchsten Perfektionsstufe, im Superlativ des ens perfectissimum, wird Negation ausgeschlossen. Nur im ens quo nihil melius sit, im ens quod maius cogitari nequit, wird die Perfektion selbst perfekt. Die genauere logische Analyse von Steigerbarkeiten[75] wird mit Hilfe der Unterscheidung von inneren und äußeren Steigerungsbegrenzungen geführt, weist also über sich selbst hinaus auf ein letztes Prinzip, das extern begrenzt ohne selbst begrenzt zu sein und gerade darin seine unüberbietbare Perfektion hat. Die komparatistische Begriffsfassung ermöglicht es ferner, Perfektion als Orientierung einer Bewegung zu interpretieren[76], damit einen der Kontingenz nahestehenden Begriff aufzuwerten und zwar nicht auf der Ebene des Welt-Bewußtseins, wohl aber auf der Ebene des Strebens und Handelns die feste Konnotation des Vollkommenen und des Vergangenen zu sprengen.

73 Vgl. hierzu weiterführende Anmerkungen von Wolfgang Hübener, Perfektion und Negation, in: Harald Weinrich (Hrsg.), Positionen der Negativität, München 1975, S. 470—475, mit Hinweis darauf, wie wenig die rein logische Möglichkeit des Negierens dadurch blockiert worden ist.

74 Siehe dazu Martin Foss, The Idea of Perfection in the Western World, Princeton N. J. 1946, mit besonderer Betonung der philosophischen und religiösen Unzulänglichkeit eines auf Zweck und Mittel bezogenen Perfektionsbegriffs.

75 So im Kapitel V de maximo et minimo der Regule Solvendi Sophismata des William Heytesbury. Dazu Curtis Wilson, William Heytesbury: Medieval Logic and the Rise of Mathematical Physics, Madison Wisc. 1956, S. 57 ff. Vgl. auch Gaston Isaye, S. J., La Théorie de la Mesure et l'existence d'un maximum selon saint Thomas, Archives de Philosophie 16 (1940), S. 1—136.

76 Siehe speziell zum 13. Jahrhundert August Nitschke, Naturerkenntnis und politisches Handeln im Mittelalter: Körper — Bewegung — Raum, Stuttgart 1967, S. 113 ff.

Daß sich hier jene Relationierungsprobleme wiederholen, die wir oben in bezug auf den Gottesbegriff vermerkt hatten, liegt auf der Hand. Insofern leistet die Orientierung an Perfektion nichts Neues, führt vielmehr letztlich in jene Spaltung von Gottesbegriff und Gottesbeweisen, die das Mittelalter beschäftigt. Der Vorteil dieses in sich selbst reflexiven und komparatistischen Perfektionsbegriffs ist jedoch, daß man damit über die ganze Breite sprachgegebener Steigerungsmöglichkeiten argumentieren kann und jeweils einen nichtnegierbaren Kulminationspunkt anvisiert, in dem alle Steigerungen konvergieren. Mystik und Politik, Erziehung und bildende Künste, Wissenserhaltung und häusliche Lebensführung können sich an je ihren Unüberbietbarkeiten orientieren und sich damit zugleich als Teile einer allgemeinen Ordnung der Perfektion wissen. Erst in der Neuzeit wird die Beliebigkeit der Hinsichten zum Problem, unter denen Perfektion gedacht werden kann: die Subjektivität der Vorurteile als bloßer »modi cogitandi«, von denen (in kontingenter Weise!) jedes Urteil über Perfektion oder Imperfektion abhänge[77]. Damit wird der Begriff einerseits retechnisierbar, verliert aber andererseits seine Funktion, Nichtnegierbarkeiten in gültiger Weise zu kontrollieren. Mit der Reflexionstheorie werden die Probleme der Kontingenz in epistemologische Modalitäten, mit der Evolutionstheorie werden sie in temporale Modalitäten ausgelagert, ohne in einer dieser Formen Funktionssynthesen zu leisten.

Einerseits war es also die Subjektivität der Perfektionsideen und modi cogitandi, auf die man sich zu berufen hatte, nachdem die überlieferte Synthese der Nichtnegierbarkeiten ihre gesellschaftliche Basis und damit ihre Glaubwürdigkeit verloren hatte. Andererseits wird die Perfektion selbst wenig später temporalisiert und possibilisiert. Sie wird zur Perfektibilität, wird also als Basis für eine Zukunft in Anspruch genommen[78]. Weder die epistemologische, noch die possibilistische, noch die temporale Modalisierung der Perfektion sollten ihr zunächst den

77 Siehe Spinoza, Ethik, Einleitung zu Teil 4, in: Werke Bd. 2, Darmstadt 1967, S. 380 ff.

78 Hierzu mit Nachweisen Reinhart Koselleck, Fortschritt, in: Geschichtliche Grundbegriffe: Historisches Lexikon zur politisch-sozialen Sprache in Deutschland, Bd. II, Stuttgart 1975, S. 351—423 (375 ff.).

Realitätswert absprechen. Im Gegenteil: darauf kommt es nun um so mehr an. Aber einmal modalisiert und damit abhängig gemacht von Bedingungen verliert der Begriff, wie Hegel dann feststellt, jede greifbare Kontur, und das Perfekte wird zudem, da bedingt, selbst kontingent.

Diesem Vorgang des Begriffszerfalls entspricht der parallellaufende Vorgang der Umstrukturierung des Gesellschaftssystems in Richtung auf die moderne, funktional differenzierte Gesellschaft. Diese Gesellschaft kann aus strukturellen Gründen weder sich selbst noch ihre Welt auf Kulminationspunkte der Realperfektion beziehen. Sie erzeugt intern zu heterogene und offensichtlich inkompatible Steigerungsperspektiven und hat extern in bezug auf ihre Umwelt ihr Auflösevermögen zu weit getrieben, um jene Form der Synthese plausibilisieren zu können. Eine funktional differenzierte Gesellschaft operiert – in ihrer Wissenschaft ebenso wie überall sonst – unter offen gelassenen Abschlußproblemen; gerade die Unlösbarkeit solcher Probleme dient ihr zur Autokatalyse des Wachstums.

Nach Abschluß dieser Transformation auf begrifflicher wie auf sozialstruktureller Ebene kann man ihre Effekte registrieren. Durch den Ausbau der funktionalen Differenzierung des Gesellschaftssystems hat sich die Reflexionsbasis für alle Teilsysteme, also auch für das Religionssystem, geändert. Die Teilsysteme können sich jetzt nicht mehr mit dem Gesamtsystem und dessen Weltlage identifizieren, sie müssen lernen, Systemreferenzen zu unterscheiden und sich selbst auf ihre gesellschaftliche bzw. außergesellschaftliche Umwelt zu beziehen. Nur in ihrer Umwelt wird das Gesellschaftssystem im Verhältnis zu seiner Umwelt relevant. Neuartige Reflexionsanforderungen dieses Typs schließen es aus, Weltprobleme unter dem Gesichtspunkt der Realperfektion oder Gottesprobleme unter dem Theodizee-Gesichtspunkt der Kompensation gegen Negationsmöglichkeiten abzudichten. Entsprechend muß man zweifeln, ob für die heutige Zeit die Funktion der Religion als Entwurf und Verwaltung eines gesellschaftsstrukturell adäquaten und deshalb sakralisierten Weltbildes zutreffend umschrieben werden kann[79]. Jeden-

79 Diese Zweifel machen es allerdings noch nicht plausibel, »kommunikative Kompetenz« oder universalpragmatisch durchdiskutierte Moral als angemessenen Ersatz zu akzeptieren. So in Anlehnung an Jürgen Habermas Rainer

falls darf es nicht überraschen, wenn die in der Tradition ständig mitgeführte Kritik solcher Gesamturteile und Bilanzierungen, die dem Moment, dem Fall, dem Individuum nie gerecht werden, sich nun durchsetzt. Allerdings ist durchgesetzte Kritik noch keine systematische Theologie. Die Radikalität des Strukturwandels zur modernen Gesellschaft hin hat in der theologischen Selbststeuerung des Religionssystems noch keine Entsprechung gefunden.

Soziologische Analysen können hier nicht einspringen. Ihre ohnehin minimale prognostische Fähigkeit versagt vollends im Bereich kultureller Innovationen. Die vorgeführten theoretischen Überlegungen tragen nicht einmal eine Entscheidung der Frage, ob unter den heute gegebenen Randbedingungen das Kontingenzproblem überhaupt eine religiös befriedigende Antwort mit systematisierender, vielerlei Fälle und Erfahrungen zusammenfassender Kraft finden kann. Man kann das mit hinreichender Sicherheit weder bejahen noch ausschließen. Möglich ist es aber, normale Theorie-Ressourcen der Wissenschaft zu verwenden, um Problemstellungen prägnanter zu formulieren. Das würde eine theologische Dogmatik erfordern, die ihre Dogmatizität reflektiert mit Hilfe einer Begrifflichkeit, die konsequent auf »intrinsic persuaders« und Begründungssuggestionen verzichtet. Dabei müßte auch der Einsatz der Negationsverbote als systemspezifische Leistung transparent werden. Denn, heute zumindest, können nicht die Begriffe den Überzeugungserfolg tragen, sondern nur die Systematisierungsleistungen im Erfahrungsbereich der religiösen Funktion.

Vielleicht liegt die letzte Unnegierbarkeit nur im *Problem* der Kontingenz. Und vielleicht ist damit schon etwas zu erreichen, daß man formulierte Bezugsprobleme bereithält, die als Katalysator für den Aufbau einer theologischen Dogmatik dienen können – gerade wenn und weil es sich um unlösbare, also um permanente Probleme handelt. Ob allerdings Katalysatoren greifen und Aufbauprozesse wirklich ermöglichen oder kritisch beschleunigen können, hängt von zahlreichen Umweltbedingun-

Döbert, Systemtheorie und die Entwicklung religiöser Deutungssysteme: Zur Logik des sozialwissenschaftlichen Funktionalismus, Frankfurt 1973; Jürgen Habermas, Rekonstruktion des Historischen Materialismus, Frankfurt 1976, insb. S. 12 ff.

gen ab. Diese werden unter dem Titel der »Säkularisierung« unserer Gesellschaft gemeinhin als ungünstig beurteilt. Es mag sich aber lohnen, das vorherrschende Urteil in diesem Punkte zu überprüfen.

Kapitel 4

# Säkularisierung

## I.

Eine umfangreiche Debatte über »Säkularisierung« resümierend hat Roland Robertson gemeint, dieser Diskussionsgegenstand habe dem Thema Religion innerhalb der soziologischen Diskussion seine alte, zentrale Bedeutung zurückgegeben[1]. In der Tat: Das Thema ist, wie die betroffene Beteiligung von Theologen zeigt[2], von zentraler Bedeutung für die Form und die Relevanz heute möglicher Religion. Es scheint empirischer Forschung zugänglich[3] und zugleich geeignet zu sein, eine »kritische Soziologie« oder eine Soziologie als Wissenschaft des Möglichen als ihrerseits möglich zu erweisen. Was all diese Hoffnungen zusammenhält, ist aber zunächst nur ein vieldeutig gewordenes, mehrdeutig gebrauchtes Wort, ein diffuser Begriff[4]. Durch seine worthafte, aber ambivalente Präsenz verstellt der Begriff den Zugang zu theoriegesteuerten Fragestellungen. Deshalb führt auch die von Rendtorff und Matthes versuchte Kritik der Säkularisations*these* nicht weiter[5]; sie kann als wissenssoziologische Kritik akzeptiert werden, erledigt aber das Problem nicht. Auch die Frage, was Säkularisierung eigentlich ist, führt offensichtlich nicht weiter. Eine Zentralstellung könnte dieser Begriff nur ein-

1 Sociologists and Secularization, Sociology 5 (1971), S. 297—312 (310).

2 Siehe nur: Trutz Rendtorff, Säkularisierung als theologisches Problem, Neue Zeitschrift für systematische Theologie 4 (1964), S. 318—339; Marcel Xhaufflaire / Karl Derksen (Hrsg.), Les deux visages de la théologie de la sécularisation, Paris—Tournai 1970; Eugen Wiesnet, Säkularisierung Pro und Contra, Innsbruck 1973.

3 Vgl. Larry Shiner, The Concept of Secularization in Empirical Research, Journal for the Scientific Study of Religion 6 (1967), S. 207—220.

4 Zur Begriffsgeschichte und zu Gründen der Diffusion und der Diffusität Hermann Lübbe, Säkularisierung — Geschichte eines ideenpolitischen Begriffs, Freiburg 1965.

5 Vgl. Trutz Rendtorff a.a.O.; Joachim Matthes, Religion und Gesellschaft: Einführung in die Religionssoziologie Bd. I, Reinbek 1967; ferner Raban Tilmann, Sozialer und religiöser Wandel, Düsseldorf 1972, S. 47 ff.

nehmen, wenn er auch theoretisch zentral gelagert wäre. Dazu müßte er so gefaßt werden, daß andere Forschungen und weiterreichende Theoriebildungserfahrungen anschließen können. Er müßte mit Hilfe von auch sonst brauchbaren Konzepten geklärt werden. Er müßte kontaktfähig sein.

Will man die Theoriestellung des Begriffs der Säkularisierung in diesem Sinne ausbauen, ist es unzweckmäßig, ihn vorab mit Hilfe der Dichotomie von sakral/profan zu definieren[6]. Ebenso wenig aber hilft die direkte Gegenposition weiter: das bloße Zusammenziehen dieser Dichotomie in einem Begriff von »säkularer Religion« (oder: civil religion)[7]. Über die Befunde, die als säkulare Religion ausgegeben werden, soll hier noch gar nicht gesprochen werden, aber jedenfalls kann dieser Begriff selbst (auch wenn er in der Form von Kreuztabellen präsentiert wird) nichts über die Bedingungen seiner eigenen Möglichkeit aussagen. Auf die gleiche Problematik laufen Bestrebungen aus, an Phänomenen wie der Hippies, den Jesus People, dem Cargo-Kult oder der Empfänglichkeit von Engländern für Buddhismen die Vitalität des Religiösen in unserer Gesellschaft nachzuwei-

6 Zur Kritik dieser Auffassung vgl. James E. Dittes, Secular Religion: Dilemma of Churches and Researchers, Review of Religious Research 10 (1969), S. 65—81. Andererseits Richard K. Fenn, The Secularization of Values: An Analytical Framework for the Study of Secularization, Journal for the Scientific Study of Religion 8 (1969), S. 112—124; Ernest Krausz, Religion and Secularization, A Matter of Definitions, Social Compass 18 (1971), S. 203 bis 212; Peter G. Foster, Secularization in the English Context: Some Conzeptual and Empirical Problems, The Sociological Review 20 (1972), S. 153—168. Auch die empirische Forschung benutzt aus mehr praktischen Gründen diese Dichotomie noch. Siehe Andrew J. Weigert / Darwin L. Thomas, Secularization: A Cross-national Study of Catholic Male Adolescents, Social Forces 49 (1970), S. 28—36; dies., Secularization and Religiosity: A Cross-national Study of Catholic Adolescents in Five Societies, Sociological Analysis 35 (1974), S. 1—23. Gerade die empirische Forschung verbaut sich jedoch, wenn sie von einem Gegensatz religiös/säkular ausgeht und diesen an Personen auf mehreren Dimensionen mißt, die Einsicht in die strukturelle Relevanz des Problems für moderne Gesellschaft; denn sie findet dann genügend Anhaltspunkte für Religiosität, um die Säkularisierungsthese für falsch zu erklären (siehe nur: Forster a.a.O.) für England oder Fernand Boulard, La »Dechristianisation« de Paris: L'évolution historique du nonconformisme, Archives de Sociologie des religions 31 (1971), S. 69—98, für Frankreich.

7 So Robert N. Bellah, Beyond Belief, New York 1970, und als mitlaufende Empirie etwa Michael C. Thomas / Charles C. Flippen, American Civil Religion: An Empirical Study, Social Forces 51 (1972), S. 218—225.

sen[8]. Auch hier bleibt die Frage offen, unter welchen theoretischen Gesichtspunkten solchen Erscheinungen gesellschaftsstrukturelle Relevanz zugesprochen werden kann. In dieser Situation ist es angebracht, nach abstrakteren, weiterreichenden, nicht nur im Bereich der Religion benutzten Begriffen und Theorieerfahrungen Ausschau zu halten[9]. Daß die bisherige Diskussion vom Religionsbegriff abhängt, wird durchaus gesehen[10], aber die Möglichkeit, den Begriff der Säkularisierung unabhängig vom Religionsbegriff anzusetzen als Auswirkung eines allgemeinen Strukturproblems auf Religionen (wie immer diese sich selbst bestimmen), wird noch nicht wahrgenommen.

Zunächst ist Säkularisierung sicher ein Korrelat der formulierten Erwartungen an Religion, ein Korrelat der Spezifikation ihres Bezugsproblems im Laufe einer langen Geschichte und der institutionellen, lehrmäßigen Verfestigung anspruchsvoller Begriffe. Wir haben oben (S. 105 f.) zu zeigen versucht, daß diese Anspruchssteigerung mit der Ausdifferenzierung einer Funktion zusammenhängt, also mit gesellschaftsstrukturellen Entwicklungen in Richtung auf funktionale Differenzierung korreliert. »Säkularisierung« ist ein Terminus, mit dem das Religionssystem den Aggregatzustand seiner gesellschaftlichen Umwelt bezeichnet. Der Bedarf für eine solche Aggregation ist selbst ein Produkt der gesellschaftlichen Entwicklung. Er tritt erst auf, wenn das Religionssystem sich nicht mehr in erster Linie als Gesellschaft an der personalen Umwelt des Gesellschaftssystems, sondern als Teilsystem der Gesellschaft an der innergesellschaftli-

8 Siehe etwa Jaques Ellul, Les religions séculières, Foi et Vie 69 (1970), S. 62—78; Holger Hoffmann, Gott im Underground: Die religiöse Dimension der Pop-Kultur, Hamburg 1972; Nat Freedland, The Occult Explosion, London 1972; Andrew Rigby / Bryan S. Turner, Communes, Hippies et Religions sécularisées: Quelques aspects sociologiques de formes actuelles de religiosité, Social Compass 20 (1973), S. 5—18; Michael Schibilsky, Die Religion der Hippies: Jesus-Bewegung und Subkultur, in: Wolf-Dieter Marsch (Hrsg.), Plädoyers in Sachen Religion, Gütersloh 1973, S. 117—148.

9 Bellah (um nicht Theologen zu zitieren) blockiert auch dieses Weiterfragen mit der These, Religion sei eine Realität sui generis. Siehe dazu die Kritik von Ralph W. Burhoe, The Phenomenon of Religion Seen Scientifically, in: Allan W. Eister (Hrsg.), Changing Perspektives in the Scientific Study of Religion, New York 1974, S. 15—39 (29 ff.).

10 Vgl. nur Karel Dobbelaere / Jan Lauwers, Definition of Religion — A Sociological Critique, Social Compass 20 (1974), S. 535—551.

chen Umwelt orientiert; insofern löst Säkularisierung Sünde ab als Leitbegriff für erfahrene Nichtübereinstimmung.
Es gibt also religionsinterne Gründe für dieses Phänomen. Als Säkularisierung erfährt die Religion ihre eigene Größe, ihre eigene gesteigerte Unwahrscheinlichkeit als Merkmal ihrer Umwelt. Andererseits ist diese Umwelt nicht nur Residualbegriff des Religionssystems, sie ist selbst durch die Gesellschaft strukturiert und als Gesellschaftssystem eigendynamisch in Bewegung. Man kann deshalb Säkularisierung nicht allein als Begleitschatten der Religion erklären, sondern muß auf allgemeinere gesellschaftsstrukturelle Gründe zurückgehen, die es erlauben, das Phänomen unter dem Blickwinkel mehrerer Systemreferenzen zu analysieren: Was für das Religionssystem innergesellschaftliche Umwelt ist, ist zusammen mit dem Religionssystem die Gesellschaft selbst als System.
Vielfach wird denn auch von Säkularisierung gesprochen im Hinblick auf einen Strukturwandel des Gesellschaftssystems (also nicht etwa, was ja auch möglich wäre, im Hinblick auf einen immanenten Verschleiß religiöser Formen und Symbole). Charakterisiert man diesen Strukturwandel als zunehmende Differenzierung, so erscheint Säkularisierung als Folge des hohen Grades an Differenziertheit, den die moderne Gesellschaft erreicht hat[11]. Konsens in dieser Frage hat jedoch nicht daran gehindert, daß die Frage nach den Aussichten der Religion in einer säkularisierten Gesellschaft grundverschiedene Antworten gefunden hat[12]. Daran sind nicht nur unterschiedliche Religionsbegriffe schuld. Vielmehr läßt auch die Klärung der Frage, wie Differenzierung eigentlich die gesellschaftliche Funktion der Religion tangiert, zu wünschen übrig.

11 Ähnlich Fenn a.a.O. (1969); Donald Eugene Smith, Religion and Political Development, Boston 1970.

12 Vgl. außer Bellah a.a.O. Talcott Parsons, Belief, Unbelief, and Disbelief, in: Rocco Caporale / Antonio Grunelli (Hrsg.), The Culture of Unbelief, Berkeley 1971, S. 207—245; ders., Religion in Postindustrial America: The Problem of Secularization, Social Research 41 (1974), S. 193—225 für eine eher positive Einschätzung. Dagegen Richard K. Fenn, The Process of Secularization: A Post-Parsonian View, Journal for the Scientific Study of Religion 9 (1970), S. 117—136, und als Diskussionsüberblick Judith R. Porter, Secularization, Differentiation, and the Function of Religious Value Orientations, Sociological Inquiry 43 (1973), S. 67—74.

Die moderne Gesellschaft ist nicht nur durch das Ausmaß, sondern auch und vor allem durch die Form ihrer Differenzierung gekennzeichnet. Im Unterschied zu älteren, entweder segmentär oder schichtenmäßig differenzierten Gesellschaftsformationen beruht heute die primäre Innendifferenzierung des Gesellschaftssystems auf Funktionen. Das schließt Segmentierungen und Schichtenbildungen nicht aus. Ob und wieweit es dazu kommt, richtet sich aber nach der Eigenlogik der Funktionssysteme[13]. So produziert ein gesellschaftsweit ausdifferenziertes Wirtschaftssystem Schichtung in der Form von Klassen; ein gesellschaftsweit ausdifferenziertes politisches System segmentiert sich, solange die politische Funktion nur in regionalen Grenzen optimal erfüllt werden kann, in Territorialstaaten. Dominantes Differenzierungsprinzip aber ist in diesen und in anderen Fällen die Funktion. Historisch gesehen beginnt der Umbau der stratifizierten in eine funktionale Gesellschaftsordnung im Mittelalter auf der Basis einer bereits erreichten Nichtidentität von Rollensystemen und Rollenbeziehungen für Religion, Politik und Wirtschaft. Seit der zweiten Hälfte des 17. Jahrhunderts treten Ausdifferenzierungen für Wissenschaft und Erziehung hinzu. Entsprechend spezialisiert sich das Familienleben. Spätestens im 19. Jahrhundert, formulierbar besonders seit der Französischen Revolution, liegt die neue Ordnung irreversibel fest. Mit dem Begriff der Säkularisierung werden die Rückwirkungen dieser Transformation auf das Religionssystem und auf seine gesellschaftliche Umwelt bezeichnet. Weder in seiner juristischen Herkunft noch in seiner ideenpolitischen Verwendung suggeriert dieser Begriff ein zureichendes Verständnis des Geschehens. Man wird die Analyse daher nicht bei dieser nachträglichen Etikettierung, sondern bei allgemeinen Problemen eines funktional differenzierten Gesellschaftssystems ansetzen müssen.

Neben der allgemeinen Tendenz zur Durchsetzung des Vorrangs funktionaler Differenzierung ist auch eine Gewichtsverschiebung innerhalb der Gesamtheit gesellschaftlicher Funktionen zu beachten. Dadurch wird das Bild kompliziert. Im Verlaufe der gesellschaftlichen Evolution zu Hochkulturen (Stadtkulturen, Rei-

13 Deshalb ist es wenig sinnvoll, mit Alasdair MacIntyre, Secularization and Moral Change, London 1967, in der Analyse von Phänomenen der Säkularisierung von Schichtendifferenzierung auszugehen.

chen) haben zunächst diejenigen Funktionen an Bedeutung zugenommen, die die *gesellschaftsinternen* Prozesse der Kommunikation steuern und die auch für relativ unwahrscheinliche Sinnzumutungen es hinreichend wahrscheinlich machen, daß sie angenommen und nicht abgelehnt werden. Diese Funktionen werden durch die *symbolischen Codes der generalisierten Kommunikationsmedien* erfüllt. Es handelt sich um Macht/Recht, Eigentum/Geld, um Wahrheit, um Liebe und um Kunst[14]. Die diesen Medien zugrundeliegenden Problemkonstellationen wirkten wie Katalysatoren, die funktions- und medienorientierte Teilsysteme ausdifferenzierten, zunächst und vor allem Systeme für Politik und Recht. Die Leitsymbolik des Verhaltens in solchen Systemen hat unser kulturelles Erbe mehr oder weniger geprägt. Dieser Konzentration auf systeminterne Funktionen entsprach es einerseits, daß der Mensch durchweg als Teil der Gesellschaft, die Gesellschaft also als Menschengesellschaft begriffen wurde. Andererseits blieben bei dieser Orientierungskonstellation hohe Kontingenzüberschüsse zurück, die aus der unkontrollierbaren Umwelt resultierten und die Gesellschaft mitbestimmten, ohne daß man die Folgeprobleme in der Funktionsweise der Medien, also durch Sicherstellung der Abnahme von Kommunikationen hätte lösen können. Vor allem der Kommunikationsunterbrecher Tod, aber auch alle Irregularitäten der äußeren Natur und der menschlichen Motive und in weitestem Sinne die konkretanschauliche Welt mit ihrem Werden und Vergehen wären unverstanden geblieben, hätte nicht die Religion eine Ergänzungsfunktion übernommen und alle jene Kontingenzen internalisiert, die sich aus der überhohen Komplexität der physisch-chemisch-organisch-psychischen Umwelt für das Gesellschaftssystem ergaben.

Die besondere Prominenz der Religion, im Rückblick auf die wir Säkularisation erleben, hatte sich mithin in einem Entwicklungsschub ergeben, der die Ausdifferenzierung systemintern

14 Hierzu: Niklas Luhmann, Einführende Bemerkungen zu einer Theorie symbolisch generalisierter Kommunikationsmedien, in ders., Soziologische Aufklärung Bd. 2, Opladen 1975, S. 170—192; ders., Macht, Stuttgart 1975; ders., Ist Kunst codierbar?, in: Siegfried J. Schmidt (Hrsg.), »schön«: Zur Diskussion eines umstrittenen Begriffs, München 1976, S. 60—95. Ferner die einschlägigen Beiträge in: Jan J. Loubser et al. (Hrsg.), Explorations in General Theory in Social Science, New York 1976, Teil IV.

ausgerichteter Funktionen vorzog und begünstigte. Im Bereich derjenigen Entwicklungsstränge, die dies besonders ausgeprägt taten, nämlich in der Gesellschaft, die sich durch den Zusammenschluß griechisch-lateinisch-hebräischer Traditionen kultivierte, nahm sogar die Religion als Glaubensreligion die Form eines Kommunikationsmediums an. Durchweg oblag es ihr in allen Hochkulturen, die Gesellschaft im Guten wie im Schlechten in die Welt zu integrieren. Erst in der neueren Zeit gewinnen zusätzlich auch extern ausgerichtete Funktionen an Bedeutung, die das Ausmaß an Umweltkontrolle für die Gesellschaft erhöhen. Das gilt für Erziehung im Hinblick auf die Personen als Umwelt des Gesellschaftssystems, das gilt für Medizin im Hinblick auf den menschlichen Organismus, und das gilt für das Kommunikationsmedium Wahrheit, das sich in seiner Thematik zunehmend von anthropologischen und kommunikativen Rücksichten und von Bindungen an die phänomenal gegebene Welt befreit. Zur Zeit operiert die Gesellschaft noch unter einer medienspezifischen Selbstthematisierung, sie begreift sich als (bürgerlich bzw. sozialistisch) wirtschaftende Gesellschaft. Aber zugleich wird zunehmend bewußt, daß sie unter der monetären Illusion, daß man haben könne, was man bezahlen könne, nicht umweltadäquat handeln kann.

Mit einer effektiveren Umweltzuwendung und einer zusätzlichen Ausdifferenzierung oder Umpolung entsprechender Funktionssysteme in der Gesellschaft ändert sich der Bedarf für Religion von Grund auf. Sie hat jetzt nicht länger die Einseitigkeit der Schwerpunktwahl funktionaler Orientierungen zu kompensieren, aber es bleiben und vermehren sich sogar die Kontingenzen, die durch die Effektivität des Gesellschaftssystems selbst ausgelöst werden. Die Religion bekommt es mit den Folgeproblemen funktionaler Differenzierung zu tun, die sich nicht mehr so einfach wie einst auf transzendente Gründe zurückführen lassen, sondern das Problem der Kontingenzbewältigung in die Gesellschaft selbst zurücksteuern.

All das wird für das traditionell geprägte Religionssystem nur in begrenzten Ausschnitten erfahrbar. Diese Auswahl beruht ihrerseits auf spezifischen Erfordernissen bzw. Folgeproblemen funktionaler Differenzierung. Hierzu lassen sich drei verschiedene Überlegungsreihen entwickeln. Die eine betrifft Transformationen der Rollenstrukturen und ihrer Rückwirkung auf die »Mikromotive« individueller Teilnahme an gesellschaftlichen Kommunikationszusammenhängen (II.). Die andere betrifft die Integration des Gesellschaftssystems (III.). Die dritte betrifft das Umweltverhältnis unter dem spezifischen Gesichtspunkt der Steigerung des Auflösevermögens und der erfahrbaren Komplexität (IV.). In allen drei Fällen handelt es sich um Bedingungen und Konsequenzen funktionaler Differenzierung, denen jedes Funktionssystem ausgesetzt ist, also nicht nur um ein religionsspezifisches Geschehen. Als Form gesellschaftlicher Differenzierung garantiert jedoch die Funktionsorientierung keineswegs die »Gleichbegünstigung« aller Funktionen. Es kann durchaus sein, daß manche Funktionsbereiche bei funktionaler Differenzierung besser fahren, schneller wachsen, die Gesellschaft selbst stärker bestimmen als andere. Wenn das so ist, daß funktionale Differenzierung auf Funktionen selbst diskriminierend wirkt, muß man die Zukunft der Religion auch unter dem Gesichtspunkt ihrer Kompatibilität mit funktionaler Differenzierung beurteilen (V.). Und ich meine, daß sich dieses Problem hinter dem semantisch verkorksten Titel »Säkularisierung« verbirgt.

## II.

Säkularisierung können wir begreifen als die *gesellschaftsstrukturelle* Relevanz der *Privatisierung* religiösen Entscheidens.
Weder begrifflich noch theoretisch ist damit ein Funktionsverlust oder auch nur ein Bedeutungsverlust der Religion schlechthin postuliert. Ebensowenig ist die zu allen Zeiten vorkommende und beklagte »Weltlichkeit« von Einstellungen und Verhaltensweisen gemeint[15]. Der Begriff soll vielmehr eine historisch festlegbare Strukturentwicklung des Gesellschaftssystems be-

15 Das schließt es aus, mit Mary Douglas, Natural Symbols: Explorations in Cosmology, London 1970, Pygmäen und Londoner unter dem Gesichtspunkt der Säkularisierung zu vergleichen. Auch Kees W. Bolle, Secularization as a Problem for the History of Religion, Comparative Studies in Society and History 12 (1970), S. 242—259 setzt den Begriff unhistorisch an und kommt dadurch zu der Feststellung, es handele sich um kein spezifisch neuzeitliches Phänomen.

zeichnen, soweit sie sich auf das Religionssystem und seine Umwelt auswirkt. Der Begriff wird also, um es nochmals zu sagen, nicht am Phänomen der Religion definiert, sondern auf die Struktur des Gesellschaftssystems bezogen. Er orientiert sich an dem allgemeinen Problem, das eine strukturell erzwungene Privatisierung des Entscheidens gesellschaftsstruktureller Konsequenzen hat und darüber hinaus einschneidende Restriktionen auf die Form der sozialen Ordnung setzt, die dann noch möglich ist; und er bezeichnet die Konsequenzen dieses Zusammenhangs von strukturellen Bedingungen für den Bereich der Religion.

Im Bereich der Wirtschaft stellt sich das analoge Problem, solange und soweit die Entscheidung über Bildung und Investierung von Kapital in privater Hand bleibt. Im Bereich der Politik geht es um Demokratie. In all diesen Fällen ist ein strukturelles Risiko zu bedenken: Jede Einzelentscheidung mag als Bagatelle behandelt werden und dem Zufall oder der Freiheit überlassen bleiben; aber in der Aggregation ihrer Konsequenzen können die Entscheidungen die Struktur der Gesellschaft in einer Weise beeinflussen, die man weder kontrollieren noch verantworten, sondern allenfalls als Problem entdecken und zu korrigieren versuchen kann. Die Frage ist nun, ob diese Form eines Strukturrisikos durch die funktionale Differenzierung des Gesellschaftssystems bedingt ist, ob sie unter Beibehaltung der funktionalen Differenzierung des Gesellschaftssystems durch eine Art gesellschaftspolitischen Trick, etwa eine Revolution mit Enteignung der Kapitalisten, »aufgehoben« werden kann oder ob es zumindest in jedem einzelnen Funktionssystem bessere Möglichkeiten der Anpassung an dieses Risiko gibt.

Den wichtigsten Versuch, das Problem der Säkularisierung auf Steigerungsbedingungen und Strukturrisiken der modernen Gesellschaft zu beziehen, hat Talcott Parsons unternommen – allerdings in einer Weise, die vom Theorie-design her die Steigerung überbetont, das Risiko unterbetont und deshalb in die bereits erwähnte Konzeption säkularer Religion ausmündet. Parsons unterscheidet vier Steigerungsaspekte des Prozesses gesellschaftlicher Entwicklung: adaptive upgrading (in bezug auf Ressourcen), differentiation (in bezug auf Systemziele), inclusion (in bezug auf die Einbeziehung von Personen) und generaliza-

tion (in bezug auf Werte)[16]. Mit diesen Kategorien läßt sich Säkularisierung charakterisieren als Mobilisierung von Ressourcen (zum Beispiel Aufmerksamkeit, Anwesenheitszeit, Unterstützungsbereitschaft) für funktional stärker spezifizierte Ziele eines ausdifferenzierten Religionssystems, das zugleich für die Gesellschaft höher generalisierte (weil Differenzierungen übergreifende) Werte vertreten muß und dabei auf Inklusion immer größerer Personenkreise angewiesen ist[17].
Vor allem der neue Begriff der Inklusion verdient Beachtung. Nach Parsons erfordert Differenzierung neben einer entsprechenden Mobilisierung von Ressourcen und Generalisierung von Werten die volle Inklusion aller Personen als möglicher Teilnehmer in alle Funktionsbereiche. Im Religionssystem sprengt dies zum Beispiel die Differenzierung von Klerikern und Laien und erfordert eine rein organisatorische (religionsmäßig irrelevante) Rekonstruktion dieser Differenz. Inklusion heißt ferner, daß der Zugang zur Religion nicht durch andere Rollen beschränkt werden und ebenso den Zugang zu anderen Rollen nicht beschränken darf. Unter diesem Gesichtspunkt wird der Zölibat problematisch. Dem Inklusionspostulat entsprechen in der Tat zentrale Forderungen der bürgerlichen Revolution und ihm entspricht die Umkonstruktion des Begriffs der bürgerlichen Gesellschaft aus einer Gesellschaft der selbständigen Haushaltsvorstände in eine Gesellschaft, an der der Mensch als Mensch teilhat[18].
Die Erweiterung der Inklusion auf jedermann kam in zwei Stufen zustande. In einem ersten Schritt wurde versucht, die Laienrolle aufzuwerten als diejenige Rolle, die jedermann ohne besonderen Status und ohne weitere Konsequenzen im Religionssystem einnehmen kann, und die Rolle des Geistlichen entspre-

16 Vgl. The System of Modern Societies, Englewood Cliffs N. J. 1971, S. 11, 26 f.

17 Eine ausgearbeitete Darstellung fehlt. Hinweise finden sich vor allem in den oben (Anm. 12) zitierten Publikationen, ferner in Talcott Parsons, Comparative Studies and Evolutionary Change, in: Ivan Vallier (Hrsg.), Comparative Methods in Sociology: Essays in Trends and Applications, Berkeley 1971, S. 97—139 (127 f.).

18 Hierzu im einzelnen Manfred Riedel, Gesellschaft, bürgerliche, in: Geschichtliche Grundbegriffe: Historisches Lexikon zur politisch-sozialen Sprache in Deutschland, Bd. 2, Stuttgart 1975, S. 719—800.

chend anzupassen. Dies war eines der Ziele der Reformation. Laien und Kleriker haben nach dieser Auffassung gleichen unmittelbaren Zugang zu Gott und gleiche Heilswahrscheinlichkeit. Dieses Reformationsprogramm konnte angesichts einer bereits organisierten Kirche nicht ohne Kirchenspaltung durchgeführt werden. Das war, nachträglich gesehen, vielleicht ein Glücksfall, jedenfalls ein evolutionärer wichtiger Umstand. Denn daraus ergab sich die Möglichkeit einer zweiten Entwicklungsstufe. Unabhängig von der sinnmäßigen Aufwertung der Laienrolle gewann durch die Kirchenspaltung und die Ausformulierung der Konfessionen jedermann die Möglichkeit, seinen Glauben zu wählen, und in diesem Punkte hatten nun alle Angehörigen der Gesellschaft gleichen Zugang zur Religion. Es bedurfte keiner religiös-dogmatischen Einheitslösung des Inklusionsproblems; diese ergab sich aus der Segmentierung des Religionssystems in eine Mehrheit von Konfessionen von selbst und bedurfte nur noch der Anerkennung durch das Recht. Und erst dadurch wurde formulierbar, daß Inklusion zugleich Differenzierung bedeutet – daß nämlich die Zugehörigkeit zu der einen oder anderen Konfession keine Auswirkungen haben dürfe auf den Zugang zu öffentlichen Ämtern, auf die Teilnahme an politischen Wahlen, auf die Wahl der Ehepartner (Zivilehe!), auf den Erwerb wissenschaftlicher Reputation, usw.

Die Wertpostulate der Freiheit und der Gleichheit haben diese Erfordernisse formuliert, haben zugleich aber auch die Kritik der bürgerlichen Gesellschaft in die Irre geleitet. Konzentriert auf den Nachweis, daß nicht alle gleich frei und nicht alle gleich sind, hat man die Funktion dieser Inklusionspostulate übersehen bzw. sie als Ideologie abgetan. Im Kielwasser durchgesetzter Inklusionspostulate, die der Verwirklichung funktionaler Differenzierung gedient hatten, tauchen dann politisch-bürokratische Programme des Wohlfahrtsstaates auf, die auf gleichzeitig-allseitiges Wachstum ausgerichtet sind. Bei diesen Ausgangspunkten blieb die Religion, obwohl strukturell in der gleichen Problemlage, außerhalb von Kritik und Realisation, denn wie sollte jemand interessieren, ob die Menschen frei genug oder gleich genug sind für Religion. Die Debatten über Säkularisierung wurden separat geführt. Die Religionskritik blieb im Prinzip die des 18. Jahrhunderts. Dies kann man jedoch korrigieren, wenn man,

über Parsons hinausgehend, die Zusammenhänge zwischen funktionaler Gesellschaftsdifferenzierung, Inklusion und Privatisierung des Entscheidens schärfer ausleuchtet.
Dazu müssen wir die Analyse zunächst auf Folgeprobleme funktionaler Differenzierung beschränken. Funktional differenzierte Gesellschaftssysteme haben ein Problem, das sich in segmentierten und in stratifizierten Gesellschaften nicht stellt. Sie müssen die feste (askriptive) Zuordnung von Personen zu bestimmten Teilsystemen der Gesellschaft, seien es Segmente wie Haushalte oder Verwandtschaftsgruppen, seien es Schichten, als Leitfaden für die Erwartungsbildung aufgeben. Personen lassen sich nicht funktionalisieren im Sinne einer festen und exklusiven Zuordnung zu bestimmten gesellschaftlichen Funktionen. Vielmehr muß, so verstehen wir Inklusion, jede Person Zugang zu jeder gesellschaftlichen Funktion erhalten, immer wenn dies nach der Problemlage sinnvoll ist. Im Prinzip muß also jeder an politischen Entscheidungsprozessen teilnehmen können, muß jeder erzogen werden, jeder heiraten und eine Familie bilden können, jeder den Wissensgewinn durch Wissenschaft miterleben, jeder seine Bedürfnisbefriedigung in den durch die Wirtschaft eröffneten Zukunftshorizonten sicherstellen können, jeder Zugang zu den Heilsgütern der Religion haben können – wenn auch nicht jeder in jedem Moment und nicht jeder in gleicher Weise. Dies ist nicht zuletzt eine unabdingbare Voraussetzung dafür, daß für immer unwahrscheinlichere Strukturbildungen im Bereich der Funktionssysteme und für immer feiner differenzierte Organisationen in diesen Systemen noch Ressourcen, Interessen, Fallmengen, Anwesenheitszeiten in hinreichender Größenordnung bereitgestellt werden können.
Andererseits wird es zugleich immer weniger möglich, daß jedermann jede Funktion sachlich kompetent und zeitlich ausreichend langfristig wahrnehmen kann. Dafür entstehen Berufe oder doch organisierte Rollen beruflicher Arbeit, die im Prinzip für jedermann einen und nur einen Beruf vorsehen. Das heißt: das Inklusionserfordernis kann sich nur auf die *Komplementärrollen* der beruflichen Arbeit beziehen, auf die Gegenrollen für Arbeitsrollen. Funktionale Differenzierung war im Bereich der Arbeits- und Berufsrollen seit langem vorgebildet gewesen. Sie konnte in dieser Form in geschichtete Gesellschaften eingebaut

und in ihnen entwickelt werden. Wichtige Berufe wurden dabei als »Stände« in eine Rangordnung gebracht. Zur Systembildung auf der Basis von Funktionen kommt es dagegen erst, wenn auch Komplementärrollen zu den Arbeitsrollen funktional ausdifferenziert werden, zumindest im Bereich der gesamtgesellschaftlich zentralen Funktionen. Im Gegenzug dazu wird »Arbeit« aufgewertet und nicht mehr auf Not, sondern auf gesellschaftlichen Bedarf bezogen[19]. Dann erhält jeder Funktionskreis sein spezifisches »Publikum«. Dann gibt es für die Politik eine Wählerschaft, für Massenmedien eine öffentliche Meinung, für wirtschaftliche Produktion durch Märkte organisierte Konsumenten, dann gibt es für Lehrer, Schüler und für die Wissenschaft jenen Bereich der Kollegen, Studenten, Intellektuellen, die (mit wie immer reduzierter, kursorischer Aufmerksamkeit) verfolgen, was an neuem Gedankengut produziert oder obsoletiert wird.

Erst die Durchführung der funktionalen Differenzierung bis hinein in die Komplementärrollen gibt der Rollenkomplementarität selbst eine autokatalytische Funktion für den Aufbau und das beschleunigte Wachsen funktionsspezifischer Teilsysteme in der Gesellschaft. Erst damit stellt die Gesellschaft sich auf funktionale Differenzierung als Form der Bildung ihrer primären Teilsysteme und zugleich auf unaufhörliche, unkontrollierbare Wachstumsprozesse ein. Das erfordert, daß auch im Bereich der Komplementärrollen die funktionale Differenzierung durchgehalten wird – daß man, mit anderen Worten, nicht als Konsument politisch wählt, nicht als politischer Wähler wissenschaftlich urteilt, nicht als Patient im Gesundheitssystem lernt, und so weiter. Die Inklusion muß und kann nur funktionssystemspezifisch durchgeführt werden.

Offensichtlich lassen sich strikte Rollentrennungen hier jedoch schwer durchführen, geschweige denn kontrollieren. Als funktionales Äquivalent dient die *Privatisierung des Entscheidens.* Sie hat sich, mit anderen Worten, infolge funktionaler Differenzie-

19 Es ist kein Zufall, daß die Umwertung von Arbeit und Mühsal auf Leistung parallel läuft zur Durchsetzung der funktionalen Differenzierung des Gesellschaftssystems im 18. Jahrhundert. Vgl. dazu Werner Conze, Arbeit, in: Geschichtliche Grundbegriffe: Historisches Lexikon zur politisch-sozialen Sprache in Deutschland, Bd. 1, Stuttgart 1972, S. 154—215.

rung als Korrelat zu Inklusionserfordernissen ergeben. Durch Privatisierung wird eine statistische Neutralisierung jener Rollenzusammenhänge angestrebt, die sich in den Komplementärrollen ergeben können: Sie sollen nur für die Person und ihre Mikro-Motive gelten[20]. Parsons hatte zwar den Bezug von Inklusion auf funktionale Differenzierung nicht gesehen und insofern nicht historisch genug argumentiert, aber er hat ihren Zusammenhang mit der Privatisierung des Entscheidens erfaßt, und der trägt die weitere Analyse.

All dies ist in einem sehr unmittelbaren Sinne auch für das Religionssystem der neuzeitlichen Gesellschaft relevant geworden. In der theologischen Konzeption mußten bereits der mittelalterliche Universalismus und das Prinzip der Inklusion auf charakteristische Schwierigkeiten stoßen. Wie sollte man es sich vorstellen, daß alle gleichermaßen Anteil haben an der Religion, wo es doch evidente Unterschiede angesehener und verachteter, guter und schlechter, vornehmer und glücklicher und leidvoller Lebensführung gibt und die Religion doch nicht auf jedes diskriminierende Urteilen verzichten kann? Sollte man unterschiedslos allen das Heil in Aussicht stellen? Die Lehre von der Prädestination war ein Versuch der Lösung dieses Problems, und ihr Prinzip der Unsicherheitsmaximierung zeigt an, bis zu welchen Grenzen man gehen mußte[20a]. Dabei blieb die Privatisierung der Zuwendungs- und Abwendungsentscheidung noch außerhalb des Blicks. Sie läßt Probleme aufbrechen, die sich der Lösung durch bloße Dogmenadaptierung oder Alternativtheologien entziehen.

Für den Religionsbereich bedeutet Privatisierung, daß die Beteiligung an geistlicher Kommunikation (Kirche) ebenso wie das

20 So gesehen, ist die Privatisierung von Entscheidungen auch über Kapitalinvestitionen (also der »Privatkapitalismus«) auf den ersten Blick eine Anomalie. Bei genauerer Überlegung zeigt sich jedoch, daß Investition von Kapital in Produktionsbetrieben eine wichtige Form von Konsum ist. Sie entzieht der Wirtschaft nicht nur liquides Kapital, sondern legt auch Konsum von produzierten Gütern und Leistungen fest. Der Meinungsstreit in dieser Frage hat jedoch zu einer maßlosen Überschätzung dieses Einzelpunktes geführt. Sobald die Wirtschaft von Wachstum auf Erhaltung von Kapazitäten umgestellt werden muß, also Investition zur Routinesache wird, kommt es darauf ohnehin nicht mehr an.

20a Zum Thema Prädestination als Verfehlung des Inklusionsproblems: Jan J. Loubser, Calvinism, Equality, and Inclusion, in: S. N. Eisenstadt (Hrsg.), The Protestant Ethic and Modernization, New York 1968, S. 367—383.

Glauben des Glaubens zur Sache individueller Entscheidung wird, daß Religiosität nur noch auf der Grundlage individueller Entscheidungen erwartet werden kann und daß dies bewußt wird. Während vordem Unglaube Privatsache war, wird jetzt Glaube zur Privatsache. Das hat erhebliche Rückwirkungen auf die Zugänglichkeit und Sicherheit der Religion für andere. Es wird auf Institutionalisierung des Konsenses verzichtet. Die Möglichkeit, jedenfalls richtig zu handeln, wenn man das Normale akzeptiert, entfällt oder wird auf das einfache Verbleiben in der Kirche als Mitglied reduziert. Das zumeist Akzeptierte kann nicht mehr gesellschaftsweit als das Wahre und Ganze sanktifiziert werden. Damit wird jene stochastische Sicherheit aufgegeben, die die anonyme Erwartung gläubiger Teilnahme unabhängig von der Motivlage geboten hatte. Die darin liegenden Gewißheitsäquivalente entfallen. Nur auf dieser Basis hatten aber Rituale und Dogmatiken »Wahrheit« in Anspruch nehmen und die Negierbarkeit ihrer Symbolik neutralisieren können[21].

Durch Privatisierung gerät Religion in den gegen Arbeit abgegrenzten und dadurch bestimmten Bereich der *Freizeit.* Hier unterliegt sie einer Art Greshamschen Gesetz der Freizeit: Geringwertigere Aktivitäten verdrängen höherwertige Aktivitäten, und, soweit dies zu deutlichen Prioritäten führt (Fußball, Fernsehen), verstärkt diese Wahrscheinlichkeit durch soziale Rückkopplung sich selbst. Für die Übergangssituation bietet der intensive, schon freizeitliche, aber noch kirchlich bestimmte soziale Aktivismus kleinerer Städte des viktorianischen England oder Ostamerikas ein ergiebiges Studienfeld[22]. Heute scheint entschieden zu sein, daß die Kirche in der Freizeit gegen starke, strukturell begünstigte Tendenzen zu konkurrieren hat – ein Problem, das sich innerhalb »kirchlicher Freizeiten« in der Marginalisierung der »Bibelarbeit« wiederholt[23].

Privatisierung ist demnach, aufs ganze gesehen, keine Privatsache. Sie wirkt im Zusammenhang mit anderen Gesellschafts-

21 So argumentiert für den Bereich des Rituals Roy A. Rappaport, Ritual, Sanctity and Cybernetics, American Anthropologist 73 (1971), S. 59—76.

22 Vgl. etwa Stephen Yeo, A Contextual View of Religious Organization, A Sociological Yearbook of Religion in Britain 6 (1972), S. 207—234.

23 Siehe z. B. Hans-Otto Wölber, Religion ohne Entscheidung, 2. Aufl. Göttingen 1960, S. 125 ff.

strukturen als Struktur und zwingt, wenn sozial effektiv geworden, die Gesellschaft, auf Konsequenzen der Struktur zu reagieren. Mit diesen Konsequenzen hat man inzwischen Erfahrungen gemacht. Vor allem eröffnen die genannten Strukturbedingungen Möglichkeiten einer Diskrepanz von Mikro-Motiven und Makro-Phänomenen[24], die heute in der Gesellschaftstheorie zunehmende Beachtung findet, und zwar quer durch viele Funktionsbereiche. Für wichtige Funktionsbereiche gilt: (1) Mikro-Motive lassen sich durch generell symbolisierte oder normierte Verhaltenscodes nicht ausreichend kontrollieren, und zwar gerade in ihren Rationalitätsbedingungen nicht. Wer dann noch rational zu handeln versucht, verhält sich abweichend von der Norm oder abweichend von dem, was soziale Rationalität erfordern würde. (2) Individuell unmerkliche oder vernachlässigenswerte Folgen gerade des rationalen Verhaltens akkumulieren sozial zu Gesamteffekten von erheblicher Bedeutung. Und (3): Auf diese Effekte kann man nicht mehr adäquat, weil nicht ursachebezogen, reagieren; man kann sich ihnen gegenüber nur adaptiv, korrigierend, kompensierend verhalten. Man könnte auch sagen: Kontingenz fällt zu kleingestückelt an – nicht als Resultat einer geregelten, sondern als Resultat einer ungeregelten Dekomposition von Gesamtzielen.

Diese allgemeinen Konsequenzen betreffen jeden Funktionsbereich nach Maßgabe der Besonderheiten seiner Funktion. Sie betreffen auch das Religionssystem, und Säkularisierung ist der Begriff, unter dem diese Betroffenheit der Religion bisher diskutiert worden ist. Auch hier scheint gerade die Rationalität und Eigenlogik der Zuwendungs- und Abwendungsentscheidung des Einzelnen sich dem Zusammenhang geistlicher Kommunikation und der theologischen Rationalisierung zu entziehen; die entscheidungslos in den Kirchen verbleibenden Mitglieder sind kein Gegenbeweis. Historisch gesehen muß man zwei Phasen dieser Einstellung von Kirchen auf Inklusion unterscheiden. Die erste war durch Vertrauen in die Fähigkeit zu individuell-rationalem Entscheiden und in deren Institutionalisierbarkeit bestimmt. Die Neugründungen, zum Beispiel der Methodisten, wurden als Sammelbecken und Verstärkung solcher Entscheidungen mög-

24 So die Formulierung von Thomas C. Schelling, On the Ecology of Micromotives, The Public Interest 25 (1971), S. 61—98 (89).

lichst ohne Strukturvorgabe angelegt. Inzwischen ist dieses Vertrauen geschwunden, und zwar gesellschaftsweit, nicht nur im Hinblick auf Religion. Das Religionssystem selbst scheint auf diesen Wandel durch Bewegungen des »renouveau« oder »revival« zu reagieren: durch Erneuerung des Rituals, Wiederbetonung der Sakramente, Re-Mystifikationen[25].

Dies gilt für den speziell kirchlichen Bereich. Im Bereich der Dienstleistungen wird die Notwendigkeit der Anpassung an wechselnde Erfordernisse, Wünsche und Anspruchslagen – es handelt sich nicht mehr nur um »Arme«! – deutlich. Überdies zeigen sich Tendenzen zu einer Schwerpunktverschiebung. Aktivitäten, die über Organisation nun einmal bereitgestellt und reproduziert werden, verlagern sich von primären in sekundäre Funktionen, von der im engeren Sinne geistlichen Kommunikation in soziale Aktivitäten, in denen religiös fundierte Dienstbereitschaften sich nicht mehr nennenswert von Dienstleistungen auf anderer Grundlage unterscheiden. Die Erhaltung der Attraktivität bereitet Sorgen und führt zur Imitation weltlicher Erfolgsmuster: Die psychotherapeutische Praxis an Individuen und Gruppen kann in kirchlich getragenen Veranstaltungen parallelisiert werden, die Figuren des transzendentalen Idealismus können theologisch nachgeturnt werden, den Club-Ketten für Playboys lassen sich Club-Ketten für Prayboys nachbilden. Und so weiter.

Dies sind mit Sicherheit abgeleitete Phänomene. Ihre Beurteilung wird davon abhängen, wo man den Auslöser sieht. Wir führen diese Phänomene darauf zurück, daß funktionale Differenzierung sozial effektiv und in ihren Konsequenzen bewußt geworden ist. Dann schwinden die sozialen Mechanismen, die es ermöglichten, nur wahrscheinliches Meinen zu heiligen; dann läßt sich auch die »conscientia« und Logik hinter dem Meinen theologisch nicht mehr kontrollieren; dann treten individuelle und soziale Rationalität gerade als Rationalität auseinander. Dann lassen sich die Sequenzen, in denen die Einzelperson Komplementärrollen in den Funktionssystemen sucht, indem sie als politischer Wähler, Konsument, Patient, Rechtsuchender oder mit religiösen Ungewißheiten auftritt, nicht mehr sozial synchroni-

25 Siehe zu dieser Deutung Bryan R. Wilson, Religion in Secular Society: A Sociological Comment, London 1966, S. 160 ff.

sieren. Aber all diese Veränderungen machen die gesellschaftliche Funktion der Religion nicht obsolet, denn sie ändern weder die System/Umwelt-Lage noch die Struktur von Sinn, auf denen die Funktion der Religion beruht. Und sie besagen, wie in den letzten Jahren zunehmend hervorgehoben wird[26], nichts gegen die Fortdauer der Möglichkeit religiöser Erfahrung.

## III.

Die Beziehung zu Personen und die Zunahme von Distanzen und Diskontinuitäten in dieser Beziehung betrifft eine äußere Umwelt des Gesellschaftssystems. Schon deshalb eliminiert Säkularisierung im bisher erörterten Sinne nicht ohne weiteres auch das Bezugsproblem und die Funktion der Religion. Eine zweite Konsequenz funktionaler Differenzierung betrifft die Gesellschaft selbst, und zwar in den Formen ihrer Integration.

Den Integrationsbegriff wollen wir negativ definieren[27] als Vermeidung des Umstandes, daß die Operationen eines Teilsystems in einem anderen Teilsystem zu unlösbaren Problemen führen. Danach sind zunächst einmal locker verbundene, segmentäre, nahezu dekomponierbare Systeme[28] gut integriert. Mit dem Aufbau von Schichtung und erst recht mit dem Übergang zu funktionaler Differenzierung nehmen jedoch die Interdependenzen und wechselseitigen Belastungen zwischen den Teilsystemen zu, bis es geradezu normal wird, daß Probleme nicht dort gelöst werden, wo sie erzeugt werden. Die klassische Vorstellung eines Abnehmens der Integrationsleistungen der Gesellschaft in der

26 Siehe nur: Donald E. Miller, Religion, Social Change, and the Expansive Life Style, Internationales Jahrbuch für Wissens- und Religionssoziologie 9 (1975), S. 149—159.

27 Wir wählen diesen Weg, weil positive Definitionen (mittels Kohärenz, Kompatibilität, Zusammenpassen etc.) rein tautologisch ausfallen. Vgl. etwa die Artikel Integration in der International Encyclopedia of the Social Sciences, New York 1968 Bd. 7, S. 372—386. Auch die definitorische Bezugnahme auf die Einheit eines herzustellenden Systems bringt keine Information, da jedes System ein System ist, sondern wiederholt nur die Merkmale der Systematizität.

28 im Sinne von Herbert A. Simon, The Sciences of the Artificial, Cambridge Mass. 1969, S. 99 ff.

neueren Zeit muß bei dem hier gewählten Begriffsansatz also reformuliert werden: Es handelt sich um ein relatives Zurückbleiben bei zunehmenden Anforderungen.
Die Frage, ob und wie bei zunehmenden Anforderungen das gesamtgesellschaftliche System für seine Teilsysteme noch Integration gewährleisten kann, muß mit Bezug auf die problemsteigernden Mechanismen, also mit Bezug auf Formen der gesellschaftlichen Differenzierung gestellt werden. Diesen Ausgangspunkt hatte auch Durkheim gewählt[29]. Durkheim hatte, motiviert wohl durch das Abstandsbewußtsein der Moderne gegenüber älteren Gesellschaften und durch die Dichotomisierungsgewohnheiten des 19. Jahrhunderts, nur zwei Typen gebildet: Segmentierung und Differenzierung. Er hatte sich außerdem damit begnügt, diesen Typen entsprechende Typen der Integration zuzuweisen: mechanische und organische Solidarität. Aus empirischen Gründen reicht jene Dichotomie jedoch nicht aus. Man muß mindestens eine weitere Form der Differenzierung, Stratifikation, dazwischenschieben[30]. Außerdem wird es angesichts der Schwierigkeiten, die der Begriff der »organischen Solidarität« bereitet hat, fraglich, ob es genügt, Integrationsleistungen durch bloße Komplementärbegriffe zu Differenzierungsformen abzubilden.
Wir ersetzen dieses Theorie-Arrangement durch folgende, bewußter systemtheoretisch formulierte Hypothese: Mit dem Übergang von segmentärer zu schichtenmäßiger und von schichtenmäßiger zu funktionaler Primärdifferenzierung des Gesellschaftssystems ändert sich die Zugriffsform des gesamtgesellschaftlichen Systems auf die Teilsysteme; sie verlagert sich von den *Strukturen der Teilsysteme* auf ihre *innergesellschaftliche Umwelt*. Die Gesellschaft kann bei zunehmender Komplexität immer weniger garantieren, daß alle Teilsysteme unter gleichen Strukturen gleichförmig operieren und sich aus diesem Grunde nicht übermäßig belasten. Integration muß vielmehr dadurch vermittelt werden, daß *alle Teilsysteme füreinander innergesellschaftliche Umwelt sind*. Ein Teilsystem gehört dann weniger

29 in: De la division du travail social, Paris 1893.
30 Hierzu auch Niklas Luhmann, The Differentiation of Society, New York 1982, S. 229 ff. Einer Verfeinerung von Typologien bei tiefenschärferen Erkenntnisabsichten sollen damit keine Grenzen gesetzt sein.

dadurch der Gesellschaft an, daß es in seiner Strukturwahl sich nach den Erfordernissen, Werten oder gar Normen richtet, die für alle Systeme gelten, sondern dadurch, daß es sich an einer nichtbeliebig geordneten, als Gesellschaft garantierten und vorstrukturierten Umwelt auszurichten hat. Diese innergesellschaftliche Umwelt ist gerade dadurch ausgezeichnet und ermöglicht gerade dadurch evolutionär unwahrscheinliche Systembildungen, daß sie Systeme bildet, die jeweils andere Funktionen zu erfüllen versuchen. Insofern liegt die Vorsorge für Integration darin, daß anderes woanders geschieht, so daß zum Beispiel das Religionssystem nicht selbst für hinreichende wirtschaftliche Produktion, für Forschung in allen denkbaren Wissensbereichen, für Rechtsgewähr oder für Erziehung zu sorgen hat.

Gegeben einen hohen Grad der Spezifikation des jeweils eigenen Bezugsproblems, würde es zu unerträglichen strukturellen Belastungen führen, wenn das Funktionssystem auch alle anderen Funktionen mit entsprechendem Anspruchsniveau zu betreuen hätte. Das zu vermeiden ist gerade der Sinn der Etablierung von funktionalen Primaten in Teilsystemen. Sieht man sich zum Beispiel das Verhältnis von Religionssystem und Erziehungssystem näher an, so liegt auf der Hand, daß innerhalb des Religionssystems nie ein Erziehungssystem hätte aufgebaut werden können, das den Erfordernissen der Inklusion der Gesamtbevölkerung genügt hätte. Dies gilt für die Einführung der allgemeinen Schulpflicht und für ihre rechtlichen, organisatorischen und finanziellen Konsequenzen[31]; es gilt aber auch und noch mehr für konzeptionelle Probleme[32]. Außerdem hätte, wäre das Programm einer universellen Erziehung aller dem Religionssystem

31 Siehe die bewußte Adressierung von pädagogischen, schulischen und professionspolitischen Reformvorstellungen nicht mehr an die Väter und erst recht nicht an die Geistlichkeit, sondern an die Obrigkeit oder den Staat seit etwa der Mitte des 18. Jahrhunderts. Vgl. z. B. Martin Ehlers, Gedanken von den zur Verbesserung der Schulen nothwendigen Erfordernissen, Altona—Lübeck 1766.

32 Siehe etwa Roger Mercier, L'enfant dans la société du XVIIIe siècle (Avant l'Emile), Dakar 1961, insb. S. 61 ff. zum Abbau theologischer Prämissen im Zuge der moralisch-medizinisch-pädagogischen Neukonzipierung des Kindes. Ferner auch Georges Snyders, Die große Wende der Pädagogik: Die Entdeckung des Kindes und die Revolution der Erziehung im 17. und 18. Jahrhundert in Frankreich, Dt. Übers., Paderborn 1971.

verblieben, dessen segmentäre Differenzierung in Konfessionen verhindert werden müssen (so wie umgekehrt die Konfessionsspaltung für die Öffentlichkeit Europas sichtbar gemacht hat, daß die Funktionen der Politik, des Rechts, dann auch der Wissenschaft und der Erziehung nur außerhalb des Religionssystems angemessen erfüllt werden können).

Mithin entlastet die innergesellschaftliche Umwelt alle Funktionssysteme und ermöglicht ihre Spezialisierung dadurch, daß sie ihnen Funktionen abnimmt, die bei höheren Ansprüchen inkompatibel werden. Um so mehr hängen dann aber alle Funktionssysteme davon ab, daß die Gesellschaft in ihrer Qualität als Umwelt funktioniert. Darüber hinaus muß vermieden werden, daß die Optimierung im Bereich eines Funktionssystems zu nicht abfangbaren Problemen in anderen Funktionssystemen führt – etwa die Optimierung von Erziehung zu Arbeitslosigkeit in der Wirtschaft, die Optimierung des religiösen Eifers zu Konsensschwierigkeiten in der Politik, die Optimierung von politisch-wohlfahrtsstaatlicher Konsensstiftung zur Verhinderung von Kapitalbildung, und so weiter. Entsprechende Beschränkungen müssen in die Reflexionsstruktur eines jeden Funktionssystems eingebaut sein[33], soweit sie sich nicht unmittelbar aus den laufenden Beziehungen zur Umwelt ergeben. Auch bei weitgetriebener funktionaler Differenzierung und hoher Autonomie aller Funktionssysteme kann die Gesellschaft also nicht rein aggregativ begriffen werden als Summe der erfüllten Funktionen, ebensowenig wie als bloße Summe der vorkommenden Teilsystemstrukturen und -prozesse. Sie hat als System darüber hinaus (1) ein eigenes Umweltverhältnis, ermöglicht (2) eine Umwelt für jedes Funktionssystem, die ihrerseits funktionale Spezialisierung überhaupt erst ermöglicht, und leistet (3) eine hinreichende Repression von Möglichkeiten der Teilsysteme (einschließlich Möglichkeiten optimaler Funktionserfüllung!) im Interesse ihrer Eignung als Komponenten der Umwelt anderer

33 Unter diesem Gesichtspunkt läßt sich die »Verfassung« des politischen Systems und insbesondere die Institution der Grundrechte als Modell einer allgemeinen Problemlage interpretieren. Siehe Niklas Luhmann, Grundrechte als Institution: Ein Beitrag zur politischen Soziologie, Berlin 1965; ders., Politische Verfassungen im Kontext des Gesellschaftssystems, Der Staat 12 (1973), S. 1—22, 165—182.

Teilsysteme. Auch wenn die Gesellschaft auf Erfüllung der religiösen Funktion angewiesen ist und bleibt, wird man daher immer auch eine gesellschaftliche Repression und Limitierung religiöser Möglichkeiten antreffen, und dies nicht nur als Auskämmen funktional inadäquaten Wildwuchses, sondern auch als Restriktion der Funktionserfüllung selbst.

Die Umgründung der Integration von Struktur auf Umwelt schwächt normative und stärkt kognitive Mechanismen. Das bedeutet nicht, daß die Zahl der Normen abnimmt – im Gegenteil! – oder daß jede Einzelnorm für weniger wichtig gehalten oder häufiger übertreten wird; es bedeutet aber, daß das gesellschaftliche »standing« der Normativität sinkt und daß es im täglichen Leben schwieriger wird, Normen rein um ihrer Normativität willen zu vertreten. Statt dessen macht das normative Urteil sich von einer Vorausschau der Folgen, also von kognitiven Prozessen abhängig und lebt als normatives Urteil sozusagen nur noch lückenfüllend von den Schwierigkeiten dieser Kognition[34]. Diese Lage gibt im Zuge des Aufbaus eines neuartigen Systems der Weltgesellschaft denjenigen Funktionsbereichen besondere Chancen, die primär mit kognitiven Prozessen arbeiten – also Wissenschaft und Wirtschaft[35]. Nicht zufällig sind dies zugleich Funktionssysteme, die am ehesten in der Lage sind, folgenreiche Entscheidungsprozesse zu individualisieren.

Diese Gesamtentwicklung betrifft das Religionssystem in doppelter Weise, nämlich unter dem Gesichtspunkt zweier Systemreferenzen. Das Religionssystem ist einerseits ein Teilsystem des Gesellschaftssystems und insofern durch den Strukturwandel der Gesellschaft betroffen. Es ist, mit anderen Worten, evolutionären Veränderungen der Gesellschaft ausgesetzt, die das umfassende System, dem es angehört, transformieren. Diese Veränderungen können nicht im Religionssystem selbst blockiert oder umdiri-

34 Zu verschiedenen Aspekten dieser Entwicklung vgl. Shalom H. Schwartz, Awareness of Consequences and the Influence of Moral Norms on Interpersonal Behavior, Sociometry 31 (1968), S. 355—369; Niklas Luhmann, Rechtssystem und Rechtsdogmatik, Stuttgart 1974; Robert Spaemann, Nebenwirkungen als moralisches Problem, Philosophisches Jahrbuch 82 (1975), S. 323 bis 335.

35 Hierzu und zu Konsequenzen für die Gesellschaftstheorie Niklas Luhmann, Die Weltgesellschaft, in ders., Soziologische Aufklärung Bd. 2 a.a.O., S. 51—71.

giert werden; jedenfalls würde unter der Strukturbedingung funktionaler Differenzierung jeder Versuch, Säkularisierung mit religionsspezifischen Mitteln aufzuhalten, genau die Bedingung verschärfen, die der Auslöser ist: funktionale Differenzierung. Andererseits ist das Religionssystem unter eben dieser Bedingung auch ein System für sich, das ein Komplexitätsgefälle mit Bezug auf eine innergesellschaftliche und eine außergesellschaftliche Umwelt zu stabilisieren hat. Nur in dieser Systemreferenz und ihrer Umweltstruktur, nur in bezug auf sich selbst und die eigene Umwelt, kann das Religionssystem mit Einsatz eigener Reflexionsmittel disponieren. Dieser Disposition ist die Gesellschaft vorgegeben – nicht nur als innergesellschaftliche Umwelt des Religionssystems, sondern auch als Differenzierungsform mit ihren Konsequenzen, die das Funktionssystem der Religion selbst betreffen.

Es genügt also nicht, das Problem der Säkularisierung schlicht als Problem der Anpassung oder Nichtanpassung zu stellen[36]. Ebensowenig geht es um eine bloße Umkehrung der dominierenden Einflußrichtung[37]. Einfluß- und Anpassungsprobleme entstehen erst durch Prozesse der Systemdifferenzierung, die eine Mehrheit von System/Umwelt-Referenzen erzeugen und zugleich Bedingungen und Formen ihrer Vermittlung vorkonstituieren. Daher muß die Form der Differenzierung vorweg geklärt werden. Richtet sich die Gesellschaftsdifferenzierung nach Funktionen, dann entsteht für das Religionssystem mit der Chance erhöhter Selektivität, Besonderheit und funktionaler Spezialisierung zugleich auch das Problem der Säkularisierung. Die eige-

36 Auch Schelskys Konzeptualisierungsvorschlag: Anpassung *und* Nichtanpassung nach Maßgabe einer wissenschaftskompetenzmäßigen Aufteilung zwischen Religionssoziologie und Theologie — siehe den viel diskutierten Aufsatz: Ist die Dauerreflexion institutionalisierbar?, Zeitschrift für evangelische Ethik 1 (1956), S. 153—174, neu gedruckt in ders., Auf der Suche nach Wirklichkeit, Düsseldorf—Köln 1965, S. 250—275 —, leidet an einem zu einfach gestellten Grundproblem, das die Interdependenzen zwischen einer Mehrheit von Systemreferenzen nicht berücksichtigt. Erst recht gilt dies von marxistischen Konzeptionen, die überhaupt nur die Ebene des Gesellschaftssystems beachten und sich deshalb das Problem der Religion auf ein Problem der Ideologie verkürzen.

37 So Erich Goode, Some Sociological Implications of Religious Secularization, Social Compass 16 (1969), S. 265—273.

nen Strukturen des Religionssystems sind dann nicht mehr durch gesamtgesellschaftliche Selbstverständlichkeiten oder Isomorphien gedeckt. Sie können nicht mehr als Ausdruck gesamtgesellschaftlicher Integriertheit fungieren, wie Durkheim annahm, denn sie tragen die Integration gar nicht. Sie können weder auf der Ebene der normativen Grundlagen des Glaubens noch auf der Ebene des Rituals Fraglosigkeit der Geltung in Anspruch nehmen. Es ist im gesellschaftlichen Leben möglich, sie zu negieren, ohne für andere Handlungskontexte die Erwartungs- und Verhaltensgrundlagen zu verlieren.

Damit entfällt jene Selbstsicherheit auf der Basis des Schon-Integriertseins, jene Sicherheit, daß die eigene Struktur zugleich ins Ganze vermittelt. Statt dessen muß das Religionssystem wie jedes andere Funktionssystem davon ausgehen, daß die Gesellschaft in der Weise integriert wird, daß sie jeweils mögliche Umwelt für ihre verschiedenen Teilsysteme ist. Gerade für das Religionssystem beruht die gesellschaftliche Integration deshalb nicht mehr auf Religion, sondern auf einem Komplex von System/Umwelt-Verhältnissen in der Umwelt des Religionssystems, die Religion ermöglichen. Insofern ist die Gesellschaft für das Religionssystem säkularisiert, und gerade darauf beruhen die Möglichkeiten, das Bezugsproblem der Religion zuzuspitzen und als ein nichtalltägliches Sonderproblem anzusehen. Anspruchsvolle, nicht durch ökonomische, politische, familiale oder wissenschaftliche Nebenerwägungen kontaminierte Antworten auf die Fragen der Religion müßten sich gerade in säkularisierten Gesellschaften finden lassen – vorausgesetzt, daß sie bei so weit getriebener Abstraktion und Kontingenz überhaupt in irgendeinem gesellschaftswirksamen Sinne formuliert und kommuniziert werden können.

## IV.

Eine letzte Konsequenz funktionaler Gesellschaftsdifferenzierung, die wir beachten müssen, betrifft Veränderungen der Form von Weltkomplexität. Wir können sie unter dem Sammelbegriff der *Steigerung des Auflöse- und Relationierungsvermögens* der Gesellschaft zur Erörterung stellen. Im vorliegenden Zusammenhang interessiert dabei die Rückwirkung auf die religiöse Funktion im allgemeinen und auf ihre Privatzugänglichkeit im besonderen.

Es ist zweckmäßig, wiederum vom Begriff der Komplexität auszugehen[38]. Der Begriff bezeichnet das Verhältnis von Elementen und Relationen zwischen Elementen. Er hat sein Problem in dem Umstande, daß die Zunahme der Zahl der Elemente die Zahl der zwischen ihnen möglichen Relationen überproportional ansteigen läßt und daß daher schon eine relativ geringe Zahl von Elementen es faktisch ausschließt, jedes Element mit jedem anderen zu verknüpfen. Was jeweils als Element und was demzufolge als mögliche Relation fungiert, hängt vom jeweiligen Systemtypus ab, und zwar sowohl für das System selbst als auch für seine Umwelt. Komplexere Systeme konstituieren eine komplexere Umwelt, und zwar dadurch, daß sie Grenzen bilden, die nur relativ wenige Beziehungen zur Umwelt ermöglichen, dafür aber Beziehungen, die intern mit komplexen Querrelationierungen kontrolliert und bearbeitet werden können. Auf diese Weise können komplexere Systeme lernen, zwischen externen und internen Zuständen zu unterscheiden, also grenzbewußt zu operieren. Aus dieser Einsicht der neueren Systemforschung hatten wir oben (S. 15) die Notwendigkeit der Reduktion unbestimmbarer Komplexität, der riskanten Diskretierung kontinuierlich abschattender Möglichkeiten, also der Konstitution von Typen und Erwartungen hergeleitet, die ihr eigenes Risiko mitverarbeiten muß. Die Verwaltung dieses substrukturellen Risikos hatten wir als Funktion der Religion angesehen.

Anknüpfend an diese Funktionsbestimmung kann man vermuten, daß ein Tieferlegen und Abstrahieren des Komplexitätsansatzes in Elementen und Relationen auf die Funktion der Religion und auf die Überzeugungskraft ihrer Praktiken, Glaubenseinstellungen und Institutionen zurückwirken wird. Mit Tieferlegen und Abstrahieren meinen wir eine Auflösung des primär gegebenen Erscheinungsbildes, eine Dekompensation der Phänomene, eine Defiguration der Fakten in Komponenten. Eine solche Auflösung vermehrt zunächst die Zahl der Elemente, vergrößert sozusagen das Feld durch Mikroskopie und vervielfältigt und problematisiert damit die Relationen, die zu beachten

38 Zur näheren Erläuterung siehe Niklas Luhmann, Komplexität, in ders., Soziologische Aufklärung, Bd. 2, Opladen 1975, S. 204 ff.

sind, wenn man die Ausgangserscheinungen begreifen oder verändern will. Die Rekonstruktion erfordert entsprechend abstraktere Kriterien, besondere Kompetenzen, eventuell Organisation. Sie bietet nicht etwa ein funktionales Äquivalent für Religion, da sie sich nicht als Dekomposition des Unbestimm*baren* versteht und das Diskretierungsrisiko selbst gar nicht ins Auge faßt[39]. Aber sie verändert dennoch in vielen für die Gesellschaft relevanten Bereichen und schließlich auch im Hinblick auf die Welt die Form, in der Komplexität erfahrbar und kommunizierbar wird.

Im einzelnen wird die Steigerung des Auflöse- und Relationierungsvermögens dadurch erreicht, daß eine Entwicklung in Gang gesetzt wird, die besondere Kommunikationsmedien ausbildet, sodann für diese Kommunikationsmedien funktionsspezifische Teilsysteme der Gesellschaft ausdifferenziert und mit Hilfe dieser Teilsysteme die Medien-Codes abstrahiert und universalisiert. So wird zunächst und vor allem im Bereich der Wirtschaft durch die Ausbreitung des Geldwesens im späten Mittelalter eine Möglichkeit des Bezugs fast aller Rollenbilder, Handlungskomplexe und Güter auf mit ihnen nicht identische Geldeinheiten hergestellt, die neuartige Relationierungsmöglichkeiten eröffnen – was man im Handel verdient hat, kann man verwenden, um Grundbesitz oder Seelenheil zu kaufen, Adel zu erwerben, Kriege zu finanzieren[40]. Diese Verwendungsbreite wird durch Ausdifferenzierung eines besonderen Systems für Wirtschaft zwar wieder eingeschränkt, zugleich aber gesamtgesellschaftlich durchgesetzt und universalisiert mit der Folge, daß alles einen Geldwert hat, sofern (und nur: sofern) im Wirtschaftssystem darüber kommuniziert wird. Vor der Ausdifferenzierung eines besonderen Wirtschaftssystems hatte das hohe Auflösevermögen des Geld-Codes im Gesellschaftssystem unverstehbare Effekte

39 Dies ist zugleich der Ansatzpunkt für eine philosophische Kritik der neuzeitlichen Wissenschaften als gebunden an technische Idealisierungen (Husserl) oder an eine Dethematisierung der Problematik des Seins (Heidegger).

40 »Im Spätmittelalter konnte man mit Geld alles erwerben. Die Instrumentalität des Geldes ging weiter als heute. Man konnte Privilegien kaufen — nicht nur durch Korruption, sondern legal, z. B. Kanzleitaxen. Vor allem konnte man Seelenheil kaufen ...«. (Rolf Sprandel, Über sozialen Wandel im Mittelalter, Saeculum 26 (1975), S. 205—213 (210).

erzeugt mit einer sehr unmittelbaren Inanspruchnahme religiöser Interpretationsmittel bei wirtschaftlichen Krisen[41]. Dabei wurden über Religion laufende Lösungsversuche im Religionssystem häretisiert und nach Möglichkeit unterdrückt;[42] die Einheit des Religionssystems wurde, mit anderen Worten, auf einem konzeptionellen Niveau mit zu geringer Komplexität verteidigt. Nach der Durchsetzung funktionaler Differenzierung können dagegen Wirtschaftskrisen dem Wirtschaftssystem speziell zugerechnet werden, und man braucht – Ausnahmeerscheinungen im Bereich des Jugend-Marxismus der letzten Jahre bestätigen die Regel – für den Umgang mit ihnen weder religiöse Interpretationen noch Häresien, weil die Religion durch Komplexitätssteigerungen im Bereich der Wirtschaft überhaupt nicht mehr direkt betroffen ist. Sie kann sich nach wie vor um Folgen kümmern, aber wie schon im Mittelalter nur unter der Voraussetzung, daß die Folgen nicht der Wirtschaft allein zugerechnet bzw. die Folgenzurechnung nicht offengelegt wird, denn sonst würde die erkannte Kausalstruktur auf rein wirtschaftliche oder allenfalls auf politische Abhilfen verweisen.

Die gleichen Feststellungen lassen sich für das Kommunikationsmedium Wahrheit und das Wissenschaftssystem treffen. Sie kommen hier etwas später zum Zuge, aber seit dem 18. Jahrhundert erreichen auch Physik, Chemie und Biologie ein Auflösevermögen durch Tieferlegen der theorierelevanten Elemente und Strukturen, das in zunehmendem Maße eine Ausdifferen-

41 Vgl. z. B. Otthein Rammstedt, Sekte und soziale Bewegung: Soziologische Analyse der Täufer in Münster (1534/35), Köln—Opladen 1966.

42 Siehe hierzu zahlreiche Beiträge und weitere Literaturhinweise in: Jacques Le Goff (Hrsg.), Hérésies et sociétés dans l'Europe pré-industrielle 11e—18e siècles, Paris—Den Haag 1968. Daß es nicht möglich ist, Häresien *allein* als Reaktion auf wirtschaftliche Krisen zu erklären, wird schon durch die Vielzahl und die zeitliche und regionale Streuung der Bewegung deutlich. Vor allem provoziert das Religionssystem selbst Bewegungen, die es nur noch als Häresien behandeln kann, dadurch, daß es organisatorischen und dogmatischen Konsistenzanforderungen zu genügen sucht. Diese Vorbehalte schließen es jedoch nicht aus, an der Verbreitung der Häresien vor dem Übergang zur Segmentierung des Religionssystems und der Institutionalisierung von Toleranz abzulesen, wie wenig das Religionssystem in der Lage war, durch hinreichend rasche Anpassung der eigenen Orthodoxie auf eine rasch fortschreitende Steigerung des Auflöse- und Relationierungsvermögens der Gesellschaft zu reagieren.

zierung auch der wissenschaftlichen Forschung erzwingt[43]. Ähnlich wie im Bereich der Wirtschaft beruht auch hier der Erfolg auf einem Dekompositionsverfahren, das sich der Quantifikation bedient. Als letzten wichtigen Fall nennen wir schließlich die Dekomposition des Gemeinwohls durch Relationierung auf Meinungen und Stimmen, die sich in der politischen Wahl äußern können. Auch hier führt die Entwicklung über Steigerung des Auflösevermögens und Zerlegung der Phänomene und An-sich-Werte in abstraktere Elemente zur Neukonstruktion eines Relevanzbereichs mit Hilfe eines ausdifferenzierten Funktionssystems, das die Selektion und laufende Änderung der dann noch möglichen Prozesse betreut. Entsprechend wird »Demokratie« zum Strukturbegriff politischer Systeme.

Wir können die damit angedeuteten Sachprobleme anderer Funktionssysteme der neuzeitlichen Gesellschaft hier nicht aufgreifen und erörtern. Wir führen sie hier nur vor, um ein Argument zu bringen: Das was als »Religionsferne« wichtiger Funktionsbereiche unserer Gesellschaft erscheint, ist nicht nur ein inhaltliches Moment an den dort behandelten Kommunikationsthemen, sondern ist mitbedingt durch die Form, in der Komplexitätsprobleme gestellt und gelöst werden müssen. Bei einer beträchtlichen Zunahme der Elemente, wie sie erreicht wird, wenn man ihre Identität abstrakter definiert, ergeben sich Konsequenzen für die dann noch möglichen Relationen und damit für die im System und in seiner Umwelt aktualisierbaren Interdependenzen. Hierfür werden (mehr oder weniger bewußt) moderne Strukturierungstechniken entwickelt, zum Beispiel Organisationsbildung, hierarchische Dekomposition, reflexive Mechanismen, Verwendung von Zeit als Interdependenzunterbrecher. Die Form der Komplexität und die Nichtbeliebigkeit der ihr immanenten Arrangiermöglichkeiten bestimmen das Problembewußtsein des Alltags, wenn man die entsprechenden Funktionssysteme betritt. Im Anschluß an Weaver spricht man auch von Problemen »organisierter Komplexität« – das sind Probleme,

43 Vor allem Gaston Bachelard hat in dieser Perspektive die Begriffs- und Theoriegeschichte der neuzeitlichen Naturwissenschaften nachgezeichnet. Siehe vor allem: La formation de l'esprit scientifique: Contribution à une Psychanalyse de la connaissance objective, Paris 1938; ders., Le rationalisme appliqué, Paris 1949; Le matérialisme rationnel, Paris 1953.

bei denen Größen- und Relationierungsänderungen in bezug aufeinander in Betracht gezogen werden müssen[44].

Dem ersten Eindruck nach könnte man annehmen, daß Komplexitätsprobleme dieses Typs, die ihre Relevanz den an Abstraktion und/oder Wachstum anschließenden Relationierungsproblemen verdanken, mit religiösem Erleben schlechthin unvereinbar sind. Wer wollte die Probleme selektiver Relationierung im Bereich hoher, strukturierter Komplexität auf ihren Grund bringen mit einer Feststellung wie: »Er hält das Wasser im Meer zusammen wie in einem Schlauch, und legt die Tiefe in das Verborgene«[45]. Man könnte diese Annahme der Inkompatibilität, die anfangs alle Plausibilität für sich hat, auf Grund einer schärferen Analyse der Funktion von Religion aber auch in Frage stellen und statt dessen das Problem der Säkularisation neu formulieren. Es bestünde dann in der Frage, ob es komplexitätsadäquate Formen religiöser Dogmatik geben kann, die der in verschiedenen Funktionsbereichen verschieden angesetzten Steigerung des Auflösevermögens gesellschaftlicher Kommunikation entsprechen. Auf diese Frage wird in den seichten Gewässern der Diskussion über »Demokratisierung« der kirchlichen Organisationen keine Antwort zu finden sein, und ebensowenig werden die Aporien der modernen Naturwissenschaft sich unmittelbar an die Stelle der Gottesbeweise schieben lassen. Es genügt also nicht, die Auflöse- und Relationierungstechniken anderer Funktionsbereiche einfach in die Religion zu importieren, um diese komplexitätsbewußt zu machen. Aber es könnte Formprobleme abstraktester Art geben, in denen Weltprobleme und theologische Probleme konvergieren. Schließlich führt jede Diskretierung und Typisierung in Komplexitätsprobleme, so daß alle Bemühung des Umgangs mit hoher strukturierter Komplexität zugleich jenes Strukturierungsrisiko betreffen, auf das auch die Religion zu antworten hat.

Magisch fundierte Religionen gehen von einer quantitativ kleinen, deshalb relational verdichteten, auf der Ebene der Fakten

44 Vgl. Warren Weaver, Science and Complexity, American Scientist 36 (1948), S. 536—544; Todd R. La Porte (Hrsg.), Organized Social Complexity: Challenge to Politics and Policy, Princeton N. J. 1975. Vgl. auch F. A. von Hayek, Die Theorie komplexer Phänomene, Tübingen 1972.

45 Psalm 33,7.

hochkohärenten Umwelt, einer Welt ohne Zufall aus. Die Magie kennt keine doppelte Kontingenz, keine Reaktionsfreiheit derjenigen Mächte, auf die und gegen die sie angewandt wird. In theologisch durchgearbeiteten Hochreligionen können Komplexitätsvariable wie Vielheit und Verschiedenartigkeit der Elemente als Realitätsmerkmale und Perfektionsbedingungen genannt werden, speziell zum Beispiel als Form, durch die Gott seine Güte dem Menschen mitteilt: distinctio rerum et multitudo est ex intentione primi agentis, quod est Deo[46]. Dank des primus agens konnte man sich die relationale Ordnung in dieser Varietät zentralisiert, das heißt hierarchisch vorstellen. Hier wird die Verknüpfung der Elemente (und damit die Welt) bereits kontingent, und zwar gerade dadurch, daß die Zentralausrichtung ihrer Interdependenz angesichts hoher Komplexität festgehalten wird. Dann zwingt die complexio contingens, göttliche und menschliche Erkenntnis *an diesem Problem* zu differenzieren[47]. Das eröffnet einen Weg zur »Säkularisierung« des Themas: Erkenntnisprobleme werden zum Korrelat der Komplexität ihres Gegenstandes[48]. Aber diese erkenntnistheoretische Zuspitzung erfaßt das Komplexitätsproblem nur unter der Sonderperspektive eines der gesellschaftlichen Teilsysteme, nämlich der Wissenschaft.

Aus zwei Gründen kann man vermuten, daß sich gegenwärtig die für Religion relevante Problemstellung abermals verschiebt. Zum einen sind die Probleme strukturierter Komplexität als Sachprobleme (und nicht nur als Erkenntnisschwierigkeiten), formulierbar, so wie auch selbstreferentielle Strukturen und Prozesse in Systemen schlechthin und nicht nur in der Erkenntnis vorliegen. Zum anderen kann die soziologische Analyse, wie wir angedeutet haben, zeigen, daß die Steigerung des Auflösever-

46 Thomas von Aquino, Summa Theologiae I q. 47 a. 1, zit. nach der Ausgabe Turin—Rom 1952 Bd. 1, S. 240.

47 Siehe etwa Duns Scotus, Ordinatio I dist. 39 n. 7, zitiert nach der Ausgabe Opera Omnia Bd. VI, Civitas Vaticana 1963, S. 406 f.

48 Auch die Epistemologen der neuzeitlichen Wissenschaft, auch Locke, Hume und Kant sind allerdings noch weit davon entfernt, Komplexitätsprobleme strukturell zu analysieren, geschweige denn Gegenstandskomplexität und Erkenntniskomplexität in Relation aufeinander zu variieren. Auch ihre Problemstellung zielt noch auf ein Zentralproblem, mit dessen Lösung alle anderen lösbar werden könnten: auf die letztgewisse Begründung des Wissens.

mögens und der Relationierungsproblematik in der gesellschaftlichen Evolution mit der Form gesellschaftlicher Differenzierung korreliert und im heutigen Ausmaß von funktionaler Differenzierung abhängt. Komplexität ist dann weder als Kommunikation der Güte Gottes noch als bloße Undurchschaubarkeit für Erkenntnis zureichend zu begreifen. Sie ist zunächst Korrelat gesellschaftlicher Kommunikation und als solche evolutionärem Wandel mit immanenten Problemverschiebungen ausgesetzt. Diese Verschiebungen machen die Denkmuster, mit denen die Theologie religiöse Erfahrungen vergangener Gesellschaftsformationen geordnet und aufeinander bezogen hatte, weitgehend obsolet. Erst von dieser Einsicht aus sind dann diejenigen Fragen formulierbar, die den Funktionsbereich der Religion unmittelbar angehen, etwa die Fragen, welche Invarianten die Steigerung der Komplexität durch Wachstum oder durch Steigerung des Auflösevermögens übergreifen, welche Grenze kombinatorischer Möglichkeiten es gibt und worauf überhaupt die Gesellschaft sich einläßt, wenn sie sich auf Bestimmung des Unbestimmbaren in der Form von Komplexität, also auf Komplexität als Unbestimmbarkeitsäquivalent einläßt.

## V.

Säkularisierung ist eine der Konsequenzen des Umbaus der Gesellschaft in Richtung auf ein primär funktional differenziertes System, in dem jeder Funktionsbereich höhere Eigenständigkeit und Autonomie gewinnt, aber auch abhängiger wird davon, daß und wie die anderen Funktionen erfüllt werden. Dieser Wandel ist nicht auf einen einzigen Faktor zurückzuführen, und auch die Frage, ob die Ursachen eher im wirtschaftlichen oder eher im kulturellen Bereich liegen, ist falsch gestellt. Wir versuchen stattdessen, zwischen ermöglichenden Bedingungen und antriebsdynamischen Interessen zu unterscheiden. Beides sind »Ursachen« der Transformation und insofern gleichermaßen wichtig; aber diejenigen Funktionsbereiche, die die Verstärkung des Grades ihrer Ausdifferenzierung betreiben, sind von der Entwicklung in anderer Weise betroffen als diejenigen, die sie durch das, was sie schon sind, nur ermöglichen und dann erleiden.

Wirtschaft, Politik und Wissenschaft, seit dem 18. Jahrhundert auch Erziehung, dürfte man den antreibenden Funktionsbereichen zurechnen, Familie und Religion dagegen den ermöglichenden. Das Religionssystem erreicht im Spätmittelalter eine hohe Eigendynamik, indem Dogmatik und Organisation die internen Interdependenzen gleichsam übersteuern. Das führt im Effekt zu den bekannten Konfessionsspaltungen, also zu einer segmentären Innendifferenzierung des Religionssystems im christlichen Europa, die dann durch die Einbeziehung außereuropäischer Religionen in das europäische Weltbild ausgebaut und befestigt wird. All das ist für die Gesellschaftsentwicklung hochbedeutsam, bedeutet aber nicht, daß das Religionssystem seine eigene funktionale Ausdifferenzierung sucht und betreibt. Die Strukturlage im Religionssystem ermöglicht es vor allem der Politik und der Wissenschaft, sich selbst außerhalb der Religion mit übersehbaren Beziehungen zu ihr zu konsolidieren. (Die Ausdifferenzierung eines kapitalistisch-internationalen Wirtschaftssystems läuft früher an, verläuft kontinuierlicher und ist nicht in gleichem Maße Reaktion auf Strukturwandel im Religionssystem). Der Übergang zu einem funktional differenzierten Gesellschaftssystem wird also in anderen Funktionsbereichen betrieben. Dabei fällt die gesteigerte Ausdifferenzierung auch des Religionssystems als Nebeneffekt an[49]. Die Konsequenzen betreffen das Religionssystem eher negativ, und dies seit der Mitte des 16. Jahrhunderts, also *bevor das Religionssystem genötigt ist, auf Säkularisierung zu reagieren.* Sie fallen zudem, anders als die Konsequenzen der Säkularisierung, in den einzelnen Segmenten, Kirchen oder Konfessionen auf sehr unterschiedliche Weise an je nachdem, ob man im historischen Prozeß Tradition hat oder nicht. Zu reagieren ist gleichzeitig: (1) auf die erkennbar werdende Nichtidentität von Gesellschaftssystem und Religionssystem; (2) auf die Ausdifferenzierung von Politik, Wissenschaft und Wirtschaft innerhalb der Gesellschaft; (3) auf die interne Segmentierung des Religionssystems und schließlich (4)

49 Ähnlich stellt Donald Eugene Smith, Religion and Political Development, Boston 1970, S. 13, für Hinduismus, Buddhismus, Islam und südamerikanischen Katholizismus, die erst im 19./20. Jahrhundert der Säkularisierung ausgesetzt werden, fest: »The breakup of the traditional system leaves religion with an autonomy which was neither sought nor desired.«

auf die damit korrelierende Steigerung der Ausdifferenzierung des Gesellschaftssystems gegenüber individuellen Personen. Als Formen der Reaktion verdienen genannt zu werden:

1. Es kommen hohe Unsicherheiten auf und führen zur *Thematisierung von Unsicherheit* im Bereich des genuin religiösen Denkens.

2. Die extern ausgelöste Veränderung diskreditiert nicht etwa die Dogmatik, sie motiviert im Gegenteil ihre *Verfestigung zur Orthodoxie* – das heißt zu einem gesellschaftsweiten Anspruch auf Richtigkeit der Meinung, der mit nur teilsystemspezifischen Mitteln vertreten wird. Das führt zur Beibehaltung und Wiederbenutzung von Denkmitteln und Glaubensfiguren in defensivem Interesse. Die Orthodoxie muß die gleichbleibenden oder nur wenig gewandelten Inhalte jetzt unabhängig davon behaupten, ob sie auch in anderen Bereichen des gesellschaftlichen Lebens benutzt und in Anspruch genommen werden[50]. Das erfordert Systematisierung unter den spezifischen Gesichtspunkten der eigenen Kirche oder Konfession. In der katholischen Kirche wird sogar Theologie selbst zu einem heiligen Geschäft, und ein Papst kann die Auffassung verkünden, Fehler bei ihrer Handhabung mißfielen Gott! Über Fehlbarkeit/Unfehlbarkeit von Dogmenentscheidungen wird diskutiert[51].

3. Die Aufgabe der Bewahrung der Offenbarung verschärft sich von *Tradierung zu Reproduktion* der Glaubensmittel[52]. Der

50 Wir werden dies Problem unten S. 272 ff. am Beispiel des Begriffskomplexes universitas/corpus/congregatio vorführen.

51 Vgl. Jean Orcibal, L'idée d'église chez les catholiques du XVI—XVIIe siècles, Relazioni del X Congresso Internationale di Scienze Storiche, Roma 1955, Bd. IV S. 111—135.

52 So erklärt sich, daß der im 17. Jahrhundert aufkommende Systembegriff und Titel wie »systematische Theologie«, »système religieux« zunächst ein Arrangier- und Montagebewußtsein auf hypothetischen Grundlagen zum Ausdruck bringen. An die Stelle der Grundlagensicherheit tritt die Zusammenhangsicherheit. Vgl. Otto Ritschl, System und systematische Methode in der Geschichte des wissenschaftlichen Sprachgebrauchs und der philosophischen Methodologie, Bonn 1906; Mario G. Losano, Sistema e struttura nel diritto, Bd. I: Dalle origine alla scuola storica, Turin 1968, insb. S. 97 ff.; Friedrich Kambartel, »System« und »Begründung« als wissenschaftliche und philosophische Ordnungsbegriffe bei und vor Kant, in: Jürgen Blühdorn / Joachim Ritter (Hrsg.), Philosophie und Rechtswissenschaft: Zum Problem ihrer Beziehungen im 19. Jahrhundert, Frankfurt 1969, S. 99—113.

Glaube muß nicht nur gegen den natürlichen Weltlauf, gegen Vergessen, Versuchung, Verfall bewahrt, er muß unter veränderten Umständen reproduziert werden, was Rückgriff auf die Ursprünge, aber auch moderne »civilité chrétienne« erfordern kann.

4. Das erfordert eine *Straffung auch der organisatorischen Mittel,* für die katholische Kirche namentlich im Anschluß an das Konzil von Trient. Das Kleriker-Proletariat wird zurückgedrängt, die Ausbildung wird verbessert, und mit alldem wird der Geistliche existentiell auf Organisation bezogen[53]. Vor allem muß angesichts der als bedrohlich empfundenen Lage die Durchgriffssicherheit erhöht werden. Damit korrespondiert, daß die Kirche nicht mehr nur Rechtsstruktur ist, sondern sich selbst als Objekt der Frömmigkeit, als verehrenswürdig heilige Mutter, als Braut Christi empfiehlt. Aber auch die Reformatoren entdecken sehr rasch, daß die Priesterschaft aller Gläubigen ein strenges Regiment erfordert, das ihnen, da sie die Kirche nicht heiligen können, nur der Territorialstaat gewährleisten kann.

5. Aus gleichem Grunde kann *Sozialisation und Erziehung* zum rechten Glauben nicht mehr als bloßes Nachwuchsproblem des Klerikerstandes behandelt werden. Man wendet sich, zunächst aus religionsspezifischen Gründen, verstärkt sowohl der durch Orden veranstalteten Schulerziehung[54] als auch, gestützt auf ein patriarchalisches Familienkonzept[55], der familiären Erziehung zu.

6. Neben solchen intentionalen Bemühungen um Straffung, Verstärkung und Ausbau von im Prinzip alten Mitteln kommt es zu Nebenfolgen des Einheitsverlustes, vor allem:

53 Hierzu Dominique Julia, Le prêtre au XVIIIe siècle: La Théologie et les institutions, Recherches de science religieuse 58 (1970), S. 521—534.

54 Siehe André Schimberg, L'éducation morale dans les collèges de la Compagnie de Jésus en France sous L'Ancien Régime, Paris 1913; Allan Farrell, The Jesuit Code of Liberal Education: Development and Scope of the Ratio Studiorum, Milwaukee 1938; Jean Schroeteler, Die Erziehung in den Jesuiteninternaten des 16. Jahrhunderts, Freiburg 1940. François Charmot, La pédagogie des Jésuites, Paris 1943; Georges Snyders, Die große Wende der Pädagogik, Dt. Übers. Paderborn 1971.

55 Siehe Levin L. Schücking, Die Familie im Puritanismus: Studien über Familie und Literatur in England im 16., 17. und 18. Jahrhundert, Leipzig—Berlin 1929.

a. zu regressiven Tendenzen, besonders mit Unterstützung angesehener Prediger und wissenschaftlicher Literatur zum *Wiederaufleben des Hexenglaubens*[56];

b. zu einem anti-theologischen *gelehrten Freidenkertum* in begrenzten Zirkeln intellektueller Kommunikation[57];

c. zu einem Rückzug von Religiosität aus der mit Defensivproblemen beschäftigten Orthodoxie in eine neue *mystische Innerlichkeit*, die sich zugleich als individuell zugänglich empfiehlt[58];

d. zu Bemühungen um eine die Orthodoxie transzendierende, notfalls außerreligiöse Einheitsfundierung in *Moral* und *Humanität*[59];

– alles Bewegungen, die sich aus einer direkten Abhängigkeit von der Orthodoxie ablösen und mit weniger rigide durchartikulierten Positionen auszukommen versuchen.

All dies ist Vorgeschichte der Säkularisierung, ist für ihre Beurteilung aber gleichwohl wichtig. Denn man muß unterscheiden zwischen den strukturellen Korrelaten und Auffangvorrichtungen, mit denen das Religionssystem sich einstellt auf eine nicht begehrte Ausdifferenzierung seiner eigenen Funktion, und den Anforderungen, die sich daraus ergeben, daß das Religionssystem auf eine sich allmählich säkularisierende innergesellschaft-

56 Vgl. zur Zunahme der Hexenverfolgungen nach der Reformation R. Trevor Davies, Four Centuries of Witch-Beliefs: With Special Reference to the Great Rebellion, London 1947; Alan MacFarlane, Witchcraft in Tudor and Stuart England, London 1970; Robert Mandrou, Magistrats et sorciers en France au XVIIe siècle, Paris 1968; M. C. E. Midelfort, Witch Hunting in Southwestern Germany 1562—1684, Stanford Cal 1972.

57 Siehe als ein Beispiel das »Testament des Abbé Meslier«, Dt. Ausgabe, Frankfurt 1976. Zum Kontext und zur Vorgeschichte ferner René Pintard, Le libertinage érudit dans la première moitié du XVIIe siècle, Paris 1943.

58 Vgl. etwa Leszek Kolakowski, Chrétiens sans Eglise: La conscience religieuse et le lien confessionel au XVIIe siècle, Paris 1965; Louis Cognet, La spiritualité moderne, Paris 1966.

59 Vgl. Paul Hazard, Die Krise des europäischen Geistes 1680—1715, Hamburg 1939; Lester G. Crocker, An Age of Crisis: Man and World in Eighteenth Century French Thought, Baltimore 1959; ders., Nature and Culture, Ethical Thought in the French Enlightenment, Baltimore 1963; Michel de Certeau, Du système religieux à l'éthique des Lumières (17e—18e siècles): La formalité des pratiques, Ricerche di storia sociale e religiosa 1, 2 (1972), S. 31—94.

liche Umwelt reagieren muß, die ebenfalls eine Konsequenz der funktionalen Differenzierung des Gesellschaftssystems ist. Da diese beiden Anforderungen im historischen Prozeß nacheinander auftreten – die Zäsur liegt in der zweiten Hälfte des 18. Jahrhunderts und ist nicht zuletzt durch die dann einsetzende Ausdifferenzierung und Säkularisierung des Erziehungssystems bestimmt[60] –, können sie auch empirisch getrennt studiert werden, obgleich ihre Effekte sich dann überlagern und akkumulieren.

Die These der Akkumulation von schubweise anfallenden Effekten der gesellschaftlichen Restrukturierung erklärt, daß sich für die beginnende Neuzeit, deshalb sind wir relativ ausführlich darauf eingegangen, noch deutlich erkennen läßt, mit welchen Maßnahmen oder ungewollten Entwicklungen das Religionssystem auf den Übergang zu einer primär funktional differenzierten Gesellschaftsordnung reagiert; daß dagegen im weiteren Verlauf solche Entsprechungen kaum noch auszumachen sind. Die Verhältnisse werden für Analyse[61] zu komplex, sie lassen sich nur noch unter Pauschalbegriffen, etwa dem Heilsbegriff des Fortschritts oder dem Unheilsbegriff der Säkularisation zusammenfassen, die aber für analytische Zwecke zu hoch aggregieren. Die Kirchen können so zwar ihre »Lage in einer säkularisierten Welt« reflektieren und damit ihre Identität behaupten[61a], aber sie finden keine programmatischen Entsprechungen zur Säkularisation, mit denen sie zugleich ihre Identität wahren könnten.

60 So ergibt sich zum Beispiel erst angesichts gesellschaftsweit durchgesetzter Inklusionspostulate die Forderung, die Inklusion von Laien nicht nur in der Gemeinsamkeit des Glaubens zum Ausdruck zu bringen, sondern sie auch auf der Ebene der Organisation im Gegenzug zu Zentralisierungen durch repräsentative Organe zumindest anzudeuten. Vgl. dazu Kenneth A. Thompson, Bureaucracy and Church Reform: The Organizational Response of the Church of England to Social Change 1800—1965, Oxford 1970, insb. S. 91 ff.

61 »Analyse« verstanden hier als ein Prozeß, der einem strukturell gesicherten und gesteigerten Auflösevermögen entspricht und demgemäß mit Begriffen arbeitet, die distinkte andere Möglichkeiten anvisieren und als Äquivalente oder als Dimensionen (»Variable«) ordnen.

61a Hierzu Franz-Xaver Kaufmann, Warum »Kirche und . . .«? Die Verarbeitung der neuzeitlichen Gesellschaftsentwicklung durch die christlichen Kirchen in soziologischer Sicht, Orientierung — Katholische Blätter für weltanschauliche Information 40 (1976), S. 152—155; 171—175.

## VI.

Die aufgedeckten Zusammenhänge zwischen funktionaler Differenzierung und Säkularisierung führen nicht einfach zur Forderung einer neuen Theologie oder einer Aussortierung und Reformulierung des symbolischen Instrumentariums der Religion. Es ist sehr die Frage, ob es sinnvoll wäre, unmittelbar nach konzeptuellen Entsprechungen zu suchen. Wir schließen statt dessen an die These an, daß in funktional differenzierten Gesellschaften sich diejenigen Orientierungen stärker zu unterscheiden beginnen, die sich in Teilsystemen auf das Gesamtsystem, auf Systeme der internen Umwelt des Gesamtsystems und auf das Teilsystem selbst beziehen. Wir hatten diese Orientierungen im ersten Kapitel als *Funktion*, *Leistung* und *Reflexion* bezeichnet und sie für den Fall des Religionssystems als *geistliche Kommunikation* (Kirche), *Diakonie* und *Theologie* identifiziert[62]. Wir können nunmehr fragen, wie diese systeminternen Erfordernisse auf die Tatsache einer säkularisierten Gesellschaft reagieren, die ebenfalls auf funktionale Differenzierung zurückgeführt werden kann. Wir vermuten als Folge (1) der Segmentierung (Konfessionalisierung) und (2) der Ausdifferenzierung des Religionssystems sowie (3) der Säkularisierung der innergesellschaftlichen Umwelt des Religionssystems aufweisbare Veränderungen in den Bereichen für Funktion, Leistung und Reflexion und in den zwischen ihnen möglichen Beziehungen.

Sicher setzt der Transformationsprozeß nicht erst mit den Rückwirkungen der Säkularisierung ein. Bereits im 16. Jahrhundert, sehr bald nach der Reformation, müssen die Vorstellungen über Gottesverehrung und weltliches Dienen geändert werden. Die Segmentierung des Religionssystems und die neue Inklusionstheologie nehmen der Differenz zwischen mönchischer und weltlicher Lebensführung und damit der visio Dei ihre alte Bedeutung[63]. Pietas wird zu einer allgemeinen Lebensführungsregel, die aber niemandem die visio Dei ermöglicht. Sie wird von zeitbindenden und zeitraubenden Regeln mönchischer Lebensfüh-

62 Vgl. oben S. 54 ff.

63 Zu den Konsequenzen für das Verhältnis von »worship« und »service« siehe Kenneth E. Kirk, The Vision of God: The Christian Doctrine of the Summum Bonum, London 1934, S. 179 ff.

rung entlastet dadurch, daß sie »pietistisch« ins Innere verlegt wird. Sie wird auf diese Weise mit weltlicher Lebensführung synchronisierbar[64]. Andererseits wird dadurch das Eigeninteresse (das in der visio Dei ipso facto gerechtfertigt war) zum Problem und zum Einlaßtor eines sich ständig ausbreitenden und mit Genuß ausgebreiteten Motivverdachts[65]. All das sind aber Vorgriffe, noch nicht Folgen von Säkularisierung. Der Begriff der Säkularisierung faßt Phänomene zusammen, die *das gesamtgesellschaftliche System* mit *Bezug auf Religion* charakterisieren, die Unterscheidung von Kirche, Diakonie und Theologie bezieht sich dagegen auf das *Religionssystem selbst*. Unsere Frage zielt auf die Ausprägungen von Funktion, Leistung und Reflexion, die im Religionssystem unter den Bedingungen einer säkularisierten Gesellschaft zu erwarten sind.

Im Kernbereich der Funktion, in der Kirche im Sinne geistlicher Kommunikation, erscheint Säkularisierung vordringlich als Problem der »Mikromotivation« privater Teilnehmer, die vom Religionssystem aus nicht kontrolliert, durch »Mitgliedschaft« in der Kirche nicht ausreichend gesichert werden kann. Die Kirche muß sich darauf einstellen, Möglichkeiten bereitzuhalten und anzubieten, und die Entscheidung über ihre Aktivierung den Koinzidenzen des privaten Lebenslaufs überlassen. Das bereitet Schwierigkeiten in dem Maße, als Möglichkeiten geistlicher Kommunikation leer und erfolglos angeboten werden müssen. Ebenso irritierend ist die Feststellung, daß am kirchlichen Leben gerade diejenigen bevorzugt teilnehmen, die nicht zu den voll aktiven Mitgliedern der Gesellschaft gehören[66]. Die Kontingen-

64 Neu am Pietismus ist also nicht etwa die Entdeckung der Innerlichkeit als Reflexionsbereich der Frömmigkeit. Das ist alte Tradition der Mönchstheologie. Das Innere wird gleichwohl in neuer Weise Träger der Frömmigkeit, weil es die Zeitentlastung mitträgt. Dieser Gesichtspunkt der Entlastung und Freigabe erschließt auch die verdeckten, unter Kontroversen begrabenen Gemeinsamkeiten des Pietismus und der jesuitischen Moralkasuistik.

65 Man denke an die Sentenzen und Maximen des Herzogs von La Rochefoucauld, an die neue sich ausbreitende Moralkasuistik und vor allem an die Unterstellungen ihrer Kritiker, die noch heute theologisch nicht verdaut sind.

66 Es ist eine noch wohlwollende Interpretation entsprechender Statistiken, wenn man sie im Sinne einer Trost- und Kompensationsfunktion der Kirchen versteht. So z. B. Charles Y. Glock / Benjamin B. Ringer / Earl R. Babbie, To Comfort and to Challenge: A Dilemma of the Contemporary Church, Berkeley—Los Angeles 1967; Stefan Christopher / John Fearon / John McCoy /

zen der Nachfrage schlagen dann um in ein Bewußtsein der Kontingenz der eigenen Form. Die Frage drängt sich auf, ob man Formen und Inhalte geistlicher Kommunikation ändern müßte und ändern könnte, um den Teilnehmerkreis zu erweitern und latente Bereitschaften ansprechen zu können. Säkularisierung könnte auch eine Quelle religiöser Erneuerung sein[67].
In der modernen Gesellschaft wirken jedoch zwei verschiedene Schwellen zusammen, die jede für sich schon genügen würden, um eine Entwicklung in dieser Richtung zu erschweren und Oberflächenanpassungen erfolglos zu machen. Auf der Ebene des Gesellschaftssystems selbst haben die Hintergrundprobleme der wichtigsten Funktionssysteme wie Wissenschaft, Wirtschaft, Politik oder Erziehung eine Form gewonnen, die sie kaum befähigt, als Mikromotive zu erscheinen und den Einzelnen in die Kirche zu führen. An den Motiven des Kommens oder Fernbleibens ist daher auch nicht ablesbar, wie prekär Realität konstituiert und diskretiert wird. Privatheit disaggregiert die Grundprobleme gesellschaftlicher Existenz in einer Weise, die sich hernach nicht mehr zu religiös überzeugenden Mustern synthetisieren läßt. Das legt es nahe, sich auch im Bereich der Religion auf ein anschlußrationales Verhalten zu beschränken und Probleme zu lösen in dem Umfange und in den Beschränkungen, mit denen sie auftreten. Andererseits ist – und das ist die zweite Schwelle, die im Religionssystem selbst liegt – die religiöse Dogmatik nicht darauf gefaßt, daß die Kirche ähnlich wie die Justiz als ein nachgeschaltetes System fungiert, das nur in Fällen unzusammenhängenden Bedarfs in Funktion tritt. Der Weltbezug der Religion, ihr ontotheologisches Gesamtkonzept und ihre Beziehungen zu einer Moral, die den Menschen als Menschen beurteilt, lassen sich schwerlich ad hoc aktualisieren; jedenfalls ist die Sprache des Glaubens darauf nicht eingestellt.

Charles Nobbe, Social Deprivation and Religiosity, Journal for the Scientific Study of Religion 10 (1971), S. 385—392. Ebenso gut könnte man den Schluß ziehen, daß die Funktion der Religion nicht mehr anschließbar ist an Rollen, die im gesellschaftlichen Leben voll in Anspruch genommen werden.

67 Diese Möglichkeit betont (und überschätzt) Kees W. Bolle, Secularization as a Problem for the History of Religions, Comparative Studies in Society and History 12 (1970), S. 242—259. Vgl. auch die theologischen Beiträge in: James F. Childress / David B. Harned (Hrsg.), Secularization and the Protestant Prospect, Philadelphia 1970.

Diese Schwierigkeiten im Kernbereich geistlicher Kommunikation lassen es verständlich erscheinen, daß man eine Verlagerung kirchlicher Aktivität aus dem Bereich primärer in den Bereich sekundärer Funktionen beobachten kann[68]. In der hier vorgeschlagenen Begrifflichkeit heißt dies: Die Funktionsorientierung nimmt ab und die Leistungsorientierung nimmt zu. Die Ausrichtungen an der für die Gesamtgesellschaft wichtigen Funktion der Religion wird zwar nicht aufgegeben, sie bleibt nach wie vor identitätsbestimmend für den kirchlichen Kern religiöser Aktivität, aber ihre relative Schwäche wird durch ein Mehr an sozialem Aktivismus kompensiert, der Teilsystemen der innergesellschaftlichen Umwelt zugute kommt[69]. Diese Gewichtsverlagerung ist die wohl wichtigste Einzelfolge der Säkularisierung. Auch der Bereich, den wir verkürzt Diakonie nennen, ist jedoch nicht ohne Probleme. Leistungsorientierung erfordert, daß man sich den Sachgesetzlichkeiten des Erfolgs und den Wünschen und Normen des Empfängers unterstellt; sonst kommt man nicht an. Diese Bedingung entzieht dem helfenden Handeln jedoch seinen spezifisch religiösen Charakter. Christliche Krankenhäuser sehen sich der Forderung ausgesetzt, »que le personnel approche le malade d'une manière plus comprehensive«[70]. Die Frage, worin eigentlich der speziell christliche Charakter von Entwicklungshilfe bestehe, erzeugt in den dafür zuständigen Ausschüssen der kirchlichen Organisation ratlose Verlegenheit. Letztlich redu-

68 So Richard E. Sykes, An Appraisal of the Theory of Functional-Structural Differentiation of Religious Collectivities, Journal for the Scientific Study of Religion 8 (1969), S. 289—299. Wie weit gerade die religiös interessierten Mitglieder dieser Bewegung folgen, ist allerdings die Frage.

69 Hierzu aus den Vereinigten Staaten die Feststellung, daß die Mitglieder verschiedener Kirchen dem sozialen und politischen Aktivismus der Geistlichen (den diese als Konsequenz ihres Glaubens und als Ausweg aus ihrer problematischen Berufssituation erfahren), nur in geringem Maße folgen. Vgl. Jeffrey K. Hadden, The Gathering Storm in the Churches, Garden City N. Y. 1969. Auch in Deutschland sind Kirchenmitglieder ganz überwiegend der Ansicht, die Kirche solle sich nicht in politische Angelegenheiten »einmischen«, und in bezug auf Diakonie ist die Einstellung ambivalent und wohl kaum überzeugungssicher. Vgl. Werner Harenberg, Was glauben die Deutschen? München 1968, S. 36 ff.; Hild a.a.O., S. 101 ff., 210, 214 ff.

70 Siehe Karel Dobbelaere / Jan Lauwers / Mieke Ghesquiere-Walkens, Sécularisation et Humanisation dans les institutions hospitalières chrétienne, Social Compass 20 (1974), S. 553—568 (563).

ziert sich der religiöse Gehalt solcher Aktivitäten nach dem Auswaschen aller expressiv-religiösen Symbolik auf die Bereitstellung des Motivs, überhaupt etwas zu tun. Wie die Leistung zu erfolgen hat, richtet sich dagegen nach Erfordernissen und Auffassungen der Umwelt.

Für die Theologie ergibt sich aus diesen grob skizzierten Entwicklungen der Zweifel, ob sie ihre Funktion als Reflexionsinstanz weiterhin in der Weise erfüllen kann, daß sie Dogmatik tradiert. Weitere Gründe kommen hinzu: In der Aufgabe, die Kontinuität der Offenbarung zu sichern, findet sie noch kein Maß dafür, wie dies zu geschehen habe. Nachdem die Gesellschaft in der neueren Zeit ihre Zeitvorstellung sehr stark abstrahiert hat, ist ein Identitätsverlust rein durch den Lauf der Zeit nicht mehr zu erwarten, also bloßes Bewahren nicht mehr sinnvoll. Seitdem man mündliche und schriftliche Überlieferung durch gedruckte Reproduktion ersetzt hat, ist überdies die Wahrscheinlichkeit des Verlustes gering geworden; und außerdem sind jetzt nicht mehr die alten Texte die besseren (weil der Quelle näher und nicht durch Abschreiben verfälscht), sondern die neuen Texte, weil jede Reproduktion Neubearbeitung und Verbesserung ermöglicht[71]. Nicht zuletzt gerät auch eine Theologie der Offenbarung, wenn sie behauptet, Wissenschaft zu sein, nach den allgemeinen Verhaltensregeln der Wissenschaft in die Zwangslage, ständig etwas Neues zur Offenbarung sagen zu müssen – und dies in der vollen Breite des Personaleinsatzes, den die Lehr- und Ausbildungsfunktionen dieses Faches erfordern. Dafür fehlt es dann aber sehr bald an produktiven »constraints«.

In dieser Lage scheint sich die für das späte Mittelalter bezeichnende Eigendynamik des Faches mitsamt ihrer zur Erhaltung notwendig werdenden Innovativität und Radikalisierung zu verlieren. Dabei kommt es in weitem Umfange zu einem Verzicht auf Direktchiffrierung religiöser Sachverhalte. Die Sprache der Dogmatik und des Gleichnisses wird metaphorisch weiterbenutzt – das heißt in der Weise, daß mitgesagt wird, sie solle nicht wört-

71 Diese Beobachtung bei Elisabeth L. Eisenstein, The Advent of Printing and the Problem of the Renaissance, Past and Present 45 (1969), S. 27—89 (64 f.).

lich verstanden werden, aber nicht gesagt wird, wie sie statt dessen verstanden werden solle[72]. Damit wird der Platz verbal besetzt gehalten, von dem aus Religion zu formulieren wäre, ohne daß die so entstehende Verlegenheitsmetaphorik den Bezug zu religiösem Erleben und Handeln noch garantieren könnte[73]. Eigenprobleme, die die Fachentwicklungen stimulieren könnten, werden mehr und mehr durch den Problemkomplex der Säkularisierung ersetzt. Im interdisziplinären Austausch, der der Theologie als Wissenschaft offensteht, ist ihre Bilanz chronisch defizitär: Sie nimmt mehr als sie gibt[74]. Dabei hat das Importgut häufig nur sehr kurzfristige Bedeutung und wechselt so rasch, daß eine Vollanpassung der theologischen Terminologie nicht ratsam wäre. Ob unter solchen Umständen Anregungen überhaupt durchgreifende, systematisierende Effekte haben können, bleibt abzuwarten.

Man kann der Theologie gewiß nicht raten, im Wege des Direktimports Säkularitäten in ihr eigenes Begriffsgerüst einzubauen. Das wäre jedenfalls keine Reflexion der Identität des Religionssystems. Denkbar wäre dagegen, daß die Theologie ihre Rolle als Reflexions- und Systembetreuungswissenschaft dadurch erfüllt, daß sie die Differenzierung von Funktion, Leistung und Reflexion in der Reflexion reflektiert und auf dieser Ebene zum Ausdruck zu bringen sucht, was Säkularisation für die Identität des Religionssystems bedeutet[75]. Sie hätte im Bereich der christlichen Religion Theologie der Offenbarung zu bleiben und behielte darin den Leitfaden der Identität bei allem selbstsubstitutiven Wandel der Dogmatik. Sie hätte aber dar-

72 Daß die Technik des Metaphorisierens sinnvoll eingesetzt werden kann, ja muß, um Systematisierungsprobleme zu überbrücken, hat in einer der wichtigsten Arbeiten der neueren Philosophie Hans Blumenberg, Paradigmen zu einer Metaphorologie, Bonn 1960, gezeigt. Die Bemerkungen im Text zielen gegen einen systematisch nicht gerechtfertigten Mißbrauch dieser Technik: gegen die Manier, sich durch Metaphorisierung Entscheidungen zu ersparen; gegen die Art der Theologen, nicht in die Kirche zu gehen.

73 Auf die Armut eines eingeschliffenen Verbalrepertoires der »Orthodoxie« zielen auch die Untersuchungen von Jean-Pierre Deconchy, L'orthodoxie religieuse: Essai de logique psychosociale, Paris 1971. Siehe ferner die kritischen Bemerkungen bei MacIntyre a.a.O., S. 69 ff.

74 Das soll hier nicht negativ gewertet, sondern nur als Trendbericht verstanden werden. Im einzelnen müßte die Verarbeitungsqualität überprüft werden.

75 Zu inflationären/deflationären Lösungen dieses Problems vgl. oben S. 123 f.

über hinaus ihre aktuellen Probleme in der Frage, was Kirche sein kann und was Diakonie sein kann unter den Bedingungen einer säkularisierten Gesellschaft. Sie wäre nicht säkularisierte Theologie im Sinne von »civil religion«, sie wäre theologische Reflexion des Verhältnisses von Kirche, Diakonie und Theologie im funktional ausdifferenzierten Religionssystem der modernen Gesellschaft.

Von hier aus gesehen überrascht es nicht, in welchem Maße nach der konfessionellen Segmentierung des christlichen Religionssystems und vor allem nach der Neukonstitution der Zeitvorstellung im 18. Jahrhundert der Kirchenbegriff für die Theologie relevant geworden ist[76]. Unter dem Druck des Religionsvergleichs einerseits, des Geschichtsbewußtseins andererseits ist, wir hatten das bereits notiert, das bloße Überliefern keine ausreichende Identitätsvorstellung mehr[77]. Die Theologie findet ihre Identität in der Kirche[78]. Daß dies einen rein organisatorischen Kirchenbegriff (Amtskirche) ebenso ausschließt wie einen als »Praxis« gegen »Theorie« oder als Kirche gegen Sekten und religiöse Bewegungen profilierten Kirchenbegriff, liegt auf der Hand. Soziologisch gesehen geht es um Kommunikationen, die primär an der Funktion der Religion orientiert sind, in klassischer Sprache: um geistliche Kommunikation.

Die Kirchenlehre der Theologie profitiert von dem Umstand, daß Gesellschaft, religiöse Funktion und Kirche jeweils als Einheit vorstellbar und benennbar sind. Das erleichtert die Konzeptbildung. In den Leistungsbeziehungen des Religionssystems geht dieser Vorteil dagegen verloren. Hier geht es um Gesellschaft nicht als Einheit, sondern als Komplexität, und um so schwieriger ist es, dafür einheitliche, alle Leistungsbeziehungen übergreifende Aussagen bereitzustellen – besonders wenn noch hinzukommt, daß Adressaten und Sachgesetzlichkeiten des Handelns immer stärker divergieren. So hat die Theologie verständ-

76 Dieses Thema behandelt für die evangelische Theologie Trutz Rendtorff, Kirche und Theologie: Die systematische Funktion des Kirchenbegriffs in der neueren Theologie, 2. Aufl. Gütersloh 1970.

77 Hierzu Gerhard Ebeling, Die Geschichtlichkeit der Kirche und ihrer Verkündigung als theologisches Problem, Tübingen 1954.

78 Im Unterschied zu Konzeptionen der Kirchlichkeit der Theologie, wie sie im 19. Jahrlundert vertreten wurden, formulieren wir *nicht*: sie finde ihre *Positivität* als Wissenschaft in der Kirche.

licherweise sich mehr um Kirche als um Diakonie gekümmert[79]; sie konnte sich selbst wohl als »Funktion der Kirche« (Barth), kaum aber als »Funktion der Diakonie« begreifen. Sieht man das Problem soziologisch als Leistung für andere Teilsysteme der Gesellschaft (und gerade nicht als Hilfe für Individuen in ihrer Individualität), fällt außerdem auf, daß die Bestimmung als Sozialarbeit oder Sozialethik und überhaupt die Identifikation des Leistungsbezugs mit »bloß« praktischem Handeln korrekturbedürftig ist[180]. Auch hier ist »Praxis« wie so oft zunächst nur ein Konzept für Konzeptionslosigkeit; jedenfalls ist nicht ersichtlich, weshalb und in welchem Sinne Diakonie mehr Handlung involviere als andere Bereiche des Religionssystems.

Säkularisierung verstärkt demnach nicht nur die Differenzierung von Kirche, Diakonie und Theologie im Sinne unterschiedlicher Primärorientierungen des Religionssystems; sie erzeugt in jedem dieser Bereiche auch unterschiedliche Eigenprobleme und führt schließlich zu Relationierungsproblemen zwischen diesen Bereichen: Die theologische Reflexion hat größere Affinität zur Kirche als zur Diakonie, sie kann die Identität des Religionssystems eher in der Einheit ihrer gesellschaftlichen Funktion finden als in der Vielheit von Leistungsbeziehungen zu diversen Teilsystemen der Gesellschaft, und dies, obwohl eine Aktivitäts- und Resonanzverlagerung aus dem Bereich der geistlichen Kommunikation in den der sozialen Aktivitäten zu beobachten ist und vielleicht noch zunimmt.

Wir brechen die Analyse an dieser Stelle ab. Eine genaue Überprüfung der Frage, wieweit bisherige Orientierungsbegriffe der Theologie dem Religionssystem Erfahrungen vermittelt haben,

79 Einen knappen Überblick über die evangelische Theologie der Diakonie gibt Reinhard K. W. Schmidt, Zur Konstruktion von Sozialität durch Diakonie: Eine Untersuchung zur Systemgeschichte des Diakonischen Werkes, Bern—Frankfurt—München 1976, S. 41 ff.

80 Dasselbe Phänomen ergibt sich im übrigen im Leistungsbereich der *Wissenschaft:* bei anwendungsbezogener Forschung. Auch hier sind im Verhältnis zur Grundlagenforschung Statusprobleme im Spiel, die einer besonderen Analyse bedürften, jedenfalls aber aus dem Verhältnis von Funktion und Leistung heraus kaum begründbar sind. Im Falle der *Kunst* tritt dieselbe Minderwertung immer dort ein, wo die Kunst für andere Teilsysteme der Gesellschaft etwas leisten, also etwa dekorative oder expressive Aufgaben im ökonomischen, politischen oder religiösen Funktionskontext übernehmen soll.

die mit dem hier vorgeschlagenen systemtheoretischen Schema übereinstimmen, kann im vorliegenden Zusammenhang ohnehin nicht durchgeführt werden. Sicher bieten Begriffe wie Theologie, Kirche, Diakonie (Caritas) nur grobe und zudem sehr verschieden ausformulierte Hinweise. Ähnliches gilt für soziologische Forschungen über die relative Bedeutung von innerkirchlicher Orientierung bzw. sozialem Aktivismus und damit korrelierenden Variablen[81]. Im Zusammenhang mit den Problemen, die üblicherweise unter dem Titel »Säkularisierung« erörtert werden, interessieren jedoch noch drei Konsequenzen.

Die erste betrifft das Problem der Säkularisierung selbst. Es reicht, wenn man die hier dargelegte Auffassung teilt, nicht aus, Säkularisierung als Profanierung des Sakralen oder als stärkeres Eindringen »weltlichen« Gedankenguts und »weltlicher« Motive in das Religionssystem zu begreifen. Statt dessen wären in erster Linie die strukturellen Konsequenzen zu beachten, die sich im Religionssystem aufdrängen, wenn die Gesellschaft in ein primär funktional differenziertes System transformiert wird. Parsons arbeitet bei der Analyse dieser Entwicklung mit den Begriffen value generalization, inclusion und adaptive upgrading[82]. Darüber hinaus kommt es zu Differenzierungen und Diskrepanzen zwischen primären Orientierungsrichtungen und zu entsprechenden Anforderungen an theologische Reflexion als nur einer von ihnen. Die Theologie steht mithin nicht nur vor der Wahl von Anpassung oder Nichtanpassung im Sinne von Übernahme oder Nichtübernahme säkularer Ideen und Motive. Sie steht außerdem vor neuen Anforderungen an die Reflexion der Identität des Religionssystems, die das überlieferte Begriffsarsenal und damit die religiöse Dogmatik unmittelbar betreffen. Diese könnte sich als aus sich selbst heraus reformbedürftig erweisen.

Der zweite Punkt schließt unmittelbar an. Er betrifft Ausbildungsprobleme. Diejenigen Personen, die professionell und hauptberuflich im Religionssystem tätig sind, werden als Theologen ausgebildet. Damit beansprucht die Theologie, obwohl nur eine der erforderlichen Orientierungsrichtungen, im Personalwesen der religiösen Organisationen eine Führungsposition. Diese Stellung kann auf die Dauer nur gehalten werden, wenn es

81 Vgl. die Literaturhinweise Kapitel 1 Anm. 99.

82 Vgl. oben S. 233 f.

der theologischen Reflexion hinreichend gelingt, Funktion, Leistung und Reflexion der von ihr betreuten Religion zu integrieren. Erst in dem Maße, als die dafür benötigten Konzepte, also zunächst einmal theologische Konzepte für geistliche Kommunikation und theologische Konzepte für den Bereich sozialer Leistungen, entwickelt sind, kann man beurteilen, in welchem Maße und in welcher Auswahl Kenntnisse und Fähigkeiten anderer Provenienz in die theologische Ausbildung einbezogen werden müssen.

Die dritte Folge betrifft Optionen und Präferenzen der Mitglieder. Ein ausdifferenziertes Religionssystem erfordert eine Balanzierung der Einstellung derart, daß Funktionsbereich, Leistungsbereich und Reflexionsbereich in etwa gleichgewichtige Aufmerksamkeit finden. Das schließt Differenzierung von individuellen Interessen, Rollen und organisatorischen Einheiten keineswegs aus. Im Gegenteil: die Komplexität des Systems erfordert solche Schwerpunktwahlen. Gerade deswegen müssen aber strukturelle Verzerrungen, die sich in einem statistischen Sinne auf die Einstellungen der Mitglieder auszuwirken beginnen oder zu organisatorischer Unterversorgung führen, beobachtet und kontrolliert werden. So ist es ein Problem, wenn die Differenz von Reflexion und Funktion mit der Differenz von Ausbildung und Berufspraxis konvergiert, was zur Folge hat, daß die beruflich im Kirchenbereich tätigen klerikalen Mitglieder nicht für das ausgebildet werden, was sie hernach zu tun haben, und einen Realitätsschock erfahren, wenn sie mit der beruflichen Wirklichkeit konfrontiert werden. Nicht weniger problematisch wären Entwicklungen, die Klerus und Laien auf diesen Strukturlinien trennen – wenn etwa der Klerus in soziale oder politische Aktivität abwandert und sich dort Verhaltensbedingungen unterstellt, die ihn für das diskreditieren, was die Laien als geistliche Kommunikation erwarten. Wenn in dieser oder anderer Weise die Differenz der Bereiche für Kirche, Diakonie und Theologie mit anderen Strukturlinien des Systems konvergiert, können die Interdependenzen des Systems so stark gestört werden, daß sich daraus soziale Konflikte oder Orientierungs- und Motivationsprobleme für die einzelnen Mitglieder ergeben.

Angesichts solcher Entwicklungen ist die Reflexion, die Theologie, selbst Partei, da sie »nur« die Identität des Systems, also nur eine Teilwirklichkeit vertritt. Man wird nach einer umfassenderen Ebene für die Orientierung »strukturpolitischer« Diagnosen und Eingriffe suchen müssen. Für die Diagnose, nicht ohne weiteres auch für die Entscheidung über Eingriffe, vermag die systemtheoretische Analyse auch ohne spezifisches Engagement für Religion eine ausbaufähige Grundlage anzubieten.

Kapitel 5

# Organisation

## I.

Ein Interesse an Organisationsformen und Organisationsmerkmalen religiöser Vereinigungen hat sich in der Soziologie erst in den 60er Jahren entwickelt und seitdem sehr rasch die bis dahin vorherrschende Typisierung nach dem Unterschied von Kirchen und Sekten ersetzt[1]. Erst in den letzten Jahren beginnt man mit mehr Bedacht, Begriffe und Hypothesen der allgemeinen Organisationstheorie auf Organisationen des Religionssystems zu übertragen[2]. Theoretisch so sorglose Formulierungen wie: »To perform such functions, a church necessarily becomes *an organized body* of human beings«[3], sind durch diese Entwicklung überholt. Andererseits sollte ein Wechsel des forschungsleitenden Paradigma nicht allzu abrupt und nicht ohne Kontrolle erfolgen.

1 Diese Feststellung speziell für die amerikanische Forschung bei Jeffrey K. Hadden / Edward F. Heenan, Empirical Studies in the Sociology of Religion: An Assessment of the Past Ten Years, Sociological Analysis 31 (1970), S. 153—171 (159 f.).

2 Vgl. etwa Yorick Spiegel, Kirche als bürokratische Organisation, München 1969; Harrison C. White, Control and Evolution of Aggregate Personnel: Flows of Men and Jobs, Administrative Science Quarterly 14 (1969), S. 4—11; J. Kenneth Benson / James H. Dorsett, Toward a Theory of Religious Organizations, Journal for the Scientific Study of Religion 10 (1971), S. 138—151; Jacques Sutter, Analyse organigrammatique de l'eglise de France, Archives de sociologie des religions 31 (1971), S. 99—149; Günther Bormann / Sigrid Bormann-Heischkeil, Theorie und Praxis kirchlicher Organisation, Opladen 1971; Niklas Luhmann, Die Organisierbarkeit von Religionen und Kirchen, in: Jakobus Wössner (Hrsg.), Religion im Umbruch: Soziologische Beiträge zur Situation von Religion und Kirche in der gegenwärtigen Gesellschaft, Stuttgart 1972, S. 245—285; John H. Scalf / Michael J. Miller / Charles W. Thomas, Goal Specificity, Organizational Structure and Participant Commitment in Churches, Sociological Analysis 34 (1973), S. 169—184; Helmut Hild (Hrsg.), Wie stabil ist die Kirche? Bestand und Erneuerung: Ergebnisse einer Meinungsbefragung, Gelnhausen—Berlin 1974.

3 So David O. Moberg, The Church as a Social Institution: The Sociology of American Religion, Englewood Cliffs N. J. 1962, S. 4.

Mit einer vorschnell vollzogenen Theorie-Substitution würde man die Frage überspringen, ob nicht auch das Verhältnis von Konzept und Gegenstand ein gesellschaftlich bedingtes ist und dem gesellschaftlichen Wandel unterliegt. Schließlich sind diejenigen Merkmale, die es ermöglichen, eine Kirche als Organisation zu betrachten, nicht erst in den letzten Jahren entstanden. Im Gegenteil: Es gibt bis in die Antike zurückreichende Gründe dafür, eine Kirche als Organisation anzusehen. Diese Gründe wurden ihrerseits in den zeitgenössischen Theorien, etwa in der antiken Vorstellung eines »organized body of human beings« reflektiert. Vielleicht kann man mit Bezug auf unser Jahrhundert von einer Tendenz zu zunehmender Bürokratisierung der Kirchen sprechen, aber zunächst bleibt ungewiß, was damit gemeint sein könnte und wie diese Tendenz bei einer im übrigen weitgehend konstanten Struktur der Kirchen zu erklären wäre. Und wahrscheinlich erfordern überhaupt erst moderne Problemlagen ein größeres Auflösevermögen und größere Tiefenschärfe der Organisationstheorie.

Da wir keine historischen Untersuchungen über kirchliche Organisationsformen vornehmen wollen, beschränken wir uns auf einen terminologischen Rückblick. Die Terminologie verrät genug über die Grenzen, die dem Organisationsdenken der Vergangenheit gezogen waren, so daß etwaige Diskrepanzen oder Inkompatibilitäten von Religion und Organisation gar nicht ins Bewußtsein treten konnten.

Das, was wir heute als Organisation zu sehen gewohnt sind, ist für das ältere Denken ein Moment der Bildung menschlicher Gesellschaften oder Vereinigungen schlechthin, ein Erfordernis vergesellschafteter Lebensführung. Danach liegt es im Wesen des Menschen und in den Zielen seiner Natur, soziale Kollektive zu bilden, die zwar aus den einzelnen Menschen bestehen, aber mehr sind und mehr leisten als die bloße Summe der Einzelmenschen. In der Tradition wird diese kollektive Einheit der Kirche mit Begriffen wie corpus, societas, communitas, congregatio, universitas bezeichnet – ganz ähnlich wie die Einheit der Gesellschaft auch[4]. Damit ist vor allem gemeint, daß die Kirche,

4 Vgl. mit weiteren Hinweisen Ludwig Schnorr von Carolsfeld, Geschichte der juristischen Person, Bd. I: Universitas, Corpus, Collegium im klassischen römischen Recht, München 1933; Anton-Hermann Chroust, The Corporate

ebenso wie die politische Gesellschaft (societas civilis), als Einheit handeln kann, obwohl sie aus verschiedenen Personen besteht. Gerade die unterschiedliche Qualität der Mitglieder mache diese Einheit nötig, beispielsweise für die Verwaltung des Gnadenschatzes und die Erteilung von Ablaß[5]. Das kollektive Handeln im Namen der Körperschaft und mit Bindungswirkung für sie erfordere nicht, daß alle beteiligten Individuen im gegebenen Moment gleichsinnig handeln oder auch nur ad hoc zustimmen. Das Handeln obliege vielmehr der sanior et maior pars oder den Ämtern, die die Individuen als Kollektivität »vertreten«. Die Existenz und Ordnung einer Mehrheit von solchen Ämtern setzt aber Organisation, und Organisation setzt ihrerseits Kompetenzregelungen voraus. Insofern ist die Organisation der Ämter – und wiederum in der Kirche ebenso wie in der politischen Sozietät – notwendige Bedingung kollektiver Handlungsfähigkeit und in diesem Sinne ein Merkmal der gesellschaftlichen Verfaßtheit menschlicher Lebensform.

In diesen Vorstellungskreis gehört weiter eine Art »kommunales« Korrektiv[6]. Wenn im Namen des Kollektivs und in Vertretung für alle Mitglieder gehandelt werden soll, muß ein gewisses Maß an Konsens über Realitäten und Werte vorausgesetzt werden können[7]. Das erfordert als Mindestes, daß die Beteiligten aequo iure Mitglieder sind und sich wechselseitig berücksichtigen, und dies in beiden Fällen: wenn sie in Amtsrollen

Idea and the Body Politics in the Middle Ages, Review of Politics 9 (1947), S. 423—452; Ernst H. Kantorowicz, The King's Two Bodies: A Study in Medieval Political Theology, Princeton 1957; Pierre Michaud-Quantin, Universitas: Expressions du mouvement communautaire dans le moyen-âge latin, Paris 1970; Werner Krawietz, Körperschaft, Historisches Wörterbuch der Philosophie Bd. 4, Basel 1976, Sp. 1102—1136.

5 Fundamentum indulgentiarum est unitas corporis mystici, lautet eine auf Thomas zurückgehende Lehre (Dominicus Soto, in IV Sent. dist. 21 qu. 1 art. 2, zit. nach Emile Mersch, Le corps mystique du Christ: Etude de théologie historique, Louvain 1933, Bd. II, S. 272).

6 Siehe hierzu mit Belegen aus anderen Kulturkreisen Victor W. Turner, The Ritual Process: Structure and Anti-Structure, London 1969.

7 Parsons' Definitionen des Begriffs der »collectivity« oszillieren entsprechend zwischen »action in concert« und »commonness of the value-orientation patterns of the participants«. Vgl. Talcott Parsons / Neil J. Smelser, Economy and Society, Glencoe Ill. 1956, S. 15; Talcott Parsons, The Social System, Glencoe Ill. 1951, S. 96.

handeln und wenn sie nicht in Amtsrollen handeln. Es muß in der Kollektivität, mit anderen Worten, eine Basis der Gemeinsamkeit geben, die Gleichheiten und Ungleichheiten übergreift. Diese Basis braucht durch die Amtsrollen nicht normiert, nicht als Verfassung erlassen und als Verfassungstreue überprüft zu werden; sie kann als Entscheidung für das gute Leben in der Kollektivität vorausgesetzt werden; sie wird nicht als Bedingung für Eintritt und Austritt thematisiert.

Dieses kommunale Moment der Kollektivität war für das stadtbezogene Denken der Antike zunächst Begriffselement von κοινωνία gewesen. Dabei galt die besondere κοινωνία, die politische Ämter bildet, als eine unter anderen, zugleich aber dank ihrer Größe und Autarkie als die beste, die ein menschenwürdiges Leben erst eigentlich ermöglicht. Diese Gemeinschaft ist, was sie ist, durch Organisation. Das zeichnet sie vor anderen aus. Das kommunale Moment bleibt lebensweltlich-bedingender Hintergrund. Bei dieser Anlage des Gesellschaftsbegriffs mußte das Entstehen einer zweiten, ebenfalls organisationsbezogenen Kollektivität, das Entstehen von Kirche, tiefgreifende Folgen haben. Die politische Ethik der Basis-Gemeinschaft wird im Mittelalter in eine soziale Ethik transformiert, die auf der Ebene kollektiver Organisation zwei Ausformungen, eine politische und eine klerikale haben kann, die in ihren Ansprüchen, die Gemeinschaft zu bestimmen, konkurrieren[8].

Ungeachtet dieser offenen Frage des Verhältnisses von kommunaler Basis und Organisationsform konnte die Kirche, solange die Gemeinschaft als Kollektiv gedacht war, *sich selbst* in der Form einer *amtshierarchischen Organisation* darstellen. Ihre internen Operationen regulierte eine Kirche dieses Typs unmittelbar und quasi justizförmig durch das Recht, und ihre Entscheidungen hatten die Form der Entscheidung über Recht und Unrecht bestimmter Meinungen, Begehren, Handlungsweisen oder Veränderungen. Das Recht artikulierte die göttliche, natürliche

8 Damit wird auf eigentümliche Weise zugleich eine Möglichkeit freigesetzt, die dann die Neuzeit ergreift: Gemeinschaft und Gesellschaft zu unterscheiden, nach einer sozialen Basis für Organisationsformen, nach humanen, anthropologischen Grundlagen für Strukturwahlen zu fragen. Vgl. hierzu auch Manfred Riedel, Gesellschaft, Gemeinschaft, in: Geschichtliche Grundbegriffe: Historisches Lexikon zur politisch-sozialen Sprache in Deutschland Bd. 2, Stuttgart 1975, S. 801—862.

und gesellschaftliche Grundlage ihres Wirkens. Es bedurfte keiner getrennt davon vorstellbaren Organisation, jedenfalls keiner Forcierung des Organisationsgedankens, keiner besonderen Sakralisierung der Organisation als solcher und ebensowenig einer Reduktion der Organisation auf bloße Instrumentalität, die nur die Stätte bereitet für geistliche Kommunikation, für »eigentliche« Kirche. Organisation galt als notwendige Form der kollektiven Gemeinschaft, und die ersten wichtigen Errungenschaften kirchlichen Verbandslebens: die Ausbildung einer Hierarchie der Ämter, eines Amtsrechts, einer sachlichen und territorialen Limitierung von Kompetenzen, einer Regelung von Personalentscheidungen, einer anstaltlichen Verselbständigung von Vermögenskomplexen, einer Rechtsetzungsgewalt nach innen und einer Verhandlungs- und Entscheidungsfähigkeit nach außen, vor allem aber die abstrakteste Organisationsvorstellung, die Entwicklung des Begriffs des Amtes[9] im Unterschied zur Person, die das Amt jeweils ausübt, knüpfen hier an. Daß all dies auch in heutigen Kirchen verwirklicht bleibt und zu den unentbehrlichen Strukturen gehört, liegt auf der Hand.

Insofern kann die Auffassung, eine Kirche sei eine Organisation, sich auf gutes altes Recht berufen. Gleichwohl wird diese These den Kontextänderungen nicht gerecht, die in der neueren Zeit eingetreten sind. Man kann angesichts tiefgreifender gesellschaftsstruktureller Umbrüche zwar Linien der Kontinuität durchziehen, kann aber nicht ausschließen, daß das Kontinuierte unter der Hand etwas anderes wird.

Einschneidende, die Gesellschaft als ganzes betreffende Änderungen lassen sich sowohl auf der Ebene des sozialen Systems selbst als auch auf der Ebene seiner Selbst-Thematisierung und Konzeptualisierung feststellen. Die gesellschaftliche Evolution führt zu zwei verschiedenartigen Strukturänderungen, die zwar miteinander zusammenhängen, aber begrifflich sorgfältig unterschieden werden müssen: Das Gesellschaftssystem selbst ändert die *Form seiner primären Differenzierung*, es stellt sich von Schichtung auf funktionale Differenzierung um. Die Konsequenzen für das Religionssystem hatten wir im vorigen Kapitel unter dem Titel Säkularisierung erörtert. Im Zusammenhang damit

9 Vgl. hierzu Ralf Dreier, Das kirchliche Amt: Eine kirchenrechtstheoretische Studie, München 1972.

werden außerdem *Ebenen der Systembildung* auseinandergezogen und deutlicher voneinander geschieden. Gesellschaftssysteme, Organisationssysteme und Interaktionssysteme sind verschiedenartige Sozialsysteme, sie verfolgen verschiedenartige Strategien der Grenzziehung und Grenzerhaltung gegenüber ihrer jeweils systemspezifischen Umwelt, sie unterscheiden sich in ihren Strukturen, ihren Ordnungsleistungen, in der für sie erreichbaren Systemkomplexität[10].

Im Unterschied zu Systemdifferenzierung bedeutet Ebenendifferenzierung keine vollständige Trennung der Systeme. Diese Einsicht ist der Leitfaden für die nachfolgenden Überlegungen. Natürlich schließt jede Gesellschaft eine Vielzahl von Interaktionen und gegebenenfalls eine Vielzahl von Organisationen ein; Gesellschaft ist für diese eingeschlossenen Systeme daher immer beides: das eigene System und die gesellschaftliche Umwelt. Auch Organisationen und Interaktionen sind insofern gesellschaftliche Systeme, die Gesellschaft hört nicht etwa an ihren Grenzen auf. Systemgrenzen sind ja nur Selektionsanweisungen, und diese können kumuliert werden. Sie können auch und werden in komplexen Gesellschaften sehr oft in Widerspruch treten. Ein solcher Widerspruch wird typisch durch Unschärfe der gesellschaftlichen Anforderungen und durch Unterlaufen der organisatorischen Anforderungen auf der Ebene der Interaktion gelöst. Probleme dieser Art stecken hinter der Frage, ob und wie die gesellschaftliche Funktion der Religion und die Gesellschaftlichkeit religiösen Erlebens und Handelns wirksam organisiert werden können[11].

Ein Auseinanderziehen von Ebenen für gesamtgesellschaftliche, organisatorische und interaktionelle Systembildung kann aber nur in dem Maße realisiert werden, als die Gesellschaft größer und komplexer wird. Dann wird es möglich, Interaktionen und Organisationen von gesamtgesellschaftlicher Relevanz zu ent-

10 Vgl. hierzu Niklas Luhmann, Interaktion, Organisation, Gesellschaft, in ders., Soziologische Aufklärung Bd. 2, Opladen 1975, S. 9–20.

11 Mit »stecken hinter der Frage« ist gemeint, daß es hier um Strukturen des Aufbaus der gesellschaftlichen Realität und entsprechend um Strukturen der Gesellschaftsanalyse geht, die nicht das »proprium« der Religion allein betreffen, sondern durchgehend auftreten, wo immer infolge funktionaler Gesellschaftsdifferenzierung Ebenen der Systembildung weiter auseinandergezogen werden müssen.

lasten, so wie umgekehrt das Gesellschaftssystem nicht mehr nach Art einer Makro-Interaktion oder korporativ nach Art einer Makro-Organisation gebildet wird. Erst dann wird es möglich, die ebenenspezifischen Möglichkeiten der Systembildung als entweder Gesellschaft oder Organisation oder Interaktion ohne Kontamination durch Strukturmerkmale des anderen Typs voll auszunutzen.

Beide Richtungen des Strukturwandels der neuzeitlichen Gesellschaft hängen offensichtlich zusammen. Für stratifizierte Gesellschaften lag es nahe, sich selbst als korporative Organisation, als »politischer Körper« zu begreifen, weil in genau dieser Form die Asymmetrie der Schichtung und die Asymmetrie der Herrschaftsbeziehungen als notwendige Einheit, als Mitgliedschaftserfordernis und als Bedingung guten, menschenwürdigen Lebens begriffen werden konnten. Bei funktionaler Differenzierung entfällt, obgleich es beträchtliche Ungleichverteilungen in allen Medienbereichen gibt, dieses Problem der strukturell definierten und askribierten Ungleichheit. Andererseits expandiert die Gesellschaft in die Form einer einzigen Weltgesellschaft und wird auch intern so komplex, daß sie nicht mehr als organisierte Einheit begriffen werden kann. Nicht einmal ihre wichtigsten Teilsysteme lassen sich als Systeme organisieren. Für Wirtschaft und Wissenschaft ist das evident. Aber auch der »Staat« ist als organisierte Entscheidungs- und Wirkungseinheit nur noch eine Komponente des politischen Systems. Es wird klar, daß sich Erziehung nur insoweit organisieren läßt, als sie schulförmig erfolgt, und für das Religionssystem wird man in bezug auf Kirchen, Sekten oder religiöse Vereine aller Art analoge Konsequenzen ziehen müssen. Die funktionale Differenzierung erzwingt als Form des Gesellschaftssystems die Nichtidentität gesellschaftlicher System- bzw. Teilsystembildung und organisatorischer Systembildung, was zugleich aber heißt, daß Organisation als eigenständiger Typus entsteht und wichtiger wird als je zuvor.

Auf der Ebene der begrifflichen Darstellungen ist dieser Transformationsprozeß sehr wohl reflektiert worden, hat aber bisher noch nicht zu theoretisch ausgereiften Neukonzipierungen geführt. Die alte Lehre von der korporativ verfaßten, durch politische Ämter handlungsfähigen societas civilis wurde um die Wende zum 19. Jahrhundert durch einen Begriff der (wirtschafts-)bürgerlichen Gesellschaft ersetzt, für den die Merkmale der Handlungsfähigkeit und des Zweckkonsenses entbehrlich erschienen[12]. Das führte zunächst zur Unterscheidung von Staat und Gesellschaft, wobei der Staatsbegriff aus der Gesellschaft die Merkmale der Organisiertheit, Zweckmäßigkeit und kollektiven Handlungsfähigkeit herauszieht und auf sich stellt. Damit spitzt sich auf seiten des Staates der Problemkreis Organisation und Legitimation ihres Entscheidens, auf seiten der Gesellschaft der Problemkreis Freiheit und trotzdem noch möglicher Ordnung zu. Insofern kann man mit einem Buchtitel Bertrand Russels das 19. Jahrhundert als Jahrhundert der Freiheit und Organisation betrachten[13]. Da diese Gesellschaft nicht mehr als kollektive Organisation dargestellt werden kann, zugleich aber ganz wesentlich auf Organisationsleistungen angewiesen ist, bildet sich zunächst in bezug auf Organisation der Ressentiment-Begriff »Bürokratie«, der die laufend anfallenden Enttäuschungen mit Organisation erklärt[14].

Es hat jedoch noch einige Jahrzehnte des 20. Jahrhunderts gebraucht, um mit Hilfe eines erneuten begrifflichen Revirements Gesellschaft und Organisation zu kontrastieren. Die Gesellschaftstheorie wird »entökonomisiert« vor allem mit Hilfe einer Theorie des sozialen Systems auf der Grundlage eines Konzepts des sozialen (nicht notwendig individuell rationalen) Handelns[15]. Hieraus entsteht gegenwärtig die Vorstellung eines umfassenden weltgesellschaftlichen Sozialsystems, in dem alle Sonderfunktionskreise wie Wirtschaft, Politik oder Religion nur

12 Vgl. Manfred Riedel, Gesellschaft, bürgerliche, in: Geschichtliche Grundbegriffe: Historisches Lexikon zur politisch-sozialen Sprache in Deutschland Bd. 2, Stuttgart 1975, S. 719—800.

13 Bertrand Russell, Freiheit und Organisation 1814—1914, dt. Übers., Berlin 1948.

14 Einen guten Überblick über die Behandlung des Bürokratie-Themas unter gesellschaftspolitischen Gesichtspunkten bietet Wolfgang Schluchter, Aspekte bürokratischer Herrschaft: Studien zur Interpretation der fortschreitenden Industriegesellschaft, München 1972. Vgl. auch Alvin Gouldner, Metaphysical Pathos and the Theory of Bureaucracy, The American Political Science Review 49 (1955), S. 496—507; Henry Jacoby, Die Bürokratisierung der Welt: Ein Beitrag zur Problemgeschichte, Neuwied—Berlin 1969; Friedhart Hegner, Zur Genese der Bürokratiekritik im 19. Jahrhundert, Ms. Bielefeld 1976.

15 Siehe grundlegend Talcott Parsons, The Structure of Social Action, New York 1937.

Teilsysteme ausdifferenzieren[16]. Andererseits präzisiert sich, von gesellschaftlichen Funktionen gleichsam freigesetzt, nun auch der Begriff der Organisation. Im Anfang dieses Jahrhunderts noch kaum unterscheidbar von allgemeinen, z. B. organologischen oder teleologischen Ordnungskonzepten[17], gewinnt der Organisationsbegriff heute seine Konturen im Kontext einer hochspezialisierten Theorie organisierter Sozialsysteme. Die sozialstrukturelle Differenzierung von Ebenen und Typen der Systembildung, von Gesellschaft und Organisation, findet damit nachträgliche Anerkennung auch in der Differenzierung der Begriffe und Theorien.

So einschneidende Wandlungen in der Realität wie in den Begriffen können an der Kirche nicht spurlos vorübergehen und berühren speziell die Frage, ob und in welchem Sinne Kirche als Organisation begriffen werden kann. Die mittelalterliche Parallellage von Gesellschaftskonzept und Kirchenkonzept, in der zwei Reiche, zwei Gewalten, zwei Amtshierarchien gegenübergestellt wurden und gerade in der Dualität sich wechselseitig ihre Form korporativ verfaßter Gemeinschaft bestätigen konnten, läßt sich nicht restaurieren. Im Gegenteil: die Kirche bliebe allein, bliebe eine Anomalie in der modernen Gesellschaft, wollte sie behaupten, eine korporativ verfaßte Gemeinschaft der Gläubigen, eine congregatio fidelium zu sein, in der die amtshierarchische Organisation und Vertretung des Kollektivs Bedingung der Mitgliedschaft und zugleich die einzige Möglichkeit sei, die Funktion der Religion zu erfüllen. Genau das ist die offizielle Lehrmeinung der katholischen Kirche.

Das Festhalten des korporativen Konzepts der congregatio fide-

16 Die Immunreaktionen der marxistischen Orthodoxie müssen natürlich mitregistriert werden. Sie sind verständlich als Auswirkungen eines politisch festgeschriebenen Wissenschaftsprogramms, nicht dagegen bestimmt durch offene Reaktion auf aktuelle wissenschaftliche Problemlagen.

17 Siehe z. B. Johann Plenge, Drei Vorlesungen über die allgemeine Organisationslehre, Essen 1919. Vgl. auch Hanns Linhardt, Johann Plenges Organisations- und Propagandalehre, Berlin 1965; Bernhard Schäfers (Hrsg.), Soziologie und Sozialismus — Organisation und Propaganda: Abhandlungen zum Lebenswerk von Johann Plenge, Stuttgart 1967; ferner A. Bogdanow, Allgemeine Organisationslehre: Tektologie, Berlin 1926; Karl Stefanić-Allmayer, Allgemeine Organisationslehre: Ein Grundriß, Wien—Stuttgart 1950.

lium vor allem in der katholischen Kirche[18] ist nach alldem kein Zeichen übersteigerten Organisationsbewußtseins, wie man in der Tradition von Ernst Troeltsch und Max Weber vermuten könnte[19]. Eher trifft das Gegenteil zu. Die katholische Kirche war als bis dahin einzige Kirche in den Prozeß der Segmentierung des Religionssystems durch Reformation und weltweite Expansion der europäischen Gesellschaft hineingegangen. Sie hatte im Unterschied zu den Protestanten in dieser Situation ein vorhandenes Konzept zu verteidigen und hat dieses Ziel seit dem Tridentinischen Konzil im Wege einer zentralistischen Straffung ihrer Amtshierarchie zu erreichen versucht. »Ce raidissement«, formuliert de Certeau, »va engendrer simultanément le *silence* en ce qui concerne les convictions effectives, et le *fonctionnariat* en ce qui concerne ›l'administration‹ des rites«[20]. Gerade das Konzept des »corpus« konnte in der neuen Situation wiederbenutzt werden[21] als ein Konzept, das die mystische Einheit der

18 Aber nicht nur hier. Als weitere Belege zum nostalgischen appeal des corpus-Konzepts für Theologen vgl. auch F. W. Dillistone, The Structure of the Divine Society, London 1951. Ernst Kinder, Der evangelische Glaube und die Kirche. 2. Aufl. Berlin 1960, z. B. S. 30 ff.

19 So Karl Gabriel, Die Entwicklung der Organisations- und Führungsstruktur der katholischen Kirche in der Neuzeit in wissens- und organisationssoziologischer Perspektive, Diplomarbeit, Bielefeld o. J. (1973).

20 Michel de Certeau, Du système religieux à l'ethique des Lumières (17e—18e siècles): La formalité des pratiques, Ricerche di storia sociale e religiosa 1, 2 (1972), S. 31—94 (78). Jean-Pierre Deconchy, L'orthodoxie religieuse: Essai de logique psycho-sociale, Paris 1971, S. 116, führt diese Zuspitzung auf eine nach Möglichkeit schweigende Funktionärshierarchie darauf zurück, daß die Dogmatik durch Negationsverbote eine organisationsgünstige Form erreicht: »De ses affidés, le groupe-église exige beaucoup moins qu'ils proclament les propositions orthodoxes qu'il ne leur défend d'en proclamer le contraire. Pour l'Eglise catholique, par example, le système orthodoxe n'exige pas de chacun qu'il rapelle à chaque point de son discours que ›Dieu s'est fait homme‹; mais il interviendrait avec vigeur à l'affirmation que ›Dieu ne s'est pas fait homme‹. Finalement, dans un système de pensée à régulation orthodoxe, il vaut toujours mieux de rien dire. A la limite, un orthodoxe parfait, c'est quelqu'un qui se tait«. Das Modell für diese Formulierungen ist vermutlich das Testament des Abbé Meslier (dt. Ausgabe Frankfurt 1976). Siehe zu diesem Zusammenhang auch Dominique Julia, Le prêtre au XVIIIe siècle: La théologie et les institutions, Recherches des sciences religieuse 58 (1970), S. 521—534.

21 Siehe die Enzyklika Mystici Corporis Christi (Pius XII, Acta Apostolicae Sedis 35 (1943), S. 193—248. Zur Begriffsgeschichte: Henri de Lubac, Corpus Mysticum: Kirche und Eucharistie im Mittelalter, Einsiedeln 1969.

Kirche trotz Vielheit und Verschiedenartigkeit ihrer Glieder betont und das *Problem* dieser Einheit *durch Sakralisierung löst*. Damit werden auch die Kompetenzen der Ämter betont und zugleich Mitgliedschaftsentscheidungen demotiviert. Die societas perfecta des corpus Christi der paulinischen Theologie (Kol. 1, 18–24) bewirbt sich nicht um die Entscheidung der Mitglieder, und so ist es nur konsequent, »daß die Amtsträger der Kirche die getauften Katholiken sorgfältig vor einer solchen echten Glaubensentscheidung abschirmen«[22].

Geschichtlich gesehen war es für eine bestehende Kirche nahezu zwangsläufig, der Situation zunehmender Segmentierung durch Ausbau der inhärenten Möglichkeiten des Korporationskonzepts zu begegnen, zumal dieses Konzept zunächst auch die Chance bot, sich mit dem voll ausdifferenzierten politischen System, dem »souveränen Staat«, zu arrangieren und dessen Einheitsbedürfnis kirchenpolitisch zu nutzen[23]. Aber die Voraussetzungen dieser zunächst optimalen Lösung zerfallen. Eine so starke Verdichtung von Organisation und Gemeinschaft, Struktur und Antistruktur, Funktion und Existenz in einem System setzt gesellschaftliche Verhältnisse voraus, die heute nicht mehr gegeben sind. Andererseits können die Konsequenzen nicht einfach in der Form gezogen werden, mit der die protestantischen Kirchen und Sekten zunächst beginnen: daß die Organisation dem Staat übertragen und als solche abgewertet, als bloßes Mittel zum

22 Diesen Eindruck formuliert Norbert Greinacher, Der Glaube wird anders, in: Werner Harenberg (Hrsg.), Was glauben die Deutschen?, München—Mainz 1968, S. 123—151 (145). Der antiklerikale Affekt dieser Feststellung müßte jedoch überprüft werden, denn auch die evangelische Volkskirche steht vor dem gleichen Sachverhalt. Siehe Hans-Otto Wölber, Religion ohne Entscheidung: Volkskirche am Beispiel der jungen Generation, 2. Aufl. Göttingen 1960. Die Frage wäre dann: Warum wird er in der evangelischen Kirche nicht den Amtsträgern zugerechnet? Überschätzen Katholiken traditionsgemäß im Positiven wie im Negativen die Möglichkeiten ihrer Amtsträger? Können Amtsträger überhaupt mit Aussicht auf Erfolg anders handeln?

23 Vgl. de Certeau a.a.O., S. 43 ff. Diese historisch durch Säkularisierung und Demokratisierung des Staates rasch beendete Situation ist zu unterscheiden von der allgemeinen Tatsache, daß die zunehmend erforderlichen Außenkontakte mit ebenfalls organisierten Partnern in anderen Funktionsbereichen auch im Religionssystem *organisationsverstärkend* wirken. Vgl. hierzu insb. Kenneth A. Thompson, Bureaucracy and Church Reform: The Organizational Response of the Church of England to Social Change 1800—1965, Oxford 1970.

Zweck bagatellisiert oder als Bürokratie bloß kritisiert wird; denn sie ist zugleich wichtiger und unentbehrlicher geworden. In der gegebenen Situation fehlt, nachdem die Identifikation der Kirche als korporativ verfaßtes und damit organisiertes Kollektiv fragwürdig geworden ist, eine Grundlage für die Beurteilung der möglichen religiösen Relevanz von Organisation. Sie kann nur mit Hilfe einer Organisationstheorie wiedergewonnen werden.

Ebensowenig entspricht es dem Systemtypus einer Organisation, den Status und das Verbleiben in der Nichtmitgliedschaft zu mißbilligen. Wird Mitgliedschaft als eine Entscheidung angesehen, muß auch Nichtmitgliedschaft eine mögliche und zulässige Alternative sein. Eine solche Einstellung, die der Umwelt die Wahl in bezug auf die Organisation konzediert, ist in der Neuzeit entstanden auf Grund eines zunehmenden, technologisch fundierten Vertrauens in die systemeigene Leistung und in die Änderungs- und Verbesserungsfähigkeit des eigenen Angebots. Eine solche »marktgerechte« Flexibilität setzt voraus, daß man die Möglichkeit der Religiosität auch außerhalb der Kirche konzediert[24]. Umgekehrt wird sie blockiert, wenn eine Dogmatik sich festlegt auf ein Angebot, das sich auf den *ganzen* Menschen bezieht, an *alle* Menschen adressiert ist und sich selbst für das *beste* Angebot hält. Ein solches Dogma ist nur mit einer stark limitierten, nämlich korporativen Auffassung von Organisation in Einklang zu bringen[25].

24 Zu einigen Konsequenzen einer solchen Orientierung vgl. Peter L. Berger, Ein Marktmodell zur Analyse ökumenischer Prozesse, in: Internationales Jahrbuch für Religionssoziologie 1 (1965), S. 235—249.

25 Als Versuch, diesen lehramtlich vorgeschriebenen Zusammenhang festzuhalten, aber maßvoll und im Blick auf Nichtkatholiken schonend zu interpretieren, vgl. Karl Rahner, Die Gliedschaft in der Kirche nach der Lehre der Enzyklika Pius XII. »Mystici Corporis Christi«, in ders., Schriften zur Theologie Bd. II, Zürich 1955, 8. Aufl. 1968, S. 7—94. Solche Texte verraten in ihrer gewundenen Vernünftigkeit eine ambivalente Einstellung zum Problembereich Organisation, vor allem zu Eintritt, Austritt, Ausscheiden (Häresie) und Nichtmitgliedschaft, und machen deutlich, daß die Schwierigkeiten der theologischen Interpretation von Organisation nicht nur darin bestehen, den Gläubigen die hierarchische Amtsstruktur und den Autoritätsanspruch der Kirche nahezubringen, sondern daß auch die organisationsbedingte Differenz von Mitgliedschaft und Nichtmitgliedschaft dogmatisch brisantes Material enthält.

## II.

Die neuere Organisationstheorie läßt sich am besten dadurch kennzeichnen, daß sie die in Organisationen und zwischen Organisationen und ihrer Umwelt ablaufenden Kommunikationsprozesse als *Entscheidungen* zu erfassen sucht[26]. Der Elementbegriff der Organisationstheorie ist mithin der Begriff der Entscheidung. Die Theorie behandelt Möglichkeiten der Konditionierung von Beziehungen zwischen Entscheidungen durch Entscheidungen. Sie muß dabei Systemgrenzen voraussetzen und wird durch diese Voraussetzung eine Variante der Systemtheorie.

Wir lassen Organisationstheorien, die sich in diesem allgemeinen Begriffsrahmen auf die Ermittlung der Bedingungen rationalen Entscheidens beschränken, im folgenden außer acht. Eine soziologische Lesart wird erreicht, wenn man *Organisationen als soziale Systeme ansieht, die Handlungen so behandeln, als ob es Entscheidungen wären.* Ein solches Zumuten und Insinuieren von Entscheidungstätigkeit geht typisch von Personen-in-Rollen aus, die selbst Entscheidungen treffen (getroffen haben, treffen werden). Diese Personen-in-Rollen suchen und unterstellen Korrelate für ihre eigene Entscheidungstätigkeit. Das mag mehr oder weniger fiktiv geschehen und wird sicher niemals allen konkreten Aspekten des Realverhaltens gerecht. Man kann Verhalten nicht als Entscheidung wiedergeben. Aber es wird nicht ohne Realeffekte bleiben, wenn in einem sozialen Kontext bedeutende Rollen ihre eigenen Entscheidungen unter der Voraussetzung treffen, daß andere sich als Entscheider verhalten. Soweit Entscheider ihr Verhalten als Anschlußverhalten verstehen, setzen sie ihrerseits Entscheidungen voraus. Sie entscheiden so, *als ob* ein anderer entschieden oder *weil* ein anderer entschieden hat. Als-ob-Anknüpfungen und Weil-Anknüpfungen sind für sie operativ identisch. Dadurch erzeugen sie im System eine rücklau-

26 Vgl. nur James G. March / Herbert A. Simon, Organizations, New York 1958; Werner Kirsch / Heribert Meffert, Organisationstheorien und Betriebswirtschaftslehre, Wiesbaden 1970. Daß soziologische Analysen damit nicht auf einen Begriff des rationalen Entscheidens festgelegt sind, zeigt Renate Mayntz, Conceptual Models of Organizational Decision-Making and their Application to the Policy Process, in: Geert Hofstede / M. Sami Kassem (Hrsg.), European Contributions to Organization Theory, Assen 1976, S. 114—125.

fende Entscheidungsgeschichte, die ihrerseits auf Aktualitätspunkte bezogen und mit ihnen geändert wird.
Natürlich ist es auch im alltäglichen Leben (wenngleich immer nur unter stark einschränkenden Voraussetzungen) möglich, anderen Entscheidungen zuzumuten. Zur Bildung eines organisierten Sozialsystems kommt es dann, wenn diese Zumutung durch Grenzziehung systematisiert wird. Das geschieht, indem die Zugehörigkeit/Nichtzugehörigkeit zum System definiert, also Mitgliedschaft als eine besondere Rolle geschaffen wird und damit Eintritt und Austritt als Entscheidungen ermöglicht werden[27]. Man kann dann davon ausgehen, daß jeder, der Mitglied ist, dies qua Entscheidung ist und sich auf seine Entscheidung zur Mitgliedschaft ansprechen lassen wird; und ebenso, daß sich Entscheidungen herbeiführen lassen, durch die ein Mitglied freiwillig oder gezwungenermaßen seine Mitgliedschaft aufgibt und austritt, weil die Voraussetzungen der Mitgliedschaft nicht mehr gegeben sind. Wenn diese Möglichkeit, Ein- und Austritt als Entscheidung zu begreifen, gesichert ist, können diese Entscheidungen durch Entscheidungen über Bedingungen des Erwerbs und der Aufrechterhaltung der Mitgliedschaft konditioniert werden. Diese Bedingungen der Mitgliedschaft lassen sich ihrerseits als Anerkennung der durch die Organisation gesetzten Entscheidungsprämissen formulieren. Es entsteht eine Mehrebenen-Struktur. Auf der Ebene der Entscheidung über Entscheidungsprämissen lassen sich Probleme stellen und gegebenenfalls lösen, die auf der Ebene des unmittelbaren Verhaltens weder sinnvoll noch lösbar wären[28]. Das gilt namentlich für die Ermöglichung von *Personalentscheidungen*, für die Ermöglichung von *Entscheidungen über Programme* (im Sinne von Bedingungen der Richtigkeit von Entscheidungen) und die Ermöglichung von *Entschei-*

27 Hierzu ausführlicher: Niklas Luhmann, Funktionen und Folgen formaler Organisation, 3. Aufl. Berlin 1976.

28 Ein Modellvorschlag, der speziell darauf achtet, ist z. B. Walter Buckley / Tom R. Burns / L. David Meeker, Structural Resolutions of Collective Action Problems, Behavioral Science 19 (1974), S. 277—297; Tom R. Burns / L. David Meeker, A Multi-level Structural Model of Social Behavior, Quality and Quantity 9 (1975), S. 51—89; Tom Baumgartner / Tom R. Burns / Philippe DeVille / L. David Meeker, A System Model of Conflict and Change in Planning Systems With Multi-Level Multiple Objective Evaluation and Decision-Making, General Systems 20 (1975), S. 167—183.

*dungen über die Strukturierung von Kommunikationsnetzen* (was einschließt: Entscheidungen über Zuständigkeit und Kompetenzen)[29].
Unter Einbeziehung dieser Entscheidungen über Entscheidungsprämissen läßt sich Organisation, und damit entsteht ein *neuer Typus* sozialer Systeme, *selbstreferentiell* strukturieren. Es entsteht ein geschlossenes System, in dem Entscheidungen auf Entscheidungen bezogen werden und darin ihre Begründung finden. Strukturelle Minimalbedingung für diese Form selbstreferentieller Schließung ist die laufende *Punktualisierung und Authentifikation* des Entscheidens mit Hilfe eines Systems von »Stellen«, denen das Entscheiden zugerechnet wird[30]. Durch Authentifikation werden Entscheidungen als systemzugehörig zugewiesen und zugleich mit einem Adressaten für Rückfragen und Korrekturwünsche versehen. In dieser Weise wird die Kontingenz des Entscheidens durch systemimmanente Korrigierbarkeit kompensiert. Wie immer begründet, werden Entscheidungen letztlich mit Hilfe ihrer eigenen Kontingenz gerechtfertigt, nämlich mit Hilfe der Möglichkeit des Überganges zu anderen Entscheidungen. Die selbstreferentielle Geschlossenheit erfordert und erhält einen eigenen Modus der Kontingenzverarbeitung auf der Grundlage der in diesem Modus selbst aufgezogenen Organisation.
Aber wie kann ein derart geschlossenes System in einer gegebenen Umwelt über eigene Entscheidungsprämissen disponieren? Nur dadurch, daß es die Entscheidungsprämissen ihrerseits als kontingent begreift und auf kontingente Ereignisse, Ereignismengen oder Ereigniswahrscheinlichkeiten seiner Umwelt bezieht. Die Beziehung zwischen System und Umwelt muß als zweiseitig-kontingente Relation begriffen und auf der Meta-Ebene von Entscheidungsprämissen einerseits und Mengen oder Wahrscheinlichkeiten von Umweltereignissen andererseits kontrolliert werden[31]. Dabei zeichnen sich Organisationssysteme

29 Zu diesen drei Arten von Entscheidungen über Entscheidungsprämissen vgl. auch Niklas Luhmann, Allgemeine Theorie organisierter Sozialsysteme, in ders., Soziologische Aufklärung Bd. 2, Opladen 1975, S. 39—50 (41 f.).

30 Zu diesem Erfordernis bereits Chester I. Barnard, The Functions of the Executive, Cambridge Mass. 1938, S. 180 f.

31 Einen ähnlichen, wenngleich nicht so abstrakt formulierten Forschungsansatz verfolgt die »contingency — Theorie« der Organisationssoziologie. Siehe namentlich Paul R. Lawrence / Jay W. Lorsch, Organization and Environ-

dadurch aus, daß sie durch Kontrolle von Eintritt und Austritt die Motivstrukturen personaler Systeme als Entscheidungen zu erfassen suchen und diese Entscheidungen, die ihnen Mitwirkungsbereitschaften zur Verfügung stellen oder verweigern, auf Gegebenheiten anderer Umwelten beziehen.
All diese Annahmen ließen sich in einer Theorie organisierter Sozialsysteme im notwendigen Detail ausarbeiten. Damit würde jedoch nur eine der Voraussetzungen geschaffen werden für die Klärung derjenigen Frage, die in unserem Zusammenhang eigentlich interessiert, nämlich der Frage, was Organisationsbildung dieses Typs zur Erfüllung der religiösen Funktion im System der Gesellschaft beitragen kann.

## III.

Mit Hilfe der vorstehenden Annahmen über Organisation können wir die weiteren Überlegungen konzentrieren auf die Frage, ob und in welchem Sinne religiöses Erleben und Handeln als Entscheidung behandelt und über Eintritt und Austritt in ein organisiertes Sozialsystem strukturiert werden kann. Den meisten Religionen ist, selbst wenn sie Verhaltensalternativen kennen und formulieren, eine solche Vorstellung sicher fremd. Als Buddhist etwa wird angesehen und kann sich ansehen, wer bestimmte Ausschnitte aus einem heiligen Text rezitiert[32]. Das Zitieren soll die entsprechenden Vorschriften und Gedanken einprägen und zu ihrer Beachtung motivieren. Es kann als Beginn eines Weges begriffen werden, der weiter begangen werden kann und zu tieferen Weisheiten führt. Aber es ist sicher keine

ment: Managing Differentiation and Integration, Boston 1967; James D. Thompson, Organization in Action: Social Science Bases of Administrative Theory, New York 1967; ferner etwa A. Kieser, Der Einfluß der Umwelt auf die Organisationsstruktur der Unternehmung, in: Klaus Türk (Hrsg.), Organisationstheorie, Hamburg 1975, S. 32—52.

32 »A person who takes the Three Refuges and Five Precepts is thereby a Buddhist layman. There is no ceremony for conversion to Buddhism beyond the recital of these lines, so anyone who says these words and means them can rightly call himself a Buddhist«. (Richard F. Gombrich, Precept and Practice: Traditional Buddhism in the Rural Highlands of Ceylon, Oxford 1971, S. 65.)

Eintrittsentscheidung, keine Überschreitung einer Grenze in ein anderes System, dem man zuvor nicht angehörte, keine Schlüsselentscheidung, die unzählige andere Entscheidungen nach sich zieht und vor allem die Bestimmung dieser Entscheidungen durch das System, in das man eintritt, zur Folge hat. Daher diskriminiert diese Art, Buddhist zu sein, über ihren unmittelbaren Sinn hinaus auch nicht in bezug auf kompatible oder inkompatible Glaubenssätze; man mag außerdem an Geister und Götter oder an nur einen Gott glauben oder auch nicht, alte oder moderne Medizin für richtig halten oder mit welchen Weltannahmen immer leben. Das Prinzip ist die Relevanz von Irrelevanz und ist schon als solches wenig geeignet, Organisationsbildungen zu stimulieren.

Begriffen als System geistlicher Kommunikation[33] ist auch eine christliche Kirche offensichtlich keine Organisation. Theologen halten denn auch, gegenteiliger Kirchenpraxis zum Trotz, zum Beispiel mit der These des Miteinander der ecclesia visibilis und der ecclesia invisibilis an der *Unentscheidbarkeit* der Mitgliedschaftsfrage fest. Schärfer kann der Organisationscharakter (im hier gewählten Verständnis) gar nicht negiert werden. Andererseits gibt es durchaus Anhaltspunkte dafür, daß Kirchen als Organisation über Entscheidungsprozesse erzeugt werden und daß im Laufe der neueren Zeit, wie in einer Art Einstellung auf die Säkularisierung der Gesellschaft, die geistliche Kommunikation zurücktritt, die Organisation dagegen hervortritt, bis schließlich geistliche Kommunikation als eine Amtspflicht, eine Art organisierte Veranstaltung begriffen wird.

Die historische Ausgangslage dafür, daß christliche Kirchen sich in dieser Richtung entwickeln konnten, besteht in dem seltenen Fall, daß eine Religion wie die christliche Exklusivansprüche erhebt und zugleich – man müßte eigentlich sagen: trotzdem! – die Möglichkeit der Mitgliedschaft universell setzt, also für jedermann unabhängig von ethnischer oder politischer Zugehörigkeit offenhält. Dann muß die Mitgliedschaft erkennbar durch eine Entscheidung hergestellt werden, und diese Entscheidung differenziert Mitglieder und Nichtmitglieder. Von dieser Entscheidung hängt alles weitere ab.

33 Vgl. oben S. 56 f.

Das wiederum ist nicht möglich, ohne daß der Gegenstand und Inhalt dieser Entscheidung bestimmbar wäre. Etwaige Eintrittsinteressenten müssen erkennen können oder darüber unterrichtet werden, um was es sich bei dieser Religion (im Unterschied zu anderen) handelt. Dieses Bedürfnis hat in der frühchristlichen Kirche den Anstoß gegeben zur Entwicklung formulierter Glaubensbekenntnisse, die ihrerseits sehr bald eine Art organisierte Dogmenverwaltung zur Entscheidung von Zweifeln erforderten. Damit entsteht in mehreren Entwicklungsschritten mit allmählicher Verschiebung von Bekenntnis auf Lehre eine komplexe Dogmatik, die auf ihrer Ebene wiederum Abgrenzungs- und Systematisierungsaufgaben erfüllt[34]. Die Bewahrung dieser sich auf Ereignisse in der Vergangenheit zurückführenden Dogmatik begünstigt Ämterbildung mit Sukzessionsbewußtsein und Hierarchisierungen[35]. Wie allgemeine systemtheoretische Annahmen vermuten lassen, sind also Grenzen (und nicht: Zentren) das organisierende Prinzip, und wenn Grenzen als Entscheidungen interpretiert werden, entsteht über notwendig werdende Anschlußentscheidungen eine Organisation.

Es dürfte demnach kein Zufall gewesen sein, daß unter den gegebenen spätantiken Umweltbedingungen – relativ entwickelte Mobilität mit familienunabhängigen Entscheidungsmöglichkeiten, Mehrheit von Kulten und eine davon unabhängige Schriftkultur, die dogmatisieren konnte, – daß also unter diesen Umständen eine Religion, die aus Gründen ihrer spezifischen Tradition mit Exklusivansprüchen auftrat und von lokalen Zentren unabhängig war, sich selbst organisieren konnte. Kirche wurde damit mehr als kultische Gemeinschaft der Anwesenden, sie wurde korporative Vereinigung der Mitglieder mit der Fähigkeit, Pauschalobjekt von Eintrittsentscheidungen zu sein und die eigenen Regeln auf Eintritt und Austritt zu beziehen. Da dieser Zusammenhang von Organisation und Dogmatik nicht durch selbstreferentiellen Bezug auf die Organisation, sondern

34 Vgl. dazu Edmund Schlink, Die Struktur der dogmatischen Aussage als oekumenisches Problem, Kerygma und Dogma 3 (1957), S. 251—306.

35 So Hans Freiherr von Campenhausen, Kirchliches Amt und geistliche Vollmacht in den ersten drei Jahrhunderten, 2. Aufl., Tübingen 1963, S. 163 ff. Ferner natürlich Ernst Troeltsch, Die Soziallehren der christlichen Kirchen und Gruppen, 3. Aufl., Tübingen 1923.

durch Verweis auf Traditionsgrößen legitimiert war, konnte er seine Entstehungsbedingungen überdauern und kontinuieren, auch nachdem noch in der Antike mit dem Übergang zur Reichs- und Volkskirche die Entscheidungsbasis für Mitglieder faktisch entfallen war. Der Organisationscharakter des Systems trat soweit zurück, daß zum Beispiel der Mitgliedschaftsstatus der getauften Häretiker ungeklärt bzw. umstritten bleiben konnte. Die Entscheidungssuggestion richtete sich, wie daran abzulesen, nach dem Bedarf. Mit dieser Maßgabe scheint sich über weite Strecken der Kirchengeschichte dann eine Affinität von Dogmatik und Organisation zu bewähren: Die Organisation ermöglicht es, ein ungewöhnliches Maß an Formuliertheit und Systematizität der Dogmatik zu tragen und die damit zunehmende Wahrscheinlichkeit von Negationen über Entscheidungen abzuwickeln, zum Beispiel abweichende Meinungen zu häretisieren. Die Dogmatik ermöglicht es, die Organisation selbst in ihrer Amtsstruktur und in ihrer Sukzessivität als Nachfolge Christi, also als Inhalt des Glaubens und Gegenstand der Glaubensentscheidung, mitzulegitimieren.

Diese Form stabilisierter dogmatisch-organisatorischer Selektivität liegt dem korporativen Kirchenbegriff der Tradition zugrunde, von dem, wie unter I. skizziert, die Neuzeit sich ablöst. Sie erspart es sich, Dogmatik und Organisation begrifflich zu verselbständigen. Sie enthält aber das Risiko, daß dogmatische Kontroversen auftreten, die schließlich nur noch auf organisatorischem Wege gelöst werden können, nämlich durch Kirchenspaltungen; oder daß umgekehrt die im Organisationssystem angelegten Kompetenzstreitigkeiten zu organisatorischen Trennungen führen, die schließlich auch den Glauben spalten. Man muß, mit anderen Worten, vermuten, daß die Interdependenz der Selektivität von Dogmatik und Organisation in sich selbst Probleme und Risiken überträgt und daher auch ohne Veränderung der Umwelt, auch unabhängig von der gesamtgesellschaftlichen Evolution heißlaufen kann.

Die bekannten Kirchenspaltungen des 16. Jahrhunderts, vor allem die Abspaltung der Protestanten, setzen als Struktur des Religionssystems jene Allianz von Dogmatik und Organisation voraus – nämlich die dogmatische Dauerstimulierung von Sonderlehren und abweichenden Meinungen in einem Organisationssystem, das beim Auftauchen von Alternativen unter Entscheidungsdruck geraten und Festlegungen nicht immer vermeiden kann. Andererseits lösen die Kirchenspaltungen die Interdependenz von Dogmatik und Organisation nicht etwa auf, sie ermöglichen und erzwingen jedoch eine Neuformierung des Verhältnisses von Dogmatik und Organisation – nicht zufällig geleitet durch den Verbindungsbegriff der *Konfession*, der das Glaubensbekenntnis in seiner Funktion als Mitgliedschaftsregel bezeichnet. Die Kongruenz von korporativ organisierter Kirche und Religionssystem geht durch Segmentierung verloren, und gerade deshalb ergibt die Konkurrenzlage neue Motive für jede Kirche und Konfession, den Zusammenhang von Dogmatik und Organisation zu festigen, sei es, daß die Organisation stärker beansprucht und sakralisiert wird, sei es, daß die Dogmatik in ihrer Besonderheit zum »System« ausgebaut wird[36]. Der neuzeitliche Systembegriff und das in ihn eingebaute Kontingenzbewußtsein haben hier einen ihrer Anstöße erhalten[37]. In bezug auf ihr Verständnis der Kirchenorganisation können konfessionell segmentierte Dogmatiken jetzt unterschiedliche Strategien einschlagen, deren Wahl die Trennung verstärkt, so die Sakralisierung der Organisation und die Festigung einer autoritativ entscheidbaren Lehrpolitik auf katholischer Seite und die Veräußerlichung und administrative Instrumentalisierung der Organisation mit um so stärkerem Bedarf für systematische Theologie auf protestantischer Seite.

Die hiermit skizzierte Gesamtentwicklung des Verhältnisses von Dogmatik und Organisation hat eine wichtige Prämisse, und zwar die Prämisse der *Unabhängigkeit der Dogmatik von Eintritts- und Austrittsentscheidungen.* Seit der Christianisierung des römischen Reiches konnte man von einer insgesamt christlichen Bevölkerung ausgehen, so daß die Grenze zwischen Christen und Heiden mit der Gesellschaftsgrenze zusammenfiel. Innerhalb des Corpus Christi gab es Disziplinierungs- und Straf-

36 Vgl. dazu Erwin Fahlbusch, Konfessionalismus, in: Evangelisches Kirchenlexikon Bd. II, Göttingen 1958, Sp. 880—884. Vgl. auch Ernst Walter Zeeden, Die Entstehung der Konfessionen: Grundlagen und Formen der Konfessionsbildung im Zeitalter der Glaubenskämpfe, München—Wien 1965, insb. S. 137 ff.

37 Vgl. die Hinweise Kap. 4, Anm. 52.

anlässe, aber keine Eintritts- und Austrittsmöglichkeiten, auf die man die Systemstruktur hätte abstimmen müssen. Grenzentscheidungen dieses Typs hatten nur als Startmechanismus für den Aufbau einer Dogmatik und einer ihr zugeordneten Ämterhierarchie gedient und waren dann entfallen. Die Kirche war also nicht genötigt, ihre Dogmatik auf die Motivstruktur von Personen zu beziehen, die sowohl Mitglieder als auch Nichtmitglieder hätten sein können. Gewiß gab es das Problem, in welchem Ausmaß und mit welchen Abstrichen christliche Grundsätze auf christianisierte, z. B. germanische Volkskulturen überpflanzt werden konnten[38]; aber dies konnte, modern ausgedrückt, als Problem der Implementation verarbeitet werden. Die Dogmatik konnte als überpositive offenbarte Wahrheit angenommen werden, sie brauchte und konnte nicht ein bloßes Organisationsprogramm sein, das seinen Erfolg der laufenden Relationierung externer und interner Faktoren verdankt. Die Heilspunkte, denen die Seele zustrebt, lagen jedenfalls nicht im Eintritt und Austritt und erst recht nicht im Erwerb einer Planstelle. In diesem Sinne war die Kirche kein Organisationssystem, sie hatte nicht die Freiheit, ihre eigene Struktur in eine zweiseitig kontingente Relation zur Umwelt einzuordnen und diese Relation zu kontrollieren. Ihre Dogmatik stand nicht als Moment einer Relation von Angebot und Nachfrage zur Disposition, sie war daher auch keinem Deformationsdruck von seiten der innergesellschaftlichen Umwelt des Religionssystems ausgesetzt, obgleich sie natürlich, wie jede Struktur eines Teilsystems der Gesellschaft, Kompatibilitätsbedingungen unterlag. Sie war nicht selbst kontingent – es sei denn als Offenbarung, die Gott gewollt hat und auch hätte nicht wollen können.

Dieser Befund entspricht einer Gesellschaft, die gesellschaftliche und organisatorische Formen der Systembildung zwar entwikkelt hat, sie aber noch nicht voneinander trennt, sondern zur wechselseitigen Verstärkung akkumuliert. Das hat sich mit dem Übergang zur modernen Gesellschaft im großen und ganzen geändert. In vielen Funktionsbereichen sind funktionstragende Organisationen entstanden, die über jene strukturelle Elastizi-

38 Siehe für die christliche Eheauffassung z. B. Paul Mikat, Dotierte Ehe — Rechte Ehe: Ein Beitrag zur Geschichte des fränkischen Eherechts, Vortrag in der Rheinisch-Westfälischen Akademie der Wissenschaften, Düsseldorf 1976.

tät und Fähigkeit zur Selbstorganisation verfügen. Sehr ausgeprägt gilt dies für die Produktionsprogramme der Organisationen des Wirtschaftssystems, für die politischen Programme der Parteien, für die jurisprudentiell entwickelte Dogmatik des Rechtssystems und neuerdings in zunehmendem Maße auch für die curriculare Selbstprogrammierung der Schulen und Hochschulen. Man hat daher allen Grund zu fragen, ob die Kirchen sich diesem Trend zur sich selbst organisierenden Organisation anschließen oder ob es Gründe gibt, die sie daran hindern.

## IV.

In begrenztem Umfange gibt es empirisch fundiertes Wissen über Mitgliederverhalten in bezug auf Kirchen. In der Regel sind statistische Erhebungen und Untersuchungen aber ausgelöst worden durch auffällige Phänomene wie Rückgang des Kirchenbesuchs oder Kirchenaustritte und Fragen nach deren Ursachen. Sie sind also nicht speziell darauf abgestellt, den Charakter einer Kirche als organisiertes Sozialsystem am Mitgliederverhalten oder am Mitgliederbewußtsein zu testen[39]. Will man vorhandenes Wissen daraufhin auswerten, dann kommt es auf die genaue Fragestellung an. Die unter II. skizzierte Organisationstheorie geht von der Differenz von Mitgliedern und Nichtmitgliedern aus. Das bedeutet jedoch nicht, daß sie als Theorie sich, notfalls kontrafaktisch, zur Demokratie bekennte und von der Kirchenleitung forderte, sich nach den Vorstellungen und Wünschen der Mitglieder zu richten. Wer auf wen Einfluß hat, ist in jedem Falle ein zweitrangiges Problem. Die vorausliegende Frage lautet, *ob und wieweit die Kirchenleitung Mitgliederverhalten überhaupt als Entscheidung behandeln kann,* wie immer sie sich dann dazu einstellt. Genau diese Grundbedingung von Organisation kann man mit guten Gründen in Zweifel ziehen[40], und

39 Eine Ausnahme ist: Helmut Hild (Hrsg.). Wie stabil ist die Kirche? Bestand und Erneuerung: Ergebnisse einer Meinungsbefragung, Gelnhausen—Berlin 1974 — eine Untersuchung, auf die wir im folgenden daher bevorzugt zurückgreifen werden.

40 Siehe z. B. Hans-Otto Wölber, Religion ohne Entscheidung: Volkskirche am Beispiel der jungen Generation, 2. Aufl. Göttingen 1960.

zwar in bezug auf jeden Grad der Verdichtung von Mitgliedschaft und der Intensität der Teilnahme mit Ausnahme nur der Amtsträger selbst.

Vermutlich nimmt in weiten Kreisen der Mitglieder und Nichtmitglieder die Neigung zu, die Mitgliedschaft in der Kirche als eine Sache der eigenen Entscheidung anzusehen, und zwar im Widerspruch zu dogmatischen Festlegungen der Theologie, nach denen die Taufe keine eigenverantwortliche Entscheidung des Täuflings erfordert und ein Austritt im Sinne eines Verzichts auf die durch Taufe erworbene Qualität gar nicht möglich ist. Wenn ein hoher Prozentsatz der Mitglieder evangelischer Kirchen sich für Erwachsenentaufe ausspricht[41], so deutet sich darin ein Prozeß der Angleichung der Kirche an Vereine oder sonstige Organisationen an, bei denen der Eintritt als ein motivierter Entschluß mit pauschalem Bewußtsein seiner Folgen ausgeführt wird. Daß Kirchenaustritte möglich sind, gehört ohnehin zum allgemeinen Bewußtsein, schon weil Kirchensteuer und Zugang zu den Kasualien davon betroffen sind. Die Austrittsmöglichkeit wird natürlich nicht als tagtägliche Entscheidung für den Verbleib in der Kirche erlebt[42]; sie bedeutet aber doch, daß man die Mitglieder im organisatorischen Kontext so behandeln kann, als ob sie sich für die Kirche entschieden hätten.

Für Organisationen reinen Typs würde daraus folgen, daß eine Entscheidungsgrundlage erfolgreich fingiert und mit ihr wie mit Kredit gearbeitet werden kann. Die Organisationsleitung kann sich dann auf Entscheidungen zur Mitgliedschaft beziehen, um für andere Entscheidungen der Mitglieder Prämissen zu setzen oder zu variieren. Das setzt jedoch Transfer-Mechanismen vor-

41 nach Hild a.a.O., S. 88 ff. 37 % der Befragten; 53 % der höher Gebildeten, 60 % der 14—24jährigen. Insgesamt sprechen die distanzierteren Mitglieder sich eher für Erwachsenentaufe aus als die eng verbundenen. Man wird danach nicht fehlgehen, wenn man vermutet, daß ein wesentlicher Teil der Mitglieder, und zwar besonders die, die nicht traditionsgeleitet votieren, den Eintritt in die Kirche als eine eigenverantwortliche, am Angebot orientierte Entscheidung aufgefaßt wissen möchten. Dabei wird die Taufe aus einem Sakrament, das die Anwesenheit Gottes verbürgt, in ein Eingliederungsritual uminterpretiert.

42 Auch für Organisationen beruflicher Arbeit würde man diesen Schluß nicht ziehen können. Siehe für den öffentlichen Dienst z. B. Niklas Luhmann / Renate Mayntz, Personal im öffentlichen Dienst: Eintritt und Karrieren, Baden-Baden 1973, S. 328 ff.

aus, zum Beispiel Ämter, Entscheidungsprogramme, Arbeitspensen, die die Mitgliedschaft vieler in Verhaltenskontexte Einzelner dekomponieren. Hierfür fehlen im Falle der einfachen Kirchenmitglieder die Äquivalente. Mit anderen Worten: Die Kirchenmitgliedschaft ist wie jede Organisationsmitgliedschaft durch ein hochgeneralisiertes Motivations- und Entscheidungsmuster bestimmt, das ist nichts besonderes. Aber sie wird nicht respezifiziert.

Das hat einschneidende Konsequenzen. Es bedeutet nämlich, daß die Kirchenleitung nicht in der Lage ist, ihre eigenen Entscheidungen auf die der Kirchenmitglieder zu beziehen. Insofern fehlt das für Organisationssysteme kennzeichnende Merkmal: die durchgehende Entscheidungsverknüpfung. Damit ist nicht gemeint, daß es der Kirchenleitung an derjenigen Autorität (oder derjenigen Form legal-rationaler Autorität) fehle, die für bürokratische Organisationen charakteristisch und die nötig sei, um das Verhalten der Kirchenmitglieder zu bestimmen[43]. Entsprechend greift auch die Feststellung einer »Autoritätskrise« in den Kirchen[44] zu kurz. Auch eine Kirchenleitung, die die Absicht hätte, ihre eigenen Entscheidungen von denen der Mitglieder abhängig zu machen, hätte diese Möglichkeit nicht, weil es an ausreichender Relationierbarkeit des Entscheidens fehlt.

Vor allem versagt die Dogmatik in ihrer Funktion, Mitgliederverhalten über Entscheidungsprämissen zu respezifizieren oder gar Entscheidungen zu provozieren[45]. Den großen Kirchen jedenfalls ist es nicht gelungen, das Kommunikationsmedium Glauben mit Hilfe der Dogmatik auf Entscheidungen der Mitglieder zu beziehen. Daher erlaubt das Verhalten der Mitglieder auch keine hinreichend sicheren Rückschlüsse auf ihre Fähigkeit zum Nachvollzug religiöser Lebenshaltungen, der kirchlich angebotenen oder anderer, auf ihre Belastbarkeit durch Anfor-

43 Von dieser Fragestellung geht zum Beispiel Paul M. Harrison, Authority and Power in the Free Church Tradition: A Social Case Study of the American Baptist Convention, Princeton N. J. 1959, aus.

44 Siehe z. B. Jeffrey K. Hadden, The Gathering Storm in the Churches, Garden City N. Y. 1969, S. 26 ff.; Raban Tilmann, Sozialer und religiöser Wandel, Düsseldorf 1972, S. 24 f.

45 Das betont vor allem Wölber a.a.O. (siehe z. B. S. 38 f.) — allerdings auf Grund eines theologisch vorbelasteten, nicht organisationstheoretisch gemeinten Entscheidungsbegriffs.

derungen des Glaubens oder auf ihre Bereitschaft, kirchlich entschiedenen Veränderungen des Glaubensinhalts, der Textauslegung oder der religiösen Orientierung zur Umwelt hin zu folgen[46]. Es gibt, mit anderen Worten, in der Entscheidung zur Mitgliedschaft keinen Bezug zur Dogmatik, der weitere Entscheidungen kontextieren könnte. Das läßt sich in vielerlei Hinsichten belegen: Die Auffassung, in denen Mitglieder faktisch übereinstimmen, bleiben vage und unbestimmt. Es handelt sich um mehr oder weniger tautologische Reformulierungen der Mitgliedschaft selbst[47]. In dogmenspezifischen Fragen gibt es innerhalb der Mitgliedschaft und auch innerhalb des Klerus der einzelnen Kirchen beträchtliche Differenzen, die in vielen Hinsichten die Differenzen zwischen den Kirchen übersteigen[48]. Auf den Unterschied von Mitgliedern und Nichtmitgliedern angesprochen, fallen den Mitgliedern der großen Kirchen, anders allerdings den Sektenmitgliedern, hauptsächlich Ansprüche an die moralische Lebensführung ein[49]. Selbst wenn man also aus der Tatsache der Mitgliedschaft auf eine Art Basis-Konsens schließen könnte, hätte dieser Konsens keinen Bezug zu der Freiheit, der Kompliziertheit und den voraussetzungsreichen Limitierungen von Dezisionen über Dogmatik, die zur Weiterentwicklung

46 Dies wird immer dann anders, wenn Transfermechanismen zur Verfügung stehen. So sanktionieren Mitglieder amerikanischer Denominationen ihre Kirche durch Entzug von Geldmitteln, wenn ihnen ein kirchenpolitisches Engagement, etwa zugunsten von Rassengleichheit, mißfällt. Vgl. dazu Hadden a.a.O.; James R. Wood / Mayer N. Zald, Aspects of Racial Integration in the Methodist Church: Sources of Resistance to Organizational Policy, Social Forces 45 (1966), S. 255—265. Aber selbst in diesen Fällen von sehr organisationsanalog gebauten Systemen ist Geld, und nicht Glauben, das Medium des Entscheidungstransfers.

47 Vgl. z. B. Hild a.a.O., S. 136 ff. (eine Untersuchung, die allerdings dogmenspezifische Fragen gar nicht einbezogen und insofern für unsere Zwecke keine schlüssigen Ergebnisse erreicht).

48 Vgl. Charles Y. Glock / Rodney Stark, Religion and Society in Tension, Chicago 1965; Rodney Stark / Charles Y. Glock, American Piety: The Nature of Religious Commitment, Berkeley 1968; Ursula Boos-Nünning, Dimensionen der Religiosität, München—Mainz 1972, S. 88 ff., 182 ff.

49 Vgl. Peter L. Sissons, Concepts of Church Membership, A Sociological Yearbook of Religion in Britain 4 (1971), S. 62—83. Ähnlich die Ergebnisse bei Werner Harenberg (Hrsg.), Was glauben die Deutschen, München—Mainz 1968, S. 32 ff.; Gerhard Schmidtchen, Gottesdienst in einer rationalen Welt, Stuttgart 1973, S. 58.

des Lehrgebäudes und der Reflexionsstruktur der Kirche erforderlich wären. In dieses Bild paßt auch die Feststellung, daß gerade die höher gebildeten Mitglieder, die eine anspruchsvollere Schul- oder Hochschulerziehung durchlaufen haben, zu den eher distanzierteren Mitgliedern der Kirche gehören[50]. Eine Verstärkung der gesellschaftlichen Bemühungen um Erziehung wird diese Distanz (was nicht notwendig heißt: die Austrittsneigung) eher erhöhen; sie wird jedenfalls kaum dazu beitragen, Anstöße oder gar, was wichtiger wäre, entscheidungsrelevante Restriktionen für Dogmenentwicklung bereitzustellen.

Im Kontext gesamtgesellschaftlicher Analysen hat Eisenstadt wiederholt auf die Bedeutung von »codes« hingewiesen, die allgemeine, für jedermann selbstverständliche Werthaltungen und Mitgliedschaftsbedingungen respezifizieren[51]. Dabei ist gedacht an symbolisierte Programme und Instruktionen, die zwischen der allgemeinsten Ebene universeller Werte und den für Einzelne ausführbaren Rollen vermitteln[52]. In organisierten Sozialsystemen steht das gleiche Vermittlungsproblem unter verschärften Anforderungen. Hier sollen Entscheidungen verknüpft werden in dem Sinne, daß es für Folgeentscheidungen einen Unterschied ausmacht, welche Alternativen eine Vorentscheidung wählt bzw. verwirft. In diesem Sinne benötigt eine Organisation Entscheidungsprogramme, die Entscheidungslagen im Hinblick auf richtiges Entscheiden strukturieren und ihrerseits durch Entscheidungen geändert werden, wenn es sich nicht oder nicht mehr bewährt, so zu entscheiden, wie die Programme es vorsehen.

Das zumindest ist die Unterstellung, auf die man sich einlassen muß, wenn man, sei es theoretisch, sei es praktisch, ein Sozial-

50 Vgl. Hild a.a.O., S. 245 ff. und passim. Für die Vereinigten Staaten gibt es zu dieser Frage widersprüchliche Daten. Vgl. Glock / Stark a.a.O. (1965), S. 262 ff.; Gerhard Lenski, Religion und Realität: Eine Untersuchung über den Stellenwert der Religion in einer Industriegroßstadt, Köln 1967, S. 61.

51 Vgl. Shmuel N. Eisenstadt, Tradition, Change and Modernity, New York 1973, insb. S. 133 ff., 311 ff.; ders., Die anthropologische Analyse komplexer Gesellschaften: Ein Vergleich des symbolisch-strukturellen mit dem institutionellen Ansatz, Schweizerische Zeitschrift für Soziologie 1 (1975), S. 5—38 (21 ff.).

52 In der Parsonsschen Theorie steht an dieser Stelle zwischen Werten und Rollen der Begriff der Norm. Weder der Normbegriff noch der Codebegriff sind für diesen Theorieplatz glücklich gewählt, denn beide haben daneben eine generellere Bedeutung.

system als Organisation behandeln will. Die Unterstellung lautet: Respezifikation erfolgt durch Entscheidung. Wieweit diese Unterstellung mit der Realität übereinstimmt, ist eine offene Frage, die von Organisation zu Organisation verschieden beantwortet werden muß. Eine erhebliche Beimischung von Fiktionen wird man als normal ansehen müssen. Die ältere Organisationssoziologie hatte im Hinblick darauf formale und informale Organisation als verschiedene Aspekte eines Systems unterschieden. Heute stehen zusätzlich Analysen zur Verfügung, die sich mit Organisationen befassen, die strukturell darauf angewiesen sind, die Unterstellung der Respezifikation durch Entscheidung zu überziehen und in hohem Maße fiktiv zu handhaben[53]. Das gilt besonders dann, wenn Organisationen gesamtgesellschaftliche Funktionen zu betreuen haben, für die sich der Organisationsmechanismus weniger gut eignet. Dann entsteht kein Bestandsproblem, die Organisationen werden durch ihre gesellschaftliche Funktion gehalten und legitimiert, aber sie leisten gleichwohl auf der für sie typischen Ebene der Systembildung nicht das, was man von Organisationen erwartet. Es gelingt ihnen nicht, die Mitgliedschaftsbedingungen durch Entscheidungszusammenhänge zu respezifizieren; aber vielleicht gelingt es ihnen wenigstens, sich organisatorisch darauf einzustellen, daß ihnen dies nicht gelingt.

## V.

Obwohl die »standesmäßige« Rollendifferenzierung von Klerikern und Laien auf der *Ebene des Gesellschaftssystems* als Form der Subsystembildung aufgegeben werden mußte, kann sie gleichwohl auf der *Ebene der Organisation* rekonstruiert und als karrieremäßig erworbene, auf Entscheidungen beruhende Differenz beibehalten werden. Voraussetzung ist nur, daß diese Ebenen hinreichend getrennt werden können. Organisation ver-

53 Vgl. Michael D. Cohen / James G. March / Johan P. Olsen, A Garbage Can Model of Organizational Choice, Administrative Science Quarterly 17 (1972), S. 1—25; Michael D. Cohen / James G. March, Leadership and Ambiguity, New York 1974; Karl E. Weick, Educational Organizations as Loosely Coupled Systems, Administrative Science Quarterly 21 (1976), S. 1—19. Sämtliche Publikationen betreffen Organisationen des Erziehungssystems.

hindert, mit anderen Worten, das Priestertum aller Gläubigen – in jedem Falle: sei es mit, sei es ohne Konsens der Dogmatik[54]. Sie dekomponiert nämlich die Mitgliedschaftsrolle in Rollen für Amtsträger und Rollen für einfache Mitglieder. Nicht daß, sondern nur wie dies geschieht, wird mit der Dogmatik abgestimmt.

Diese Dekomposition der Mitgliedschaft muß unter zwei Gesichtspunkten gewürdigt werden. Sie ermöglicht es zum ersten, auf der Ebene des Gesellschaftssystems funktionsbezogene Inklusion und Gleichheit aller zu postulieren und auf der Ebene des Organisationssystems dies Postulat wieder zurückzunehmen. In dem Maße, als diese Ebenen der Systembildung auseinandergezogen und entsprechend differente Systemtypen konstituiert werden, braucht es kein »Widerspruch« zu sein, wenn im Bereiche gesellschaftlicher Relevanz, also auch im Bereiche des informalen Verhaltensstils und der moralischen Achtung, gleicher Zugang zu religiösen Funktionen, gleiche Nähe zu Gott, gleiche Heilschancen und sogar gleiche Erlösungsbedürftigkeit postuliert werden und trotzdem die Organisation hierarchisiert und differenziert wird. Unterschiedliche Ausprägungen der Mitgliedschaft können dann als »bloß organisatorische« Differenzierungen anerkannt und zugleich gesellschaftlich neutralisiert werden, ohne daß Ungleichheit und Gleichheit, Hierarchie und Gemeinschaft, Struktur und Anti-Struktur auf ein System projiziert werden müßten.

Man kann in Organisationssystemen also schärfer differenzieren, als gesamtgesellschaftlich haltbar ist, man kann die Gesellschaft als Umwelt behandeln und höhere, andersartige Selektivität anschließen. Das ermöglicht es, und dies ist der zweite Gesichtspunkt, die allgemein zugängliche Mitgliedschaft innerorganisatorisch zu dekomponieren, um dadurch organisationsspezifische Probleme zu lösen. Unterschiedliche Ausprägungen von Mitgliedschaft – das wird die Form, mit der auf die unzureichende Bestimmtheit der Mitgliedschaftsbedingungen reagiert werden kann. Nach dem Prinzip der Artischocken wird die gleiche Form gestaffelt, und erst im Inneren findet man die feineren, reichhaltigeren, wohlschmeckenderen Blätter.

54 Dazu speziell die Fall-Studie von Harrison a.a.O. (1959).

Innerhalb großer volkskirchlicher Organisationssysteme kann man im groben drei Arten von Mitgliedschaft unterscheiden: (1) rein *rechnerische*, lediglich Geldleistungen beitragende Mitglieder, (2) *aktive*, auch Anwesenheit und Interaktion beitragende Mitglieder und (3) *Amtsträger*, die hauptberufliche Arbeitsleistungen beisteuern und dafür ein Gehalt beziehen. Die rechnerischen Mitglieder tragen im Grenzfalle nur bei, daß sie überhaupt Mitglieder sind und sich als solche zählen lassen. Zumeist sind auch Geldleistungen damit verknüpft, die zu den Routinepflichten der Mitglieder gehören und über die nicht fallweise oder situationsbezogen entschieden werden muß. Diese Passivität hat natürlich nur Sinn, wenn und solange es in der Organisation organisierte Arbeit gibt, die von den amtstragenden Mitgliedern ausgeführt wird. Diese Mitglieder bestehen aus Klerikern und aus Nichtklerikern. Sie unterstehen nicht nur dem Glaubensbekenntnis, sondern zusätzlich besonderen Dienstvorschriften, denen sie sich durch Eintritt in die berufliche Organisation kirchlicher Arbeit unterwerfen und denen sie sich durch Austritt aus dieser Organisation (der nicht einem Kirchenaustritt gleichkommt) wieder entziehen können. Die zweite Gruppe der aktiven Mitglieder bildet das interaktive Korrelat der Amtsträger. Sie sind relativ häufig im Gottesdienst anwesend, sind für gelegentliche Mitarbeit zu aktivieren und geben auch sonst den Amtsträgern das Gefühl, nicht ins Leere zu wirken. Sie erhalten das kirchliche Leben als Leben einer lokalen Gemeinde und sind daraufhin ansprechbar – was nicht heißt, daß Glaube für sie ein häufig benutztes Medium der Kommunikation wäre.

Selbstverständlich wird die Amtsträgerschaft formal fixiert. Sie beruht auf besonderen Entscheidungen. Die Unterscheidung von rechnerischen und aktiven Mitgliedern bleibt dagegen in der Schwebe, um den Rollenwechsel zu erleichtern und den Eintritt in die Interaktionssysteme zu ebnen und von Implikationen zu entlasten; und in der Tat gibt es hier Abschattungen der verschiedensten Art. Manche Mitglieder vermeiden jede Interaktion und benutzen ihre Mitgliedschaft erst, wenn feststeht, daß keine Interaktion mehr in Betracht kommt: bei ihrer Beerdigung. Andere bahnen zumindest ihren Kindern versuchsweise den Weg zur Kirche, halten gelegentlichen Kontakt mit dem Pfarrer oder besuchen sogar die Festtagsgottesdienste und wissen sich in einer

Position, die es ermöglicht, den Kontakt zu verstärken, wenn die eigene Lebenslage den Wunsch danach weckt. Die Unterscheidung von rechnerischen und aktiven Mitgliedern bezieht sich also auf ein Kontinuum, auf dem die Intensität der Mitgliedschaft variiert, und nicht auf einen formalen Status.

Ohne Interaktionsbindungen kann man sich leichter aus der Mitgliedschaft lösen. Ohne Interaktionsbindungen ist der Glaube schwächer und der Informationsstand weniger ausgeprägt. Mit dem Rückzug aus der Interaktion verblassen auch die Motive zur Interaktion. Insofern ist die Differenz von rechnerischen und aktiven Mitgliedern das Ergebnis eines Prozesses der positiven Rückkoppelung oder Abweichungsverstärkung. Sie hat sich kybernetisch eingespielt[55] und wird dann durch Sozialisation verstärkt[56]; sie bedurfte weder zur Einführung noch zur Legitimation einer förmlichen Entscheidung. Wer Interaktion unterlassen kann, ohne Folgen zu spüren, wird dadurch bestärkt werden, sie nicht erneut aufzunehmen, und umgekehrt. Diese offensichtliche Relevanz von Interaktion für die Vermittlung kirchlicher Verbundenheit darf indes nicht überschätzt werden. Auch Interaktionssysteme sind heute stärker gegen organisatorische und gesamtgesellschaftliche Ebenen der Systembildung differenziert als in weniger komplexen Gesellschaften. Entsprechend kann das, was für Organisationssysteme oder für Gesellschaftssysteme relevant ist, nicht einfach als Interaktionsdichte oder Interaktionshäufigkeit gemessen werden. Vielmehr mag gerade die Differenz von rechnerischen und aktiven Mitgliedern eine Funktion für das Organisationssystem haben, die auf der Interaktionsebene nicht abbildbar ist. Sie ermöglicht es der Organisation Kirche, mit einer gesamtgesellschaftlich sinnvollen Unbestimmtheit der Mitgliedsanforderungen zurechtzukommen und den Respezifikationsprozeß über interne Prozesse der Selbstselektion zur Interaktion laufen zu lassen.

Daß eine solche Akkomodation Folgeprobleme hat, werden wir gleich sehen. Zunächst ist festzuhalten, daß Distanz und Austrittsneigung zwar statistisch korrelieren, aber nicht im Einzel-

55 Vgl. hierzu Magoroh Maruyama, The Second Cybernetics: Deviation-Amplifying Mutual Causal Processes, General Systems 8 (1963), S. 233—241.

56 Zur Bedeutung der elterlichen Einstellung für die Kirchenbindung der nachfolgenden Generation vgl. Hild a.a.O., S. 150 ff.

fall zusammentreffen müssen. Das heißt: Es gibt auch Stabilität in der distanzierten Mitgliedschaft. Die Motivlage, die diese Stabilität absichert, ist sicher heterogen bedingt und ließe sich weiter aufbrechen[57]. Mindestens ein Teil dieser Mitglieder wird einen Sinn darin sehen, das Religionssystem der Gesellschaft explizit zu bejahen, zu fördern und sich den Zugang offenzuhalten, ohne diese positive Einstellung den Belastungen, Fehlgriffen und Unerträglichkeiten der Interaktion, dem Tonfall der Segnungen, der Qual der Kirchenbänke oder der offensichtlichen Unaufmerksamkeit und den neugierigen Blicken anderer Teilnehmer aussetzen zu können.

Auf der anderen Seite bietet die Aktivität der Mitgliedschaft ihrerseits keine Garantie für Stärke oder gar Konsens in wichtigen Glaubensfragen. Was schon für die Entscheidung zur Mitgliedschaft gilt, gilt auch für die laufende Selbstselektion zur Interaktion: Sie wird nicht allein, vielleicht nicht einmal primär durch die Dogmen der Kirche gesteuert. In der Interaktion und in den Amtspersonen, vor allem in der Person des Pfarrers, stekken eigene Motivressourcen, die eine genaue Durchleuchtung auf spezifisch religiöse Qualitäten hin kaum vertragen würden. Auch insofern ist die gesellschaftliche Funktion der Religion und die gesellschaftliche Adäquität religiöser Vorstellungen auf der Ebene der Interaktion nicht zureichend meßbar.

Am besten wird die Differenz rechnerischer und aktiver, interaktionsferner und interaktionsnaher Kirchenmitglieder verständlich, wenn man sie als Einrichtung begreift, mit der das Organisationssystem Kirche die Probleme seiner Zwischenlage zwischen Gesellschaft und Interaktion löst. Die Differenz ist, genetisch wie funktional, ein Korrelat der Organisationsförmigkeit der Systembildung. Sie ist konstituiert durch, und damit in besonderer Weise bezogen auf, diejenigen Mitgliedsrollen, die die Organisation als Organisation vertreten: die Rollen der Amtsinhaber.

Aus der Sicht der rechnerischen wie der aktiven Mitglieder repräsentiert vor allem der Pfarrer die Kirche. Er ist Adressat, Katalysator, Vermittlungsinstanz für Interaktionen, die sich in-

57 Vgl. dazu Yorick Spiegel, Der statistische Christ und theologische Mutmaßungen, Evangelische Theologie 29 (1969), S. 442—452; ders., Der Pfarrer im Amt, München 1970, S. 125 ff.; Hild a.a.O., insb. S. 114 ff.

tentional auf das Religionssystem beziehen. Zugleich weiß man, daß er als Person oder als Rolle nicht »die Kirche« ist. Also bildet sich eine Art Zwei-Ebenen-Bewußtsein, das aus der Sicht der aktuellen bzw. möglichen Interaktionen die komplexe Realität der Kirche auf Anwesendes und Hintergrund verkürzt[58]. Die Interaktionsperspektive überlagert sich, mit anderen Worten, einer komplexeren organisatorischen Realität und wird zu ihrer Reduktion benutzt. Diese Reduktionsweise findet sich bei rechnerischen wie bei aktiven Mitgliedern, und sie dürfte die Möglichkeit, mit Sonderinstitutionen gesamtkirchliche Effekte zu erzielen, erheblich beschränken.

Ebenso unterliegen die Amtsträger den Verführungen der Interaktion. Sie dürften, und sie finden darin durchaus Unterstützung durch die Theologie, im großen und ganzen der Meinung sein, daß die zur Interaktion bereiten Mitglieder, die regelmäßig zur Kirche kommen, der Kirche näher stehen als jene, die nur ihre Kirchensteuer zahlen. Diese Auffassung ist, statistisch gesehen, sicher nicht unberechtigt; aber sie verstärkt das nur Wahrscheinliche und nicht für alle Einzelfälle Überprüfbare zu festen Urteilen über Personengruppen und Verhältnisse, über die Struktur der Gemeinde, über die Schwierigkeiten des Pfarrer-Berufs in einer Volkskirche[59]. Die über Interaktion nicht zugängliche, kommunikativ nicht erschließbare Religiosität wird vielleicht vorschnell abgeschrieben oder doch marginalisiert. So wie einst das Ritual von der Überschätzung der Wahrscheinlichkeit lebte, gemeinsame Überzeugung zum Ausdruck zu bringen, wird heute vermutlich eher die Wahrscheinlichkeit entkirchlichter Motivlagen bei der Masse der Randmitglieder überschätzt[60].

58 So erkläre ich mir die bemerkenswert hohe Einschätzung der Evangelischen Kirche in Deutschland (EKD) in der Befragung von Hild a.a.O., S. 162 ff.; ferner die bleibend hohe Einschätzung des Pfarrers als kirchlichen Partners trotz eines organisatorisch gesehen beträchtlichen Funktionsverlustes der Einzelgemeinde. Vgl. hierzu Karl-Fritz Daiber, Volkskirche im Wandel, Stuttgart 1973, insb. S. 103 f., 113 ff.

59 Vgl. dazu Yorick Spiegel, Der Pfarrer im Amt a.a.O., S. 125 ff.

60 An dieser Stelle beginnt allerdings die Religionssoziologie, das theologische und kirchliche Urteil zu korrigieren — zumindest theoretisch zu korrigieren, denn vom Wissen um außerkirchliche Religiosität bis zum praktischen Aktivieren dieser Religiosität oder zum praktischen Anpassen der kirchlichen

Greift man angesichts dieser Sachlage zu systemtheoretischen Abstraktionen, so läßt sich das Problem wie folgt darstellen: Durch Benutzung von Organisation als Form der Systembildung entsteht systemintern »organisierte Komplexität«. Das Priestertum aller Gläubigen wird unterbrochen, die Gleichschaltung der Interaktionsperspektiven als Träger der gesellschaftlichen Funktion wird aufgegeben. Angesichts organisierter Komplexität muß nun alles konkrete Erleben und Handeln als Entscheidung auftreten und über vereinfachende Annahmen Komplexität reduzieren. Die Vereinfachungen können durch Hierarchiebildung geordnet und schließlich in der Form von Planung sozusagen auf sich selbst angewandt werden. Aber das bedeutet im Effekt, daß die *im System strukturell angelegte Komplexität durch Hinzufügung reduzierter Komplexität noch komplexer wird.* Das System vereinfacht sich nicht, es komplexiert sich in dem Versuch, Formen des vereinfachenden, aggregierenden, dekomponierenden Umgangs mit der eigenen Komplexität zu finden[61].

In systemtheoretischer und organisationstechnischer Perspektive wird man auf dieses Problem durch erneute Analyse reagieren können, denn nicht jede reduktive Informationsverarbeitung ist gleichermaßen inadäquat. Man wird aus dem erkannten Problem auf besser geeignete Organisationsmittel schließen können, man wird Systemmodelle entwickeln müssen, die eine Theorie des selbstreferentiellen Planens einschließen. Das erfordert

Strukturen und Aktivitäten an dieses Wissen ist es ein weiter und unsicherer Weg.

Zu religionssoziologischen Anregungen siehe etwa Thomas Luckmann, Das Problem der Religion in der modernen Gesellschaft, Freiburg 1963; Trutz Rendtorff, Zur Säkularisierungsproblematik: Über die Weiterentwicklung der Kirchensoziologie zur Religionssoziologie, Internationales Jahrbuch für Religionssoziologie 2 (1966), S. 51—72; Harenberg a.a.O., S. 75 ff. Stephen L. Finner, Religious Membership and Religious Preference: Equal Indicators of Religiosity? Journal for the Scientific Study of Religion 9 (1970), S. 273 bis 279; Ursula Boos-Nünning, Dimensionen der Religiosität: Zur Operationalisierung und Messung religiöser Einstellungen, München—Mainz 1972.

61 Diese Bemerkung schließt die Anwendung systemtheoretischer Analyse auf Systeme ein. Vgl. dazu Jay D. Starling, The Use of Systems Constructs in Simplifying Organized Social Complexity, in: Todd R. La Porte (Hrsg.), Organized Social Complexity a.a.O., S. 151—172, mit der noch ungetesteten Hoffnung, diese »complexity-uncertainty spiral« durch »adaptive concepts« überwinden zu können.

Theoriemittel und Simulationsverfahren, die sehr allgemeine, funktionsübergreifende Relevanz haben, also im Wirtschaftssystem, im politischen System, im Erziehungssystem gleichermaßen benötigt werden. In Organisationen des Religionssystems sollte man aber nicht verkennen, daß die Grenzen, an die man hier stößt, genau jene Komplexitätsindeterminiertheiten sind, die auch die Religion selbst katalysieren. Die Planungstechnik gewinnt, wenn sie sich selbstreferentiell reflektiert, einen Bezug zum Bezugsproblem der Religion. Jene Spirale der komplexierenden Vereinfachungen und der Steigerung von Unsicherheiten durch Reduktionen, die auf Komplexität reagieren, gehört seit Babel zu den theologisch erwartbaren Sachverhalten.

Niemand wird erwarten, daß sich ausgerechnet in den Planungsstäben der Kirchen neue Formen der Frömmigkeit entwickeln. Aber ebensowenig ist man gezwungen, die Sprache der Planung und die Sprache der Frömmigkeit in streng disjunktiver Alternativität zu entwickeln. Es handelt sich um Alternativen – aber auch um funktionale Äquivalente, die ihre Differenz bei hinreichendem Abstraktionsvermögen auf ein gemeinsames Bezugsproblem zurückführen können.

## VI.

In Organisationssystemen findet ebenso wie in Gesellschaftssystemen eine Vielzahl von Interaktionen *gleichzeitig* statt. Anders als Gesellschaftssysteme im allgemeinen können Organisationen ähnlich wie Interaktionssysteme Entscheidungsperspektiven oktroyieren. Beides zusammengenommen, Simultaneität einer Fülle bewußter Selektionen, macht die spezifische Komplexität von Organisationen aus. Zu den Folgen von Organisation – auch schon frühbürokratisch-korporativer und erst recht moderner Organisation – gehört daher, daß Organisationssysteme hochkomplex werden können: in der Verschiedenheit sowohl der Rollen als auch der Kontaktmöglichkeiten als auch der ideologischen und programmatischen Gesichtspunkte, die das Entscheiden, wie unterstellt wird, beeinflussen. Wenn in kirchlichen Organisationen dann Glauben zum Gegenstand von Analysen und Entscheidungen wird und sich dadurch in Auseinandersetzung mit Alternativen komplexiert, wird es, wie einfachste Modellrechnungen zeigen könnten, ausgeschlossen, daß der Glaube selbst im Vollsinne des ihm dogmatisch zugedachten Inhaltes das Entscheidungsverhalten von Systemmitgliedern steuert. Er wird durch die eigene Komplexität unzugänglich.

Die Befunde der empirischen Forschung über volkskirchliche Religiosität sind eine genaue Entsprechung dieser Sachlage. Sie zeigen den Reduktionszwang und zugleich verschiedene Möglichkeiten, ihm Rechnung zu tragen. Eine erste Reduktion bleibt schlicht *orthodox:* Sie akzeptiert die verordneten Inhalte, weil sie verordnet sind, und erspart sich weiteres Nachdenken. Diese Reduktionsweise ist einerseits bequem, andererseits unbequem, weil nicht nur Glaubensinhalte, sondern auch Teilnahme an kirchlichen Veranstaltungen zu den Mitgliederpflichten gehört. Daher können nur unkritische und teilnahmebereite Mitglieder diese Reduktion wählen – eine Voraussetzung, die für immer weniger Mitglieder zutrifft[62].

Es gibt aber Alternativen zur Orthodoxie – das heißt funktional äquivalente Formen der Reduktion organisierter Komplexität. Weithin dürfte gelten, daß Reduktion über *Interdependenzunterbrechungen* läuft. Das heißt: der Glaube wird nicht als System geglaubt, sondern gleichsam topologisch: Punkt für Punkt. Wenn System heißt: Grundlagensicherheit durch Zusammenhangssicherheit zu ersetzen, so bedeutet diese Reduktion einen weiteren Schritt zum Sicherheitsverzicht. Es gibt dann immer noch Sicherheitsäquivalente, die wieder auffangen – so die textliche Einheit der Bibel, vor allem aber die gänzliche Unbestimmtheit des Leitbegriffes Gott[63]. Interdependenzunterbrechung heißt zugleich, daß der Glaube unempfindlich wird gegen Meinungsverschiedenheiten in der Kirche. Die Zusammenhangslosigkeit der Glaubensannahmen hat also nicht nur einen sachlichen, sondern auch einen sozialen Aspekt[64]: Sie immunisiert den Einzel-

62 Mit Ausnahme vielleicht der Vereinigten Staaten. Hier hat z. B. die Untersuchung von Stark / Glock a.a.O. (1968) ergeben, daß ein »orthodoxy index« am relativ besten interkorreliert.

63 Dies ist ein durchgehendes Resultat empirischer Forschung. Siehe z. B. Wölber a.a.O., S. 43 f.; Stark / Glock a.a.O. (1968), S. 25 ff.

64 Zu Multiformität als Zusammenhangsproblem vgl. auch Egon Golomb, Wie kirchlich ist der Glaube?, in: Harenberg a.a.O., S. 172—207 (204 f.).

nen gegen punktuell erfahrene Meinungsverschiedenheit; sie nimmt dem Glauben jedoch auch seine Funktion als Kommunikationsmedium. Man kann in Kommunikationssituationen nicht ohne weiteres davon ausgehen, daß ein Partner, der an die Gotteskindschaft Jesu glaubt, auch an die Auferstehung glaubt, auch an ein Leben nach dem Tode glaubt, auch an das Jüngste Gericht, auch an die Hölle, auch an den Teufel, auch an die Teufelsaustreibungen glaubt – und zwar unabhängig davon, ob man selbst diese Serie von Annahmen für zusammenhängend hält oder nicht.

Eine dritte Reduktion läuft über den *reflexiven Mechanismus des Glaubens an den Glauben*[65]. Diese Reflexivform ist von Theologen zur Kontrolle ihrer eigenen Zweifel erfunden worden, sie überrascht die Theologen aber gleichwohl, wenn sie ihnen nicht im Kontext dogmatischer Artistik, sondern als Form der Volksreligiosität begegnet. Wie immer bei reflexiven Mechanismen[66], geht es um Anwendung eines Prozesses auf sich selbst oder auf einen Prozeß gleicher Art. In der Form der Reflexivität ermöglicht die Glaubenskommunikation eine Art Vorentscheidung: Sie wählt sich zunächst selbst, bevor sie in Situationen ihre Glaubensinhalte wählt. Dabei bleibt die Vorentscheidung notwendig unvollständig: Sie wartet gleichsam auf Situationen, in denen weiteres Entscheiden erforderlich wird. Vielleicht treten solche Situationen nie ein, dann bleibt es bei der Vorentscheidung. Die Vorentscheidung enthält wenig irreversibles Engagement, sie kann sich daher fast alles (einschließlich ihrer selbst) offenhalten. Sie mag sich reflektieren als eine Entscheidung, die sich mangels Irreversibilität zwischen Entscheidung und Nichtentscheidung in der Schwebe hält. So pariert das Subjekt auf die Existenz einer hochkomplexen Organisation, die so tut, als ob ein Subjekt sich zu entscheiden hätte.

Offensichtlich besteht zwischen Interdependenzunterbrechung und Reflexivität hohe wechselseitige Kompatibilität. Da ohne-

65 Ähnlich interpretiert auch Golomb a.a.O., S. 206: »Man hält sich für gläubig, obgleich man nicht weiß, was man glauben soll. Diese Haltung ist Ausdruck eines Glaubens an den Glauben ohne Rücksicht auf dessen lehrmäßigen Inhalt«.

66 Näher: Niklas Luhmann, Reflexive Mechanismen, in ders., Soziologische Aufklärung Bd. 1, 4. Aufl. Opladen 1974, S. 92—112.

hin die Komplexität des organisierten und dogmatisierten Glaubens kaum Alternativen (und kaum erkennbar bessere Alternativen) der Reduktion eröffnet, ist mit einer sehr stabilen Situation zu rechnen. Die glaubensadäquate Strategie der Kirchen demgegenüber wäre: Entscheidungen zu provozieren. Das aber wird durch die organisatorische Komplexität und *deren* Reduktionsform Hierarchie verhindert. Das Risiko wäre zu groß. Daher bewähren sich, um de Certeau noch einmal zu zitieren[67], auf seiten der Kirche »le *silence* en ce qui concerne les conviction effectives, et le *fonctionnariat* en ce qui concerne ›l'administration‹ des rites«.

Selbstverständlich hat die Kirche in ihren dogmatischen Grundlagen eigene Möglichkeiten, diese Situation zu beurteilen. Das Urteil muß, grosso modo, negativ sein. Es schadet sich dadurch selbst. Das soziologische Urteil bleibt, wenn es sich am Grundproblem der Komplexität orientiert, ambivalent und auf die Wahl von Systemreferenzen angewiesen.

Denn am Problem der Komplexität springt die Gesellschaftsanalyse in die Organisationsanalyse um. Für die Gesellschaft und ihre Teilsysteme ist Steigerung der Komplexität Ergebnis der Evolution und *Lösung* des Problems ihrer Umweltbeziehungen. Für Organisationssysteme dagegen, die auf Entscheiden ausgerichtet sind, ist Komplexität ein Problem, das erst noch *zu lösen ist*[68]. In der Perspektive des gesellschaftlichen Lebens wird man davon ausgehen müssen, daß die Systemkomplexität ohnehin nie zur Situationskomplexität wird, daher unbegreifbar bleibt und gerade dazu dient, Situationen befriedigend gegeneinander zu differenzieren. In der Organisationsperspektive dagegen wird Komplexität zum Entscheidungsproblem, genauer gesagt: zum Hindernis rationalen Entscheidens[69]. Beide Per-

67 Vgl. oben S. 281.

68 Harlan Wilson, Complexity as a Theoretical Problem: Wider Perspectives in Political Theory, in: Todd R. La Porte (Hrsg.), Organized Social Complexity a.a.O., S. 281—331, zeigt, daß politische Theorien der Neuzeit sehr verschieden ausfallen je nach dem, ob sie im Sinne der Gesellschaft Komplexität als Problemlösung oder im Sinne von Organisation Komplexität als Problem ansehen. Auch Theorien der Wirtschaft ließen sich in diesem Sinne unterscheiden. Im Bereich der Religion ist dagegen die Theorieentwicklung noch nicht einmal bis an die Schwelle solcher Kontroversen gelangt.

69 Vgl. Fritz W. Scharpf, Planung als politischer Prozeß, Frankfurt 1973.

spektiven auf Komplexität[70] widersprechen sich, sie bedingen sich aber auch in ihrem Widerspruch. Die Gesellschaft selbst bringt für ihre Komplexität den Problematisierungskontext Organisation hervor, bildet genau dafür aber Systeme besonderen Typs, ohne sich selbst in eine Organisation zu transformieren. Sie ermöglicht laufend ablaufendes Erleben und Handeln in hochkomplexen Systemen und außerdem noch die zusätzliche Komplexierung der Problematisierung von Komplexität.

Auf diese Weise mag es auch im Religionssystem in dem Maße, als die Kirchen Organisations- und Planungsbewußtsein in bezug auf ihre Funktion entwickeln, zu einer solchen Doppeleinschätzung von Komplexität als Problemlösung und als unlösbares Problem kommen. Vorerst ist von einem so weit avancierten Bewußtsein wenig zu spüren. Eine Organisationsplanung entwickelt sich, wenn überhaupt, ohne Kontakt mit den Strukturen und Prozessen geistlicher Kommunikation oder mit ihrer theologischen Reflexion. Ebensowenig sehen und formulieren Theologen das Komplexitätsproblem der Organisation – selbst wenn sie meinen, auf die Sprache der Frömmigkeit verzichten zu können. Man spricht von »politischer Theologie«, ohne zu sehen, welche Theoriekonflikte das Komplexitätsproblem im Falle der Politik ausgelöst hatte. Man spricht von »Theologie der Revolution«, ohne zu sehen, daß Revolution nichts weiter ist als der Versuch, die Komplexitätsperspektive der Organisation bzw. die Komplexitätsperspektive der Theorie mit den entsprechenden Vereinfachungen als Gesellschaft zu realisieren. Beide Konzepte[71] überspringen die hier behauptete Perspektivendifferenz und werden damit weder der einen noch der anderen Sichtweise gerecht. Solange dies nicht geschieht, wird es keine »Theologie der Planung« geben.

Dann aber bleibt im letzten auch unverständlich, weshalb die Kirche aus Gründen der Religion eine Organisation sein soll.

70 Wir lassen zur Vereinfachung der Darstellung im Augenblick außer acht, daß es auch auf der Ebene der gesellschaftlichen Subsysteme mindestens einen Ausgangspunkt der Problematisierung von Komplexität gibt — nämlich die wissenschaftliche Analyse, die sich auf Systeme in der Umwelt des Wissenschaftssystems bezieht.

71 Siehe nur Helmut Peukert (Hrsg.), Diskussion zur »politischen Theologie«, München—Mainz 1969, Ernst Feil / Rudolf Weth (Hrsg.), Diskussion zur »Theologie der Revolution«, München—Mainz 1969.

## VII.

Wenn man mit Hilfe analytischer Mittel, die Vorzufindendes darstellen im Hinblick auf andere Möglichkeiten, Kirche als organisationstechnische Aufgabe ansieht, kommt als Zugriffspunkt nur die Planstellen-Organisation in Betracht. Die Bedingungen des Verhaltens in Ämtern sind nicht einfach Bedingungen der verdichteten, intensivierten Normalmitgliedschaft (stärker an Gott glauben, mehr beten, häufiger in die Kirche gehen); sie können besonders und anders geregelt werden. Solche Regelungen sind, weil sie an Amtsträger adressiert werden müssen, nahezu notwendig Entscheidungen. Sie müssen ihrerseits im System lokalisiert und authentifiziert werden. Ein dadurch geschlossenes System selbstreferentieller Kontingenzverarbeitung, wie wir es oben unter II. charakterisiert haben, kann nur innerhalb der Kirche mit Hilfe der besonderen Selektivität von »Stellen« errichtet werden. Daraufhin lassen sich in bezug auf Stellen Entscheidungen über Entscheidungsprämissen treffen. Sie beziehen sich entweder auf die Bedingungen der Richtigkeit des Entscheidens (Entscheidungsprogramme) oder auf die Auswahl der Person des Amtsträgers oder auf Kompetenzen und Kommunikationswege, zum Beispiel hierarchische Beziehungen, im Verhältnis der Ämter zueinander. Diese Entscheidungen über Entscheidungsprämissen müssen miteinander abgestimmt werden. Aus ihrer Interdependenz und aus ihren laufend auftretenden Folgeproblemen entsteht eine Art Eigenlogik des Systems, in die hineingezogen wird, wer sich auf die Prämisse einläßt, daß Entscheidungen auf Entscheidungen bezogen werden müssen.

Unbestreitbar gewinnt in der neueren Kirchengeschichte Organisation an Bedeutung. Das heißt aber nicht, daß die Machtverhältnisse sich zugunsten des Klerus verschoben hätten, daß also eine Entwicklung eingetreten sei, die man durch »Demokratisierung« coupieren und rückgängig machen sollte. Das Verhältnis von Zentralmacht und Demokratie ist aktuell nur infolge von zunehmender Empfindlichkeit in Machtfragen, und die ist durch gesellschaftsstrukturelle Entwicklungen (vor allem: Inklusion), nicht jedoch durch Organisation bedingt. Mit Demokratisierung hat man denn auch durchgehend die Erfahrung, daß sie den Organisationsfaktor multipliziert und durch gewollte Komplexitätssteigerung (insbesondere erhöhte Sensibilität für Gruppeninteressen) die Organisation an ihre eigenen Folgeprobleme ausliefert[72]. Demokratisierung ist außerhalb des politischen Systems ein Konzept für die Vermehrung, nicht für die Verminderung oder Limitierung von Organisation. Sie würde, wirksam in die Kirchen hineingetragen, verstärken, was ohnehin schon augenfällig ist: eine laufende Beschäftigung mit selbstgeschaffenen Problemen und mit Versuchen, durch Entscheidungen auf Entscheidungen zu reagieren.

Was sich faktisch in Organisationsform vollzieht, ist das Bemühen, die Komplexität aufzuarbeiten, die entsteht, wenn man sich selbst und anderen suggeriert, im Verhaltensvollzug Entscheidungen zu treffen. Diese Suggestion kann parasitär ansetzen, unkontrolliert (denn alle Kontrolle würde Entscheidungen erfordern, also bestätigen) wachsen und in Selbstbefriedigung ausarten. Sie verdrängt in hohem Maße, wenn nicht vollständig, in der täglichen Orientierung des Erlebens und Handelns den Bezug auf die gesellschaftliche Funktion. Selbst Organisationen des Wirtschaftssystems sind im allgemeinen zu komplex, um ihr Entscheiden oder gar ihr Wachstum an Knappheits- und Profit-Gesichtspunkten ausrichten zu können. Das Wachsen der Organisationen der öffentlichen Hand wird mit Vermehrung der Aufgaben begründet[73], aber die Aufgaben vermehren sich nicht aus einer Eigendynamik des Gemeinwohls heraus, sondern nur dort, wo die Entscheidungssuggestion »greift« und politische oder organisatorische Innovatoren Entscheidungsmöglichkeiten sehen und plausibel machen können. Organisationen des Religionssy-

72 Eine gute Analyse aus dem Bereich von Organisationen des Erziehungssystems ist: Dorothy Jennifer Nias, The Sorcerer's Apprentice: A Case Study of Complexity in Educational Institutions, in: Todd R. La Porte (Hrsg.), Organized Social Complexity: Challenge to Politics and Policy, Princeton N. J. 1975. Die Studie der Reformbewegung innerhalb der Church of England von Kenneth A. Thompson a.a.O. führt, was die Einrichtung der Church Assembly angeht, zu ähnlichen Ergebnissen — allerdings in einer ganz anderen, auf Max Weber zurückgehenden Terminologie, die auf der Unterscheidung von Wertrationalität und Zweckrationalität aufbaut und damit der Binnenproblematik selbstreferentieller Entscheidungsorganisationen nicht gerecht wird.

73 Vgl. etwa Carl H. Ule (Hrsg.), Die Entwicklung des öffentlichen Dienstes, Köln 1961.

stems sind ebenfalls nicht Stätten frommer geistlicher Kommunikation; sie sondern sich nicht ab für ungestörtes Beten, sondern beschäftigen sich eher damit, über Probleme zu entscheiden, die sich daraus ergeben, daß andere nicht beten.
Diese Analyse soll kein negatives Vorurteil gegen Organisation oder Bürokratie erneuern, aber sie führt vor die Frage nach dem gesellschaftsfunktionalen Sinn und den gesellschaftsstrukturellen Möglichkeiten einer Komplexitätssteigerung, die über Entscheidungssuggestion ausgelöst und dann durch Entscheidungen nicht mehr kontrolliert werden kann. Die Antwort ist vorgezeichnet mit der These, daß die Ausbildung spezifisch organisatorischer Ebenen der Systembildung zusammenhängt mit der zunehmenden funktionalen Differenzierung des Gesellschaftssystems. Diese Differenzierungsform erzwingt Relationierungen im Umweltbezug ebenso wie im Selbstbezug eines jeden Funktionssystems, und zwar Relationierungen, die die Kontingenz des Verknüpften bewußt werden lassen. Wir hatten von Funktion, Leistung und Reflexion gesprochen. Alle diese Relationen implizieren, daß das, was sie aufeinander beziehen, auch andere Formen annehmen könnte. *Unter solchen Umständen liegt es nahe, die Formwahl im Kontext solcher Relationen organisationsintern als Entscheidung zu interpretieren* und in den Relationen die Orientierung und Begründung solcher Entscheidungen zu suchen.
Nur gelingt es faktisch nicht ohne weiteres, die damit aktualisierte Komplexität organisationsintern unter Kontrolle zu bringen, geschweige denn so aufzubereiten, daß sie für einfache Mitglieder oder für Amtsträger Entscheidungsmotiv werden könnte. Komplexitätsbezogene Techniken, vor allem Techniken der Budgetierung und der statistischen Informationsverarbeitung, werden genutzt[74], aber nicht zufällig wird bei diesen Techniken Geld bzw. logisch schematisierte Wahrheit, nicht dagegen Glauben respezifiziert. Für das religionsspezifische Medium des Glau-

74 Kenneth A. Thompson a.a.O., S. 56 ff. berichtet, daß diese beiden Organisationstechniken im 19. Jahrhundert Anstoß zu strukturellen Reformen der anglikanischen Kirche gegeben haben in einer eigentümlichen Querlage zu den spezifisch geistlichen Ideen, die die Kirche vertritt. Ähnlich für Kirchen der Vereinigten Staaten Gibson Winter, Religious Organizations, in: W. Lloyd Warner (Hrsg.), The Emergent American Society Bd. I: Large-Scale Organizations, New Haven 1967, S. 408—491.

bens haben sich keine entsprechenden Techniken der Dekomposition und Spezifikation allgemeiner Problemlagen entwickeln lassen. Das wiederum hat begreifbare Gründe. Organisationstechniken sind primär Techniken der Dekomposition von Entscheidungszusammenhängen, das heißt Techniken ihrer Auflösung in Teileinheiten, zwischen denen minimale Interferenzen bestehen. Sie verhindern damit, daß die strukturelle Komplexität des Gesamtsystems situativ relevant wird, das heißt: zugleich auch die strukturelle Komplexität einzelner Entscheidungssituationen bestimmt[75]. So setzt Statistik Neutralisierung von Interdependenzen voraus[76]. Budgetierung dekomponiert ebenfalls Entscheidungszusammenhänge, so daß Geld für bestimmte Aufgaben zur Verfügung steht ohne Rücksicht darauf, ob es auch für andere Aufgaben eingesetzt werden könnte. Thema der Religion ist aber gerade die alle Dekompositionen, alle Einteilungen und Typisierungen, alle Arten und Wesen, alles Seiende transzendierende Komplexität; und Leistung der Dogmatik ist es gerade, diese Funktion auf Interdependenzen im spezifisch religiösen Gedankengut abzubilden, sie zum Beispiel als Einheit des Inhalts einer Offenbarung darzustellen. Wird in dieser Weise Einheit und Zusammenhang einer Problemlage betont und zum Gegenstand einer Situation der Zuwendung, des Sinneswandels, des Glaubens erklärt, ist es unmöglich, organisationstechnische Dekompositionen anzuschließen. Das hat mit einem Gegensatz von »Geist« und »Materie«, von »Sinn« und »Technik«, von »Wertrationalität« und »Zweckrationalität« nichts zu tun[77]. Es handelt sich um unterschiedliche Formen der

75 Vgl. die Unterscheidung von institutional und situational complexity bei Harlan Wilson, Complexity as a Theoretical Problem: Wider Perspectives in Political Theory, in: La Porte a.a.O., S. 281—331 (281 ff.).

76 Der viel zitierte Aufsatz von Warren Weaver, Science and Complexity, American Scientist 36 (1948), S. 536—544 spricht von »disorganized complexity« als Voraussetzung der Anwendbarkeit statistischer Methoden.

77 Diese beiden Rationalitätstypen Max Webers, die auch in der Kirchensoziologie viel benutzt worden sind, enthalten unser Problem bereits, wenngleich in verdeckter Form. Als Formen der Rationalität sind sie Formen von (vermeintlich richtiger) *Reduktion* der Komplexität. Daß Organisation durch ihren Entscheidungsbezug Komplexität immer auch (und zwar primär) *steigert,* bringen sie nicht im *Sinn* der Typen zum Ausdruck, sondern allenfalls in ihrer *Differenz.* Wollte man Webersche Begriffe in die hier vertretene Theorie »übersetzen« — und ähnliches erhoffte sich Talcott Parsons, The Structure of

Einstellung auf Komplexität, deren Differenz bewußt wird (und bewußt ausgenutzt werden muß), wenn die Gesellschaft selbst im Verhältnis zu ihrer Umwelt unfaßbar hohe und gleichwohl strukturierte Komplexität erreicht.

Man muß unter solchen Umständen mit Strukturen rechnen, in denen *Zentralität und Adäquität divergieren*. Das Artischocken-Modell der Heiligkeit wird unbrauchbar, und ebenso das Hierarchie-Modell. Um den Unterschied zu verdeutlichen, füge ich eine Skizze des Gesellschaftssystems aus der Perspektive des Religionssystems bei[78]. Die Skizze unterschlägt, um im Rahmen

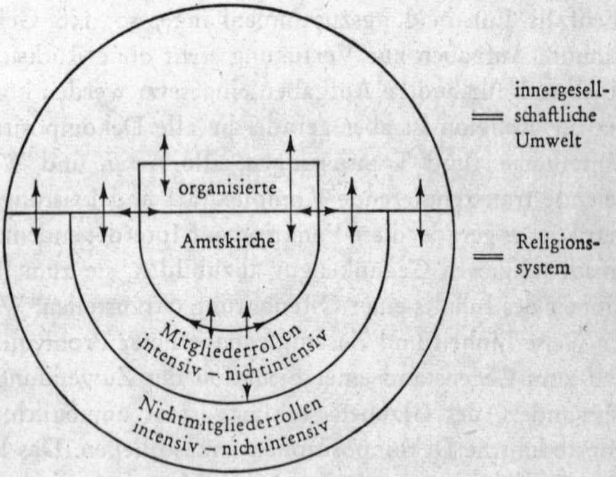


Social Action, New York 1937, von einer Theorie des allgemeinen Aktionssystems — würde man Wertrationalität und Zweckrationalität als unterschiedliche Formen der Einstellung auf Komplexität interpretieren müssen und Rationalität als vermeintlich-richtige Reduktion. (Zu den wissenschaftstheoretischen Aspekten solcher »Übersetzungen« siehe auch Harold J. Bershady, Ideology and Social Knowledge, Oxford 1973 passim, insb. S. 58, 62 f., 95; Derek L. Phillips, Paradigms and Incommensurability, Theory and Society 2 (1975), S. 37—61.

78 Die Parallele mit dem Modell des Bewußtseins als eines Teils des Nervensystems bei John C. Eccles, Cerebral Activity and Consciousness, in: Francisco Jose Ayala / Theodosius Dobzhansky (Hrsg.), Studies in the Philosophy of Biology: Reduction and Related Problems, London 1974, S. 87 bis 105, ist absichtlich gesucht. Auch das Bewußtsein ist ein Teilsystem des Nervensystems, das so lokalisiert ist, daß es die Relationen zwischen Prozessen seiner nervensysteminternen Umwelt und der externen Umwelt, die beide keine Bewußtseinsprozesse sind, kontrollieren kann. Das heißt unter anderem, daß nur Reduktionen die Qualität von Bewußtheit erlangen können.

des graphisch Darstellbaren zu bleiben, die Komplikationen, die sich aus der Differenzierung von Funktion, Leistung und Reflexion ergeben. Sie ist auf ein einfaches System/Umwelt-Schema verkürzt, veranschaulicht aber auch so hinreichend, in welchem Umfange die Zentrallage der amtskirchlichen Organisation sie kontrollbedürftigen Interdependenzen aussetzt: Die Amtskirche muß ihre eigenen Entscheidungsprozesse beziehen auf die Beziehungen, die Mitglieder sehr verschiedener Intensitätsstufen zwischen ihrem religiösen und ihrem nichtreligiösen Erleben und Handeln herstellen und herstellen könnten; dasselbe für Nichtmitglieder und, da der Mitgliedsstatus durch Entscheidung erreicht bzw. aufgegeben werden kann, auch für die Beziehungen zwischen diesen Beziehungen bei Mitgliedern und bei Nichtmitgliedern. Außerdem ragt die Organisation mit Teilen ihrer Entscheidungsprozesse, was zum Beispiel Geldanlage, Vermögensverwaltung, Bauten usw. angeht, in die innergesellschaftliche Umwelt hinein. Sie ist insoweit Teil des Wirtschaftssystems[79], nicht selten auch Teil des politischen Systems oder Teil des Rechtssystems. Sie muß in sich selbst religionsspezifisches und nichtreligiöses Entscheiden relationieren und muß beides sowohl zur innergesellschaftlichen Umwelt als auch zur religionssysteminternen Umwelt, also zu den Mitgliedern und Nichtmitgliedern, soweit sie religiös gestimmt sind, in Beziehung setzen. Außerdem ist festzuhalten, daß Relationen in der Perspektive einer Organisation immer Entscheidungen aufeinander beziehen, also etwas, was so oder auch anders ausfallen kann. Die zu relatio-

79 Zu den hieraus resultierenden, gänzlich ungelösten Problemen gehören die Widersprüche zwischen der Logik des Geldes und der Logik des Glaubens. Die Rationalität des Umgangs mit Geld beruht auf der Disposition nach individuell verschiedenen Präferenzen und widerspricht der kirchlich verkündeten Religion der Nächstenliebe. Beide Orientierungssysteme lassen sich weder in Gesellschaften mit unvollständiger Geldwirtschaft (dazu bemerkenswert: D. B. Barrett, The Meaning of Money in an Anglican Diocese of East Africa: Masasi, Social Compass 16 (1969), S. 77—90), noch in einer geldwirtschaftlich durchstrukturierten Gesellschaft harmonisieren, denn im Geldsystem kann der Geldgeber nur rational handeln, wenn er seine Bedürfnisse mit denen anderer vergleicht und andere Geldquellen mit in Betracht zieht. Knappheit wird durch Geld so hoch aggregiert und so vielen Vergleichsmöglichkeiten ausgesetzt, daß eine Religion, die Geldgeben fordert, *unökonomisches* Verhalten fordern muß.

nierenden Elemente sind also in sich selbst wiederum Relationen, nämlich Alternativen.

Es ist rasch einzusehen, daß es keiner heute bekannten Organisationstechnik gelingen kann, Interdependenzen dieses Ausmaßes zu kontrollieren, und zwar weder informationstechnisch im Hinblick auf die Beschaffung der Wissensgrundlagen, noch entscheidungsrational im Hinblick auf (und sei es nur: vermeintlich) richtige Reduktionen. In solchen Lagen kann eine Organisation nicht einmal die Absicht haben, richtig zu handeln. Sie hält sich nur, und dies scheint möglich zu sein, in der Position, in der hochgetriebene Komplexität richtiges Entscheiden ausschließt. Was geschieht, geschieht »statt dessen«[80].

Die soziologische Forschung könnte hier Hypothesen anschließen über latente (nicht rational intendierte) Komplexitätsreduktionen. Zum Beispiel: Bei Zunahme der Verschiedenartigkeit der Mitglieder gewinnt die Umwelt größeren Einfluß auf die Organisation, weil die Organisation sich »statt dessen« an der Umwelt orientiert[81]. Oder: Mitglieder orientieren sich nicht an einem theologisch-organisatorisch greifbaren Sinn von Kirche, sondern »statt dessen« am Pfarrer[82]. Viele Einsichten dieser Art könnten »statt dessen« ein Mosaik entstehen lassen und der amtskirchlichen Organisation punktuelle Orientierungen zuführen. Die Theologie müßte sich dagegen ein Angebot überlegen, das dem Artikulationsniveau des Komplexitätsproblems selbst gerecht wird und sich nicht nur damit begnügt, »statt dessen« im Namen des Heiligen Geistes zu reden.

80 An einer Philosophie »statt dessen« arbeitet Odo Marquard — allerdings eher auf der Linie der Ironie als auf der Linie der Religion. Siehe: Schwierigkeiten mit der Geschichtsphilosophie, Frankfurt 1973, S. 80 f.; Beitrag zur Philosophie der Geschichte des Abschieds von der Philosophie der Geschichte, in: Reinhart Koselleck / Wolf-Dieter Stempel (Hrsg.), Geschichte — Ereignis und Erzählung, München 1973, S. 241—250 (240 f.).

81 Vgl. hierzu J. Kenneth Benson / James H. Dorsett, Toward a Theory of Religious Organization, Journal for the Scientific Study of Religion 10 (1971), S. 138—151.

82 Vgl. hierzu Hild a.a.O., S. 59 ff., 275 ff.

# Register

## *Alphabetisches Verzeichnis der suhrkamp taschenbücher wissenschaft*